Lisa Fittko, Paris, ca. 1938,
fotografiert von Franz Pfemfert

Kunststiftung
NRW

1. Auflage 2024

www.hoffmann-und-campe.de
Umschlaggestaltung: Lisa Busch © Hoffmann und Campe
Umschlagabbildung: © Isolde Ohlbaum
Frontispiz: © Franz Pfemfert via Deutsches Exilarchiv 1933–1945
der Deutschen Nationalbibliothek
Satz: Dörlemann Satz, Lemförde
Gesetzt aus der Albertina
Druck und Bindung: GGP Media GmbH, Pößneck
Printed in Germany
ISBN 978-3-455-01680-2

HOFFMANN
UND CAMPE

Ein Unternehmen der
GANSKE VERLAGSGRUPPE

Eva Weissweiler

LISA FITTKO

Biographie einer Fluchthelferin

Hoffmann und Campe

Meinen Enkeln Anna und Anton B.

INHALT

VORWORT

»Das Vergangene ist nicht tot, es ist nicht einmal vergangen.«
William Faulkner, *Requiem für eine Nonne*, 1951

Als ich anfing, im Kollegenkreis über dieses Projekt zu sprechen, waren die Reaktionen geteilt. Die einen sagten: »Lisa Fittko? Wer ist das denn?« Die anderen: »Ach, das war ja die Fluchthelferin von Walter Benjamin!« Das sind die beiden Pole, zwischen denen sie sich in der öffentlichen Wahrnehmung bewegt: zwischen völliger Unbekanntheit und zwei Tagen im Leben eines berühmten Philosophen, den sie auf seinem Weg bis zur spanischen Grenze begleitet hat, bevor er sich in einem kleinen Hotel in Portbou umbrachte.

Diese Reduktion fand ich frauenfeindlich und falsch. Ich wollte mehr von ihr hören, lesen und wissen, nicht nur das Kapitel »Der alte Benjamin« aus ihrem Buch *Mein Weg über die Pyrenäen*, das seit seinem Erscheinen im Jahr 1985 unzählige Male zitiert, nacherzählt und reinszeniert worden ist, kritisch und unkritisch, verherrlichend und mit pfadfinderischem Ehrgeiz. Sie selbst hat oft ärgerlich reagiert, wenn sie immer wieder auf Walter Benjamin und seine schwarze Aktentasche angesprochen wurde, die sein angeblich wichtigstes Manuskript enthalten haben soll, nach dem bis heute vergeblich gesucht wird. Nach dem Philosophen ist der Weg, den sie damals gegangen sind, benannt worden, »Le Chemin Benjamin«, er zieht Jahr für Jahr Tausende von Reisenden an, während von all den anderen Flüchtlingen, die Lisa Fittko geführt hat, nicht mehr die Rede ist: Juden und Nicht-Juden, Kommunisten und Sozialisten, Ärzte, Juristen, Politiker, Schriftsteller, Soldaten, Kriegsgefangene, ganze Familien,

Schwerkranke, sogar Kinder. Für sie alle gilt, was Walter Benjamin in seinen Notizen über den Begriff der Geschichte einmal gesagt hat: »Schwerer ist es, das Gedächtnis der Namenlosen zu ehren als das der Berühmten.«

Bei meinem Versuch, Lisa Fittkos Lebensweg nachzugehen, bin ich auf Lücken und Widersprüche gestoßen, die in der Geschichte des 20. Jahrhunderts begründet sind. Sie stammte aus einer Familie, die traditionell »links« eingestellt war. Ihr Vater war Gründungsmitglied der KPÖ und Herausgeber einer sozialistischen Zeitschrift, ihre Mutter Mitglied der Roten Hilfe. Sie selbst trat mit fünfzehn in den Kommunistischen Jugendverband und mit Neunzehn in die KPD ein, wo sie wichtige Funktionen ausübte, auch im Exil. Das alles musste sie streng geheim halten, als sie 1955 amerikanische Staatsbürgerin wurde, nach Jahrzehnten der Heimatlosigkeit endlich irgendwo angekommen. Es war mitten in der McCarthy-Ära, auf dem Höhepunkt der Verfolgung von Kommunisten und »kommunistischen Umtrieben«. Man hätte sie bei dem geringsten Verdacht sofort ausgewiesen oder wegen Meineids vor Gericht gestellt, obwohl sie einen schwerkranken Mann und zwei alte Eltern zu versorgen hatte, die ohne sie völlig hilflos gewesen wären.

Als ihr erstes Buch *Mein Weg über die Pyrenäen* 1985, während der Amtszeit von Ronald Reagan, erschien, war der Kalte Krieg immer noch nicht vorbei. Sie war also weiter zum Verschweigen wichtiger Kapitel ihres Lebens gezwungen, wenn sie auch niemals geleugnet hat, wer sie war: Antifaschistin, Widerstandskämpferin und politische Emigrantin. Erst in ihrem zweiten Buch, *Solidarität unerwünscht, Erinnerungen 1933–1940*, das nach der »Wende«, 1992, erschien, wagte sie es, etwas genauer zu werden, wenn auch das Wort »Kommunismus« nirgendwo auftaucht. Ihr Bruder, Hans Ekstein, ein bekannter Physiker, hatte sie als Erster auf diesen Widerspruch hingewiesen:

> Ich glaube, der politisch aufmerksame Leser wird sich fragen müssen: Was für eine Art von politischer Emigrantin ist die Autorin? Für

> welche politischen Gruppen steht sie? Als sie diese antifaschistischen Flugblätter verteilte – für welche Partei arbeitete sie? Das Wort »antifaschistisch« scheint mir als Schlagwort zu dienen, das den Leser im Dunkeln lässt. [...] Es wäre am besten, Dir eine Ausrede einfallen zu lassen, wenn jemand unangenehme Fragen stellt.[1]

Doch die kamen, wie es scheint, niemals auf, jedenfalls nicht in Deutschland, wo das zweite Buch kaum noch beachtet wurde, da es nicht von einer Kultfigur wie Walter Benjamin handelte, sondern vom schmerzlichen Alltag einer jungen politischen Emigrantin, die einerseits um das schiere Überleben kämpfte, während sie sich andererseits immer wieder fragte und fragen lassen musste, wie es nur möglich gewesen sei, dass Hitler überhaupt an die Macht kam? Ob die deutsche Linke wirklich alles getan hätte, um seinen Sieg zu verhindern oder ihn mit ihrer chronischen Zerstrittenheit sogar noch befördert hätte?

Dieses Buch, das ich aufgrund der schwierigen Quellenlage eher als »Annäherung« denn als »Biographie« verstehe, ist nicht der Versuch einer Heiligenverehrung. Es handelt auch nicht von Lisa Fittko und Walter Benjamin allein, sondern von vielen anderen, die sich dem Nazi-Regime unter Einsatz ihres Lebens widersetzt haben, von den sogenannten stillen Heldinnen und Helden, deren Geschichte erst noch geschrieben werden muss.

1
DIE HEIMATLOSE
(USCHHOROD, BUDAPEST, WIEN, 1909–1921)

Uschhorod

Forscht man in amerikanischen Archiven über Lisa Fittko,[1] wird man feststellen, dass fast in jedem Dokument ein anderes Geburtsland angegeben ist: Österreich, Österreich-Ungarn, Tschechoslowakei,[2] Ukraine. Nur der Ort, Ungvar oder Uschhorod, bleibt derselbe, eine kleine Stadt in Transkarpatien, die seit Lisa Fittkos Geburtsjahr 1909 immer wieder den Namen und die »Nationalität« wechselte: Ursprünglich zur österreichisch-ungarischen Monarchie gehörend, wurde sie 1919 tschechisch, 1938 ungarisch, 1944 sowjetisch und 1991 ukrainisch. Sie ist geprägt von österreichischer Barockarchitektur, sowjetischen Plattenbauten, russischen Gasleitungen und japanischen Kirschbäumen. Es gibt viel Industrie dort, aber auch schöne Lindenalleen, die sich am Ufer des Usch, zu Deutsch: Schlange, entlangziehen. Von Wien nach Uschhorod, wie die Stadt heute heißt, braucht man mit dem Zug etwa zehn Stunden, mit dem Flugzeug fünf Stunden weniger. Bis vor wenigen Jahren war es ein Ort, den kaum jemand kannte. Doch durch den Krieg in der Ukraine ist er plötzlich in die Schlagzeilen geraten. Da er im äußersten Südwesten des Landes liegt und bisher von Bombenangriffen verschont geblieben ist, kommen viele Flüchtlinge hierher, die in Schulen, Turnhallen und anderen Notunterkünften untergebracht werden. Vor dem Krieg lebten ungefähr 120 000 Menschen hier. Heute sollen es fast 50 000 mehr sein. Die Solidarität unter den Einheimischen ist enorm. Viele haben Flüchtlinge bei sich aufgenommen. Aber auch Menschen aus anderen Teilen der Ukraine kommen und helfen, versorgen Kranke, kümmern sich um Kinder oder verteilen Essen im ehemaligen Weinkeller »Delfin«: Spaghetti bolognese, Eintopf mit Hähnchen, Gemüsesuppe, Buletten, ungefähr zwei bis drei Tonnen täglich. Im Sommer sieht es manchmal aus wie im Frieden: volle Caféhausterrassen, Betrieb auf der Uferpromenade, lachende Kinder, die Tauben füttern, ja sogar der Plastikmüll auf der Usch fehlt nicht. Aber da ist auch die Angst. Fast bei jedem. Sogar die Kinder haben eine Luftalarm-App auf dem Handy.

Lisa Fittko hat das alles nicht mehr erlebt. Müßig zu fragen, was sie wohl dazu gesagt hätte. In den vielen Interviews, die sie im Laufe ihres Lebens gegeben hat, sagte sie, dass sie über ihren Geburtsort kaum etwas wisse, weil sie vier Wochen nach ihrer Geburt weggezogen seien. Es sei der Arbeitsort ihres Vaters gewesen, weiter nichts. Der pure Zufall habe die Eltern in diese Gegend verschlagen, in diese Stadt mit dem unaussprechlichen Namen, in der ihr Bruder Hans und sie selbst geboren wurden. Danach seien sie nach Budapest, Wien und Berlin gezogen. Mit Uschhorod habe sie, außer auf dem Papier, nie etwas zu tun gehabt.[3]

Vielsprachig

Ihr Vater Ignaz (eigentlich »Ignaz Isak«) Ekstein, geboren 1873 in Pilsen, leitete in Uschhorod eine Möbelfabrik, die Mundus AG, die zum selben Konzern wie die örtlichen Elektrizitätswerke gehörten. Die Firma war bekannt dafür, besonders exklusive Modelle herzustellen, Stühle aus edlen Hölzern in modernen Formen, aber auch noble Hoteleinrichtungen, Kinosessel und Büromobiliar nach Entwürfen von Adolf Loos, Otto Wagner und Gustav Siegel.[4] In ihren Filialen beschäftigte sie über 4000 Arbeiter, die sonst kein Auskommen gehabt hätten, denn »Transkarpatien«, die Gegend um Uschhorod, war arm und unterentwickelt. Es gab viele Tagelöhner, Arbeitslose und Bauern, die unter den unhygienischsten Verhältnissen lebten. Ihre erbärmlichen Katen brannten oft ab oder wurden von Sturm und Regen verwüstet.[5] Viele Menschen aus dieser Region sahen keinen anderen Ausweg als die Emigration. Zwischen 1890 und 1913 sollen etwa 800 000 Menschen Transkarpatien verlassen haben und nach Amerika gegangen sein. Andere fuhren als schlecht bezahlte Saisonarbeiter nach Deutschland.

In Uschhorod wurden viele Sprachen gesprochen: Ukrainisch, Polnisch, Rumänisch, Russisch, Jiddisch, Slowakisch und Deutsch. Es war ein extrem buntes Völkergemisch. Ignaz Ekstein konnte sich in den meisten dieser Idiome verständigen. Später würde er einmal behaupten, 24 Sprachen zu sprechen.[6] Das war vielleicht etwas übertrieben, aber auch nicht ganz falsch. Er war sehr polyglott, seine Frau ebenfalls. Meistens sprachen sie Deutsch miteinander, aber auch Tschechisch, denn beide stammten aus Böhmen. Kein Wunder, dass auch Lisa ein Sprachgenie wurde. Ob in Holland, Frankreich, Kuba oder Amerika, in welchem Exilland auch immer, sie lernte die Sprache erstaunlich schnell und fast völlig akzentfrei, was sie, um einen Buchtitel von Irmgard Keun zu zitieren, zu einem echten *Kind aller Länder* machte.

Keine Kindheit?

In ihren beiden autobiographischen Büchern *Mein Weg über die Pyrenäen*[7] und *Solidarität unerwünscht*[8] verrät sie kaum etwas aus ihren Kinderjahren. Das erste beginnt mit einem Brief, den ihr Vater nach dem Zweiten Weltkrieg von einem Kollegen namens Oskar Maurus Fontana erhalten hat, das zweite setzt am 30. Januar 1933 in Berlin ein, dem Tag der sogenannten Machtergreifung, an dem Hitler zum Reichskanzler ernannt wurde. Über ihre Zeit in Budapest, Wien und dem Berlin der zwanziger Jahre erfährt man fast nichts. Nur in einigen ihrer zahlreichen Interviews äußerte sie sich auf direktes Befragen dazu, fast etwas unwillig, wie es scheint. Unwillig und mit großen Erinnerungslücken, sodass alles aus Sekundärquellen rekonstruiert werden muss, mühsam und hypothetisch natürlich.

Ignaz Ekstein hatte Uschhorod schon ein paar Wochen vor Lisas Geburt verlassen, um eine Stelle in Budapest anzutreten, wieder bei der Mundus AG, wahrscheinlich zu besseren Konditionen. Das Unternehmen erlebte damals gerade eine Blütezeit, lieferte Möbel in die ganze Welt und war eng mit der Ungarischen Allgemeinen Kreditbank verbunden, deren Palais es vollständig ausgestattet hatte. Es stand für Fortschritt und Sachlichkeit, Abkehr vom Biedermeier, edles Material, Förderung der einheimischen Holzwirtschaft und faire Behandlung der Arbeiter. Die Presse hat jedenfalls nie über größere Streiks berichtet, obwohl die Jahre seit 1909 eine Zeit heftiger arbeitspolitischer Unruhen waren: unter Fuhrwerkskutschern, Kaffeesiedern, Bergarbeitern, Stallburschen, Zigarettendrehern, Goldgrubenarbeitern, ja sogar unter Choristen, die sich plötzlich weigerten zu singen und den Betrieb ganzer Opernhäuser stillstehen ließen. Es war kein Häuflein von Extremisten, das da protestierte. Es war ein Strom, den man nicht mehr aufhalten konnte, nicht einmal mit brutaler Gewalt. Polizisten schossen auf Streikende, Streikende auf Streikbrecher. Es gab Tote in allen Teilen der Monarchie. Durch den Streik der Fuhrwerkskutscher in Budapest kam nicht nur die gesamte Bautätigkeit zum Erliegen, auch Kohle und Lebensmittel konnten nicht mehr ausgeliefert werden, sodass eine echte Notlage entstand.[9]

Wie wohnten die Eksteins in Budapest? Wahrscheinlich weder besonders luxuriös noch besonders bescheiden. In Interviews berichtet Lisa von einer riesigen Wohnung mit weißen Möbeln, großen Kinderzimmern und einer Gräfin als Nachbarin, die zunächst ganz freundlich gewesen sei, bis sie sich plötzlich als Antisemitin entpuppt habe. Sie habe niemanden direkt beschimpft oder beleidigt, sondern einfach nur »Hallo, Isaak« zu Lisas Bruder gesagt, der doch in Wirklichkeit Hans hieß und gar nicht wusste, wie er das verstehen sollte.[10] Wann das war, konnte Lisa später nicht mehr genau rekonstruieren. Vielleicht zu Beginn ihrer Schulzeit im Ersten Weltkrieg? Sie sei in Budapest eingeschult worden, habe dort Ungarisch lesen, schreiben, zählen, singen und fluchen gelernt. Fast alle, die nicht selbst jüdischer Herkunft waren, seien Antisemiten gewesen, sogar die Lehrer. »Es war wirklich unglaublich«, sagte sie noch 1994.[11] Sprach sie deshalb so ungern über Budapest?

Und die Eltern? Wie haben sie darauf reagiert? In ihren Büchern sagt sie nur wenig dazu, aber in Interviews ist sie manchmal danach gefragt worden. »Meine Eltern haben mir beigebracht, dass das dumme Leute seien, die ihre Hassgefühle gegenüber einer bestimmten Gruppe ausleben.« Antisemiten seien im Grunde zu bedauern, da niemand ihnen erklärt habe, was Toleranz und was »Menschsein« bedeuteten.[12] In einem Brief an ihren Cousin Fritz hat sie noch einmal präzisiert, ihr Vater habe wörtlich gesagt: »Antisemitismus ist der Sozialismus der Dummen.«[13]

Damals, noch in Budapest, waren die Eksteins Mitglieder der jüdischen Gemeinde, die sie erst 1919 in Wien verließen. In die Synagoge gingen sie aber trotzdem nicht, geschweige denn dass sie sich an die religiösen Gebote gehalten, den Sabbat gefeiert oder gar koscher gegessen hätten. Als die kleine Lisa ihre Eltern einmal fragte, ob sie an Gott glaubten, sagten sie, nein, jedenfalls nicht an den, von dem die Rabbiner sprächen. Sie seien in erster Linie Menschen, nicht Juden. Wie sie, Lisa, es später einmal halten wolle, müsse sie selbst entscheiden.[14]

E. K. Stein

Mit Ausbruch des Ersten Weltkrieges liefen die Geschäfte der Mundus AG immer schlechter, denn der Export exklusiver Möbel war kaum noch möglich, sodass die Produktion massiv eingeschränkt werden musste. Der Vater beschloss, sich ein neues Standbein im Journalismus zu suchen, zumal er sich ohnehin mehr als Literat denn als Kaufmann fühlte. Er war sehr belesen, wie seinen Briefen und Manuskripten zu entnehmen ist, in denen er Shakespeare, Sigmund Freud, Moses Mendelssohn und Karl Marx zitiert. Vielleicht verband ihn das mit Julie, seiner Frau, geborene Schalek, die aus einer angesehen Prager Buchhändler- und Verlegerfamilie stammte?

In Wien gab es seit 1898 eine *Wochenschrift für Volkswirtschaft, Politik, Literatur und Kunst, Die Wage.*[15] Sie vertrat ausgesprochen fortschrittliche Positionen, weshalb sie von der Zensur streng überwacht wurde. Der spätere österreichische Bundeskanzler Bruno Kreisky erzählte einmal, dass sein Vater zu ihren regelmäßigen Lesern gehört habe.[16] Schon in der ersten Zeit ihres Bestehens gelang es der Redaktion, Unterschriften von 16 000 Lesern von Wien bis Czernowitz zu sammeln, die sich solidarisch mit dem französischen Schriftsteller Émile Zola erklärten, als er wegen der »Affäre Dreyfus« vor Gericht stand.[17]

Unter dem Pseudonym E. K. Stein begann Ignaz Ekstein seit 1916 regelmäßig für *Die Wage* zu schreiben, über Shakespeare, August Strindberg, die politische Situation in Ungarn, städtische Schulerziehung, Menschen im Krieg, über französische Kriegsbücher, Volksverhetzung, Beethoven, den Pazifismus, Kindsmörderinnen, Trotzki und vieles mehr. Inhaltlich gab es gewisse Ähnlichkeiten mit der *Fackel* des berühmten Karl Kraus, der zu den Autoren der ersten Stunde gehört hatte. Ekstein hoffte eines Tages Herausgeber der *Wage* zu werden, auch wenn er dafür sein ganzes Vermögen hergeben müsste.

Die Familie führte von nun an ein sehr unruhiges Leben, in dem von beschaulicher Kindheit keine Rede sein konnte. Zeitweise hatten sie mindestens zwei Wohnungen, eine in Wien und eine in Budapest. Sie lebten mal getrennt, mal zusammen, mal hier, mal dort, Hans mehr beim Vater, Lisa mehr bei der Mutter. Sie pendelten zwischen zwei Ländern, zwei Sprachen, zwei Kulturen. Ekstein war sehr gebildet und korrespondierte mit führenden Intellektuellen seiner Zeit, Arthur Schnitzler zum Beispiel,[18] aber sein Einkommen als Journalist war sehr unregelmäßig, was zu mancher Krise in dieser Ehe geführt haben muss. Doch eine Köchin und ein Kindermädchen gab es immer. Denn bei aller Sympathie für den Sozialismus wollte man doch *comme il faut* leben, wie gehobene Bildungsbürger eben, auch wenn es oft genug nur wenig zu essen gab.[19] Seltsamerweise wurde Ekstein nicht eingezogen, obwohl er bei Kriegsbeginn erst 41 Jahre alt war. Das war ungewöhnlich. Denn es galt die allgemeine Wehrpflicht, die, so wie der Krieg insgesamt, fast überall laut bejubelt wurde, auch unter Juden, Demokraten und Sozialisten.

> »Dieser Krieg«, schrieb der *Pester Lloyd* am 31. Juli 1914, »hat nicht nur die nationalen, er hat auch die sozialen Gegensätze in beiden Ländern zum Schwinden gebracht. Es ist etwas Wundersames um die ausgleichende Gerechtigkeit der allgemeinen Wehrpflicht. Alle [...] Menschenkraft hat für den Ruhm und die Ehre des Vaterlands einzustehen. [...] Hohe Aristokraten Österreichs und Ungarns eilen unter die Fahne, und auch das arbeitende Proletariat erklärt sich mit den Zielen dieses Krieges solidarisch. [...] Mit Serbien werden wir fertig werden. Daran hat die Welt keinen Moment gezweifelt.«[20]

War Ekstein vielleicht krank, sodass er für untauglich erklärt wurde? Oder gelang es ihm, Beschwerden, etwa psychischer Art, vorzutäuschen? Dann muss er ein Meister der Verstellungskunst gewesen sein und sich sehr gut ausgekannt haben. Nicht einmal Sigmund Freud schaffte es, seine drei Söhne vor dem Dienst an der Front zu bewahren, obwohl er den Krieg aus ganzem Herzen verabscheute und in seinem Aufsatz »Zeitgemäßes über Krieg und Tod« schreiben würde, noch nie habe ein Ereignis »so viel kostbares Gemeingut der Menschheit zerstört, so viele der klarsten Intelligenzen verwirrt [und] so gründlich das Hohe erniedrigt«.[21]

Tante Malva

Wenn Lisa in diesen Jahren in Wien war, wohnte sie meistens bei Malva Schalek, der jüngeren Schwester ihrer Mutter, die, ihrerseits kinderlos, Kinder sehr liebte.[22] Sie war damals noch eine junge Frau, gerade erst Mitte 30, und schon sehr berühmt, vor allem in Wiener Gesellschaftskreisen. Von der Familie nach Kräften gefördert, hatte sie ein Studium an der Münchner »Damenakademie« absolviert, da Frauen der Zutritt zu den regulären Kunsthochschulen verwehrt war. Zurück in Wien, wurde sie von einem Onkel unterstützt, dem ein Teil des Theaters an der Wien gehörte. Dort hatte sie ein romantisches Atelier unterm Dach, vollgepackt mit Bildern, Requisiten und Staffeleien, in dem sich die Reichen und Schönen einfanden, um sich porträtieren zu lassen. Neben Schauspielern, Geschäftsleuten und Gesellschaftsdamen kamen aber auch Malerinnen, Ärztinnen, Anwältinnen und Schriftstellerinnen zu ihr. Denn wenn sie auch die Honorare der Prominenten brauchte, um überleben zu können, war ihr doch wohler unter ihresgleichen, unter anderen starken, autonomen Frauen, die gegen den Widerstand der Gesellschaft ihren Weg gingen.

Nur wenige ihrer Porträts haben den Zweiten Weltkrieg überlebt, darunter eins von der kleinen Lisa. Es heißt »La Poupée à la mode« (»Die Modepuppe«), zeigt aber ein durch und durch uneitel wirkendes Kind im roten Russenkittel, dem die dicken schwarzen Zöpfe fast bis zur Taille hängen. Es scheint ganz in sich gekehrt, ganz mit einer Handarbeit oder Bastelei beschäftigt zu sein, scheint die Malerin oder Fotografin gar nicht wahrzunehmen.[23] Die langen Beine baumeln bis knapp über den Boden, auf dem Nähutensilien liegen: ein Maßband, ein Karton mit Stoffresten. »Modisch« wirkt eigentlich nur die Puppe, die klein und fremd neben ihr sitzt, platinblond, die Augen weit aufgerissen, das Kinn erhoben. Doch Lisa beachtet sie gar nicht. Sie ist einfach nur bei sich selbst und ihren Gedanken, die dem Betrachter verborgen bleiben.

Grippe und Revolution

Für Lisa war es besser, nicht zu oft nach draußen zu gehen, sondern bei Tante Malva im Atelier zu bleiben, unter dem Dach des Theaters an der Wien, wo schon Beethoven kurze Zeit gewohnt hatte, wo alles nach Leim, Farbe, Puder und Kolophonium roch, wo man phantastisch kostümierte Menschen sah, wo dauernd Musikfetzen durch die Gänge schwebten und wo man mit etwas Glück Franz Léhar oder Emmerich Kálmán begegnen konnte, den Begründern der »Silbernen Operettenära«. Draußen auf den Straßen sah es schauerlich aus. Überall Bettler und Kriegsversehrte, Ganoven, Obdachlose und Kinder, die nach ihren Eltern suchten. Im Winter 1916/17 gab es außer Steckrüben kaum noch etwas zu essen. Tausende Menschen verhungerten und erfroren, zum Teil auf offener Straße. Und in den Gasthäusern durfte kein Brot mehr auf den Tisch gebracht werden, von Kuchen oder anderen Mehlspeisen ganz zu schweigen.

Weil es an Kriegsmaterial fehlte, wurden Kerzenleuchter, Mörser, Bügeleisen, Kupferkessel und Badeöfen requiriert, ja sogar Türklinken aus Privatwohnungen. Trotzdem herrschte immer noch große Kriegsbegeisterung, sogar während der Schlachten im Isonzo-Tal, als Phosphorgranaten und die verschiedensten Giftgase eingesetzt wurden, sodass Tausende von Italienern tot oder betäubt in den Felsen lagen, die meisten erst 16 oder 17 Jahre alt, nur zehn Jahre älter als Lisa.

Im November 1918, als die meisten ehemaligen Kronländer der Monarchie sich von Österreich lösten, wurde auch in Ungarn eine unabhängige Republik ausgerufen. Friedlich, wie es zunächst aussah. Die alten Kasernen und Kanzleigebäude aus der Habsburgerzeit konnten fast ohne Widerstände besetzt werden. Das Volk feierte seinen Sieg mit weißen Herbstrosen. Doch im Umland, besonders in der Gegend von Bratislava, damals noch Pressburg, tobten heftige Kämpfe zwischen Tschechen, Ungarn und Österreichern, alliierten Truppen und versprengten Deutschen. Für Julie Ekstein stand fest: Sie wollte weg aus dem Chaos, wollte nach Wien zu ihrem Mann. Es wurde keine Post mehr befördert, es gab keinen Schulunterricht mehr, man musste um »Mehlkarten« anstehen, Militärpolizei wurde eingesetzt, Soldatenräte übernahmen die Macht. Auch das Wetter war trostlos, ein ungewöhnlich stürmischer Herbst mit Regen und Schnee. Es fehlte an Heizmaterial für die riesige Wohnung, in der die Kinder wie besessen herumtollten, um sich aufzuwärmen. Sie waren völlig außer Rand und Band, nicht mehr zu zügeln oder gar zu »erziehen«. Julie Ekstein wusste sich keinen Respekt mehr zu verschaffen, zumal noch ein drittes Kind in ihre Obhut gekommen war, Mita Eisner, die Tochter ihrer früh verstorbenen Schwester Olga.[24]

Ekstein telegraphierte ihnen, dass sie versuchen sollten, mit dem Zug zu kommen und vor allem die Gegend um Pressburg zu meiden. Die Stadt sei mit Flüchtlingen überfüllt. Heimkehrende slowakische Soldaten brächen in jüdische Geschäfte ein, um Lebensmittel und Spirituosen zu stehlen.[25] Auf der Donau seien sogar schon Schiffe überfallen worden. Doch die Mutter erklärte, sie hätten keine andere Wahl. Sie müssten ein Schiff nehmen, da die Bahnstrecken fast völlig zerstört seien.

Reguläre Fahrkarten waren allerdings nicht zu bekommen. Sie mussten mit einem Militärschiff fahren, als blinde Passagiere sozusagen. »Merkwürdige Gestalten« halfen ihnen, sich unter Deck zu verstecken. Das war das erste Mal, dass Lisa Bekanntschaft mit »Fluchthelfern« machte. Man hatte sie schon vorher in bestimmten Hafenkneipen getroffen, wo sie ab und zu auftauchten, finstere Männer, die so aussahen, als seien sie gerade einem Märchen oder einem Abenteuerbuch entstiegen. »Jetzt ist es wieder so weit, jetzt geht wieder ein Schiff«, raunten sie den ungeduldig Wartenden zu. Lisa fand das sehr aufregend.[26]

Die Mutter wagte sich auf der ganzen Fahrt nicht ins Freie, sondern versteckte sich irgendwo in einer Kajüte. Aber die Kinder konnten nicht immer stillhalten, auch wenn man sie mit Malbüchern abzulenken versuchte. So liefen sie manchmal doch auf dem Deck herum und kamen mit der beruhigenden Nachricht zurück, dass sich außer Soldaten und Matrosen auch einige »Zivilisierte« da oben befänden, was sich als geflügeltes Wort in der Familie einbürgern würde.[27]

Weil der Vater dringend vor Gefahren aller Art gewarnt hatte, hoffte Lisa inständig, dass etwas richtig Aufregendes passieren würde. Ein Bombenangriff? Ein Beschuss? Eine Plünderung? Eine Meuterei? Aber es geschah nichts. Das Schiff fuhr ganz ruhig und gelassen über die Donau, fast wie in Friedenszeiten. Sie war beinahe enttäuscht, als sie unbehelligt in Wien ankamen, wo sie von einem erleichterten Vater empfangen wurden.[28]

Krieg und Frieden

Wieder ein neues Quartier, wieder ein Neuanfang, in einem riesigen Haus Ecke Franzensgasse / Margaretenstraße im fünften Bezirk. Die Wohnung war viel zu groß für sie, zehn bis zwölf Zimmer, je nachdem, ob man alle Durchgangsräume mitzählte. Eins davon war ein richtiger Tanzsaal, weinrot gestrichen, ideal zum Herumtollen. Lisas Mutter war gar nicht begeistert, wenn sie daran dachte, wie hoch die Heizkosten sein würden. Und das bei dem herrschenden Kohlenmangel, der so dramatisch war, dass der Verkehr der Wiener Stadtbahn nahezu vollständig eingestellt und der Verbrauch von Gas streng limitiert wurde, sodass der Betrieb in den meisten Fabriken stillstand? Doch der Vater beruhigte sie: Es würden nach und nach viele Verwandte kommen, die im Krieg ihre Wohnung verloren hätten. Sie alle würden etwas zum Familienunterhalt beitragen.

Er hatte recht. Es kamen tatsächlich sehr viele Verwandte, allerdings ohne Geld beizusteuern. Die meisten wollten nur für ein paar Tage oder Wochen bleiben, aus denen am Ende drei Jahre wurden. Auch Onkel Julius, ein Bruder von Ekstein, zählte dazu, ein charismatischer Pechvogel, der sich mal als Kinobesitzer, mal als Erfinder versuchte, meist ohne großen Erfolg. Jetzt war auch noch seine Ehe in die Brüche gegangen.

In Wien ging es kaum weniger chaotisch zu als in Budapest. Zwar hieß es, dass Österreich bald eine Republik werden sollte, ein Land ohne Kaiser, Könige, Grafen, Fürsten. Aber niemand wusste so recht, wie das gehen würde. Neue Gesetze, neue Beamte mussten her, Tausende Invaliden und »Kriegskrüppel« mussten versorgt werden, allein in Wien gab es 20 000 jüdische Flüchtlinge aus den ehemaligen östlichen Kronländern, wo ihre Häuser und Geschäfte niedergebrannt worden waren. Jetzt sah man sie in Scharen vor den Spitälern stehen oder vor Notasylen auf einen Teller Suppe warten. In seiner ersten Rede fasste der neue sozialdemokratische Staatskanzler Karl Renner zusammen:

> Der neue Staat hat ein Trümmerfeld übernommen. Alle wirtschaftlichen Zusammenhänge sind aufgelöst, die Erzeugung steht beinahe still, der Güterverkehr stockt, ein Viertel der männlichen Bevölkerung wandert noch fern von der Heimat. Die Vorsorge für das tägliche Brot, die Zufuhr von Kohle, die Bereitstellung der notdürftigsten Bekleidung, die Wiederaufnahme des Ackerbaues, die Aufnahme der Friedensarbeit in den Fabriken [...] ist unmöglich, wenn nicht sofort alle Bürger [...] geordnet zur Tagesarbeit zurückkehren.[29]

In diesem Moment, es war am 12. November 1918 nachmittags gegen vier, ertönten Schüsse. Die Menschen, die sich vor dem Parlamentsgebäude versammelt hatten, um die Ausrufung der neuen Republik mitzuerleben, hielten es zunächst für eine Täuschung, glaubten, Ziegelsteine seien vom Dach eines Neubaus heruntergefallen. Doch als das Rattern und Krachen nicht aufhörte, wurde schnell klar: Es waren Maschinengewehre. Man kannte das Geräusch noch zu gut aus dem Krieg. Irgendwo wurden rote Fahnen gehisst mit der Aufschrift: »Hoch die sozialistische Republik«. Soldaten der Roten Garde marschierten auf und schlugen mit ihren Gewehren Fenster und Türen ein, während die Masse in Panik die Flucht ergriff, »keuchend, atemlos, in gestrecktem Galopp von der Ringstraße weg, das Volksgartengatter entlang. […] Jeder glaubte, nur durch die Schnelligkeit seiner Beine dem sicheren Tode entgehen zu können.«[30] Am Ende gab es zwei Tote und mindestens 40 Verletzte. War das der Frieden, den man sich nach vier Jahren Krieg so sehr wünschte?

Die Wage

Erst nach und nach wurde klar, dass hinter dem Wiener Aufstand vom 12. November 1918 die KPÖ, die neugegründete Kommunistische Partei Österreichs stand, der Ekstein gleich zu Anfang beigetreten war.[31] Zu ihren Mitgliedern und Sympathisanten gehörten so prominente Zeitgenossen wie Egon Erwin Kisch, Leo Lania oder Hanns Eisler, sodass Ekstein sich in guter Gesellschaft befand. Was genau ihn zu diesem Parteieintritt bewog, ist nicht bekannt, zumal Lisa sich nie dazu geäußert hat. Auf einem Meldezettel vom Dezember 1918 ist vermerkt, dass er sich in »Isaak Eckstein« umbenannt habe, von Beruf Schriftsteller, verheiratet und mosaischen Glaubens sei.[32] Da seine Kinder weiterhin »Ekstein« hießen, wird diese Schreibweise im Folgenden aus Gründen der Übersichtlichkeit beibehalten. Für *Die Wage* schrieb er weiterhin unter dem Pseudonym E. K. Stein.

Er hatte sich inzwischen seinen Wunschtraum erfüllen können und das Blatt als Herausgeber übernommen, wahrscheinlich zu günstigen Bedingungen, denn sein Vorgänger, Ernst Viktor Zenker, Ostasienforscher, Historiker und Politologe, hatte durch Kriegszensur, Papiermangel und persönliche Schicksalsschläge solche Einbußen erlitten, dass die Zeitschrift nicht mehr wöchentlich, sondern nur noch einmal im Monat erscheinen konnte. In seinen Erinnerungen bezeichnet Zenker Ekstein als »jüdischen Spekulanten«, der das Blatt in kurzer Zeit vollkommen heruntergewirtschaftet habe, indem er es der »kommunistischen Sache« zur Verfügung stellte,[33] eine seltsame

Diktion für jemanden, der einem »Verein zur Abwehr des Antisemitismus« angehörte und sich im Nationalrat für die Rechte der Juden einsetzte.[34]

In einem Punkt hatte er allerdings recht. Ekstein hatte keine glückliche Hand mit der Redaktion der *Wage*, die er am liebsten sofort in *Wage!* umbenennen wollte, um seiner Leserschaft deutlich zu machen, dass sie künftig ein Kampfblatt kommunistischer Prägung sein sollte. Im November 1918, unmittelbar nach der Gründung der neuen Republik Deutschösterreich, schrieb er:

> Frisch gewagt – ist kaum halb gewonnen; wagen – verpflichtet! Nichts Halbes; besser: Alles verloren – denn halb gewonnen. Wir müssen die Völker der Entente mit uns reißen; weiter nach links, dass auch sie ihre »Le Kaiser« rechts liegen lassen. Wagen – verpflichtet; zur zähen Arbeit. Einst – gab es Arbeiter und andere; wir wollen Arbeiter sein, Alle! Die Arbeit allein, sie adelt. Edelmenschen, diese Pflicht ruft: waget![35]

Im Prolog zu ihrem ersten Buch, *Mein Weg über die Pyrenäen*, schreibt Lisa, dass sie, damals zehn Jahre alt, den Unterschied zwischen *Wage und Wage!* zunächst nicht verstanden habe. »›Die *Wage* soll jetzt *Wage!* heißen – warum denn?‹ ›Man muss wissen, wann es Zeit ist zum Wagen‹« sagte mein Vater. Sie selbst aber habe manchmal darüber nachdenken müssen, woher man denn wissen sollte, wann es Zeit ist.[36]

Wieso sie ausgerechnet diese Episode an den Anfang ihres Buches setzt und zum Leitmotiv für ihr ganzes Leben und Handeln macht, ist allerdings irritierend. Denn tatsächlich erschien nur eine einzige Nummer unter der Überschrift *Wage!*, nämlich am 11. Juli 1919. Sie trug den Untertitel *Revolutionäre Zeitschrift* und begann mit einem Artikel E. K. Steins über die »Weltrevolution, die von Millionen und Abermillionen werklustiger Hände« betrieben werden solle, im »heiligen Glauben an das neue Reich allmenschlicher Harmonie und Solidarität«. Schon ab der nächsten Nummer hieß die Zeitschrift wieder

Die Wage, weil sich zu viele Leser beschwert hatten. Die finanzielle Lage des Blattes verschlechterte sich so dramatisch, dass die Redaktion in die Privatwohnung der Eksteins verlegt werden musste.

In den folgenden Ausgaben wurde das neue »Manifest der Kommunistischen Internationale[n]« abgedruckt, Akademiker wurden zum Eintritt in die Föderation Revolutionärer Sozialisten aufgerufen, Marx und die Russische Revolution wurden beschworen, die Republik Österreich als »Republik Sauerkraut« abgetan.[37] Dafür verschwand Kultur fast vollständig aus dem Programm. Aber auch die Auseinandersetzung mit dringenden sozialen Fragen: der dramatischen Teuerung, dem Hunger, der Kohlen- und Wohnungsnot, der Arbeitslosigkeit, der Lage der jüdischen Flüchtlinge, der rasenden Verbreitung der Spanischen Grippe. Alles das fand in der *Wage* nicht statt. Es ging immer nur um die Weltrevolution, und das fast nur aus dem Blickwinkel Eksteins und seiner Genossen. Nur ganz selten kamen Frauen zu Wort, die Pazifistin Elsa Beer-Angerer zum Beispiel mit einem kurzen Artikel über das Frauenstimmrecht.[38]

Im Juni 1919 trat das Ehepaar Ekstein aus der jüdischen Gemeinde aus.[39] Über die Gründe lässt sich nur spekulieren, zumal Ekstein doch eben erst seinen aus dem Lateinischen stammenden Vornamen Ignaz gegen den jüdischen Isak ausgetauscht hatte. Waren es die ewigen Streitereien in der Gemeinde, der neben assimilierten Juden aus Wien auch strenggläubige Chassiden aus Osteuropa angehörten, außerdem kämpferische Zionisten und Nationalisten, die mit einer eigenen Partei in den Nationalrat drängten? Auffallend ist, dass Ekstein plötzlich so tat, als sei er selbst gar kein Jude mehr, indem er antisemitische Stereotypen benutzte, wie sie sonst nur in den schlimmsten völkischen Hetzblättern vorkamen: »jüdische Kapitalistenpresse«, »Raben-Rabbis«, »jüdische Lügner«, »jüdisches Großkapital«.[40] Immer wieder wird der vermeintliche Erzfeind, der ebenfalls jüdische Vorsitzende der SDAP, Friedrich Adler, attackiert und als Sprachrohr der »jüdischen Kapitalistenpresse« bezeichnet. Damit folgte Ekstein zwar dem Vorbild von Marx, der sich ähnlich abfällig über »die« Juden geäußert hat, nicht nur in seiner programmatischen Schrift »Zur Judenfrage«, sondern auch in vielen Briefen an Friedrich Engels; es war aber trotzdem der Anfang vom Ende der *Wage*, jedenfalls unter Eksteins Herausgeberschaft. Als die Autoren und Leser, viele davon jüdisch, ihm davonliefen, gab er das Blatt wieder auf, um sich ganz der kommunistischen Agitation zuzuwenden. In Grassauers Gasthaus in der Mollardgasse 43 hielt er regelmäßig Vorträge vor Mitgliedern der KPÖ. Der antisemitische Jargon hatte ihm übrigens so wenig genützt wie sein Austritt aus der jüdischen Kultusgemeinde. Denn als er mit Paul Friedländer, Franz Koritschoner und Gerhart Eisler in die Exekutive der kommunistischen Obmännerkonferenz gewählt wurde, spotteten die *Wiener Neuesten Nachrichten*: »Mit Ausnahme von einem, höchstens zwei Leuten lauter Juden! Und von einer solchen Mischpoche lassen sich Arbeiter führen, als ob sie jüdischer Vormundschaft bedürftig wären!«[41]

Kindertransporte

Seit dem Krieg, in dem Österreich seine klassischen Kornkammern verloren hatte, waren die Lebensmittel immer knapper und teurer geworden. Der Wiener Schriftstellerverband, dem Ekstein angehörte, betrieb deshalb eine Tafel, wo die Kinder manchmal eine warme Mahlzeit oder ein Stück Brot mit Marmelade aus Rüben und Süßstoff bekamen. Sie mussten dafür einen weiten Weg bis ans andere Ende der Stadt zurücklegen. Lieber fuhren sie mit der Bahn hinaus aufs Land, um zu »hamstern«, Milch, Eier, Mehl, Butter oder etwas Fleisch. Auf der Rückfahrt mussten sie alles gut verstecken, denn Hamstern war streng verboten. Onkel Julius, der ehemaliger Kinobesitzer, half ihnen dabei. Er band sich die Beute in Tüchern um den Bauch und ließ sie unter seinem Mantel oder seinem Hemd verschwinden, was niemandem auffiel, da er sowieso viel zu dünn war. Die Kinder mochten ihn gern. Er war ein Witzbold. Allerdings kam es manchmal vor, dass die Mitreisenden die Nase rümpften, weil das Fleisch etwas unangenehm roch, besonders im Sommer.

Wien hatte damals etwa zwei Millionen Einwohner, von denen gut die Hälfte Kinder und Jugendliche waren. Ihre Not war besonders groß, da sie fast alle unter Skorbut, Rachitis, Herzschwäche, Knochenödemen und dramatischem Untergewicht litten. An Schulbesuch war kaum zu denken, umso weniger, als in den überfüllten, schlecht beheizten Klassenzimmern die Gefahr bestand, sich mit Tuberkulose oder Spanischer Grippe zu infizieren. Schon während des Krieges waren deshalb Sammeltransporte ins neutrale Ausland organisiert worden, vor allem in die Schweiz, wo man Kinder in Hotels oder Kurhäusern unterbrachte, um sie notdürftig wieder aufzupäppeln.

Inzwischen waren sich aber fast alle europäischen Länder einig geworden, dass noch viel mehr Hilfe notwendig war, unabhängig von der »Kriegsschuld« oder nationalen Ressentiments. In Schweden, Dänemark, Norwegen, England, Holland und Italien entstanden immer mehr Komitees kirchlicher, politischer oder gemeinnütziger Natur, sogar in Bayern und dem Rheinland, wo doch ebenfalls bittere Not herrschte. Auch die inzwischen unabhängig gewordenen Kronländer der alten Monarchie nahmen bereitwillig Kinder aus Österreich auf: Ungarn, Jugoslawien, die Tschechoslowakei usw. Es war ein Akt internationaler Solidarität, wie es ihn noch nie gegeben hatte. Es wurde nicht lange diskutiert und gefeilscht, sondern einfach geholfen, auch von Privatleuten, die die Kinder kostenlos oder gegen ein geringes Entgelt in Pflege nahmen. Im August 1920 schrieb die Wiener *Arbeiter-Zeitung*, dass schon 85 000 Kinder verschickt worden seien und täglich neue Anfragen beim Jugendamt eingingen, wobei leider nur den Kindern geholfen werden könne, die frei von Läusen und ansteckenden Krankheiten seien, nachts nicht ins Bett machten, alle erforderlichen Impfungen erhalten hätten und nicht als renitent oder bösartig gälten.[42]

Zu diesen Glücklichen gehörten auch Lisa, ihr Bruder Hans und ihre Cousine Mita, die noch immer bei den Ekstein lebte. Sie waren alle drei halb verhungert. Keine Chance, sie gesund durch diese Zeiten zu bringen, wenn sie bei den Eltern in Wien bleiben würden. Lisa wurde für einen Transport nach Holland bestimmt, ihr Bruder nach Dänemark, ihre Cousine nach Schweden. Warum man sie nicht zusammen »verschickt« habe, wurde sie später von einem Verwandten gefragt.[43] Das sei gar nicht erst diskutiert worden. Ein zentrales Amt habe alles geregelt. Auf 500 Plätze seien etwa 10 000 Anfragen gekommen. Sonderwünsche seien nicht möglich gewesen. Man habe ihr ein Schild mit der Aufschrift »Apeldoorn« umgehängt und sie zu einem der Wiener Bahnhöfe gebracht, wo schon Hunderte anderer Kinder und Eltern warteten.[44]

In der Nacht zuvor sei ihr das Haar gewaschen worden, ihr schönes, langes, dichtes, krauses Haar, immer und immer wieder. Das Waschmittel stank nach Petroleum und reizte die Kopfhaut, aber egal, es durfte nur ja keine Laus gefunden werden, denn verlausten Kindern wurde entweder das Haar abgeschnitten, oder sie wurden sofort wieder nach Hause geschickt. Am Bahnhof gab es eine »Läusekommission«, die jeden Kinderkopf genau untersuchte. Zu ihrer großen Erleichterung war Lisa läusefrei. Sie war zwar nicht eitel, aber ihr schönes Haar hätte sie doch nur sehr ungern verloren.

Apeldoorn

Wien und Apeldoorn liegen über 1000 Kilometer weit voneinander entfernt. Noch heute braucht man mit dem Zug bis zu 18 Stunden für die Strecke. Zu Lisas Zeit waren es drei Tage und Nächte. Eine der Hauptstrecken führte mitten durchs Ruhrgebiet. Dort muss Lisa etwas gesehen haben, was sie furchtbar erschreckte: Hochöfen, die wie feuerspeiende Ungeheuer aussahen, besonders bei Nacht, wenn sie das Land gespenstisch erhellten. Niemand erklärte ihr, was das war, sodass sie glaubte zu träumen, zu halluzinieren.

> Einmal wachte ich auf und sah durch das Fenster, ganz weit weg, einen glühenden Schornstein. Er war riesig lang und schien noch zu wachsen, bis die Spitze den Himmel berührte. Er glühte immer mehr, gelb und rot und so leuchtend, wie ich es noch nie gesehen hatte, es kam mir vor, als würde unser Zug im Kreis um den Schornstein herumfahren. Dann begann er zu schwanken, ich war froh, dass er weit weg von uns war. Schließlich geschah es: der glühende Schornstein knickte um und fiel der Länge nach hin. Es war sehr aufregend und mir fiel ein: Meine Eltern sind in Wien geblieben und ich fahre nach Holland, immer weiter weg. Wem kann ich erzählen, was ich gerade gesehen habe? Und ich fing an zu weinen. Ein paar Erwachsene kamen und trösteten mich und sagten: Sie ist sicher eingeschlafen und hat einen bösen Traum gehabt, und einer sagte: Sie hat Heimweh.[45]

Unter den Erwachsenen, die die Kinder begleiteten, waren Lehrer, Krankenschwestern und Ärzte. Es war schwer, ihnen das Richtige zu essen zu geben, denn Fettes und Süßes brachen sie sofort wieder aus. Als sie in Apeldoorn ankamen, standen die meisten Pflegeeltern schon auf dem Bahnsteig, um auf »ihre« Kinder zu warten. Lisas Pflegemutter war nicht dabei. Das war enttäuschend. Sie war Krankenschwester und hatte an dem Tag vielleicht gerade Dienst. Doch sie hatte einen Jungen von den Nederlandse Padvinders geschickt, der Lisa abholen sollte. Da stand er nun blond und breitbeinig neben seinem Fahrrad, in seiner etwas seltsamen Uniform, die aus einem breitkrempigen Hut, kurzen Hosen und Kniestrümpfen bestand. Er sprach und verstand zwar kein Wort Deutsch, machte Lisa aber irgendwie klar, dass sie sich auf die Stange seines Fahrrads setzen solle, mitsamt ihrem schweren Gepäck, was nicht sehr angenehm war. Die Fahrt kam ihr endlos lang vor, denn das Haus ihrer Pflegemutter lag weit draußen am Waldrand. Dort war es sehr schön, aber auch etwas unheimlich. Ob in Budapest oder Wien: Sie hatte immer mitten in der Stadt gewohnt. Und jetzt plötzlich im finsteren Wald, wie im Märchen?

Nun lernte sie endlich Elisabeth Bosscha kennen, ihre künftige Ziehmutter, die man nur mit »Zuster«, dem niederländischen Wort für Schwester, ansprechen durfte. Sie erklärte ihr, dass sie noch andere Kinder in Pflege habe, denen es gesundheitlich nicht sehr gut gehe. Da habe sie dann noch ein Kind aus Wien dazu genommen, sodass eine Art Kinderheim, ein kleines Kollektiv entstand, in dem es viel lustiger zuging als zu Hause. In den ersten Tagen gab es nur Brühe zu essen, denn mehr vertrug Lisas Magen noch nicht. Erst nach und nach durfte sie wieder etwas Fett und Fleisch zu sich nehmen.

Den Vorschriften nach hätte sie eigentlich nur ein paar Wochen bleiben dürfen, aber die Zuster schloss sie so ins Herz, dass sie sie gar nicht mehr fortlassen wollte. Sie sei immer noch viel zu schwach und zu dünn, habe sich noch gar nicht richtig erholt. Es flossen Tränen, als sie wieder abfuhr, auf beiden Seiten. Kaum war Lisa wieder in Wien, kam auch schon ein Brief von Elisabeth Bosscha, in dem sie die Eksteins anflehte, dass sie sie doch bitte wieder zurückschicken sollten. Die Kosten und die Bestimmungen seien ihr egal. Sie würde auf eigene Verantwortung handeln.

Lisa war hin- und hergerissen. Wenn sie ja sagte, würden die Eltern gekränkt sein. Ein Nein hätte wiederum die Zuster verletzt. Am Ende fuhr sie doch und blieb ein volles Jahr. Das müsse von 1919 bis 1920 gewesen sein, sagte sie später, ohne sich dessen ganz sicher zu sein. Sie war gerne in Apeldoorn, aber sie fühlte sich auch irgendwie abgeschoben und fand die Entscheidung ihrer Eltern verletzend. War sie ihnen denn ganz egal? Wollten sie ihr eigenes Kind nicht mehr bei sich haben? Alles in allem sei es aber eine »phantastische« Zeit gewesen, an die sie immer wieder gerne zurückgedacht habe.

Phantastisch war es wohl wirklich in dem Haus im Wald »mit dem Rosengarten vorne und dem Kieselweg rundherum«, mit dem »Gemüse- und Obstgarten«, in dem sie im Sommer dicke reife Erdbeeren pflückte und später die aromatischen Blaubeeren.[46] Apeldoorn war eine kleine, beschauliche Stadt in der Provinz Gelderland, verglichen mit Wien fast ein Dorf, Sommersitz der niederländischen Königsfamilie, umgeben von weiten Heidelandschaften, in denen Lisa stundenlang herumwandern konnte, ohne dass jemand nach ihr rief oder ihr Vorschriften machte. Mit den anderen Kindern verstand sie sich gut. Sie ging auch zur Schule und sang lauthals mit, wenn die niederländische Nationalhymne geübt wurde: *Wilhelmus van Nassouwe / Ben ik van Duitsen bloed / Den vaterland getrouwe / Blijf ik tot in den dood …*

Das Problem war nur: Sie verlernte ihr Deutsch. Als sie ihren Eltern einen Brief schreiben sollte, konnte sie es plötzlich nicht mehr. Wieder in Wien, wusste sie erst gar nicht, was sie sagen sollte, als man sie auf dem Bahnhof abholte. *Goedendag? Grüß Gott? Ik heb je gemist?* Das ging eine ganze Weile lang so, dass sie beide Sprachen miteinander vermischte. Hans, ihr älterer Bruder, machte sich lustig über sie. Ihm ging alles leicht von der Hand. Die Schule, der Umgang mit Menschen, das Wiederankommen. Es war schon jetzt klar, dass er einmal etwas ganz Besonderes werden würde. Ein Gelehrter, ein Professor, Mathematiker oder Physiker vielleicht? Die Eltern waren sehr stolz auf ihn. Sie lobten ihn dauernd und priesen ihn als ihr großes Vorbild. Mit demselben Stolz sprachen sie immer wieder von den vielen »tüchtigen« Frauen in der Familie, von Tante Malva, der Malerin. Das muss eine schwere Last für Lisa gewesen sein, manchmal kaum zu ertragen. Irgendwann wurde ihr das Wort »tüchtig« regelrecht zuwider, besonders weil da etwas wie ein Vorwurf mitzuschwingen schien: Und du? Was hast du bisher geleistet? Wofür bist du eigentlich begabt? Was soll aus dir bloß einmal werden?

Es fällt auf, dass ihre Zeit in Apeldoorn fast das Einzige ist, was sie aus ihrer Kindheit preisgibt. Fast alles andere wird weggelassen. Die Freundinnen, die Lehrer, das Familienleben, ihre Lieblingsplätze, ihre Lieblingsspeisen, die Aufenthalte in Malvas Atelier, die doch sehr prägend gewesen müssen. Kann man daraus vielleicht schließen, dass das Jahr in Holland ein Höhepunkt ihrer Kindheit war, die einzige Zeit, in der sie sich geliebt, gut behandelt und akzeptiert fühlte, gut ernährt und nicht immer im Schatten des großen Bruders oder der vielen »tüchtigen« Frauen stehend, auf die alle so stolz waren?

2

BLUTMAI

(1921–1932)

»Abgeschafft«

Zu Beginn der zwanziger Jahre wurde die Lage in Wien immer dramatischer: Es gab Revolten und Straßenschlachten, wütende Proteste gegen den Mangel an Nahrungsmitteln, die Wohnungsnot und die rasende Inflation. Die Juden, hieß es nun immer öfter und lauter, seien schuld, vor allem die, die als Flüchtlinge in die Stadt gekommen seien. Von etwa 20 000 war die Rede, die nun zusätzlich ernährt, untergebracht und versorgt werden müssten und durch ihre schiere Anwesenheit dazu beitrügen, die Not der Einheimischen zu vergrößern. Das fand auch der neue Bundeskanzler, Ignaz Seipel, ein Mann der Großdeutschen Volkspartei, der als eine seiner ersten Amtshandlungen die Verfügung erließ, alle Fremden, die nach 1914 in die Stadt gekommen seien, auszuweisen oder »abzuschaffen«, wie es im Amtsdeutsch hieß. Zurück in die »Heimat«, wo auch immer die war: Polen, Ungarn, Russland oder die Tschechoslowakei?

Auch die Eltern von Lisa waren davon betroffen. Obwohl sie sich immer als Österreicher gesehen hatten, galten sie plötzlich als »fremd«, denn sie waren in Prag beziehungsweise Pilsen geboren und erst nach Kriegsbeginn in die Hauptstadt gekommen. Ähnlich wie der junge Journalist Joseph Roth, der aus dem galizischen Brody stammte und verzweifelt an die Behörden appellierte:

> Meine ganze Existenz beruht auf der durch die deutschösterreichische Staatszugehörigkeit bedingten persönlichen Freiheit, innerhalb meines Kulturkreises zu wirken und wäre durch eine Verurteilung zur Heimatlosigkeit erschüttert. Ich bitte daher um die formale Zuerkennung jener Staatsbürgerschaft, die ich mir [...] durch mein Wesen und Wirken längst erworben zu haben glaube.[1]

Es dauerte Jahre, bis er das gewünschte Papier endlich erhielt. Bei den Eksteins ging es wesentlich schneller. Sie bekamen es schon 1921, eigentlich erstaunlich, denn Ekstein hatte weder – wie Joseph Roth – in der österreichischen Armee gedient, noch nahm er eine wichtige Stellung im öffentlichen Leben ein. Ganz im Gegenteil, er war KPÖ-Funktionär, für die Gesellschaft eher lästig als nützlich. Vielleicht spielte die Prominenz seiner Schwägerin Malva Schalek eine Rolle? Oder die von Alice Schalek, einer weiteren Verwandten seiner Frau, die als Kriegsreporterin berühmt geworden war und der man sogar das Goldene Verdienstkreuz mit Krone verliehen hatte? Dass Karl Kraus sich lautstark über diese »kriegsgeile Hyäne« empörte und immer wieder hasserfüllt auf sie einhieb, ob in seiner Zeitschrift *Die Fackel* oder dem Drama *Die letzten Tage der Menschheit*, hatte ihrer Beliebtheit nichts anhaben können, sondern machte sie nur noch populärer.[2]

Nicht gemeldet

Mit der im November 1918 gegründeten KPÖ ging es schnell bergab, da sie sich in innerparteilichen Kämpfen verzehrte: zwischen Ultralinken, Anarchosyndikalisten und Vertretern der Arbeiterschaft, dazu noch tschechischen und zionistischen Splittergruppen, die jeweils eigene Interessen verfolgten.[3] Einig waren sie sich nur in ihrem Hass auf die Sozialdemokraten, mit dem sie aber niemanden so recht überzeugen konnten, da sie seit der Gründung der Republik doch sehr viel durchgesetzt hatten: das Frauenwahlrecht, den Achtstundentag, besseren Kündigungsschutz und den Neubau von Schulen, Kindergärten, Krankenhäusern und Wohnungen. Ihre Reformarbeit in Wien war beispielhaft und verlieh der Stadt den Ruf, eine der fortschrittlichsten Metropolen Europas zu sein.[4]

Die KPÖ hatte dagegen fast nichts erreicht, nicht einmal einen Sitz im Nationalrat. 1921 hatte sie landesweit 4500 Mitglieder, davon 60 Prozent Arbeitslose.[5] Sie wurde kaum als Opposition wahrgenommen, nur als Grüppchen von Querulanten, was dazu führte, dass sogar ihre Gründer, Karl Steinhardt und Elfriede Friedländer, enttäuscht das Land verließen und nach Deutschland gingen, wo die KPD eine Massenpartei, eine echte politische Kraft war.[6] Elfriede Friedländer nannte sich nunmehr »Ruth Fischer« und übernahm die Leitung der Berliner Gruppe, zusammen mit ihrem Lebensgefährten Arkadi Maslow, einem ukrainischen Kommunisten, der wie sie zum ultralinken Flügel der Partei zählte. Obwohl sie selbst jüdischer Herkunft war, bediente sie in ihren Reden antisemitische Klischees, die das Zerrbild vom jüdischen Kapitalisten bedienten und fast genauso wie Eksteins Artikel in der *Wage* klangen: »Sie rufen auf gegen das Judenkapital, meine Herren? Wer gegen das Judenkapital aufruft, [...] ist schon Klassenkämpfer, auch wenn er es nicht weiß. [...] Tretet die Judenkapitalisten nieder, hängt sie an die Laterne, zertrampelt sie. Aber, meine Herren, wie stehen Sie zu den Großkapitalisten, den Stinnes, den Klöckner?«[7]

Bald nach dem Krieg war in Wien eine Sowjetische Handelsvertretung eröffnet worden, die wenig später nach Berlin zog, wo sie effektiver arbeiten konnte. Sie verdankte ihre Existenz verschiedenen Dekreten, mit denen die Beziehungen zwischen Deutschland und Russland normalisiert werden sollten, in wirtschaftlicher, militärischer und auch kultureller Hinsicht. Kaum etabliert und in ein riesiges Gebäude eingezogen – in das Haus der ehemaligen Viktoria-Versicherung an der Lindenstraße in Kreuzberg –, hatte sie schon mehr als 600 Mitarbeiter, darunter den legendären Graphiker und

Fotografen John Heartfield. Es gab Kunstausstellungen mit Werken von Malewitsch und El Lissitzky, Zeitungsneugründungen, Konzerte, Vorträge, vor allem aber binationale Handelsabkommen, an denen die gesamte deutsche Großindustrie beteiligt war: Otto Wolff, Krupp, Siemens, Orenstein und Koppel, die Rheinmetall usw. Hier floss viel Geld, zum Teil mit Hilfe der Deutschen Bank. Es wurde über den Im- und Export von Getreide, Erdöl, Gas, Flugzeugen, Waffen und Panzern verhandelt, über die Gründung binationaler Gesellschaften wie der Deutsch-russischen Luft-AG (Deruluft) und der Deutsch-russischen Transport-Aktiengesellschaft (Derutra), die alsbald ihren Betrieb aufnahmen. Schon ab dem 1. Mai 1922 konnte man bequem von Königsberg nach Moskau fliegen. Es war ein Riesengeschäft, an dem alle blendend verdienten, Kriegsgewinnler und Kriegsgegner, Juden und Antisemiten, Bolschewisten, Aristokraten und Deutschnationale, nicht zuletzt aber die KPD, die von der Handelsvertretung großzügig alimentiert wurde.[8]

Hier fand auch Lisas Vater ein reiches Betätigungsfeld, als er sich im Herbst 1920 entschloss, nach Berlin zu ziehen, denn aufgrund seiner Vielsprachigkeit und kaufmännischen Erfahrung konnte man ihn als Dolmetscher und Verhandler gut gebrauchen. Außerdem waren die Arbeitsbedingungen recht komfortabel. Ein Siebenstundentag, mehr Urlaub als in irgendeiner deutschen Firma und ein Lohn, der deutlich über dem Durchschnitt lag. Angestellte der Handelsvertretung konnten »Motorräder, Pelzjacken und ähnlichen Luxus mit beträchtlichem Rabatt kaufen und [...] mit ihren Familien billige Ferien in Russland verbringen oder in russische Sanatorien gehen.«[9] Das war eine Wohltat nach den harten Jahren in Wien. Damit ließ sich die Inflation gut überleben.

Die Vertretung genoss zwar diplomatische Immunität, trotzdem fanden manchmal Razzien statt, wenn etwa der Verdacht aufkam, dass sich polizeilich gesuchte Kommunisten dort versteckt hielten. Als Ausländer musste man besonders vorsichtig sein, um nicht als unerwünscht abgeschoben zu werden. Es war besser, sich nicht offiziell anzumelden, sondern wechselnde Deckadressen zu benutzen. Ekstein zog es wohl vor, bis etwa 1925 in Wien gemeldet zu bleiben, obwohl er dort längst nicht mehr lebte.

Wo aber dann? In der Ganghoferstraße in Steglitz, wie Julie, seine Frau, später angeben würde, sicher nicht, denn diese Straße war 1922 noch eine Art Brachland, auf dem sich lediglich einige Baustellen befanden.[10] Erst 1926 erscheint er namentlich im Adressbuch von Berlin, und zwar auf der Lietzenburger Str. Nr. 11, in einem Haus, das seinem Arbeitgeber, der Sowjetischen Handelsvertretung, gehörte. Hier wohnten ausschließlich leitende Mitarbeiter: Ingenieure, Professoren, Verlagsleiter. Man blieb also unter sich, vermutlich ständig unter strenger Überwachung stehend. Denn der Direktor der Handelsvertretung, ein Bulgare namens Boris Spiridonowitsch Stomonjakow, führte ein ultraautoritäres Regiment im Geiste Stalins, dem er später allerdings selbst zum Opfer fallen sollte.[11]

Lisa hat diesen Abschnitt ihrer Kindheit und Jugend nie erwähnt, weder in ihren Interviews noch in ihren Büchern. Ihr Vater sei erst Kaufmann, dann Journalist, dann wieder Kaufmann gewesen. Einzelheiten seien ihr unbekannt und hätten sie auch nicht interessiert.

Preußischer Drill?

In der ersten Zeit war sie sehr unglücklich in Berlin, kein Wunder, nachdem sie sich gerade erst in Wien wieder eingelebt hatte. Sie hatte die Grundschule abgeschlossen, ihre Sprachschwierigkeiten überwunden, ein paar Kilo zugenommen und auf dem Lyzeum des Frauenerwerbvereins mehrere Freundinnen gefunden, mit denen sie ins Kino, ins Schwimmbad oder in die Urania ging. Dieses große Volksbildungshaus war bei der Bevölkerung sehr beliebt, weil es für wenig Geld Konzerte, Dichterlesungen und Vorträge auf höchstem Niveau bot, die vom Professor bis zum einfachen Arbeiter besucht wurden.

Nun also Berlin, die Stadt der Mietskasernen, Armenküchen und der Hyperinflation, eine Stadt aus Asphalt, Ziegeln und Mauern mitten im Flachland, durchzogen von Untergrundbahnen, bewohnt von abweisend wirkenden Menschen, deren Dialekt sie nicht richtig verstand. Das Schlimmste aber sei die Schule gewesen, das städtische Viktoria-Lyzeum in Kreuzberg. Alles so schroff, so militärisch, so preußisch, so deutschnational, Lehrerinnen und Lehrer, die im Geschichtsunterricht ständig über die Schlacht im Teutoburger Wald gesprochen hätten, ein Thema, das sie nicht im Mindesten interessiert habe.[12]

Sie persönlich mag es so empfunden haben. Aber aus noch erhaltenen Lehrplänen der Schule geht hervor, dass es sich um eine sehr progressive Einrichtung gehandelt haben muss, in der Aufsätze über hochaktuelle Themen geschrieben wurden: »Die Elektrizität im Dienste der Menschheit«, »Vor- und Nachteile des Großstadtlebens«, »Der deutsche Rundfunk«, »Warum gehe ich gern ins Kino?«, »Ist Armut ein Unglück?«, »Meine Meinung über die verschiedenen Frauenberufe« usw.[13] Direktor war, wie damals noch üblich, ein Mann. Aber das Kollegium bestand überwiegend aus Frauen, darunter Lilli Auerbach, eine feministisch orientierte Germanistin, die ihre Dissertation über das Frauenbild Wilhelm Raabes geschrieben hatte.[14] Es gab eine Schüler- und Elternvertretung, freien Mittagstisch und Schulgeldbefreiung für immerhin 14 Prozent aller Schülerinnen, Wandertage, Fahrten ins Landschulheim und natürlich auch jüdischen Religionsunterricht, der von einem Rabbiner, Dr. Sally Gans, erteilt wurde. Dieses Lyzeum war sicher keine Reformschule. Aber eine preußische Zucht- und Drillanstalt war es auch nicht.

Sie habe Heimweh, beklagte sich Lisa bei ihren Eltern, furchtbares Heimweh. Sie könne es in Berlin nicht mehr aushalten und wolle unbedingt wieder zurück nach Wien. Im Winter 1922 kam sie dort wieder an. Allein. Sie war 13 Jahre alt. Man hatte sie einfach in einen Zug gesetzt, der über 700 Kilometer weit fahren würde, über Cottbus, Dresden, Prag und Brünn bis nach Wien, wo sie bei einer Schwester ihres Vaters wohnen sollte.

Diese Schwester, Lisas Tante also, sie hieß Hedwig, war mit einem aus Budapest stammenden Kaufmann namens Ladislaus Csató verheiratet, der eine Gemischtwarenhandlung in der Kleinen Sperlgasse betrieb. Sie hatten drei Söhne, András, Tibor und Gyury, der sich später Georges nennen würde. András, der Älteste, war wahrscheinlich schon aus dem Haus. Aber Tibor und Gyury waren noch da, sodass es nie langweilig für Lisa wurde, zumal sie ihre Cousins sehr gut leiden konnte. Die Csatós waren bestimmt nicht mit Gütern gesegnet, denn die Sperlgasse lag mitten in der Leopoldstadt, nicht weit vom Tandelmarkt und der Taborstraße, wo vorwiegend jüdisches Kleinbürgertum wohnte. Doch auch wenn man selbst in bescheidenen Verhältnissen lebte: Es war ganz normal, dass man sich half, wenn es um die Kinder ging, dass man sie »austauschte«, wenn es irgendeinen Grund dafür gab. Auch Tibor und Gyury würden später längere Zeit bei den Ekstein wohnen, der eine, um Medizin, der andere, um Kunst zu studieren. Man habe damals ein ganz anderes Verständnis von »Familie« gehabt, sagte Lisa später in einem Interview, nicht so eng, nicht so kleingeistig, nicht so hermetisch nach außen abgeschirmt wie seit dem Wirtschaftswunder. Es sei eben eine andere Art der Solidarität und der »menschlichen Verbindung« gewesen. [15]

Da in Lisas alter Schule, dem Lyzeum des Frauenerwerbsvereins, kein Platz mehr war, musste sie auf eines der zahlreichen Mädchenpensionate gehen, die in Wien wie Pilze aus dem Boden schossen, teuer und von unterschiedlicher Ausrichtung und Qualität, ob reformpädagogisch, konservativ, jüdisch, staatlich anerkannt oder nicht. Lisa, die sich später an den Namen nicht mehr erinnern konnte, scheint es ganz gut getroffen zu haben. In verschiedenen Interviews schwärmt sie geradezu von den jungen Lehrerinnen, bei denen ihr das Lernen zum ersten Mal richtig Spaß gemacht habe.

»Die Neese voll!«

Die Eltern hatten ihr für diesen Aufenthalt eine Frist gesetzt. Nicht länger als eine Saison, maximal ein Jahr. Schließlich konnte sie nicht für immer bei den Csatós bleiben, die doch ihre eigenen Sorgen hatten, drei Söhne, den Laden und dann noch Lisa, die auf dem Höhepunkt ihrer Pubertät angekommen war!

Was für ein Glück, dass ihr Vater so gut verdiente, denn die Inflation schritt in dieser Zeit so rasend voran, dass man glaubte zu träumen. Im März 1923 kosteten drei Pfund Feinbrot noch 760 Mark, im November schon 769 Milliarden. Fast die gesamte Arbeiterschaft war verarmt, das Volk über alle Parteigrenzen hinweg in großer Erregung, denn im Januar war das Ruhrgebiet von 60 000 französischen und belgischen Soldaten besetzt worden, weil Deutschland mit Reparationsleistungen in Rückstand geraten war, die im Friedensvertrag von Versailles vereinbart worden waren. Die Bevölkerung leistete passiven Widerstand. Die Arbeit in den Kohlebergwerken ruhte.

»Über 100 000 deutsche Männer, Frauen, Greise und Kinder sind von Haus und Hof vertrieben worden«, empörte sich der sozialdemokratische Reichspräsident Friedrich Ebert. »Für Millionen Deutsche gibt es den Begriff der persönlichen Freiheit nicht mehr.«[16] Es gab Straßenkämpfe, Streiks, Sabotageakte und beängstigende Koalitionen zwischen Rechts und Links. Die Regierung wechselte alle paar Wochen. Eine neue Partei, die NSDAP, war gegründet worden und hatte in kürzester Zeit über 50 000 Mitglieder gewonnen, die allesamt gegen die »Judenrepublik« und den »Schandvertrag« von Versailles waren. Der Traum von Frieden und Freiheit hatte sich nicht erfüllt. Nur fünf Jahre nach dem Ende des Ersten Weltkrieges stand Deutschland in jeder Hinsicht am Abgrund. Wer mochte da noch optimistisch in die Zukunft sehen und große berufliche Ambitionen entwickeln?

Es begann damit, dass Lisas Zeugnisse aus Wien in Berlin nicht anerkannt wurden, sodass sie eine »Presse«, ein privates Nachhilfeinstitut, besuchen musste, um das Nötigste nachzuholen. Was dann geschah, bleibt unklar. Zuerst sei sie auf einem Privatgymnasium für Knaben gewesen, das in Ausnahmefällen auch Mädchen aufnahm. Dann wiederum auf einer Mädchenschule, wo man sich aber nur für »Haarfrisuren und künftige Ehemänner« interessiert habe.[17] An anderer Stelle erklärt sie, sie habe die Karl-Marx-Schule in Neukölln besucht,[18] die de facto aber damals noch Kaiser-Friedrich-Realgymnasium hieß und erst 1930 umbenannt wurde. Es muss, kurz gesagt, ein einziges Chaos gewesen sein und viel Streit mit den Eltern gegeben haben. Nachdem sie einen Abschluss in der Tasche hatte, der der heutigen Mittleren Reife entsprach, hatte sie endgültig »die Neese voll« und erklärte den Eltern, dass ihre Schulzeit nunmehr beendet sei. Es sei nichts zu machen. Keine Diskussion. Punkt.[19]

Ihr Vater, der ihr sonst fast jede Freiheit gelassen habe, sei entsetzt gewesen: Ob sie sich wirklich aufgeben wolle, die Chance zu studieren nicht ergreifen? Ob sie Lust habe, in die alte Frauenrolle zurückzufallen und eines Tages von einem Mann abhängig zu sein? Er zwang sie zu nichts. Aber er stellte eine Bedingung: Sie sollte wenigstens auf eine Handelsschule gehen, um die klassischen Büroarbeiten zu erlernen, Maschineschreiben, Buchhaltung, Stenographie usw., damit sie eines Tages die Verantwortung für sich selbst übernehmen könne.

Es war die Zeit, in der sie begann, politisch aktiv zu werden. 1924 trat sie in den Kommunistischen Jugendverband ein und vier Jahre später in die KPD.[20] Außerdem war sie Mitglied im Sozialistischen Schülerbund, wo sie viele ihrer späteren Genossen kennenlernte. Der Sozialistische Schülerbund hatte eine eigene Zeitschrift, *Der Schulkampf*, in der es hieß:

> Unsere Aufgabe im imperialistischen Krieg ist es, ihn umzuwandeln in den Bürgerkrieg gegen die herrschende Klasse. [...] Die Widersprüche zwischen Kapital und Arbeit treiben zum Bürgerkrieg. Eine friedliche Austragung dieser Gegensätze ist unmöglich. Die kapita-

> listische Herrschaft ist nur mit Gewalt zu stürzen. Die friedliche Eroberung der Macht durch eine Parlamentsmehrheit hilft nichts. Die Eroberung der Macht ist also nur möglich durch die organisierte Gewalt der Revolution.[21]

Der Sozialistische Schülerbund trat bisweilen recht militant auf und regte seine Mitglieder dazu an, Lehrer als »Diktatoren« zu bezeichnen oder mit Blumentöpfen zu bewerfen, selbst wenn es sich um anerkannte Reformpädagogen handelte, die für Arbeiterbildung und das spätere Gesamtschulprinzip eintraten. Doch dazu war es nach Meinung dieser Gruppierung noch zu früh. Eine echte Schulreform sei erst möglich, wenn das Proletariat an die Macht gelangt sei. Bis dahin sei sie abzulehnen und zu bekämpfen. So argumentierte auch Lisa, wenn die Eltern ihr vorwarfen, dass sie die Chance zu studieren vorbeiziehen lasse, um stattdessen zu Versammlungen oder Demonstrationen zu gehen:

> »Ihr versteht das eben nicht. Alles kommt jetzt darauf an, den Faschismus zu schlagen, da kann ich keine Zeit verschwenden mit bequemem Leben und Universität. Ihr wisst ja nicht, wie viel ich lerne, oft von Leuten, die nur die Volksschule besucht haben – sie verstehen so viel von Dingen, die in keinem Universitätsseminar vorkommen. Und auch nicht in eurem Romanischen Café.«[22]

Rotsport

Der Kommunistische Jugendverband Deutschlands (KJVD), dem Lisa seit 1924 angehörte, war nach dem Ersten Weltkrieg aus der Freien Sozialistischen Jugend hervorgegangen. Als Kaderschmiede für künftige KPD-Funktionäre vertrat er eins zu eins die politischen Grundsätze der Partei, der er sich in einer Art »Waffenbrüderschaft« verbunden fühlte.[23] Viele Kinder und Jugendliche fanden hier eine zweite Heimat, besonders wenn sie aus schlechten sozialen Verhältnissen kamen. Niemand musste hungern oder Heimarbeit machen. Wer krank war, wurde zum Arzt geschickt. Es wurde nicht geprügelt und nicht getrunken. Für Kleidung war ohnehin gesorgt, denn alle trugen die gleiche Uniform, in der sie wie sowjetische Bäuerinnen und Bauern aussahen.[24] Auch die Freizeitgestaltung war gut strukturiert. Mit strammen Wanderungen, Fahrten aufs Land, Singen, Tanzen, Gruppenabenden, Schwimmen und Mannschaftssport. Bei Lisa spielte aber sicher noch etwas anderes eine Rolle: Das Gefühl, endlich so akzeptiert zu werden, wie sie war, unabhängig von ihren Schulleistungen und ihrem Geschlecht. Es entfiel auch die ständige Frage, was sie später einmal werden wolle und warum sie die Chance zu studieren nicht ergreife, denn hier gab es nur drei Dinge, die wirklich zählten: die Solidarität, der politische Kampf und der Sport.

In diesem Punkt war sie ihrem Bruder Hans klar überlegen. Er war zwar gut gewachsen und sehr attraktiv, aber leicht gehbehindert. Seit einer Kinderlähmung zog er ein Bein etwas nach. Er würde nie ein guter Läufer oder Bergsteiger werden, würde nie Medaillen gewinnen. Das übernahm jetzt Lisa, indem sie in eine der vielen Rotsport-Bewegungen eintrat,[25] die von der KPD frenetisch gefeiert wurden, als rote Heerschau, Demonstration der Brüderlichkeit und proletarische Wehrhaftmachung, wie Parteichef Ernst Thälmann immer wieder erklärte.

Lisa war Teil dieser Bewegung. Es war ihr sehr ernst damit. Bis 1933, als die Rotsport-Bewegungen verboten wurden, muss sie beinahe täglich intensiv trainiert haben, Leichtathletik und Tennis vor allem. Ihr Mitgliedsbuch war ihr so wichtig, dass sie es selbst in Augenblicken größter Gefahr nicht aus der Hand gab. Nur diesem Training und ihrer guten Kondition war es zu verdanken, dass sie ihren Verfolgern später immer wieder davonlaufen konnte, ob in den Straßen von Berlin oder auf steilen Pfaden in den Pyrenäen.

»Gegnermann« Lisa

Welche Aufgaben hatte sie im Kommunistischen Jugendverband? Schwer zu sagen, da sie sich selbst nie dazu geäußert hat. In einem Dossier, das die Amsterdamer Exil-KPD 1937 über sie anlegte, heißt es allerdings:

> Die Freundin trat 1924 in den KJVD ein und 1928 in die Partei. Im KJVD war sie Unter-Kassiererin und Organisationsleiterin der Zelle im Unterbezirk 15 (Berlin-Wilmersdorf) bis 1925. Von 1925–26 bearbeitete sie die Schülerfraktion und machte Gegnerarbeit und Politleitung in der Gruppe 16 (Berlin-Kreuzberg). Dann arbeitete sie im Unterbezirk Süd/Ost in Berlin als Gegnermann und Organisationsleiterin von 1926–28. Ab 1928 war sie beruflich bei der Roten Hilfe beschäftigt und machte erst Schulungs-, dann Agitprop-Arbeit im Unterbezirk Berlin-Kreuzberg bis 1930. Von 1930 bis Ende 1930 war sie Pionierleiterin im Unterbezirks-Zentrum in Berlin. Von 1930–31 war sie Agit- und Politleiterin im Unterbezirks-Zentrum in Berlin. [...] Dann übernahm sie die Gegnerarbeit in der Bezirksleitung Berlin-Brandenburg im Jugend-Verband bis September 1932 und machte dann die gleiche Arbeit im Jugendverband-Zentralkomitee bis zur Illegalität. In der Partei hatte die Freundin bis zu dieser Zeit keine Funktion. Sie war außer in der Partei und der Jugend in der Roten Hilfe, Internationalen Arbeiterhilfe, Arbeitssport und im Zentralverband der Angestellten von 1926–33.[26]

Das heißt also, dass sie nicht nur einfaches Mitglied war, sondern zeitweise eine Reihe von Funktionen in der Partei hatte, deren Bedeutung heute schwer zu entschlüsseln sind. Was »Gegnerarbeit« bedeutete, ist allerdings klar: das Aushorchen von Splitter- und Oppositionsgruppen, die es in der chronisch zerstrittenen KPD immer wieder gab. Lisa wurde als »Gegnermann« auf Kreise angesetzt, die im Verdacht standen, zu links oder zu rechts, zu liberal oder zu radikal, zu scharfe Konkurrenten Ernst Thälmanns oder sonst irgendwie störend zu sein. Wahrscheinlich glaubte sie, nur ihre Pflicht zu tun.[27] Hieß es doch in den Anweisungen immer wieder, dass »jeder Disziplinbruch und jede Fraktionshandlung« ein »Hilfsdienst für die Sozialdemokratie« sei. Das Politbüro rufe deshalb »die gesamte Parteimitgliedschaft [...] auf, ihre Reihen fest zusammenzuschließen, die bolschewistische Disziplin der KPD rücksichtslos gegen jeden Angriff zu verteidigen und mit eigener proletarischer Entschlossenheit [...] jeden Versuch der Störung [...] und Zersetzung zunichte zu machen.«[28]

Romanisches Café

Um 1927 bekam Lisas Vater Schwierigkeiten in der Sowjetischen Handelsvertretung, wahrscheinlich aufgrund eines Korruptionsskandals, in den er verwickelt gewesen sein soll. Man berief ihn mehrmals zum Rapport nach Moskau und entließ ihn schließlich aus seiner Stellung, aber nur pro forma, um ihn in der Firma Hecht, Pfeiffer und Co. unterzubringen, für die er ausgedehnte Ostgeschäfte abwickeln sollte.[29] Hecht, Pfeiffer und Co. war ein Im- und Exportbetrieb, der in enger Beziehung zur Handelsvertretung stand und die Ausfuhr von Zündhölzern und Nähgarn aus Russland nach Deutschland besorgte. Es muss sich um Millionengeschäfte gehandelt haben.

Obwohl ihm de facto kein Schaden entstanden war, scheint Ekstein in dieser Zeit seinen Glauben an die Partei verloren zu haben. Vielleicht hatte man ihn quälenden Verhören unterzogen. Oder er hatte Angst, dass es ihm gehen würde wie Ruth Fischer, die es gewagt hatte, sich kritisch über Stalin zu äußern, worauf man ihr den Pass abgenommen und sie wochenlang im Hotel Lux, dem Moskauer Gästehaus der Kommunistischen Internationalen, eingesperrt hatte. Sie sei Trotzkistin, lautete der Vorwurf, und unterstütze den »Kriegsplan der Imperialisten«.[30]

Ekstein betätigte sich von nun an nicht mehr politisch, sondern bereitete vorsorglich seinen Austritt aus der Partei vor. Er vollzog diesen Schritt zwar erst 1931, »freiwillig«, wie es in den KPD-Akten heißt,[31] nahm aber schon lange nicht mehr an Versammlungen teil, sondern verkehrte lieber in Künstler- und Intellektuellenkreisen, vor allem im Romanischen Café am Kurfürstendamm, wo er beinahe dieselben Leute wie in Wien traf: Joseph Roth, Egon Erwin Kisch, Bruno Frei oder Anton Kuh, die sich inzwischen alle in Berlin eingefunden hatten.

Das Romanische Café war eigentlich nicht besonders gemütlich, ganz im Gegenteil; von außen sah es aus wie eine preußische Trutzburg und von innen wie eine Schwimmhalle ohne Wasser. Doch für viele dieser Entwurzelten war es ein zweites Zuhause, Wohnzimmer, Bühne, Studio und Büro, wo man sich an kleinen, leicht verwitterten Marmortischen traf, Zeitung las, Schach spielte oder wichtige Kontakte knüpfte und vor allem über die politische Weltlage diskutierte.

Manchmal wurde es unruhig, am 20. März 1927 zum Beispiel, als Nazihorden vor dem Haus randalierten, weil sie Juden unter den Gästen vermuteten. Sie waren johlend über den Kurfürstendamm marschiert, hatten jeden, der irgendwie undeutsch wirkte, niedergeschlagen und gerufen: »Raus mit dem farbigen Pack aus Deutschland, schlagt die Judenlümmel tot!« Dann gingen sie auf das Romanische Café los. Zeitungen schrieben, dass die Polizei zwar erschien, aber tatenlos zusah.[32] Ohne die Kellner, die schnell alles absperrten, hätte es vielleicht Tote gegeben.

Kein Kompromiss

Lisa erwähnt solche Ausschreitungen nur am Rande, vielleicht weil sie ihnen keine große Bedeutung zumaß. Damit stand sie in der damaligen Zeit nicht allein, besonders nicht innerhalb ihrer Partei, der KPD. Die hielt das Thema ebenfalls nicht für besonders wichtig, sondern benutzte gelegentlich selbst judenfeindliche Stereotypen und vertrat im Übrigen die Meinung, der Antisemitismus sei nichts weiter ein Propagandainstrument der herrschenden Klassen, um »die werktätigen Massen zu verwirren und vom Klassenkampf abzuhalten«.[33] Der wirkliche Feind stand für das Gros der KPD-Mitglieder woanders. Der wirkliche Feind war das Kapital, der »Sozialfaschismus«, die Polizei, der Trotzkismus und das »Abweichlertum«. Der Antisemitismus würde sich, ähnlich wie die Frauenfrage, von selbst erledigen, wenn das Proletariat eines nicht zu fernen Tages die Macht übernehmen würde.

Die Beziehung zwischen Lisa und ihren Eltern muss in dieser Zeit immer schwieriger geworden sein. Je mehr sie sich von der orthodoxen Parteidoktrin abwandten, umso mehr wandte Lisa sich ihr zu. Nur keine Kompromisse machen. Kompromisse waren etwas für Feiglinge. Deshalb nahm sie eine Stellung bei der Roten Hilfe an, für die sie seit 1928 hauptamtlich tätig war.[34] Das war nicht ehrenrührig, ganz im Gegenteil. Die Rote Hilfe wurde von weiten Kreisen der Gesellschaft unterstützt, von prominenten Rechtsanwälten und parteilosen Künstlern wie Heinrich Zille oder Käthe Kollwitz. Sie gab verschiedene Zeitungen und Broschüren heraus, Ratgeber zu sozialen Themen und engagierte politische Sachbücher mit Titeln wie »Das blutende China«, »Das Golgatha des weißrussischen Volkes«, »Frauen rufen aus Kerkern«, »Abtreibung und Geburtenregelung« usw.[35]

Und trotzdem: Ihrem Vater ging das offenbar alles zu weit. Er hatte wohl Angst, dass sie sich zu sehr radikalisierte, sich vielleicht sogar in Gefahr brachte, besonders als Ausländerin, denn sie besaß nicht die deutsche Staatsbürgerschaft und konnte jederzeit ausgewiesen werden, wenn sie sich nach deutschem Recht strafbar oder auch nur verdächtig machte.

Deshalb schickte er sie für ein Jahr nach Paris, um sie auf andere Gedanken zu bringen. Sie belegte Sprachkurse im renommierten Institut de Langue am Boulevard Raspail Nr. 38, das es heute noch gibt. Wahrscheinlich kam der Aufenthalt ihn teuer zu stehen, denn

Lisa wohnte nicht etwa in einem möblierten Zimmer, sondern in einem Hotel in der Rue de la Gaîté, mitten im Quartier Montparnasse, zwischen Theatern, Cafés und Restaurants, wo sie Wein zu trinken und die französische Küche zu schätzen lernte.[36] Doch sie blieb nicht auf Dauer. Sie kam wieder zurück. Gerade rechtzeitig, um den sogenannten Blutmai mitzuerleben, den sie in ihrem ersten Buch kurz erwähnt.[37]

Blutmai

»Rote Fahnen heraus! Rüstet zur Maidemonstration des Berliner Proletariats!«[38]

Es war einer der ersten schönen Frühlingstage nach einem sehr harten Winter. Doch die Stimmung am 1. Mai 1929 war alles andere als hoffnungsvoll. Weltwirtschaftskrise. Hohe Arbeitslosigkeit. Massenverelendung. Selbstmorde. Erstarken der NSDAP. Schlägereien zwischen Nazis und Kommunisten. Im Jahr davor war die KPD noch zusammen mit den Gewerkschaften und der SPD aufmarschiert, um gemeinsam das Fest der Arbeiterbewegung zu begehen. In diesem Jahr war ein Demonstrationsverbot erlassen worden, an das sich aber kaum jemand zu halten gedachte. Dazu war die Wut, die sich bei den Arbeitern aufgestaut hatte, zu groß: gegen den Hunger, gegen die Wohnungsnot, gegen die dauernd wechselnden Kanzler, denen niemand mehr über den Weg traute, vor allem aber gegen den Berliner Polizeipräsidenten Karl Friedrich Zörgiebel, der das Verbot durchgesetzt hatte.

Die KPD hatte ihre Anhänger ermahnt, an diesem Tag ruhig und friedlich zu bleiben.[39] Doch es kam anders. Es gab ein riesiges Gemetzel, vor allem in Neukölln und im Wedding. Die Polizei setzte Gummiknüppel, Panzer und Schläuche ein und schlug unbeteiligte Passanten zu Boden, sodass der Volkszorn regelrecht angeheizt wurde. Nun griffen auch die Demonstranten zur Waffe, schossen aus Fenstern und Dachluken, stürzten Baubuden um und errichteten Barrikaden aus Stangen und Planken. »Auf der Straße lagen zahlreiche Opfer [...], viele Verletzte und Tote«, schrieb das *Berliner Tageblatt*. »Unter den Toten befindet sich ein unbekannter Mann, der einen Bauchschuss erhalten hatte. Es handelte sich um einen Krüppel, dessen rechter Unterschenkel vor mehreren Jahren amputiert worden ist.«[40]

Die meisten Gaststätten und Geschäfte hatten geschlossen. Einige Straßen wirkten wie ausgestorben. In anderen drängten sich Tausende von Menschen, die »eine drohende Haltung einnahmen und Verwünschungen gegen die Schutzpolizisten aussprachen«.[41] Auch im Reichstag entstanden Tumulte. Abgeordnete der KPD riefen: »Wo ist der sozialdemokratische Kosakenmann?«, womit Polizeipräsident Zörgiebel gemeint war, sangen die »Internationale« und warfen Stapel von Zeitungen gegen die Köpfe ihrer Kollegen, bevor sie unter Pfeifen und Johlen den Saal verließen.

In diesen Maitagen stand auch Lisa am Straßenrand, wahrscheinlich im Wedding. Nicht ganz passiv, wie sie schreibt. »Ein dicker Schupo« sei hinter ihr hergelaufen und habe seinen Karabiner gezückt. Doch sei sie ihm schnell entkommen und habe noch laut »Arbeitermörder!« gerufen, bevor sie um eine Ecke gebogen und verschwunden sei.[42]

Wie es weiterging, schreibt sie nicht. Aber man kann es bei anderen Zeitzeugen nachlesen. Bei Margarete Buber-Neumann zum Beispiel, die damals für die Zeitung der Kommunistischen Internationalen arbeitete und den Blutmai ebenfalls miterlebt hat. Nachdem klar war, dass über 30 Demonstranten getötet worden waren, die Polizei aber ihrerseits keinerlei Verluste zu beklagen hatte, sei die Erbitterung enorm gewachsen, sodass es bürgerkriegsähnliche Zustände gegeben habe. Selbst gemäßigte Anhänger der KPD seien auf die Straße gegangen, um gegen Nazis *und* Sozialdemokraten zu demonstrieren. Dabei seien alte Kampflieder mit neuen Texten gesungen worden: »Wir trotzen Zörgiebel und seinem Verbot! Wir lassen niemals uns verbieten! Berlin bleibt rot!«[43]

»Walter Mehring und all die anderen …«

Und trotzdem sei es »ein glückliches Berlin« gewesen, dieses Berlin ihrer Erinnerung, womit sie vor allem die Kultur der zwanziger Jahre meint:

> Die Uraufführung der Dreigroschenoper am Schiffbauerdamm, […]; Friedrich Wolfs »Cyankali«; Brechts »Kuhle Wampe«, in der meine Freundin Marta aus der Mulakstraße spielte, das Bauhaus und die Hufeisensiedlung in Britz, wo wir sonntags die Mühsams besuchten und Erich uns mit seinen nicht immer sehr feinen Schüttelreimen zum Lachen brachte. Der »Blaue Engel« und Kurt Tucholsky, Claire Waldoff und Paule Graetz und Walter Mehring und all die anderen. Zille und sein Fischerkiez, wo ich mich wohl fühlte, und Heinrich Wandt, der mir, wenn er nicht in seinem Säufer-Quartal war, eine geheime Luke zur Berliner Unterwelt um den Bülowbogen herum öffnete, wo die ehemaligen und zukünftigen Zuchthäusler mir ein wenig zu kräftig die Hand schüttelten, mir auf die Schulter klopften und mich warnten: »Wenn de mit unseren Heinrich kommst, Mädchen, biste eene mang uns mang; aber ohne ihn – von wejen.[44]

In diesem Text wird nichts bewertet, nichts beschrieben oder kommentiert, nichts in einen politischen Kontext gestellt, nicht einmal der 1932 uraufgeführte Arbeiterfilm *Kuhle Wampe* von Bertolt Brecht und Slatan Dudow, in dem doch ihre Freundin Marta Wolter mitwirkte, in der Figur der Gerda, eine der weiblichen Hauptrollen. Was doch immerhin bemerkenswert war, denn Marta, eine gelernte Schneiderin, kam aus kleinsten Verhältnissen, aus dem Scheunenviertel, im Volksmund auch »Kiez der armen Schlucker« oder »Klein-Chicago« genannt. Lisa und sie kannten sich aus dem Kommunistischen Jugendverband, wo sie manchmal mit der Agitpropgruppe »Das Rote Sprachrohr« auftrat. Und jetzt war sie plötzlich ein Star, blond, distinguiert sprechend, gertenschlank, eine hinreißende Erscheinung, die von der Presse mit der jungen Marlene Dietrich verglichen wurde. Brecht persönlich hatte sie als Darstellerin ausgesucht. Hat Lisa sie nicht ausführlicher erwähnt, weil sie vielleicht ein wenig neidisch war? Mag sein. Denn auch Marta Wolter wurde später eine bekannte Widerstandskämpferin, die als Mitglied der Roten Kapelle beinahe hingerichtet worden wäre.[45] Doch das Thema Kultur interessierte Lisa generell nicht besonders, weil sie es für unwichtig hielt. Darin wurde sie täglich von der Roten Fahne, dem Zentralblatt der KPD, bestärkt, die Kultur, wenn überhaupt, nur unter dem Gesichtspunkt besprach, ob sie dem Klassenkampf diente oder nicht. In der Ausgabe vom 30. April 1932 hieß es zum Beispiel über den Film »Kuhle Wampe«, den Autoren fehle es an »Kontakt mit den revolutionären Massen und ihren Organisationen, eine gewisse Unkenntnis des Proletariats« lasse sich durch kein »theoretisches Studium allein, sondern nur durch gleichzeitige revolutionäre Praxis« überwinden. Der Rezensent, ein gewisser Heinz Lüdecke, gibt deshalb den Machern den guten Ratschlag: »Kommt ganz zu uns; es ist für euer Schaffen […] und das, was wir brauchen, von grundlegender Bedeutung.«

Finstere Zeiten

1932 musste der Im- und Exportkonzern Hecht, Pfeiffer und Co. Konkurs anmelden und fast alle Mitarbeiter entlassen, darunter auch Ekstein.[46] Er war inzwischen 56, noch nicht alt, aber auch nicht mehr ganz jung. Es war schwer, in diesen Zeiten etwas Neues zu finden.

Er versuchte es bei einem Rückversicherungsunternehmen und einem Bankhaus, doch er konnte nirgendwo mehr so recht Fuß fassen. Auf Bildern aus dieser Zeit sieht er nachdenklich und traurig aus, viel älter, als er tatsächlich war. Julie, seine Frau, versucht zwar freundlich zu lächeln, aber es wirkt etwas künstlich, wie eine Rolle.[47] Lisa selbst verdiente als Mitarbeiterin der Roten Hilfe sicher nicht viel, aber sie konnte sich immerhin eine eigene Wohnung leisten, am Belle-Alliance-Platz Nr. 4 in Kreuzberg,[48] der heute Mehringplatz heißt. Es war ein typisches Arbeiterviertel mit starker KPD-Wählerschaft. Gemeldet war Lisa dort allerdings nicht. Aus gutem Grund. Denn im Haus Nr. 5 befand sich die Polizeiwache von Berlin-Kreuzberg, die die Gegend streng unter Kontrolle hatte.[49]

Schon vor 1933 war die Lage kritisch für Lisa geworden. Sie hatte an illegalen Demonstrationen teilgenommen, sodass ihr »nach verschiedenen politischen Prozessen«, über die man nichts Näheres weiß, die Ausweisung drohte, denn sie war auf dem Papier noch Österreicherin.[50] Es musste also etwas geschehen. Aber was? Ein Polizist, dem sie offenbar leidtat, riet ihr, zum Schein einen »netten deutschen Jungen« zu heiraten, um auf diesem Weg Deutsche zu werden.[51] Das tat sie, und zwar am Samstag, dem 5. März 1932, auf dem Standesamt von Berlin-Pankow.[52] Ihr »Ehemann« Gabriel Lewin, genannt Gabo, war drei Jahre älter als sie, ein Genosse aus dem Kommunistischen Jugendverband, dem er seit 1924 angehörte. Sein Vater, der eine kleine Schuhcremefabrik betrieben hatte, war vor kurzem gestorben. Die Mutter schlug sich mit einem Schreibwarengeschäft durch.[53] Lewin, eigentlich kaufmännischer Angestellter, half dort manchmal aus und widmete sich im Übrigen seiner politischen Arbeit, die ihn bis nach Moskau führte, wo er ins Präsidium der Kommunistischen Jugendinternationalen gewählt worden war. Ganz ungefährlich war diese Scheinehe allerdings nicht. Denn auch Lewin war 1930 schon einmal verhaftet worden, wegen »Rädelsführerschaft und Landfriedensbruch«.[54]

Es wurden weder Heiratsanzeigen verschickt noch Fotos gemacht. Vermutlich waren nicht einmal die Eltern anwesend, sondern nur zwei Trauzeugen, ein Buchhändler und ein Packer. Gefeiert wurde wohl auch nicht, kein Wunder, denn Gabo Lewin hatte schon eine feste Freundin, Hertha Gottfeldt, eine gelernte Kindergärtnerin, die als Sekretärin für die Sowjetische Handelsagentur arbeitete. Lisa hatte ihrerseits eine Liaison mit August Laß, einem KPD-Funktionär, der in der Partei unter dem Decknamen »Helmuth« bekannt war.[55] In ihrem Buch *Solidarität unerwünscht* nennt sie ihn »Bruno« und schildert ihn als Freund, der in allen Notlagen an ihrer Seite war. Damit legte sie geschickt eine falsche Spur. Denn es gab tatsächlich einen Berliner Kommunisten dieses Namens: Bruno Baum. Er war ein bekannter Widerstandskämpfer, 1910 in Berlin geboren, Absolvent der Reichsparteischule »Rosa Luxemburg«, Mitglied des Roten Frontkämpferbundes und Vorsitzender des Kommunistischen Jugendverbandes Berlin-Friedrichshain. Ein echter Held, der nie einen Genossen verraten hätte, auch in Auschwitz nicht, wohin man ihn 1943 deportierte, da er nicht nur Kommunist, sondern auch Jude war. Er wäre also als Liebhaber durchaus passend gewesen.

»Politisch widerwärtige Verhetzung«

Nach der Zeremonie wird man sich schnell verabschiedet haben, weil es nichts zu feiern gab. Wie auch. Die Neuwahl des Reichspräsidenten stand kurz bevor. Das drohte gefährlich zu werden, da neben Hindenburg und Ernst Thälmann auch Adolf Hitler angetreten war, der besonders aggressiv für sich werben ließ: »Deutschland wählt Hitler, den Kämpfer für Freiheit und Brot!« – »Hitler, Glaube und Hoffnung von Millionen!« Er versuchte sich speziell an die Proletarier zu wenden. Auf den Plakaten waren ausgemergelte Bauern zu sehen, die Sensen auf den gebeugten Rücken trugen, verhärmte Frauen mit Kopftüchern, Bergarbeiter, die mit grimmigem Gesicht aus der Zeche kamen.

Die KPD dagegen warb nur mit Ernst Thälmann, der, erstaunlich bürgerlich wirkend, vor ein paar roten Fahnen stand. »Kämpft gegen Hunger und Krieg! Wählt Thälmann!« Oder: »Wer Hindenburg wählt, wählt Hitler!« Das Ergebnis vom 13. März 1932 war entsprechend ernüchternd. Hindenburg siegte mit fast 50 Prozent, blieb also Reichspräsident. Hitler bekam im ersten Wahlgang 30, im zweiten sogar fast 40 Prozent. Um die KPD sah es dagegen schlecht aus.

Nur 10,2 Prozent für Ernst Thälmann, allenfalls ein Achtungserfolg, den er vor allem seiner Wählerschaft in Berlin zu verdanken hatte. In Sachsen, Bayern und Hamburg hatte sich die Mehrheit für Hitler entschieden, besonders die Frauen, die sich durch die KPD nicht genügend vertreten fühlten.

Käthe Kollwitz, Heinrich Mann und Albert Einstein schrieben in einem offenen Brief, dass die »entsetzliche Gefahr der Faschisierung« bei der nächsten Reichstagswahl nur durch das »Zusammengehen der beiden großen Arbeiterparteien« KPD und SPD zu verhindern sei. Ein solcher Schritt sei lebenswichtig für das ganze Volk.[56] Doch der Appell wurde zurückgewiesen – von beiden Seiten. Käthe Kollwitz war tief enttäuscht, dass ihr Vermittlungsversuch nichts bewirkt hatte. »Deutschlands grausige Lage«, schrieb sie in ihr Tagebuch. »Das Heruntersinken der Menschen in dunkle Not. Die politisch widerwärtige Verhetzung.«[57]

Lisa bestätigt in ihren Memoiren und Interviews, dass ihre Freunde und sie Hitler zu lange als Witzfigur gesehen hätten, die geistlose Reden hielt und von einer »wahnsinnigen« Theorie, der »Rassentheorie«, besessen gewesen sei. »Das war ja nicht normal, dass, wenn ein arisches Mädchen jemals etwas Intimes mit einem Juden zu tun hat[te], alle ihre späteren Kinder [...] ›jüdische Charakteristiken‹ haben würden! Und überhaupt, diesen ordinären Menschen mit dem groben österreichischen Akzent und dem komischen Schnurrbart! Sollte von *dem* eine echte Gefahr ausgehen?«[58]

3

»ICH BIN KEIN DESERTEUR« (BERLIN, 1933)

Hitler ist Kanzler!

Januar 1933. Es war bitterkalt, in der Innenstadt von Berlin bis zu minus 20 Grad. In vielen Häusern waren die Wasserleitungen eingefroren. Es hieß, dass eine Rückkehr der Spanischen Grippe bevorstehe, diesmal in Verbindung mit Masern, eine Horrorvision. Besonders Arbeitslose waren betroffen, weil sie in kaum beheizbaren Elendsquartieren leben mussten. Die Öffnung städtischer Hallen wurde gefordert, kostenlose Kohlenlieferungen, warme Winterkleidung und Schulspeisung für die Kinder.[1] Das Volk war am Ende. Die politischen Sorgen traten in den Hintergrund.

Selbst für »informierte Kreise überraschend« hieß es am 30. Januar, dass Hindenburg Hitler zum Reichskanzler ernannt habe.[2] Lisa erfuhr es gegen Mittag an ihrem Arbeitsplatz. Eine Freundin, Hilde, wahrscheinlich Hilde Benjamin, Schwägerin des Philosophen Walter Benjamin, KPD-Mitglied und Anwältin in Berlin-Wedding, hatte sie angerufen und ihr die Nachricht überbracht. »Hitler ist Kanzler!«[3]

Lisa blieb, wie sie schreibt, eher gelassen und lief nicht einmal auf die Straße, um sich unter die Menge zu mischen. Sie sei ganz ruhig sitzen geblieben und habe ihre Arbeit ganz normal weitergemacht. Erst gegen Abend sei sie, wie fast jeden Tag, in ihr Stammcafé an der Gitschiner Straße in Kreuzberg gegangen, um sich mit Kurt, Walter, Else, Erich und wie sie alle hießen zu treffen. Dort gab es leckere Leberpastetchen und ein Hinterzimmer, in dem man ungestört Schach spielen und diskutieren konnte.

Ohne große Erregung wollen sie in diesem Kreis darüber gesprochen haben, was jetzt zu tun sei: »Ja, ein Flugblatt müsste man herausbringen, an die Leute hier in Kreuzberg verteilen.«[4] Sie wollten nur noch in Ruhe abwarten, wie der Tag ausgehen würde. »Verschwinden« würden sie auf keinen Fall. »Untertauchen« ja, aber nicht »verschwinden«. »Der Kampf gegen den Faschismus musste weitergehen, gerade jetzt. Im Untergrund. Aber wie denn? Was konnten wir tun? Die beiden Parteien … doch noch Einheitsfront? Mensch, das glaubst du wohl selber nicht … kann's jetzt gar nicht mehr geben.«[5]

So sei ein Teil des Abends mit politischen Diskussionen vergangen, in denen es um die alte Grundsatzfrage der KPD ging, ob sie sich mit der SPD vereinigen solle oder nicht. Dann plötzlich ein Szenenwechsel. Lisa überlegt es sich doch noch einmal anders. Sie will nicht tatenlos im Café sitzen bleiben, eilt hinaus, stürzt sich mitten ins Gewühl. Es ist bitterkalt. Es ist später Abend. Sie sieht Kinder, die Hakenkreuzfähnchen schwenken, hört Marschschritte, Liederfetzen, Trommelwirbel, sieht Fahnen, die im Fackellicht Schatten auf die Hauswände werfen, sieht Hitler, der mit ausgestrecktem Arm am Fenster der Reichskanzlei steht. Da sie den allgemeinen Jubel nicht teilt, wird sie von der Menge bedroht: »Sie da, einen Arm haben Sie wohl nicht?« – »Und der Mund ist ihr zugefroren! Ist irgendwas nicht in Ordnung mit Ihnen?«[6]

Zwei Tanten in Friedrichshain

Ein paar Tage später habe Bruno, recte August Laß, ihr dabei geholfen, erst einmal unterzutauchen, da sie in Kreuzberg zu bekannt gewesen sei. Er habe sie bei zwei Tanten in Friedrichshain untergebracht, Frau Schulz und Fräulein Gust. Sie besaßen ein Süßwarengeschäft in der Gubener Straße, die hauptsächlich von »kleinen Leuten« bewohnt wurde: Invaliden, Kutschern, Rentnern, Näherinnen, Kraftfahrern und ihren Familien. Da mehrere Volks- und Mittelschulen in der Nähe waren, kamen häufig Kinder in den Laden, um sich Bonbons, Kaugummi oder Schokolade zu kaufen, meistens auf Pump.

Das Berliner Adressbuch belegt, dass es Frau Schulz und Fräulein Gust wirklich gab und dass sie tatsächlich ein Geschäft in Friedrichshain führten. Sie hatten auch einen Neffen, der allerdings nicht Bruno, sondern August hieß, August Laß, der sie aber nicht erst 1933, sondern schon 1932 bei seinen Tanten untergebracht haben muss, da es in dem Dossier der Amsterdamer Exil-KPD wörtlich heißt: »Die Freundin wohnte bereits seit Herbst 1932 illegal aufgrund dauernder Haussuchungen seitens der Polizei in ihrer Wohnung.«[7]

Hinter dem Laden befand sich eine kleine separate Wohnung, die eigentlich sogar ganz gemütlich war, »ein geräumiges Zimmer, eine kleine Küche, eine Art Badezimmer, und das alles mit einem zweiten, direkten Eingang vom Treppenhaus her«, also fast ideal, um sich dort zu verstecken.[8] Die beiden Tanten waren zwar nicht in der KPD, aber auf jeden Fall gegen Hitler. Sie gaben ihr alle möglichen Tipps, wie sie sich verhalten solle: selten aus dem Haus gehen, keinen Lärm machen, niemanden hineinlassen außer »Bruno«, der wohl gelegentlich über Nacht blieb, obwohl er erst vor kurzem eine Genossin, Wilhelmine Pauly, geheiratet hatte und Vater einer kleinen Tochter namens Edith war.[9] Ihre Möbel musste Lisa natürlich am Belle-Alliance-Platz lassen, denn ein Umzug wäre viel zu auffällig gewesen. Sie nahm nur ihre Schreibmaschine, ein paar Bücher und die nötigsten Kleidungsstücke mit, ihr Grammophon und einige Schallplatten, darunter die Songs aus der *Dreigroschenoper* und ein Lied von Marlene Dietrich, das in seiner fast rührenden Naivität darauf schließen lässt, wie sehr sie damals in »Bruno« verliebt war und sich nach seiner Nähe und Zärtlichkeit sehnte:

> Johnny, wenn du Geburtstag hast,
> Bin ich bei dir zu Gast die ganze Nacht.

Johnny, ich träume so viel von dir,
Ach, komm doch mal zu mir
nachmittags um halb vier.

Johnny, wenn du Geburtstag hast
Und mich dein Arm umfasst die ganze Nacht,
Johnny, dann denke ich noch zuletzt,
Wenn du doch jeden Tag Geburtstag hätt'st.

»Ganz mieser Szof«

Lisas finanzielle Lage wurde nun extrem kompliziert, denn weiterhin regelmäßig in die Räume der Roten Hilfe zu gehen, um dort gegen Gehalt zu arbeiten, wäre viel zu auffällig und zu riskant gewesen. Sie musste also im Untergrund bleiben. Ihre Andeutungen, was sie dort tat, bleiben eher kryptisch. Von konspirativen Treffen in Gartenlauben ist die Rede, von Gesprächen in verschwiegenen Parks, von der Herstellung illegaler Zeitungen, von Flugblättern, auf denen »Tod dem Faschismus – Der Kampf geht weiter« gestanden habe.

Eines Tages, es war noch vor dem Reichstagsbrand, bat ihr Vater sie nach längerer Zeit um ein Gespräch im Restaurant Weisz-Csárda mitten in Kreuzberg, wo sie sich eigentlich nicht mehr blicken lassen sollte, weil sie dort zu bekannt war. Aber es war nun mal eines ihrer Lieblingslokale, und man konnte doch nicht auf alles verzichten, was Freude machte!

Der Wirt, Lazar Weisz, war mit ihrem Vater befreundet. Er war ein Jude aus Budapest, der ein seltsames Gemisch aus Deutsch, Jiddisch und Ungarisch sprach. Er hatte viele Stammgäste aus dem alten Österreich, Joseph Roth, Egon Erwin Kisch und Anton Kuh etwa, die oft stundenlang blieben und schräge Bonmots von sich gaben. Alle fanden, im Weisz-Csárda gebe es das beste ungarische Gulasch von Berlin. Nicht einmal in Budapest könne man so köstliches Gulasch essen.

Das Lokal war von behäbiger Eleganz: Stuckdecken, Spitzengardinen, viel dunkles Holz, weiß gedeckte Tische, schwere Kristallgläser, aus denen man Tokajer und das berühmte »Stierblut«, einen schweren Rotwein, trank. Abends spielte eine Csárdas-Kapelle, zwei Geigen mit Bass und Akkordeon, manchmal mit Klavier. Die Kellner bewegten sich geschmeidig wie Balletttänzer. Noch sah man hier keine Nazis in Uniform. Und wenn sie kämen, würde man einfach Jiddisch oder Ungarisch sprechen.

Ohne zu fragen, warum er sie überhaupt herbestellt hatte, erklärte Lisa ihrem Vater, dass sie jetzt dringend Geld brauche, da sie »illegal« sei. Mit wie viel sie denn rechnen könne und wann? Zu ihrer großen Überraschung sagte er klipp und klar, dass er ihr überhaupt nichts geben könne. Das war ungewohnt, denn er schlug ihr eigentlich nie etwas ab. Er erklärte, dass ihre Mutter und er nun endgültig entschlossen seien zu emigrieren, da sie »in diesem Land nicht mehr atmen« könnten. Die gerade erst bezogene Wohnung in der Suarezstraße müssten sie aufgeben, denn der Hausmeister habe einen Schwiegersohn, der in der SA sei. Außerdem habe er wieder einmal seine Arbeit verloren und stehe, von ein paar Ersparnissen abgesehen, vor dem Nichts.[10] Zunächst hätten sie vor, in die Tschechoslowakei zu ihren Verwandten, den Schaleks, zu gehen. Lisa möge ihnen doch bitte folgen, weil es zurzeit »das Vernünftigste« für sie sei.

Obwohl er ganz ruhig geblieben war, fing sie sofort an, ihn mit Vorwürfen zu überschütten: »Ausgeschlossen! Ich kann jetzt nicht weg von hier. […] Wollt ihr mich mit eurer Nervosität anstecken? Die Gefahr ist am größten, wenn man die Nerven verliert! Wollt ihr das? […] Vater, ich kann nicht weg. Wir können nicht aufgeben. Ich bin kein Deserteur.«[11]

Ekstein ermahnte sie, nicht so laut zu sein. Aber sie wollte sich gar nicht beruhigen. Sie war viel zu aufgebracht. Als sie gezahlt hatten, führte der Wirt sie zur Tür. »Herr Direktor«, sagte er zu Lisas Vater, dem er wie zu einem Abschied für immer die Hand schüttelte, »einen miesen Szof werden wir haben, Herr Direktor, einen ganz miesen

Szof!« Lisa verstand nicht genau, was er meinte. Es war lange her, dass sie diese Sprache gehört hatte. Draußen fragte sie ihren Vater, was das denn heiße, »ein ganz mieser Szof?« – »Szof ist ein jiddisches Wort. Es heißt: das Ende«, sagte Ekstein.[12]

Zum Schutz von Volk und Staat

Wenige Tage nach diesem Gespräch brannte der Reichstag. Es war der 27. Februar 1933. Lisa erfuhr es von August Laß alias Bruno. Er war völlig außer sich. Er sagte, man wolle es »den Kommunisten in die Schuhe« schieben. Lisa verstand ihn nicht gleich. »Was brennt? Der Reichstag, sagst du?«[13]

Noch am selben Tag erschien eine Sondernummer des *Völkischen Beobachter*, in der es hieß: »Jetzt wird rücksichtslos durchgegriffen. Sofortige Verhaftung aller kommunistischen Abgeordneten, Verhaftung des kommunistischen Zentralrats. Immunität gibt es nicht. Verbot der gesamten marxistischen Presse, Beschlagnahme sämtlicher Plakate und Druckschriften. Nun aber Schluss! Jetzt wird ein radikales Ende gemacht!«[14]

Es muss ein erschütternder Anblick gewesen sein, wie sich das Riesenfeuer aus der Kuppel erhob und den Himmel der ganzen Innenstadt rot färbte. Aber es wäre viel zu riskant gewesen, in die Nähe zu gehen. Der ganze Platz war voll von Polizei und SA, die schon kurze Zeit später durch die Arbeiterviertel zogen und nach Verdächtigen suchten.

Hilde Benjamin, die als Anwältin gut informiert war, berichtet, dass aufgrund der Verordnung »zum Schutz von Volk und Staat« schon in den ersten Stunden nach dem Brand allein in Berlin 1500 Menschen festgenommen und zur Zentrale der SA in der Hedemannstraße verschleppt wurden, wo man sie zu Dutzenden in einen Raum sperrte, um sie dann einzeln zu verhören und zu verprügeln: »Kommunisten, Sozialdemokraten, Juden, Intellektuelle«.[15] Es war eine Art »wildes

KZ«, einer der berüchtigtsten Haftorte von Berlin, auch »Blutburg« oder »Prügelzentrale« genannt. Manche tauchten aus der sogenannten Schutzhaft wieder auf. Andere wurden auf der Stelle erschossen oder blieben verschwunden. Erich Mühsam zum Beispiel, der mit den Eksteins befreundete Dichter, den man von Berlin nach Oranienburg brachte, wo man ihn ein Jahr später regelrecht massakrierte.[16]

Solche Nachrichten drangen natürlich nur indirekt durch, denn die Presse war gleichgeschaltet. Wenn überhaupt, konnten nur die Entlassenen etwas berichten, die man in Lisas Gruppe einzeln befragen wollte, »natürlich ganz besonders vorsichtig. Wann immer möglich, sollten wir von ihnen selbst geschriebene Berichte haben. [...] Photographien wären wichtig: die offenen Wunden, die blutigen Kleider.«[17]

Lisa schreibt, dass sie bei solchen Gesprächen vor Angst gezittert habe. Sie habe sich gefragt, ob es überhaupt noch Sinn mache, was sie taten. Ob sie bisher auch nur einen Einzigen gerettet hätten. Sogar Ernst Thälmann, der Parteichef, war verhaftet worden, am 3. März 1933. Man hatte ihn in Charlottenburg gut versteckt geglaubt. Aber irgendjemand musste ihn verraten haben, denn plötzlich standen acht Polizisten vor der Tür und nahmen ihn fest.[18]

Tot in den Rieselfeldern

Am 11. März 1933 fuhr Lisa mit der U-Bahn Richtung Tauentzienstraße, wo sie sich mit »Walter« treffen wollte, der ihr etwas Wichtiges mitzuteilen hatte. Unterwegs entdeckte sie jemanden, den sie kannte, einen jungen Mann, der wegen seiner dicken roten Backen nur »Appel« genannt worden sei, ein Spitzname, der an diesem Tag gar nicht zu ihm passte, denn er habe, so Lisa, alt, grau und müde ausgesehen. Erst hätten sie versucht, sich zu ignorieren, doch irgendwann sei »Appel« an sie herangetreten und habe ihr zugeflüstert:

»Weißt du schon, Erich?«

Ich schüttelte den Kopf und sah ihn fragend an. [...]

»Der Spandauer.«

»Meier?« fragte ich. Ich kniff eine Sekunde lang die Augen zusammen und bemühte mich, unbekümmert auszusehen.

Er nickte. »Heute Morgen. [...] Erschossen. In den Rieselfeldern.«[19]

Wer »Walter« und »Appel« waren, lässt sich nicht ausmachen. Aber Erich Meier, »den Spandauer«, gab es wirklich. Er war Mitglied der KPD und des Kommunistischen Jugendverbandes, ein hübscher, fast verträumt wirkender Junge von 23 Jahren, der eigentlich nichts weiter getan hatte, als einen Vortrag von Josef Goebbels zu stören, mit lauten, ziemlich komischen Zwischenrufen, sodass der Redner fluchtartig das Lokal verließ – durch ein Toilettenfenster, wie man sich erzählte, wobei er wahrscheinlich nicht sonderlich sportlich und elegant wirkte.

Nach der »Machtergreifung« war Erich Meier untergetaucht, zuletzt in der Spandauer Laubenkolonie »Gute Hoffnung«. In der Nacht vom 10. auf den 11. März erschien ein SA-Trupp, stieß die Tür auf, schaltete das Licht an, zog ihn aus seinem Bett, ging mit Gummiknüppeln auf ihn los und verschleppte ihn in die nächste Kaserne. Ein paar Stunden später wurde er von einem Landarbeiter gefunden, auf einem Acker, etwas abseits der Straße. Er war tot. Man hatte ihm siebenmal in den Rücken und dreimal in den Kopf geschossen, hatte ihm die Haare ausgerissen, die Zähne ausgeschlagen und sogar die Hoden zertrümmert.[20]

Am 18. März 1933 wurde er auf dem Spandauer Friedhof beerdigt. Tausende Freunde und Genossen waren gekommen. Als der Hauptredner die Umstände seines Todes beschrieb, stürmten SA-Männer aus dem Gebüsch, legten ihm Handschellen an und führten ihn ab. »Damals«, schreibt Lisa, »erfuhr ich nichts Genaueres über den Mord an Erich Meier. Ich hörte davon erst später.«[21]

Von den Tätern, die daran beteiligt waren, wurden 1951 nur zwei vor Gericht gestellt: Gerhart Steltner und Hans Horn, beide nicht wegen Mordes, sondern wegen »Verbrechen[s] gegen die Menschlichkeit«. Der eine wurde zu sechseinhalb Jahren Gefängnis verurteilt, der andere freigesprochen.[22] Eine gründliche Aufarbeitung ist nie erfolgt. Erst 2010 wurde auf der Kurzen Straße Nr. 1, Berlin-Spandau, ein Stolperstein für ihn verlegt: »Hier wohnte Erich Meier, Jg. 1910, im Widerstand von SA verschleppt / gefoltert / ermordet 11.3.1933.«

Besuch aus dem Ausland

Ende März 1933. Fritz Schalek, ein Cousin von Lisa, war überraschend in Berlin aufgetaucht und verlangte dringend, sie zu sehen. Er war vier Jahre jünger als sie, Sohn ihres Onkels Robert, eines Bruders ihrer Mutter. Lisa mochte diesen Cousin, weil er witzig, intelligent und couragiert war. Als Jungkommunist stand er auch politisch auf der »richtigen« Seite.

Er war mit dem Fahrrad geradewegs aus Leitmeritz, tschechisch Litoměřice, gekommen, aber die Eksteins sagten immer noch »Leitmeritz«. Sein Vater war dort eine wichtige Figur, nicht nur als Obergerichtsrat, sondern auch im Kultur- und Gemeindeleben, ein Mann von großer Bildung und Intelligenz, der alle führenden literarischen Zeitschriften abonniert hatte und in seiner Freizeit Theaterstücke schrieb, die gelegentlich aufgeführt wurden.[23]

Leitmeritz war ein idyllisches Städtchen am Zusammenfluss von Elbe und Eger, dicht am Böhmerwald, wo sie als Kinder manchmal herumgestrolcht waren, Lisa, ihr Bruder Hans, Cousin Fritz und dessen ältere Schwester Eva. Die Erwachsenen ahnten wohl nicht, was sie sonst noch so trieben, dass sie zum Beispiel ans andere Ufer der Eger schwammen, um sich in einer Kaserne der tschechischen Armee umzutun.[24] Sie hieß Theresienstadt und war tatsächlich wie eine Stadt angelegt, streng symmetrisch, von geraden, einander kreuzenden Straßen durchzogen, von Wällen und Tunneln, in denen man sich herrlich verstecken konnte. In früheren Zeiten hatte sie als Zuchthaus gedient, in dem berühmte Häftlinge eingesessen hatten: Anna Rosicka, die polnische Freiheitskämpferin, Hadschi Loja, der Führer der bosnischen Muslime, und Gavrilo Princip, der legendäre Attentäter von Sarajevo. Es war aufregend, den Spuren dieser Menschen zu folgen, die von den einen als Helden, von den anderen als Verbrecher angesehen wurden.

Nun war Fritz, inzwischen 20, also in Berlin. Lisa wollte ihn unbedingt wiedersehen. In ihre geheime Unterkunft durfte er natürlich nicht kommen, also nahm sie die nächste U-Bahn und fuhr zur Wohnung ihrer Eltern nach Charlottenburg. Das war vielleicht etwas gewagt, aber man konnte doch nicht immer nur auf der Hut sein! Außerdem wollte sie gerne hören, wie es Fritz auf der Fahrt ergangen war. Er war nämlich eine weite Strecke gefahren, fast 400 Kilometer über Aussig und Dresden, den Spreewald und Potsdam. Er würde sicher viel zu erzählen haben.

Unterwegs, so erfuhr sie, hatte er einmal in einer Jugendherberge übernachtet, in der auch SA-Leute einquartiert waren. Um nicht aufzufallen, hatte er zum Schein an einer Schulung über »Das Gewehr 98« teilgenommen, den sogenannten Mauser-Standard-Karabiner, Hitlers Lieblingswaffe. Niemand habe gemerkt, dass er Jude war und überhaupt nicht dazugehörte. Seine nächste Station war Potsdam, wo er mitten in den Fackelzug geriet, der zu Ehren von Hitler und Hindenburg inszeniert worden war. Er hatte die beiden sogar leibhaftig gesehen, wie sie sich vor der Garnisonskirche die Hand gaben, Hitler im Cut und Hindenburg in Generalfeldmarschallsuniform.[25] Das Ganze sei ziemlich komisch gewesen, vor allem der Aufmarsch von Stahlhelm-Leuten, deren Bäuche im Stechschritt wie Ballons hin und her wippten. Fritz habe laut lachen müssen, woraufhin ein Nachbar ihn so fest in die Rippen gestoßen habe, dass er sich lieber auf sein Fahrrad schwang und das Weite suchte.

In Berlin fand er die Eksteins zunächst nicht, da sie ihre Wohnung gewechselt hatten. Weil er kein Geld hatte, ging er in ein »Asyl für arbeitssuchende Wanderburschen«, in dem auch Obdachlose und entlassene Häftlinge schliefen, bis zu 100 in einem Saal, abgerissen, kriegsversehrt und oft halb verhungert.[26] Fritz glaubte schon zu träumen, als er hörte, wie jemand im Dunkeln seine Stimme erhob, um *das* Lied der Arbeiterklasse anzustimmen, »Brüder, zur Sonne, zur Freiheit«, ein Lied, das eigentlich aus Russland stammte, aber seit 1920 auch in Deutschland sehr populär war. Erst habe nur einer gesungen, dann ein zweiter, dann beinahe alle. Und das mitten im Dritten Reich. Dieses Erlebnis muss Fritz so beeindruckt haben, dass er noch Jahrzehnte später davon erzählte.

Lisas Eltern wohnten jetzt in Berlin-Charlottenburg, Suarezstraße 21. Eigentlich war es eine schöne Gegend mit prächtigen Gründerzeithäusern und alten Alleebäumen, nicht weit vom Lietzensee. Aber die Ekteins nahmen das alles kaum mehr wahr. Wie der Vater bei dem Treffen im Restaurant schon gesagt hatte, wollten sie nur noch fort, besonders seitdem man für den 1. April einen Judenboykott angekündigt hatte, der sich gegen jüdische Anwälte, Ärzte und Geschäfte richten sollte.

Fritz sagte, er könne verstehen, dass sie wegwollten. Genau deshalb sei er nämlich gekommen. Sein Vater, der Obergerichtsrat, habe ihn geschickt, um sie zu warnen. Als aufmerksamem Zeitungsleser sei ihm nämlich nicht entgangen, was in Deutschland vorgehe, »die Rechtlosigkeit, die Folterungen, der Antisemitismus«. Er habe es zunächst für übertrieben gehalten, aber als auch eine »angesehene Prager Zeitung«, vermutlich das *Prager Tagblatt*, darüber schrieb, sei er erschüttert gewesen. Dort stand am 1. März 1933 eine Erklärung der tschechischen Liga für Menschenrechte, in der es hieß:

> Die Kerker Deutschlands füllen sich mit den Opfern Hitlerscher Proskriptionslisten. Nationalsozialistische Horden überfallen und verhaften [...] alle Persönlichkeiten, Schriftsteller, Politiker, Gelehrte und Rechtsanwälte, die auf der Seite der Freiheit, des Friedens und des Fortschritts wirken. Gegen dieses blinde Wüten der Gewalt mit Wor-

> ten zu protestieren, wäre nutzlos. Aber den Opfern der Gewalt [...] zu helfen, muss die Aufgabe aller [...] freiheitlich denkenden Männer und Frauen [...] sein. Wir erwarten [...] einen Zustrom von Flüchtlingen, die nichts als das nackte Leben zu uns herüberretten. Ihnen Wohnung, Kleidung und Nahrung bereitzustellen, ist dringendste Forderung der Stunde.

Die ersten Schriftsteller und Journalisten waren schon da, die meisten in Prag, Hans Sahl, Bruno Frei, Egon Erwin Kisch, Ernst Ottwalt und viele andere, außerdem der halbe Vorstand der SPD, etliche KPD-Leute, aber auch Unbekannte, die vor den Türen der Flüchtlingskomitees Schlange standen. Die Ekstein würden das zum Glück nicht nötig haben, denn sie hatten ja Onkel Robert, in dessen großem Haus genügend Platz für sie war.

1. April 1933

Obwohl der Boykott nicht ganz so dramatisch verlief, wie Goebbels, der Hauptorganisator, wohl gehofft hatte – es war ein Samstag und die meisten jüdischen Geschäfte hatten geschlossen – wurden doch viele Juden, besonders Ärzte und Anwälte, mit äußerster Brutalität aus ihren Häusern verschleppt und ins Gefängnis gebracht. Die in Wien erscheinende Ausgabe der Roten Fahne berichtet, dass ein Rechtsanwalt sogar zu Tode geprügelt wurde.[27] Lisa erlebte das »Schauspiel« auf dem Alexanderplatz, sah die braunen Horden, hörte die Sprechchöre, meinte, dass sie unter den SA-Leuten jemanden erkannt habe, der früher einmal ein Genosse gewesen sei. Immerhin habe er sie gewarnt, als sie ein Schuhgeschäft betreten wollte, dessen Inhaber oder Angestellter offenbar Jude war und verängstigt hinter dem mit Davidssternen beschmierten Schaufenster stand. Ob sie verrückt sei? Sie solle verschwinden! Es sei wohl ein »Umgefallener« gewesen, ein Mitläufer, jemand, von denen, die sich sagten, dass man jetzt eben »mittun« müsse. Das Gesicht wollte sie sich auf jeden Fall merken.[28]

Am Nachmittag schien sich die Stimmung etwas beruhigt zu haben. Es war ja Wochenende, und die Sonne schien so schön auf Christen und Juden, bemerkte das *Prager Tagblatt* leicht sarkastisch, was dazu führte, dass es in Deutschland sofort verboten wurde. Aber es hatte immerhin noch berichten können, dass in der Nacht vom 1. auf den 2. April »eine große Anzahl jüdischer Fahrgäste«, die sich in den Schnellzug von Berlin in die Tschechoslowakei begeben wollten, »festgenommen und zur Rückfahrt gezwungen« wurden.[29]

Lisas Eltern waren zum Glück nicht darunter, weil sie gerade noch rechtzeitig abgereist waren. Zu Robert Schalek, der sie persönlich dazu aufgefordert hatte, obwohl sie nicht immer besonders gut mit ihm auskamen. Er pflegte manchmal etwas selbstherrlich zu sein und seine eigene Meinung für die einzig richtige zu halten. Würde das gut gehen?

Verzweiflung

Lisas Bericht wirkt ab jetzt fast wie ein Ausschnitt aus dem Arbeiterfilm *Kuhle Wampe*, in dem ganz ähnliche Szenen vorkommen: Mal wird hier Tee gekocht, mal dort ein Flugblatt getippt, mal gibt es Streit, mal trifft sich die Gruppe auf einer Wiese in Treptow oder verbringt ein romantisches Wochenende an einem See. Oder die Frauen und Mädchen kochen in einer Laubenkolonie Rhabarber ein und singen dazu: »Freut euch des Lebens, solange der Rhabarber blüht!«

Das wirkt wie eine Flucht vor der Realität, die fast vollständig ausgeblendet wird. Das Ermächtigungsgesetz, das Berufsverbot für jüdische Beamte, die Verhaftung des sozialistischen Armenarztes Georg Benjamin, die Zerschlagung der Gewerkschaften und ihrer Zentralen – nichts davon taucht in Lisas Erinnerungen auf. Nicht einmal die Bücherverbrennung vom 10. Mai 1933 wird erwähnt. 70 000 Schaulustige auf dem Berliner Opernplatz, ein Scheiterhaufen, auf dem 25 000 Bücher verbrannt wurden, jubelnde Korpsstudenten, applaudierende Professoren, ein bis zum Äußersten affizierter Goebbels, der mit sich überschlagender Stimme erklärte, »das Zeitalter eines überspitzten jüdischen Intellektualismus« sei jetzt zu Ende. Das alles soll ihr entgangen oder nicht wichtig gewesen sein?

Eigentlich kaum möglich, da fast alle Autoren, die sie damals persönlich kannte, betroffen waren: Bertolt Brecht, Egon Erwin Kisch, Ernst Ottwalt, Kurt Tucholsky; ganz zu schweigen von den Klassikern der sozialistischen Theorie: Karl Marx, Friedrich Engels, Rosa Luxemburg, deren Werke doch im Kommunistischen Jugendverband zur Pflichtlektüre gehört hatten.

Es muss ihr damals wirklich sehr schlecht gegangen sein, sonst würde dieses Wegschauen schlicht keinen Sinn ergeben. Ernst Thälmann saß im Gefängnis und wurde, wie es hieß, schwer misshandelt. John Scheer, sein kommissarischer Nachfolger, galt als schwach. Und nun war auch August Laß alias Bruno, ihr Liebhaber, nicht mehr da, weil die Partei ihn im Mai 1933 nach Danzig versetzt hatte, wo er den politischen Kampf völlig neu organisieren sollte.[30] Hatten sie überhaupt noch Kontakt? Wäre das möglich gewesen? Wahrscheinlich nicht, da die Post streng zensiert wurde. Aber sie wohnte ja noch hinter dem Laden seiner Tanten, die vielleicht ab und zu etwas von ihm hörten.

Paranoid?

Doch genau da fühlte sie sich ohne »Bruno« nicht mehr sicher. Es wohnten über 40 Parteien im Haus, Arbeiter, Handwerker, Verkäufer, Invaliden, Rentner, aber auch Bankangestellte und Mitarbeiter der deutschen Reichsbahn. Konnte nicht einer von ihnen ein Spitzel sein? Einer der gefürchteten Blockwarte, die es neuerdings überall gab, beinahe in jedem größeren Haus? Manchmal glaubte sie, dass jemand im Halbdunkel des Treppenhauses stand, um zu beobachten, wann sie kam und ging. Oder sie meinte verfolgt zu werden, von einem seltsamen Mann mit Hut, der so plötzlich wieder verschwand, wie er gekommen war.

Ihre Situation muss in dieser Zeit umso schwerer gewesen sein, als sie bald nach »Brunos« Abreise, vielleicht auch schon vorher, festgestellt haben muss, dass sie schwanger war. Das Kind zu bekommen war natürlich unmöglich. Es kam nur Abtreibung infrage. Aber wie und mit wessen Hilfe? Es gab viele Ärztinnen und Ärzte, die solche Eingriffe vornahmen; falls sie Kommunisten waren, vielleicht sogar umsonst. Das Problem war die strikte Schonung, die danach angezeigt war, die Hygiene, die medizinische Nachsorge, und das alles im Untergrund, in einem Hinterzimmer?[31]

Sie verließ nun kaum mehr das Haus, außer um in den kleinen Park auf dem Comeniusplatz zu gehen, ein von grauen Mietskasernen umsäumtes Fleckchen Grün. Dort gab es eine Bank, auf die sie sich manchmal setzte, um zur Ruhe zu kommen. Sie las dort seit langer Zeit wieder einmal etwas, was nichts mit dem Kampf gegen Hitler zu tun hatte – Stefan Zweigs Buch über Joseph Fouché, den einstigen Polizeiminister Napoleons. Es war eher nüchtern und sachlich geschrieben, nichts für Romanliebhaber. Aber es half ihr, in eine andere Zeit einzutauchen, in das Leben einer seltsam widersprüchlichen Figur, den »merkwürdigsten politischen Menschen aller Zeiten«, wie Stefan Zweig ihn 1929 beschrieben hatte.[32]

Über Zweig wusste sie überhaupt nichts. War er Jude? War er im Exil? Waren seine Bücher verbrannt worden? Sie hätte ihren Vater, der ihn sicher persönlich kannte, danach fragen können. Doch der war ja nicht da. Der war ja in Leitmeritz. Außerdem erschien ihr das plötzlich alles unwichtig, ja absurd, wie ein Relikt aus der Mottenkiste des Bildungsbürgertums, das sie so sehr hasste. »Was wir jetzt erleben, ist das Jahr 1933. […] Wie kann ich mich an einem sonnigen Morgen in den Park setzen und so tun, als wäre alles beim alten – mit einem guten Buch?«[33]

Volkszählung

Für die Nacht vom 15. auf den 16. Juni 1933 war eine Volkszählung anberaumt worden, nicht nur in Berlin, sondern in ganz Deutschland. Die Argumente dafür wirkten plausibel: Wie viele leer stehende Wohnungen gab es? Wie viele Arbeitslose, Rentner, Voll- und Teilzeitbeschäftigte, Invaliden, Studenten, Kinder usw., wie viele erwerbstätige Frauen, wie viele Landwirte? Der Bevölkerung wurde erklärt, dass das alles zu ihrem Besten sei, auch wenn eine Menge Menschen zu zählen waren, etwa 65 Millionen, wozu sich 500 000 Freiwillige bereit erklärt hatten. Nur beiläufig wurde erwähnt, dass man sämtliche Lauben, Wartesäle und Parks systematisch durchkämmen wolle, die Männerheime, die Obdachlosenasyle. Dass man Spürhunde einsetzen werde, viele Verhaftungen vorzunehmen hoffe. Dass es unter anderem darum gehe, die Anzahl der Juden im Deutschen Reich festzustellen. Am Ende waren es weniger, als man gedacht hatte: knapp über 500 000, von denen allerdings fast ein Drittel in Berlin lebte.

Lisa glaubte, dass die Zählung hauptsächlich den Illegalen gelte. An die Juden dachte sie immer noch nicht. Anders als Fräulein Gust und Frau Schulz, die ihr aufgeregt das Quartier kündigten, denn eine Jüdin *und* Kommunistin bei sich zu verstecken, vor allem jetzt, wo ihr Neffe »Bruno« nicht mehr da war, schien ihnen wohl zu gefährlich. Frau Schulz hatte ein erkennbar schlechtes Gewissen, als sie sagte: »Es tut mir leid. Es tut mir wirklich leid. Aber Sie können hier nicht übernachten, Sie müssen hier raus. [...] Und überhaupt, es ist doch nicht nur wegen uns, sondern auch wegen Ihnen, wenn jemand im Haus Sie denunziert, und man findet Sie hier, und was tun wir dann, meine Schwester und ich, was sagen wir, wer Sie sind?«[34]

Lisa versuchte sie ein wenig zu beruhigen: Die Nachbarn seien doch eigentlich ganz nett. Und außerdem wisse ja niemand, dass sie überhaupt da sei. Ja, gerade das komme den Leuten seltsam vor, sagte Frau Schulz, dass ihr Name nicht an der Tür stehe, obwohl man immer irgendwelche Geräusche höre, womit sie wohl Schritte, Wasserrauschen oder das Grammophon meinte, das sie mitten in der Nacht besonders laut laufen ließ, wenn sie Flugblätter und Zirkulare auf der Maschine abschrieb.

Sie war also nicht paranoid. Es stimmte. Es hatte wirklich diese Gestalten im Treppenhaus gegeben. In aller Eile ließ sie sich von »Lucie«, ihrer besten Freundin, in die nunmehr leer stehende Wohnung ihrer Eltern in der Suarezstraße bringen, wo auch ihr Bruder Hans untergeschlüpft war. Er wurde zwar nicht von der Polizei gesucht, war aber ebenfalls sehr gefährdet, weil auch er KPD-Mitglied war und eine wichtige Rolle in der Studentenfraktion gespielt hatte.[35]

Früh am Morgen des 16. Juni 1933 klingelte es. Es waren die Zähler, offenbar Studenten, wie Hans Ekstein sofort erkannte, der ihnen in seinem alten, grauen Bademantel die Tür öffnete, sie freundlich mit »Heil Hitler« grüßte und sie in ein Gespräch verwickelte, bei dem viel gelacht wurde. Niemand schöpfte Verdacht, stellte seltsame Fragen oder suchte nach Lisa, die sich in einer Dienstbotenkammer versteckt hatte. Er sagte, seine Eltern seien für ein paar Tage an die Ostsee gefahren. Es war schließlich schönstes Frühsommerwetter. Lisas Name wurde überhaupt nicht erwähnt.[36]

Das war also überstanden – unerwartet glimpflich. Trotzdem wollte Lisa nicht in Charlottenburg bleiben, denn der Hausmeister hatte ja Kontakt zur SA. Es konnte nur ein paar Tage dauern, bis er sie entdecken und verraten würde. Sie brauchte also dringend ein neues Quartier. Doch wen sie auch fragte, niemand wollte sie aufnehmen, jeder hatte Angst, weil sie Jüdin war, was sie noch nie so deutlich gespürt hatte wie in dem Moment, als sie Sprechchöre der SA grölen hörte: »Auf nach Jerusalem, Matze fressen, Matze fressen …«[37]

Sie musste also fort, auch wenn sie Berlin nur sehr ungern verließ, denn inzwischen war es ihr zu einer Art Heimat geworden. Außerdem: Sie war doch kein Deserteur! Sie konnte die Genossen nicht einfach im Stich lassen! Die Entscheidung oblag ihr allerdings nicht allein. Sie musste abwarten, was die Partei über sie verfügte. Bis August scheint sie sich irgendwo versteckt zu haben. Dann kam die Order, dass sie nach Prag gehen solle.[38] Die Frage war nur: auf welchem Fluchtweg? Sie hatte ja keinen Pass mehr und wurde außerdem polizeilich gesucht. Es kam also eigentlich nur der Weg übers Riesengebirge infrage, wo die Grenze ausschließlich durch bewaldetes Terrain verlief und weder mit einem Zaun noch mit Schranken versehen war.[39] Anders als in den Zügen, deren Schaffner polizeiähnliche Vollmachten hatten, war es hier sehr schwer, jemanden zu kontrollieren, sodass schon Hunderte diesen Weg genommen hatten, der Publizist Franz Pfemfert und dessen Frau Anja,[40] der Schriftsteller Willy Bredel,[41] der Karikaturist Thomas Theodor Heine[42] und viele andere mehr. Die Wenigsten machten diese Tour ganz allein. In der Regel wurden ihnen Fluchthelfer entgegengeschickt, die sich gut auskannten. Auch Lisa hatte vor, es so zu machen. Sie war ja gut durchtrainiert. Und um diese Jahreszeit lag kein Schnee. Viel Gepäck würde sie ohnehin nicht mitnehmen, nur einen kleinen Koffer, der leicht über die Berge zu tragen war, denn sie war fest überzeugt, dass sie schon bald wieder zurückkommen würde.[43]

4

INTERIMSLEBEN (PRAG, 1933–1935)

Fluchtwege

Zunächst hatte Lisa also übers Riesengebirge gehen wollen, wie fast alle Flüchtlinge aus Berlin, die polizeilich gesucht wurden; aber dann, erzählt sie, habe sie ihren Plan doch noch geändert und den D-Zug genommen, weil »Bruno«, der sie ursprünglich habe führen wollen, sich ein Bein gebrochen habe und ein Stellvertreter namens »Heinz« nicht erschienen sei. Aber »Bruno« war ja gar nicht mehr da. Er war ja in Danzig. Und für »Heinz« hätte es Dutzende von Ersatzleuten gegeben, tschechische Skilehrer, Bergsteiger oder Mitglieder der sozialistisch orientierten Naturfreunde. Auch dass auf dem Grenzbahnhof Bodenbach plötzlich ihr Vater auftauchte und sie den Fängen der schon bereitstehenden SA entriss, klingt eher unwahrscheinlich. Sie hatte ihm zwar auf einer Postkarte geschrieben, dass sie »dieser Tage« kommen würde, aber weder den genauen Termin noch den Zielbahnhof genannt.[1] Wie oft stand er denn dort? Und wie lange? Und war er wirklich noch so kräftig und reaktionsschnell, dass er sie samt Gepäck bewaffneten SA-Leuten hätte entreißen können? Doch es ergibt wenig Sinn, darüber zu spekulieren, denn Beweise gibt es nicht mehr. Die Szene ist jedenfalls gut geschrieben, als innerer Monolog und Dokument der Panik und Hilflosigkeit, wenn sie auch stark an bekannte Vorbilder wie Irmgard Keuns *D-Zug dritter Klasse*, einen 1938 bei Querido, Amsterdam, erschienenen Exilroman, erinnert.

Wie auch immer sie es also geschafft haben mag und mit welchem Pass (angeblich benutzte sie den Ausweis ihrer künftigen Schwägerin Eva Rosenthal): Sie kam irgendwie in Leitmeritz an, wo es schon bald heftigen Streit gab, vor allem mit Onkel Robert, dem Bruder ihrer Mutter, der sie mit bohrenden Fragen überhäufte: Wie konnte es nur dazu kommen? Wie es nur möglich gewesen sei, dass Hitler überhaupt an die Macht kam. Ob die Kommunisten wirklich alles getan hätten, um seinen Sieg zu verhindern oder ihn mit ihrem »demagogischen Gewäsch« sogar noch befördert hätten.[2]

Besonders auf Thälmann, diesen »Verbrecher«, war er schlecht zu sprechen, womit er eine weitverbreitete Ansicht teilte, denn Thälmann hatte international kein gutes Image. Vor allem in Österreich und der Tschechoslowakei bezeichnete man ihn als »Boxer«, »Transportarbeiter« und »halben Analphabeten«, dem noch kein einziger origineller Gedanke gekommen sei.[3] Manche verglichen ihn sogar mit Hitler. Die Wiener Zeitung *Der Tag* schrieb im November 1932, er habe bei einem Auftritt in Paris so polemisch gegen den »Schandvertrag von Versailles« gewettert, dass er genau wie ein Nazi geklungen habe.[4]

Schaleks Argumentation war wahrscheinlich etwas differenzierter, aber sie hörte offenbar gar nicht richtig zu, sondern geriet sofort außer Fassung: »Die Opfer sind die Schuldigen? Gegen den Faschismus zu kämpfen, ist ein Verbrechen? Und das sagst du, der Obergerichtsrat?«

Dann brach sie das Gespräch ab und ging mit ihrem Vater hinaus. Nur kein Diskurs, schon gar nicht im Gespräch mit Verwandten. Da könne man, so die Partei, nicht vorsichtig genug sein, besonders im Exil, vielleicht seien es ja »Spitzel der geheimen Staatspolizei« oder einfach nur schwatzhafte Menschen, denen man nicht vertrauen dürfe.[5]

Bruno Frei und der Hellseher

Auf dem Marktplatz von Leitmeritz begegnete ihnen jemand, den sie schon aus Wien und Berlin flüchtig kannten: Bruno Frei, *der* kritische Ausnahmejournalist jener Zeit, 36 Jahre alt, gebürtiger Österreicher, Kommunist, Jude, ehemals Chefredakteur von *Berlin am Morgen*, jetzt nach Prag emigriert, wo er den *Gegen-Angriff*, ein linkes Exilblatt, herausgab. An diesem Tag sei er durch die kleine Stadt spaziert, nicht etwa um sich die bunten Renaissancehäuser anzusehen, sondern um Schalek, Lisas Onkel, aufzusuchen, den er für ein wichtiges neues Buch interviewen wolle.

Das Buch sollte von Erik Jan Hanussen, einem berühmten »Hellseher«, handeln, der Ende März 1933 ermordet worden war, im Auftrag führender Nazis wahrscheinlich. Man hatte seine von Kugeln und Wildfraß zerfetzte Leiche in der Nähe von Berlin gefunden, in einem Wald, der dem Polizeipräsidenten von Potsdam gehörte. Schalek kannte Hanussen, und zwar sehr gut, denn er hatte von 1928 bis 1930 als Angeklagter vor »seinem« Gericht gestanden, wegen »unrechtmäßiger Bereicherung« und »Betruges in mindestens 34 Fällen«.[6] Seine Opfer waren hauptsächlich kleine Leute, die ihm ihr ganzes Vermögen gegeben hatten, ohne dass seine Prognosen eingetreten waren: Glück in der Liebe, Gesundheit, gute Ernten, geschäftlicher Erfolg, Lotteriegewinne usw.

Der Prozess endete mit Freispruch mangels Beweisen, womit Hanussens Karriere erst richtig losging. Er zog sofort nach Berlin und avancierte zum Staatshellseher der Nazis, zu einem der engsten Vertrauten von Goebbels, Hitler und vielen anderen, obwohl er aus einer jüdischen Familie stammte und eigentlich Chaim Steinschneider hieß, was er aber geschickt zu verbergen wusste. Im Februar 1933 war er wohl etwas zu weit gegangen. Auf einer seiner berühmten Séancen, die er mit dem Hitlergruß zu eröffnen pflegte, hatte er den Brand des Reichstags vorausgesagt: »Ich sehe Flammen, gewaltige Flammen, es brennt, eine furchtbare Feuersbrunst ist ausgebrochen. Verbrecher haben Feuer gelegt. Sie wollen Deutschland [...] ins Chaos stürzen.«[7]

Kurze Zeit später war er tot. Die Staatsanwaltschaft nahm zwar Ermittlungen auf, aber dann waren die Akten plötzlich verschwunden, und nichts weiter geschah. Bruno Frei wollte der Sache auf den Grund gehen. Deshalb sein Interesse an Schalek. Hatte er wirklich nach bestem Wissen und Gewissen geurteilt? Oder sich etwa mitschuldig gemacht, indem er Hanussen gegen das Votum der meisten Gutachter freigesprochen hatte?

Es sollte eine Geschichte über Grenzen und Möglichkeiten der Justiz werden, über Aberglauben, Wissenschaft und Telepathie, betrogene Betrüger, jüdischen Selbsthass und natürlich auch über die wahren Ursachen des Reichstagsbrands, die Bruno Frei mit aller Akribie recherchieren würde.[8] Ob er Schalek wirklich persönlich getroffen hat, ist nicht bekannt. Jedenfalls schildert er ihn in seinem Buch nicht als besonders sympathisch, sondern als eitlen Wichtigtuer aus der Provinz. Er sei ja so stolz gewesen auf diesen Prozess, schon Wochen vor dessen Beginn. Beim Frühschoppen im Traditionsgasthaus Zum Schwarzen Adler habe er vor seinen Freunden vom Männerbund »Schlaraffia« damit geprahlt, dass das kleine, verschlafene Leitmeritz Schauplatz außergewöhnlicher Ereignisse werden würde, und zwar durch ihn, Robert Schalek. Die ganze Weltpresse werde Reporter entsenden. Alle Hotels seien schon ausgebucht. Die berühmtesten Psychiater würden als Gutachter kommen, denn es gehe um nicht mehr und nicht weniger, als zu beweisen, was es mit dem Treiben der Okkultisten auf sich habe und ob Hellseherei wirklich möglich sei.[9]

Hanussen selbst war von dem Prozessverlauf ganz begeistert, vor allem von Schalek, der ihn in einer langen Begründung freigesprochen hatte. Hanussen lobte ihn zum Dank in vielen Zeitungsinterviews: Dieser Mann beherrsche die Rechtsprechung wie ein Virtuose sein Instrument. Von diesem Richter werde man so lange sprechen, wie es eine Metapsychologie geben würde.[10]

Ankunft in Prag

Ihre Eltern hatten zwar gehofft, dass Lisa noch etwas bleiben würde, um sich von den Strapazen der letzten Monate zu erholen, aber die Partei hatte nun einmal bestimmt, dass sie nach Prag gehen solle, um dort »Jugendarbeit« zu machen. Im Grunde war es ihr auch ganz recht so, denn sie konnte die Enge von Leitmeritz nicht mehr ertragen. Außerdem hatte Frei ihr gesagt, man lebe nicht gut in Prag, aber man lebe. Vielleicht hatte er sie auch mit ein paar nützlichen Hinweisen versorgt.

Das Büro der tschechischen Schwesterpartei KSČ in Prag-Karolinenthal, heute Karlín, lag in einem relativ neuen Viertel mit vielen Industriebauten, das selbst im Sommer nicht besonders anheimelnd wirkte, ungepflegt, grau, wie mit dem Lineal angelegt, oft von Hochwasser überschwemmt, eine Gegend, in die sich kaum ein Tourist verirrte. Auch das Gebäude war hässlich und heruntergekommen, denn die KSČ hatte damals kaum noch Geld, weil sie unter ihrem Vorsitzenden Klement Gottwald viele Mitglieder verloren hatte. Er vertrat einen radikal stalinistischen Kurs, sah die Tschechoslowakei als imperialistischen Staat an und dessen Präsidenten Tomáš Masaryk als »Sozialfaschisten«.[11]

Lisa scheint zunächst sehr enttäuscht gewesen zu sein. Sie war mit hohen Erwartungen in das »goldene Prag« gekommen. Und nun wurde sie in einen dunklen Kellerraum geführt, in dem sich die Aufnahme- und Quartierskommission befand, vor der schon Dutzende anderer Flüchtlinge warteten. Alle hatten sich einem strengen Verhör »über Parteizugehörigkeit, Funktion in der Partei und [den] Grund der Emigration« zu stellen, denn jeder von ihnen konnte ein Spitzel sein, der unter falschem Namen um Hilfe bat. Doch das war noch nicht alles. Es mussten auch Erkundigungen in Deutschland eingeholt werden, in Lisas Fall in Berlin, was lange dauern konnte, da die Partei ja inzwischen verboten worden war und kein offizielles Büro mehr betrieb.[12]

Bis alles geklärt war, wurden die Flüchtlinge bei Privatleuten untergebracht, die der Roten Hilfe oder der KSČ angehörten. Die meisten waren selbst finanziell schlecht gestellt, denn seit der Weltwirtschaftskrise war die Lage in der Tschechoslowakei katastrophal: hohe Arbeitslosigkeit, rasende Inflation, marode, überforderte Krankenhäuser, ständig neue Notverordnungen. Und jetzt noch der Flüchtlingsansturm, der kaum zu bewältigen war, sodass der Staat kurz vor dem Bankrott stand.

Und dennoch: Die Solidarität mit den Flüchtlingen war enorm. Fast alle berichten, dass sie mit größter Herzlichkeit aufgenommen wurden, dass man ihnen nicht nur Essen, Trinken und Unterkunft, sondern auch saubere Kleidung gab, ihre Wunden versorgte und sie zu längerem Bleiben einlud, auch wenn es eigentlich gegen die Vorschrift war.[13]

Lisas erste Adresse war ein Bauernhof außerhalb der Stadt, wo sofort ein Schlafzimmer für sie freigeräumt wurde. Trotzdem fühlte sie sich irgendwie unwohl. Die Kissen waren zu warm, die Kinder zu neugierig, die Hähne zu laut. Und als die Wirtin die Gretchenfrage stellte, wie denn das alles nur möglich gewesen sei mit der »Machtergreifung«, blieben ihr beinahe die Knödel im Hals stecken, obwohl es doch die klassischen böhmischen waren, die sie so gern mochte.[14]

Ihr nächster Weg führte sie zu Tante Emma, einer Schwester ihres Vaters, die in einer großen Wohnung in Prag lebte.[15] Lisa dachte wohl, dass sie wohlhabend sei. Aber da sie täuschte sich. Sie war seit Jahren verwitwet und konnte kaum noch ihre Miete bezahlen, sodass sie neuerdings sogar Untermieter aufnehmen musste. Und nun waren auch noch zwei andere Flüchtlinge aus Berlin angekommen, Onkel Julius Ekstein[16] und Cousin George Csató. Nein, es sei leider unmöglich, sagte sie zu Lisa. Ein paar Nächte könne sie bleiben, aber dann müsse sie sich etwas anderes suchen.

Lisa schien das alles nicht recht zu glauben. Sie meinte, dass Tante Emma etwas gegen sie habe. Warum hätte sie sonst diesen strengen, moralischen Ton anschlagen sollen, als George und sie einmal schallend über Eyleen, eine andere Verwandte, lachen mussten, die vorgab, ebenfalls keine Flüchtlinge aufnehmen zu können, weil sie Geld für einen Pelzmantel sparen müsse, den sie unbedingt brauche, mitten im Sommer?[17]

Onkel Julius, mit dem sie in Wien manchmal auf Hamstertour gegangen war, damals, in der schlimmen Zeit nach dem Ersten Weltkrieg, als es nichts zu essen gab, war etwa gleichzeitig mit ihren Eltern nach Berlin gezogen, wo er überraschend eine neue Liebe gefunden hatte: Käthe Schurig, eine Verlagsbuchhändlerin, fast 30 Jahre jünger als er. Er hatte geheiratet und war noch einmal Vater geworden. Wolfgang, sein Sohn, war jetzt acht Jahre alt.

Nach der »Machtergreifung« hatte er sich sofort entschlossen, das Land zu verlassen. Es gab kein Zögern, so wenig wie für die Eltern von Lisa. Seine Frau und sein Kind blieben in Berlin. Denn Käthe, genannt Kitty, war keine Jüdin und das gemeinsame Kind somit »Halbjude«, dem, so dachten sie, nichts geschehen werde. Doch schon bald wurde er auf dem Schulweg von zwei Jungen angegriffen, die ihn an einem Laternenmast festbanden und ihm ein Schild mit der Aufschrift »Jude« auf die Brust klebten.[18]

Cousin George, jetzt 23, war Maler geworden, gegen den Widerstand seines Vaters, der von dieser brotlosen Kunst nicht viel hielt. Er hatte erst in Wien, dann in Berlin studiert, bei Käthe Kollwitz, Paul Klee und Lyonel Feininger. Er fing gerade an, erste Erfolge zu haben. Aber plötzlich wurden alle Formen abstrakter Malerei geächtet, viele Bilder waren schon aus den Museen entfernt worden, Juden bekamen sowieso keine Aufträge mehr. Anders in Prag, wo er sich ganz gut durchschlagen konnte als Illustrator, Karikaturist und Porträtmaler. Er blieb fünf Jahre lang, lernte Tschechisch und Russisch, fand Anschluss an Künstler- und Intellektuellenkreise und war zeitweilig Schüler von Oskar Kokoschka.[19] Seine Bilder hängen heute in vielen großen Museen.

Schade, dass Lisa fast nichts über die beiden erzählt. Wie war es ihnen seit Januar 1933 ergangen? Auf welchem Weg waren sie nach Prag gekommen? Waren sie froh? Waren sie deprimiert? Was dachten sie über die politische Lage? Über die Zukunft?

Der Evidenzbogen

Auf den Straßen begegnete Lisa dauernd alten Bekannten von früher, »Emil« und »Herbert« zum Beispiel, zwei jungen Männern aus der Berliner »Antifa«.[20] Sie hätten sich so gefreut, dass sie es geschafft habe zu fliehen, am liebsten hätten sie gleich mit ihr angestoßen, was sie als schockierend, ja geschmacklos empfand: »Einer mehr hier – das ist wieder einer weniger von uns drüben. Kann man das feiern?«[21]

Emil und Herbert brachten sie zu dem Polizeirevier, wo sie sich offiziell anmelden sollte, mit einem »Evidenzbogen«, der nur auf Tschechisch abgefasst gewesen sei. Erst habe der zuständige Beamte akzentfrei erklärt, dass er leider kein Deutsch könne, um sie, als er ihr erstauntes Gesicht sah, zu fragen, ob man auf einer deutschen Polizeistation etwa Tschechisch mit ihm sprechen würde.[22] Es mag ja sein, dass er etwas mürrisch war, kein Wunder bei dem großen Ansturm von Emigranten. Vielleicht war er auch Nationalist oder / und Antisemit. Trotzdem steht fest, dass der Evidenzbogen, den die Flüchtlinge ausfüllen mussten, zweisprachig war, Tschechisch und Deutsch also.[23] Er enthielt außer den üblichen Fragen nach den Personalien ein paar grundsätzliche Regeln für den Flüchtling, zum Beispiel, dass er sich nicht politisch betätigen dürfe und bei allem, was er tue, immer bedenken möge, dass er Gast der Tschechoslowakei sei.[24] Seine leichte Verständlichkeit wurde allgemein gelobt, auch von Exilblättern im Ausland. In anderen Ländern mache man es den Emigranten viel schwerer sich anzumelden, während hier ein Weg gefunden worden sei, ihren Aufenthalt schnell zu legalisieren.[25] Lisa war froh, dass sie bald einen neuen Pass haben würde, wenn auch nur einen Interimspass für ein Interimsleben.

Marie Schmolka

Mit ihren nunmehr legalen Papieren suchte sie als Erstes das Jüdische Hilfskomitee auf, das aus Kreisen des liberalen Judentums finanziert wurde. Es lag in einer schmalen Gasse in der Josefsstadt, direkt neben der Maisel-Synagoge und der jüdischen Schule, der Jáchymka. Hier war das ehemalige Ghetto, die Gegend, aus der ihre Vorfahren, die Schaleks, stammten, die einen Buchladen und einen Verlag betrieben hatten.

Lia hoffte auf schnelle, unbürokratische Hilfe, denn das Komitee wurde von einer entfernten Verwandten, Marie Schmolka, geleitet, die in der Familie allgemein als »sehr tüchtig« gelobt wurde.[26] Doch leider sei dann doch alles ganz anders gekommen. Zuerst habe man sie drei oder vier Tage warten lassen, kein Wunder, denn die meisten der aus Deutschland eintreffenden Flüchtlinge waren Juden. Als sie endlich vorgelassen worden sei, habe Marie Schmolka gesagt, sie habe gehört, dass Lisa sich in »linksstehenden Gruppen« engagiert habe. Ihr Komitee unterstütze aber keine politischen Flüchtlinge, sondern nur solche, die wegen ihrer Herkunft und ihres Glaubens geflohen seien. Sie möge sich doch an ein politisches Komitee wenden. Lisa war hellauf empört: »Ihr Komitee hilft Juden nicht, wenn sie gegen das Hitler-Regime gekämpft haben?«

Nein, dafür sei sie nicht zuständig, wiederholte Frau Schmolka. Lisa verließ das Komitee voller Wut. Tüchtig, tüchtig! Sie konnte das Wort nicht mehr hören. Vielleicht sollten tüchtige Leute nicht als Leiter von Hilfskomitees zugelassen werden, folgerte sie.[27]

Marie Schmolka wurde von der Familie zu Recht als »tüchtig« bezeichnet, denn sie hatte sich schon *vor* 1933 für verfolgte Jüdinnen und Juden eingesetzt, ob sie nun aus Galizien, der Bukowina, Polen, Rumänien, Litauen oder der Ukraine kamen, wo sie unter schwerer Diskriminierung zu leiden hatten. Dabei leistete sie mehr als nur finanzielle Hilfe, nämlich aktive Sozialarbeit, versuchte Ausweisungen zu verhindern, organisierte Emigrationen nach Palästina, richtete Tafeln für Kinder, eine Arbeitsvermittlung und eine psychologische Ambulanz ein. Ihr Ruf war europaweit unumstritten.[28]

Allerdings *musste* sich das Komitee an gewisse Grundsätze halten, denn es war manchmal unmöglich, zwischen »unpolitischen« und »politischen« Juden zu unterscheiden, zwischen Wirtschaftsflüchtlingen und rassisch Verfolgten, »Berufsschnorrern«, Spitzeln und schier Verzweifelten, die einfach nur Hilfe suchten. Eine Mitarbeiterin des Komitees, Käte Frankenthal, ehemalige Reichstagsabgeordnete der Sozialistischen Arbeiterpartei (SAP) und Schul- und Armenärztin in Berlin-Neukölln, macht das in ihren Erinnerungen ziemlich deutlich. Gerade mit der Prager Exil-KPD hätten sie immer wieder die Erfahrung gemacht, dass sich einzelne Mitglieder einerseits unverblümt antisemitisch äußerten, andererseits jüdische Genossen dazu animierten, möglichst zahlreich auf dem Komitee zu erscheinen und um Unterstützung zu bitten:

> Das jüdische Komitee beschloss daher, zumindest aktive Kommunisten, die strikt antikonfessionell eingestellt waren und nie etwas mit dem Judentum zu tun haben wollten, nicht zu unterstützen [...] Darum entspann sich ein richtiger Kampf. Alle kamen zu dem jüdischen Komitee und leugneten mit dem größten Nachdruck, je etwas mit den Kommunisten zu tun gehabt zu haben. Sie begnügten sich aber nicht damit, ihrer Partei nicht zur Last zu fallen und zu versuchen, die Unterstützung anderswo zu bekommen. In jedem unbewachten Moment beschmierten sie unsere Wände mit »Heil Moskau! Nieder mit den jüdischen Geldsäcken!« Damit machten sie es mir unmöglich, in Zweifelsfällen günstig für die Antragsteller zu entscheiden. Unsere Geldgeber verlangten sehr energisch, dass ein strenger Maßstab angelegt wurde und keine Kommunisten irgendwelche Unterstützung bekämen.[29]

Nicht namhaft genug

Über Kurt Grossmann, den Sekretär der Demokratischen Flüchtlingsfürsorge, einer Einrichtung der Liga für Menschenrechte, die seit März 1933 in Prag aktiv war, urteilt Lisa ähnlich abfällig wie über Marie Schmolka. Nach stundenlanger Wartezeit habe er ihr erklärt, sein Komitee befasse sich nur »mit bekannten Autoren, berühmten Künstlern und anderen namhaften Intellektuellen«. Sie sei bei ihm an der falschen Adresse. Sie war offenkundig »nicht namhaft« genug, was blieb ihr also übrig, als zu gehen.[30]

Inzwischen ist die Arbeit seines Komitees genau dokumentiert, sodass man weiß, welchem Personenkreis es Hilfe gewährte. Es unterstützte Demokraten, Sozialdemokraten, Kommunisten, Gewerkschafter, Pazifisten, Menschenrechtler, bekennende Christen, Freimaurer und Freidenker, zwischen 1933 und 1938 knapp 30 000 Klienten, ob durch Beratung, Geld, praktische Hilfe oder Vermittlung von Visa.[31] Grossmann, ein bekannter politischer Journalist aus Berlin, der selbst unter gefährlichen Umständen geflohen war, galt als begnadeter Organisator. Sein Komitee betrieb Tafeln und Wohnheime, verteilte Kleidung, Kohle und Medikamente, bezahlte Arztbesuche und Krankenhausaufenthalte, ließ Kinder in der tschechischen Sprache unterrichten, bot Kultur- und Freizeitveranstaltungen an und bemühte sich um die Anerkennung deutscher Studienabschlüsse. Es kümmerte sich um Menschen aus allen Bevölkerungsschichten, um Arbeiter, Bauern, Handwerker, Schüler und Angestellte, nicht nur um »namhafte« Künstler oder Intellektuelle, auch wenn es natürlich vorkam, dass ein Schriftsteller oder Maler dort vorsprach und um Hilfe bat.[32]

Kurt Grossmann war unter den Flüchtlingen sicher nicht allseits beliebt. Fritz Erpenbeck, der ihn selbst erlebt hat, schildert ihn in seinem Roman *Emigranten*, wo er unter dem Namen Schanzer auftritt, als energisch, korrekt, hilfsbereit und loyal, aber manchmal auch bitter sarkastisch. Weder Grossmann selbst noch Schanzer, sein literarisches Alter Ego, hätten Leute gemocht, die sich mal als Juden, mal als politisch verfolgt ausgaben, um die doppelte und dreifache Unterstützung zu kassieren zulasten derer, die tatsächlich tiefe Wunden am Körper trugen und sie schamhaft verdeckten, »als fürchteten sie, man könne es als Prahlerei auffassen, dass sie sie überhaupt entblößten«.[33]

Als Lisa im August oder September 1933 bei Grossmann vorsprach, hatte er gerade aus der Presse erfahren, dass man ihn aus Deutschland ausgebürgert hatte, zusammen mit Lion Feuchtwanger, Ernst Toller, Kurt Tucholsky, Heinrich Mann und vielen anderen.[34] Neben seinem gesamten Vermögen war auch sein Archiv konfisziert worden, das Briefe von Albert Einstein, Thomas Mann und Carl von Ossietzky enthielt. Vielleicht war er an diesem Tag einfach nur wütend und niedergedrückt, was ja durchaus verständlich gewesen wäre. Leider hatte er keine Gelegenheit mehr, sich zu ihrer Darstellung zu äußern, denn er starb 1972 im amerikanischen Exil – als »unermüdlicher Kämpfer für Frieden und Menschenrechte«, wie ihn ein deutscher Historiker einmal genannt hat.[35]

»Edelkommunisten«

Am Ende habe sie dann doch eine kleine Unterstützung erhalten, von der tschechischen Angestellten Gewerkschaft,[36] was aber kaum vorstellbar ist, da dieses Komitee der SPD nahestand und dafür bekannt war, Kommunisten gar nicht erst aufzunehmen. Kam eigentlich nur noch das sogenannte Šalda-Komitee infrage, das zwar kommunistisch geprägt war, sich aber als »überparteiliche und unabhängige Einrichtung« verstand, die »deutschen Flüchtlingen ohne Unterschied von Rasse, Nationalität und Konfession« helfen wolle.[37] Schirmherr und Namensgeber war František Xaver Šalda, ein tschechischer Literaturwissenschaftler und Journalist. Er hatte einen exzellenten Ruf im Prager Kulturleben, ließ sich aber nur selten auf Versammlungen blicken und diente wohl eher als Strohmann gegenüber den Behörden.

Lisa hatte eigentlich keinen Grund zu verschweigen, dass sie von diesem Komitee unterstützt wurde, denn selbst die Spitzel der deutschen Gesandtschaft nannten es mit einem gewissen Respekt ein Komitee von »Edelkommunisten«,[38] das die Elite der linken Emigrationsszene an sich zog: Bruno Frei, Ernst Ottwalt, Franz Carl Weiskopf, John Heartfield und viele andere, die Lisa schon aus Berlin kannte. Manchmal erwähnt sie in ihrem Buch einen gewissen Jiří Kohn, den Geschäftsführer, »einen rundlichen Mann von ungefähr 40 Jahren«, der seine Schützlinge, besonders wenn sie jung, weiblich und hübsch waren, gern in die nobelsten Geschäfte von Prag führte, wo er sie mit auserlesenen Delikatessen verwöhnte: »Viel Obst und den herrlichen Prager Schinken, der einem auf der Zunge zergeht. Was für eine schöne Abwechslung, wo wir doch abends meistens Brot und [...] Salami aßen, denn das war die einzige Wurst, die wir uns leisten konnten. Doch vor allem hat sich mir Jiří auf ewig wegen der Creme mit Früchten eingeprägt, die er uns zum Schluss immer kaufte.«[39]

Nicht ganz so freundlich spricht sie über eine der zentralen weiblichen Figuren des Komitees, Grete Reiner, die Jaroslav Hašeks *Abenteuer des braven Soldaten Schwejk* als Erste ins Deutsche übersetzt hatte. Grete Reiner verdiente mit ihrer Übersetzung viel Geld, das sie zum größten Teil in das Šalda-Komitee steckte. Aber Lisa fiel vor allem auf, dass sie sehr stark geschminkt war und den jungen Männern im Prager Café Continental schöne Augen machte, obwohl sie doch schon eine »ältere Dame« war, nämlich 42![40] Jiří Kohn wurde 1944 noch in Prag von der Gestapo umgebracht. Im selben Jahr starb Grete Reiner in Auschwitz. Über ihr Leben ist bis heute kaum etwas bekannt.

Alltag in Prag

Die offiziell anerkannten Flüchtlinge erhielten eine Unterstützung von 16 bis 25 Kronen pro Woche, je nach Größe und Zahlungsfähigkeit ihres Komitees. Das war sehr wenig, reichte aber fürs Erste zum Überleben, da die Unterkunft in der Regel kostenlos war, ob bei Privatleuten oder in Kollektiven. Besonders berüchtigt war das kommunistische Wohnheim in Strašnice, eine alte Fabrikhalle, die auf viele wie ein Gefängnis oder gar Konzentrationslager wirkte. Der Schriftsteller Oskar Maria Graf berichtet von Strohlagern, aufgeweichten Lehmböden, quälender Untätigkeit und großem psychischem Elend. Fast alle Bewohner, darunter auch Kinder, seien durch lange Lagerhaft traumatisiert gewesen, manche regelrecht paranoid und von Folter gezeichnet, ohne dass man sie ärztlich behandelt habe.[41]

Lisa erzählt fast nichts über diese dunkle Seite des Prager Exils, sondern nur von einem Männerheim in der Vodičkova, wo sie Hans Fittko kennengelernt habe.[42] Es war ihre Postadresse, die sie zum Empfang privater und politischer Mitteilungen nutzte. Sie selbst wohnte mal hier, mal dort, in Wohngemeinschaften, zur Untermiete oder bei Freunden. Wenn Jiří nicht kam, um mit ihr einkaufen zu gehen, aß sie in der Mensa der Privatangestellten oder in versteckt gelegenen Kantinen, die oft aus einem einzigen Raum bestanden und von den Flüchtlingen selbst bewirtschaftet wurden. Das Essen war schlecht, aber billig oder sogar umsonst: Erbsenpüree mit Zwiebeln, Graupen mit Pflaumen, Schweinemagen mit Mehlknödeln, Blutwurst mit Sauerkraut usw.[43] Doch Lisa scheint in diesem Punkt nicht sehr anspruchsvoll gewesen zu sein. Lieber schlecht essen als gar nicht. Außerdem traf man immer Bekannte von früher, die nicht genug Geld hatten, um in ein Restaurant zu gehen, weil sie von keinem der offiziellen Komitees unterstützt wurden.

Ansonsten bleiben ihre Schilderungen des Prager Alltags sehr blass. Da fehlt jedes Lokalkolorit, jede Bildhaftigkeit. Nicht einmal die Brücken und Inseln der Moldau werden erwähnt, die engen Gassen, die Barockfassaden, das holprige Pflaster oder das Stimmen- und Sprachengewirr auf den Märkten. Wenn nicht ein paar Straßen- und Eigennamen vorkämen, könnte das Ganze genauso gut in Wien, Warschau oder Budapest spielen. Sehr viel plastischer beschreibt sie dagegen die Menschen, die sie traf, ihre Wünsche, ihre Hoffnungen, ihre Probleme. Sie sollte ja »Jugendarbeit« für die KPD machen, »Jugendpatenschaftsarbeit«, was immer das sein mochte.[44] Vielleicht eine Art praktischer Beistand für Flüchtlinge, die noch viel jünger waren als sie, fast noch Kinder?

Genosse Heinz und die schwarze Baskenmütze

Weihnachten 1933 bei den Kahns, wenn sie denn wirklich so hießen, wahrscheinlich Genossen aus Deutschland, ein Ehepaar mit zwei kleinen Kindern.[45] Manchmal luden sie andere Flüchtlinge zu sich ein, in diesem Fall Lisa und zwei junge Männer, Herbert und Heinz. Obwohl sie alle jüdischer Herkunft waren, wurde ein wenig gefeiert, mit Kuchen, Wein und ein paar Pfänderspielen. Nachdem Heinz mehrmals gegen Lisa verloren hatte, forderte sie ihn halb im Scherz, halb im Ernst dazu auf, ihr als Pfand seine schwarze Baskenmütze zu überlassen, die ihr so gut gefiel, weil sie »eher wie ein Barett aussah«. Doch er weigerte sich. Nie im Leben würde er sich von dieser Mütze trennen. Lisa fand das seltsam und lachte ihn aus.

Ansonsten war die Stimmung entspannt. Es wurden sogar Witze über Goebbels gemacht, den sie »Wotans Mickymaus« oder »den Mann mit der feurigen Zunge« nannten. Heinz sagte, dass Herbert und er bald nach Palästina auswandern würden. Es sei alles vorbereitet. Die Papiere seien schon fertig. Sie könnten nicht immer im Männerheim leben, wo sie weder arbeiten noch politisch aktiv werden dürften. Sie wollten endlich wieder etwas Sinnvolles tun.

Aber warum gerade in Palästina, fragte Lisa. Ob er denn überhaupt

Zionist sei? Nein, das nicht, aber das sei egal, auch in Palästina könne man für die Sache des Proletariats kämpfen.

Inzwischen war es ziemlich spät geworden. Lisa ging zurück in ihr Quartier, das ganz in der Nähe war. Herbert und Heinz, die die letzte Bahn verpasst hatten, blieben bei den Kahns, wo sie sich in der Küche eine Art Notlager aufgebaut hatten. Am nächsten Morgen fand man ihren leblosen Körper auf dem Boden liegend. Heinz hatte den Gashahn aufgedreht und seinen Freund Herbert mit in den Tod genommen. Den Kahns und den beiden Kindern war zum Glück nichts geschehen. Sie waren nur wie gelähmt vor Entsetzen.

Nach dem Grund dieses Suizids fragte sich niemand. Auch Lisa nicht. Es war schrecklich. Aber Selbstmorde von Flüchtlingen kamen fast jeden Tag vor, bei Jungen und Alten, Bekannten und Unbekannten, in Hotelzimmern oder am Ufer der Moldau. Manchmal aus schierer Angst vor der Emigrationsleitung der KPD, die in Prag gnadenlos auf Zucht, Ordnung und Disziplin achtete, Verweise erteilte oder mit Parteiausschluss drohte, wenn jemand eine abweichende Meinung vertrat oder mit »Andersdenkenden« verkehrte. Ein gewisser Kurt Lembke schrieb zum Beispiel an seine Freundin, sie solle ihm ja nicht mehr schreiben. Er stehe unter Aufsicht.

> Sämtliche Briefe werden gelesen. [...] Vielleicht mache ich Schluss mit allem. Warte nur auf das Urteil von der Partei. [...] Aber sei unbesorgt, solange ich lebe, denke ich an Dich. Vernichte alle Post von mir, denn man kann nicht wissen, was kommt. An meine Mutter darfst Du nichts davon schreiben, sonst, wenn es die Partei erfährt, ist es aus. [...] In dem Verfahren wird mir Verrat vorgeworfen, welchen ich fahrlässiger Weise verübt haben soll. [...] Erfülle meine Bitte, sonst wird es immer schlimmer für mich.[46]

Der wahre Bruno

Im November 1933 sprach sich in Prager Emigrantenkreisen eine erschütternde Nachricht herum: dass August Laß, Lisas einstiger Geliebter, zum Verräter geworden, genauer gesagt zur SA übergelaufen war. In *Solidarität unerwünscht* schreibt sie zwar, »Lucie« und »Käthe« hätten ihr, als sie einmal zu Besuch kamen, erzählt, »Bruno« sei »hochgegangen, [...] aber nach kurzer Zeit wieder freigelassen worden« und stehe nun unter ständiger Beobachtung der Gestapo.[47] Doch tatsächlich ließ er andere »hochgehen«, mindestens 22 Genossinnen und Genossen, die alle in Haft kamen, zum Teil bis 1945, wenn sie nicht schon vorher an ihren Verletzungen gestorben waren.[48]

Er selbst war im November 1933 von der Gestapo verhaftet und aus Danzig nach Berlin überführt worden,[49] mit dem Versprechen, dass man ihm eine hohe Position in der SA geben werde, wenn er sie auf die Spur wichtiger Genossinnen und Genossen führe, was er bereitwillig tat. Er sah die Sache der KPD ohnehin als »verloren« an und hatte nicht vor, dafür zu sterben.[50] Zwischen dem 22. und 28. November kam es mit seiner Hilfe zu knapp zwei Dutzend Festnahmen, zum Beispiel von Gertrud Grätz, Moses Lorff, Hans Teubner, Rudolf Reutter, Marie Geist, Lambert Horn, Hans Lübeck, Luise Vitzthum, Ulrich Brurein, Oskar Müller, Mathilde Herzfeld und Walter Köllicker, der einmal sein engster Vertrauter gewesen war.[51] August Laß verriet der Gestapo nicht nur die Adressen. Nein, er machte ganz gezielt Besuche bei den alten Freunden, wobei man ihm unauffällig folgte, sodass sie sofort verhaftet und abgeführt werden konnten. Einmal ging er sogar zu einer Fürsorgestelle für Erwerbslose, von der er wusste, dass er dort viele alte Genossen treffen würde. Sie ahnten jedoch, was er vorhatte, und verpassten ihm eine solche Tracht Prügel, dass er sich nie wieder blicken ließ.[52]

Durch seinen Verrat wurde fast die ganze KPD-Organisation in Berlin-Brandenburg ausgehoben, auch der Kommunistische Jugendverband, in dem Lisa aktiv gewesen war. In den Akten wird von der Gestapo mit Stolz resümiert, dass es gelungen sei, auch »die letzten Nester kommunistischer Betätigung« zu zerstören, ob in Berlin oder in Danzig und Königsberg.[53]

Soweit die Akten erkennen lassen, ließ sich niemand der Betroffenen zum Verrat bewegen, nicht einmal Luise Vitzthum, die ihr erstes Kind erwartete, das sie nun im Gefängnis zur Welt bringen würde, um es danach vielleicht nie mehr wiederzusehen.[54] Fast alle sprachen vernichtend über die »kleinbürgerliche Charakterlosigkeit« von August Laß,[55] die sich bald bestätigen sollte, denn er beschwor seine Noch-Ehefrau Wilhelmine, sich von der KPD loszusagen und ihm nach Königsberg zu folgen, wo eine gute Stellung bei der SA auf ihn warte. Das tat sie aber nicht, sondern ging mit seinen Briefen zu einem hohen Parteifunktionär namens Herbert Wehner, der dafür sorgte, dass die Sache publik wurde, in Berlin wie im Exil, wo man jetzt allgemein vor dem Verräter August Laß gewarnt war.[56]

So kam die Nachricht nach Prag. Eine Katastrophe für Lisa. Denn es gab Freunde, die sich wegen der »Schandtaten von Laß« von ihr abwandten, obwohl nichts dafür sprach, dass sie nach ihrer Flucht aus Berlin noch Kontakt zu ihm hatte.[57] Die Partei strengte kein »Kontrollverfahren« gegen sie an, aber man wurde misstrauisch, auch wenn Lisa noch so sehr beteuerte, von den Verhaftungen, die er veranlasst habe, nichts zu wissen.

Der neue Mann

Um diese Zeit, im Herbst oder Winter 1933, muss sie Hans Fittko begegnet sein, den sie wahrscheinlich schon aus Berlin flüchtig kannte. Er wohnte in dem Männerheim an der Vodičkova, das sie immer noch aufsuchte, um ihre Post abzuholen, wobei sie manchmal ein paar Lebensmittel mitnahm, die von ihren Einkäufen mit Jiří Kohn übrig geblieben waren, was natürlich jedes Mal große Begeisterung hervorrief. Während sie selbst mit ihrem blauschwarzen Haar, ihrer schmalen Figur und ihren langen, gertenschlanken Beinen sehr attraktiv gewesen sein muss, war Fittko keine besonders auffallende Erscheinung. Er war mittelgroß, etwas untersetzt, hatte eine hohe, zurückweichende Stirn und ernste Gesichtszüge, die sich nur selten zu einem Lächeln aufheiterten, sodass er viel älter aussah, als er damals war, nämlich 30. Lisa scheint ihn als Mann zunächst gar nicht wahrgenommen zu haben, sondern bemerkte ihn erst, als sie ihn singen hörte, denn er hatte eine klangvolle Stimme und konnte all die alten deutschen Volkslieder auswendig, die von Kommunisten genauso gern gesungen wurden wie von der Hitlerjugend oder von der SA: »Im Krug zum grünen Kranze«, »Oh du mein Edelweiß«, »Horch, was kommt von draußen rein« usw.[58]

Hans Fittko stammte aus einer Familie sorbischer Herkunft, die seit langem in Berlin-Spandau ansässig war. Seine Mutter hatte in ihrer Ehe mit Adolf Fittko ein Kind nach dem anderen geboren: Emma Elisabeth, Margarete, Adolf Walter, Martha Elsbeth, Willi Gottlieb, Lina Charlotte Doris und schließlich Hans, der eigentlich Carl Johannes Adolf hieß. Willi hatte sich freiwillig zum Kriegseinsatz gemeldet und war schon mit 20 bei Verdun gefallen. Drei Jahre später starb auch der Vater, vielleicht an der Spanischen Grippe. Hans Fittko war damals erst 16 und wohnte noch bei der Mutter in Spandau, Feldstraße 51, wo sie einen kleinen Obst- und Gemüseladen betrieb. Ihr ältester Sohn war immerhin zum Tischler ausgebildet worden. Hans Fittko konnte nicht einmal eine Lehre machen, geschweige denn aufs Gymnasium gehen oder studieren, denn er wurde zu Hause gebraucht und musste arbeiten, im Laden, als Botenjunge, in der Fabrik oder auf dem Bau.

Mit 17 hatte er begonnen sich zu politisieren und war nacheinander verschiedenen Parteien beigetreten, erst der KPD, dann der KAPD, dann der Allgemeinen Arbeiter-Union und zuletzt dem Spartakusbund, Ortsgruppe Spandau, bevor er 1930 wieder zur KPD zurückfand. Seine politische Vita ist typisch für den Zustand der linken Parteienlandschaft in der Weimarer Republik, die sich in unzählige

Klein- und Kleinstgruppen teilte, die KAPD Berliner Richtung, die KAPD Essener Richtung, den Bund der Kommunisten, die Entschiedene Linke, den Leninbund usw. Fast alle diese Gruppen, deren Aufzählung noch endlos fortgesetzt werden könnte, waren miteinander verfeindet und gaben eigene Zeitungen heraus, wie zum Beispiel den *Pionier*, den *Volkswillen* oder *Die Aktion*, für deren Herausgeber, Franz Pfemfert, Fittko zeitweilig als Volontär oder Assistent arbeitete.

Da er tatkräftig und hilfsbereit war, wurde er bald zu einer Art Adoptivsohn von Pfemfert und dessen Frau Anja, einer bekannten Übersetzerin aus dem Russischen. Gelegentlich schrieb er auch selbst kleinere Beiträge für die *Aktion*.[59] Journalist war er allerdings nie, auch wenn Lisa ihn später oft so bezeichnen würde. Er hatte fast keine Berufserfahrung auf diesem Gebiet und ist als Autor kaum irgendwo nachzuweisen. Er war nur zeitweilig Geschäftsführer des Spartakus-Verlages, dessen Manuskripte er in Zürich drucken ließ.

In dieser Funktion wurde er 1928 wegen »Vorbereitung zum Hochverrat« angeklagt.[60] Im Spartakus-Verlag war nämlich ein kleiner Band mit Gedichten des expressionistischen Lyrikers Oskar Kanehl erschienen, die nach Auffassung des Oberreichsanwalts »eine […] verletzende Herabwürdigung und Beschimpfung der […] republikanischen Staatsform« darstellten. Man stieß sich besonders an dem Gedicht »Ich bin ein Wähler«, in dem es hieß:

Ich bin ein Wähler, brauch nicht nachzudenken.
Nur jeden Wahltag mach ich Politik.
Und geh gehorsam meine Stimme schenken
Für den Bestand der Geldsack-Republik.
Für Ordnung und für Ruhe
Bürgt unsere Zetteltruhe.
Ob rechts, ob links, der Unterschied ist klein.
Ich bin ja Stimmvieh, will nur Stimmvieh sein.[61]

Für Fittko ging der Prozess glimpflich aus, indem er sich von Kanehl und dessen Werk distanzierte. Für Kanehl nicht. In seiner Wohnung fanden immer wieder Durchsuchungen statt, die ihn tief gedemütigt haben müssen. Am 28. Mai 1929, er war 40 Jahre alt, sprang er aus dem Fenster seiner Wohnung in der Berliner Kantstraße 61. Er war sofort tot. Diese Tragödie führte zum Bruch zwischen Fittko und Pfemfert, der erst Jahre später wieder geheilt werden sollte.

Der Grenzgänger

1930 trat Fittko wieder in die KPD ein, die ihn mit offenen Armen wieder aufnahm. Er wurde »Politleiter« in Berlin-Spandau, eine prominente Figur, die in Parteikreisen großes Ansehen genoss. Dass er noch einmal angeklagt und sogar zum Tode verurteilt wurde, diesmal wegen Anstiftung zum Mord an einem SA-Mann, wie Lisa immer wieder gesagt und geschrieben hat,[62] mag zwar stimmen, wird aber durch keine der zahlreichen Untersuchungen zum Widerstand in Berlin bestätigt.[63] Auch im Bundesarchiv gibt es keine Akten dazu. Es gibt dort nur eine einzige Strafakte über Hans Fittko, die wegen »Vorbereitung zum Hochverrat« in der Sache Kanehl.[64] In den Akten der KPD steht auch nichts davon, dass er auf Skiern über das Riesengebirge geflohen wäre, um sich der drohenden Verhaftung zu entziehen. Es heißt nur, dass die Partei ihn unter den Decknamen »Stephan« und »Julius« in die Tschechoslowakei einschleuste, damit er die Arbeit der »Grenzstellen« organisierte.[65]

Für diese Arbeit wurden vorwiegend Männer eingesetzt, da sie für Frauen als zu gefährlich galt. Es ging darum, illegale Schriften, aber auch Menschen über die Grenze zu schmuggeln, Kuriere, Instrukteure, Flüchtlinge und Kader. 1933/34 soll es neun Übergänge gegeben haben, vorwiegend im Riesen- und im Erzgebirge.[66] Bei den Schriftstücken handelte es sich um die *Rote Fahne*, die *Junge Garde*, den *Gegen-Angriff* und die *Arbeiter-Illustrierte-Zeitung*, aber auch um Flugblätter und politische Broschüren, die als Rechenhefte, Werbung oder Informationsschriften aufgemacht waren: »Warum Persil? Ein Wort an die sparsame Hausfrau!«, »Schütze dein Leben! Anleitung zur Verhütung von Geschlechtskrankheiten«, »Die Kunst des Selbstrasierens« usw.[67]

Die Grenzarbeit galt als sehr riskant, aber auch reizvoll, weil sie die Kuriere durch die herrlichsten Landschaften führte und ihnen das Gefühl gab, ihr Leben für eine wichtige Sache aufs Spiel zu setzen. Die Romanciers Friedrich Wolf und Fritz Erpenbeck haben in ihren Romanen eindrucksvoll darüber geschrieben, über steile Pfade, herabstürzende Wildbäche, Baumwurzeln, die sich wie Arme riesiger Fabeltiere in die Erde krallten, neblige Fichten- und Eichenwälder. Vor allem über die enorme Solidarität zwischen tschechischen und deutschen Genossen:

> Nein, man ist nicht allein! Man ist nicht vergessen! Auch hier ist man nicht zur Untätigkeit verdammt. Wellen der Liebe und Freundschaft schlagen selbst über diese höllisch bewachten Grenzen. [...] Durch seine Hände flattern die paar hundert Flugblätter, diese Sturmvögel, hinüber nach Deutschland, durch seine Hände wandern diese Dokumente der Solidarität [...] Ja, er ist wieder eingeschaltet in den glühenden Strom der Arbeit und der Kameradschaft. Er ist wieder mit dabei![68]

»Privateigentum ist aufgehoben«

Nun waren die beiden also ein Paar, Lisa und Fittko, beide Funktionäre der Exil-KPD, beide aus politischen Gründen geflohen, beide fest überzeugt von ihrer Mission im Geiste Thälmanns, Stalins und des internationalen Proletariats. Was sie füreinander fühlten, lässt sich schwer sagen. Denn Lisa hat das Wort Liebe selten benutzt, ob in ihren Büchern oder in ihren Interviews. Vielleicht war es ihr zu kitschig oder zu bürgerlich, oder sie wollte nicht zu viel von sich preisgeben. Es kann aber auch sein, dass die Erfahrung mit August Laß sie zu tief verletzt hat, denn er hatte ja nicht nur sie, sondern auch alle anderen verraten: die Partei, die Genossen, den antifaschistischen Kampf, seine Frau, sein Kind und am Ende sogar seine Tanten, die an ihn geglaubt und ihn für einen guten Menschen gehalten hatten. Mit dieser Enttäuschung musste sie erst einmal fertigwerden. Das war nicht leicht. Es kann sein, dass sie nie wirklich darüber hinweggekommen ist.

Auf jeden Fall brauchten Hans und sie erst einmal eine Wohnung oder wenigstens einen Ort, wo sie ungestört waren. Im Männerwohnheim ging es ja nicht. Und in Lisas wechselnden Quartieren auch nicht. In der freien Natur schon gar nicht, jedenfalls nicht im Winter, der in Prag recht kalt werden konnte. Wohin also?

Hans Fittko löste dieses Problem sehr geschickt. Er besetzte die Wohnung eines Genossen. Es handelte sich um einen gewissen Karl Katz, Journalist, Jude, politischer Emigrant, dem es gelungen war, eine kleine Wohnung zu finden, wahrscheinlich mit Hilfe von Marie Schmolka, für die er gelegentlich arbeitete. Eines Tages tauchte Fittko bei ihm auf und sagte, er müsse diese Arbeit zeitweilig unterbrechen, denn er werde an der Grenze in der Nähe von Teplitz gebraucht. Karl Katz wusste zwar nicht, wie das gehen sollte, weil er keinerlei Erfahrung auf diesem Gebiet hatte, fuhr aber trotzdem bereitwillig hin, denn Befehl war Befehl. Am Zielort angekommen, fand er niemanden, der ihm sagte, was er zu tun habe, nur Wildnis, ein fremdes Dorf, unbekannte Straßen und Gesichter. Nach ein paar Stunden des Wartens fuhr er wieder zurück, um in seine Wohnung zu gehen. Er war sehr überrascht, Fittko, Lisa und sieben weitere Genossen darin vorzufinden, obwohl er sie keineswegs eingeladen oder erwartet hatte. Es kam zum Wortgefecht, dann zum Handgemenge, in dessen Verlauf Katz aus seiner eigenen Wohnung gejagt wurde. Fittko warf ihm vor, ein Verräter zu sein. Er habe nicht nur die Grenzarbeit unerlaubt abgebrochen, sondern auch Lisa bei der tschechischen Polizei denunziert, sodass sie um ein Haar alle hochgegangen wären. Nun sei es das Beste für ihn zu verschwinden. Er musste unter Lebensgefahr nach Berlin zurückkehren, weil er in Prag weder Unterstützung noch Obdach mehr fand.[69]

Hans Fittko ging nun öfter nach dieser Methode vor, wobei er, wenn ein Genosse sich widersetzte, zu sagen pflegte: »Ach was, Privateigentum ist aufgehoben. Und wenn wir das wollen, dann wird die Wohnung von uns beschlagnahmt und ihr kommt ins Lager.«[70]

Fittko machte sich damals sehr unbeliebt, auch bei anderen Genossen, die sich bei der Emigrationsleitung über ihn beschwerten. Er war immer relativ gut bei Kasse, was sie sich nur damit erklären konnten, dass er »größere Geldbeträge unterschlagen« hatte.[71] Nachts soll er »Sauftouren« mit Lisa und einem gewissen Fritz Köhler, Deckname »Onkel«, gemacht haben, von denen er oft so betrunken zurückgekommen sei, dass er das ganze Haus aufgeweckt habe.

Eines Tages kam es, wie es kommen musste: Hans Fittko wurde verhaftet. Und zwar nicht weil ein als »Naturfreund« getarnter Gestapospitzel unter seinen Fluchthelfern war,[72] sondern weil er eine Schlägerei angefangen hatte, zusammen mit Köhler alias »Onkel«, in einer tschechischen Ziegelei im Šárka-Tal, wo sie eigentlich für die Sache der Partei werben sollten. Zum Beweis ihres »Sieges« hatten sie ein Stuhlbein und ein Plakat mit der Aufschrift »Zehn Gebote für den Säufer« mit ins Quartier gebracht, das sie demonstrativ an die Wand klebten. Das war das Ende. Sie waren straffällig geworden. Immerhin war man so freundlich, sie nicht nach Deutschland, sondern nur in ein Land ihrer Wahl auszuweisen, was Fittko als Beleg dafür ansah, dass man ihn im »Land von Thomas Masaryk« nicht haben wollte, weil er Antifaschist war.[73] Er verließ es Ende 1934 in Richtung Basel, wo die Partei neue wichtige Aufgaben für ihn hatte.

5
»SCHLIMMER ALS DIE GESTAPO«
(BASEL, 1934–1936)

Hochzeitsnacht

Er erklärte kurz und knapp, dass Lisa mitkommen solle, ohne zu fragen, ob sie das überhaupt wollte. Sie sagte zwar ja, aber etwas unwohl war ihr offenbar doch dabei. Was sollte sie in Basel? Welche Aufgaben würde sie dort haben? Außerdem konnte Fittko gar nicht über ihren Verbleib bestimmen. Das konnte nur die Partei. Die wollte ihn erst einmal allein fahren lassen, ohne Lisa, die ja noch mit Gabo Lewin verheiratet war, unter dessen Namen sie auch in den Akten geführt wurde.[1] Ob sie sich wirklich – nur für alle Fälle – von einem mit Fittko befreundeten Rabbiner trauen ließen, ist nicht zu klären, denn das Papier ging »mit den meisten anderen während des Krieges und der Flucht verloren«.[2] Es wäre sowieso nirgendwo gültig gewesen, da es sich schlicht gesagt um Bigamie handelte und fast überall die Zivilehe obligatorisch war.

In Prag jedenfalls wurde sie von ihren Aufgaben, wie es scheint, weitgehend entbunden, denn sie nutzte die Zeit, um durch die Stadt zu spazieren, vielleicht zum ersten Mal mit offenen Ohren und Augen, sodass sie Dinge wahrnahm, die ihr vorher entgangen waren, den Gesang der Leierkastenmänner, die Rufe der Zeitungsverkäufer, das dichte und doch irgendwie vertraute Gedränge in den Flüchtlingsheimen, wo sie inzwischen ein paar Freundinnen gefunden hatte, »Anne« und »Berta« zum Beispiel, die obwohl noch ganz jung, schon verwitwet waren. Ihre Männer waren von den Nazis umgebracht worden.[3]

In ihren Erinnerungen schreibt sie nicht, wann genau sie von Prag nach Basel gefahren ist. Den Akten der KPD zufolge müsste es im Januar 1935 gewesen sein, nicht gerade die schönste Reisezeit also. Jedenfalls schied sie mit einer gewissen Wehmut. Das Café Continental, die Knödel, die Volksmusik, das alles war ihr doch mehr ans Herz gewachsen, als sie dachte.

»Ob es in Basel auch Straßensänger gab? Sicher mit anderen Melodien als denen, die einen hier überall begleiteten. Und in der Schweiz war angeblich alles furchtbar sauber …«[4] Aber vielleicht war es gut, gerade jetzt den Ort zu wechseln. Denn obwohl die Parteispitze nach wie vor große Stücke auf Fittko hielt und ihn zum Grenzstellenleiter im Dreiländereck Schweiz / Deutschland / Frankreich bestimmt hatte, war sein Ruf unter den Genossen doch stark beschädigt worden. In Basel würden sie noch einmal ganz von vorn anfangen können, denn die Schweiz galt als ideales Asylland: vielsprachig, multikonfessionell, reich, tolerant. Hatte nicht Lenin schon dort Zuflucht gefunden und Paul Levi, der Weggefährte von Rosa Luxemburg?

Dieses Mal fuhr Lisa ohne jeden Zweifel mit dem Zug. Es ging ja nicht anders. Natürlich nicht über Nürnberg und Stuttgart, was der direkte Weg gewesen wäre, sondern auf dem Umweg über Österreich, wobei sie mindestens zweimal umsteigen musste. Trotz der winterlichen Temperaturen trug sie ein elegantes graues Flanellkostüm, das ihre Mutter ihr noch in Berlin hatte maßschneidern lassen, dazu ein rotes Halstuch und etwas Lippenstift, sodass niemand sie für eine Illegale halten würde. Sie fing auch gleich einen kleinen Flirt an.[5] »Sind Sie Berlinerin?«, fragte der Mann, der ihr gegenübersaß. Ja, sagte sie, obwohl es ja streng genommen nicht ganz stimmte.

Der Mann war jedenfalls auch Emigrant. Er sprach Deutsch und sah sehr gut aus. Er sei Schriftsteller, sagte er, ohne seinen Namen zu nennen. In Innsbruck, wo sie eine Weile Aufenthalt hatten, gingen sie sogar zusammen essen. Lisa fühlte sich wohl und entspannt in seiner Gegenwart.

Ihre Eltern sah sie auf dieser Reise nicht, obwohl sie inzwischen in Wien lebten. Sie hatten es bei den Schaleks nicht lange ausgehalten, weil es dauernd Streit mit Onkel Robert gegeben hatte. Eigentlich hatte er sie ja selbst dringend aufgefordert zu kommen. Doch als sie einmal da waren, ließ er sie spüren, dass ihm das alles zu viel wurde. Jedenfalls war die Stimmung so gespannt, dass sie beschlossen, lieber nach Wien zu Malva, der Malerin, zu ziehen, die immer noch die gute Seele der Familie war und jeden bei sich aufnahm, der Hilfe brauchte.[6]

Eine Anstellung fand Ekstein auch in Wien nicht mehr. Er versuchte es immer wieder, vergeblich. Denn obwohl er längst aus der KPD ausgetreten war: Die Jahre bei der sowjetischen Handelsvertretung ließen sich nun einmal nicht ausradieren. Und ausgerechnet er, der ehemalige Kommunist, wollte nun wieder Kaufmann werden, was doch so viel hieß wie dem Kapitalismus zu dienen? In einem Österreich, das inzwischen von Kurt Schuschnigg regiert wurde, der in der ganzen Welt als Faschist und Antisemit galt und schon Tausende politisch Verdächtige hatte festsetzen lassen?

Lisa war während ihrer Prager Zeit einmal kurz in Wien zu Besuch gewesen. Ihre Mutter wirkte optimistisch wie immer, der Vater dagegen alt und resigniert, manchmal sogar etwas verwirrt. Als sie abfuhr, herrschte eine traurige Stimmung. Niemand wusste, wann sie sich wiedersehen würden oder ob überhaupt.[7]

In Basel wartete Fittko schon am Badischen Bahnhof. Diesmal war alles gut gegangen. Niemand hatte Verdacht geschöpft, niemand kritische Fragen gestellt. Fittko strahlte. Er sah wieder jünger aus als nach den Tagen der Haft. Er hatte sogar ein Hotelzimmer reserviert, das sie endlich mit keinem Genossen mehr teilen mussten. Dort verbrachten sie nachträglich eine richtige Hochzeitsnacht. Erst am nächsten Tag sollte die politische Arbeit anfangen, sagte er. Lisa, die sonst kaum etwas über ihre Gefühle als Frau verriet, scheint sie in guter Erinnerung behalten zu haben.[8]

Fasenacht

Von Basel erzählt sie in *Solidarität unerwünscht* viel lebendiger und bildhafter als von Prag. Da ist von den verschiedenen Varianten des Schwyzerdütschen die Rede, das man natürlich lernen musste, um nicht sofort als »Schwob« aufzufallen, wie man die Deutschen dort nannte, von großen Parks und verschwiegenen kleinen Bänken, vom träge dahinfließenden Rhein, der allerdings nicht, wie so oft besungen, strahlend blau, sondern von Abwässern der pharmazeutischen Industrie gelb verfärbt war, von lauschigen Bier- und Gartenlokalen, exzellenten Spaghetti, von zu viel elsässischem Wein und der Notwendigkeit, immer ordentlich gekleidet zu sein, ganz *comme il faut* eben.

Geradezu brillant ist Lisas Schilderung der Baseler Fasenacht, die sie tief beeindruckt haben muss in ihrer Surrealität, ihrer Lautstärke, ihrem Gewühl, ihrer Farbenpracht, wie man sie nicht einmal an der Place Pigalle oder am Kurfürstendamm erleben könne.[9] Das war nicht die puritanische, biedere, geizige Schweiz. Das war eine außer Rand und Band geratene Menschenmenge, dieser »endlose Zug von Maskierten, [...] Pappfiguren der Politiker aller Färbungen, Bänkelsänger, Artisten, Grotesktänzer«, dem sich sogar Lydia, ihre Baseler Freundin, anschloss, als schamlos tanzende »Zigeunerin«, obwohl sie doch glücklich verheiratet und schon weit über 30 war. Zu Hause war sie die biedere Hausfrau, und jetzt lief sie von Lokal zu Lokal und warf sich wildfremden Männern an den Hals, begleitet von Lisa, die sich als Sennerin verkleidet hatte, ohne auch nur ein einziges blondes Haar zu haben oder einen Ton jodeln zu können, wie sie ungewohnt selbstironisch bemerkt.

Wenn sie mit dem Versuch, Schwyzerdütsch zu sprechen oder zu verstehen, nicht weiterkam, sprach sie Französisch. Das verstand hier fast jeder. Das konnte sie gut. Schließlich hatte sie ein Jahr lang in Paris gelebt. Sie fand viel mehr Anschluss als in Prag, hatte viel mehr Freunde und war vor allem endlich richtig mit Hans Fittko zusammen, der sich immer noch konsequent »Stephan« nannte, sodass sie selbst manchmal durcheinanderkam. War es nun »Stephan« oder »Hans«, mit dem sie »verheiratet« war?[10] Und was tat er eigentlich, wenn er mal hierhin, mal dorthin verschwand, manchmal für mehrere Tage und Nächte? Gab es da noch ein Leben, von dem sie nichts wusste? Was genau war sein politischer Aufgabenbereich?

Arbeit im Grenzland

Schon in der ersten Hälfte des Jahres 1933 hatte die KPD versucht, in Basel Fuß zu fassen, um auf deutscher Seite aktiv bleiben zu können – durch Literaturschmuggel, Kurierdienste, Fluchthilfe oder Betriebsspionage. Die Voraussetzungen dafür waren gut. Der Grenzverlauf war noch unübersichtlicher als in der Tschechoslowakei, da er fast nur aus Binnengewässern bestand, die schwer kontrolliert werden konnten. Außerdem gab es eine lange grüne Grenze, die durch Wiesen, Wald, Sumpf und Gebüsch verlief. Auch der Badische Bahnhof bot sich zum Grenzübertritt an, genau wie die Regional- und Straßenbahnen, mit denen man bequem hin- und herfahren konnte. Man stieg zum Beispiel in Weil oder Lörrach ein und löste ein Ticket bis Basel oder Riehen. Wenn man einen gültigen Reisepass hatte, gab es nichts zu befürchten. Wenn nicht, musste man eben auf der Hut sein und sich möglichst schnell in Richtung Ausstieg bewegen, sobald ein Zöllner oder ein Polizist auftauchte. Man ging dann den Rest des Weges zu Fuß und kam ohne größere Probleme über die Grenze, zumindest bis 1936. Danach wurden die Kontrollen auf beiden Seiten extrem verschärft.[11]

Im Großraum Baden gab es viel Industrie, Geigy, Maggi, die BASF oder die Deutsche Waffen- und Munitionsfabrik mit Hauptsitz in Karlsruhe. Viele Arbeiter waren ohnehin Kommunisten. Andere ließen sich leicht dafür gewinnen. Durch den Verlust des Elsass an

Frankreich waren der Region wichtige Absatzgebiete verloren gegangen. Die Löhne sanken. Die Preise stiegen. Es kam zu Pleiten, Massenentlassungen und Hungerrevolten. Ein Arbeiter erhielt selten mehr als 48 Mark monatlich. Ein Herrenanzug kostete aber schon um die 100 Mark. Und ohne einen anständigen Anzug konnte man sich doch nirgendwo vorstellen.[12]

Es lag auf der Hand, hier »Betriebszellenarbeit« zu machen oder nach Informationen zu suchen, die gegen Hitler und sein Regime zu verwenden waren. Geigy in Grenzach produzierte Farbstoffe für die Uniformen der Deutschen Arbeitsfront und das Polarrot zur Färbung der Hakenkreuzfahne.[13] In Karlsruhe wurden Gewehre und Munition aller Art hergestellt, darunter die berüchtigten Dumdumgeschosse, deren Produktion nach der Haager Landkriegsordnung verboten war. Einige von Fittkos Kurieren waren in diesen Betrieben beschäftigt, Hermann Moser und Robert Vogel zum Beispiel, die, so die Generalstaatsanwaltschaft in einer Anklageschrift von 1936, schon in den zwanziger Jahren zu den »schlimmsten kommunistischen Hetzern« gehört haben sollen.[14]

Die Ermittler gingen richtig davon aus, dass es der KPD unter Führung eines deutschen Emigranten namens »Stephan« daran gelegen sei, »wichtige Produktionsgeheimnisse und -anlagen aller Industriezweige, insbesondere der Rüstungsindustrie« zu enthüllen. Mit diesen »landesverräterischen Bestrebungen« verfolge sie das Ziel, die gewonnenen Erkenntnisse an die Sowjetunion weiterzuleiten, »deren Unterstützung die Hauptaufgabe der Arbeit sämtlicher Sektionen der Komintern« sei.[15]

Das rote Basel

Fittkos Vorgänger in Basel war Wilhelm Mauer aus Raunheim am Main, zeitweilig KPD-Abgeordneter in Hessen. Über ihn ist nicht viel bekannt, außer dass er unter dem Decknamen »Theo Braun« agierte und schon bald durch Unvorsichtigkeit aufgefallen sein muss, worauf ihn die Schweizer Behörden nach Frankreich abschoben.[16] Offenbar war er nicht so erfahren wie Fittko, der sich nie erwischen ließ.[17] Zusammen mit Lisa wechselte er ständig das Quartier, um nicht aufzufallen. Mal wohnten sie bei einer Witwe namens Gittli, mal bei einem Arbeiter namens Josef Véron-Oriet.[18] Wahrscheinlich hatten sie noch andere Anlaufstellen, darunter Kollektive, in denen nur Kommunisten lebten,[19] aber die wichtigste blieb die Wohnung von Edmund und Lydia, die mit der Zeit ihre besten Freunde wurden.

Edmund und Lydia hießen wirklich so, mit Nachnamen Bolli-Schneiter,[20] eigentlich erstaunlich, da Lisa in der Regel Decknamen benutzte, um sich selbst zu schützen. Edmund war Speisewagenkellner, Lydia Hausfrau. Lisa schildert sie als still, freundlich und hilfsbereit. In ihrer »netten, kleinen Wohnung« im Iselinquartier soll perfekte Ordnung geherrscht haben: Esszimmer, Wohnzimmer, runder Tisch, Spitzengardinen. Wahrscheinlich eine Wohltat für Lisa, die schon seit Jahren in den chaotischsten Wohnverhältnissen gelebt hatte. Das Viertel war eine alte, italienisch geprägte Arbeitergegend, in der Lisa mit ihren blauschwarzen Haaren nicht auffiel. Es wohnten dort viele Mitglieder der KPS, der Kommunistischen Partei der Schweiz, die in Basel eine regelrechte Hochburg hatte. Überhaupt galt Basel als »rot«.[21] Es gab eine starke Arbeiter- und Gewerkschaftsbewegung, einen hohen Ausländeranteil und eine große internationale Studentenschaft, darunter viele Jüdinnen und Juden, die in Deutschland nicht mehr studieren durften. Mit einigen stand Lisa in losem Kontakt.[22]

Es gab zwar auch Hitler- und NSDAP-Sympathisanten, die Nationalsozialistischen Eidgenossen oder »Fröntler«, doch sie waren in Basel nicht sehr beliebt, ganz im Gegenteil. Als sie kurz nach der »Machtergreifung« versuchten, unter Anstimmen des Horst-Wessel-Liedes die Hakenkreuzfahne vor ihrer Zentrale zu hissen, gab es Proteste und Straßenschlachten. Auch im Hafen wurden keine Nazisymbole geduldet. Wenn ein Kapitän trotzdem mit der Fahne am Mast einfuhr, machten die Hafenarbeiter einen solchen Aufstand, dass er sie beschämt wieder einziehen musste.[23]

Geradezu dramatisch wurde die Lage im März 1935, als die Basler Arbeiterschaft eine Resolution an das deutsche Konsulat schickte. Dabei ging es um mehr als um Fahnen und Lieder. Es ging um die geplante Hinrichtung des Hamburger Widerstandskämpfers Fiete Schulze, der nichts weiter getan hatte, als an Aufständen teilzunehmen, bei denen es Tote auf beiden Seiten gegeben hatte, ohne dass ihm eine Schuld daran nachzuweisen war. Das Urteil war von absurder Grausamkeit: dreimal Todesstrafe und 280 Jahre Zuchthaus.[24]

Die Basler Arbeiterschaft forderte »die sofortige Aufhebung dieses ungeheuren Bluturteils, [...] die unverzügliche Freilassung des Genossen Schulze, sowie des Genosse[n] Ernst Thälmann und sämtlicher eingekerkerter antifaschistischen Freiheitskämpfer«. Ohne Erfolg natürlich. Thälmann wurde nicht freigelassen und Schulze mit dem Handbeil enthauptet. Dennoch war es für die Mitarbeiter des deutschen Konsulats eine große Blamage, dass sich in Basel derart lauter Protest erhob, ohne dass sie etwas dagegen unternehmen konnten.[25]

»Verjudung« und »Überfremdung«

Neben dem rebellischen roten Basel gab es jedoch auch das behördliche offizielle Basel, in dem eine unerbittliche Fremdenpolizei streng nach den Vorgaben ihres Chefs Heinrich Rothmund verfuhr, der schon seit 1920 vor »Verjudung« und »Überfremdung« gewarnt hatte. Jetzt war die zweite große Welle gekommen: Von April bis Mai 1933 baten über 7000 Juden allein in Basel um Aufenthaltsgenehmigung. Zu Beginn nahm man sie noch relativ freundlich auf, vor allem wenn man glaubte, dass sie viel Geld hätten. Doch schon bald beschied das Eidgenössische Justiz- und Polizeidepartement, dass die Einreise von »Israeliten« zu begrenzen sei und dass man sie, sofern sie nicht als

Touristen kämen, nur aufnehmen dürfe, wenn sie unter politischer Bedrohung stünden. Der Verlust ihrer wirtschaftlichen Existenz sei kein Grund für die Anerkennung als Flüchtling.[26]

Kommunisten wurden grundsätzlich abgewiesen. Wenn sie trotzdem blieben, waren sie illegal und mussten täglich mit ihrer Verhaftung rechnen. Nur Sozialdemokraten und bürgerliche Regimegegner konnten auf Bleiberecht hoffen. Erwerbstätigkeit war, wie in der Tschechoslowakei, streng verboten, politische Aktivitäten ebenfalls. Aufgrund dieser Restriktionen gelang es nur wenigen, die begehrte Legitimation zu erhalten, Thomas Mann zum Beispiel oder dem ehemaligen Reichskanzler Karl Joseph Wirth.[27]

Die meisten Flüchtlinge meldeten sich deshalb lieber erst gar nicht an, so auch die Fittkos, da sie wussten, dass sie sowieso nicht anerkannt, sondern scharf überwacht werden würden, ob von der Kantonspolizei oder dem deutschen Konsulat. Dessen Mitarbeiter hatten die Szene genau im Blick. Sie wussten, wo illegale Zeitungen gedruckt wurden, kannten die KPS-Hochburg über dem Arbeiterheim Bläsitor und die Namen der einheimischen Kommunisten, die Flüchtlinge bei sich aufnahmen, fast ausnahmslos Arbeiter, Handwerker und kleine Angestellte. Die Mahlzeiten wurden bei wechselnden »Paten« oder Gastwirten eingenommen, bei dem dicken Karl mit seiner karierten Schürze zum Beispiel, der immer meinte, Lisa ein wenig mästen zu müssen, weil es »so ein dünnes Ding wie sie« in der Schweiz eigentlich gar nicht geben dürfe. Er drängte ihr seine Spaghetti förmlich auf, aber ihr Magen war einfach zu klein, so gut sie auch schmeckten.

Finanziell ging es den Fittkos nicht schlecht, da sie von der KPD ein reguläres Gehalt erhielten, während die meisten anderen Genossen von einem Taschengeld der Roten Hilfe leben mussten, das mit der Zeit immer dürftiger wurde; durchschnittlich 2,50 Franken pro Woche, also fast gar nichts, zumal das Leben in der Schweiz besonders teuer war. Sie bekamen zwar Kost und Logis bei Freunden, manchmal auch ein paar Altkleider oder einen Gutschein für einen Arzt, Schuhmacher oder Friseur, aber insgesamt war ihr Leben viel schlechter als in der Tschechoslowakei, wo sie immerhin offiziell geduldet und mit staatlicher Billigung unterstützt worden waren.

Die Kuriere

Nicht zu verwechseln mit den Flüchtlingen sind die Kuriere, die illegales Material über die Grenze schafften: Zeitungen, Bücher, Kassiber, amerikanische Dollars, Munition oder Blaupausen der Grundrisse von Rüstungsbetrieben. Sie wohnten überwiegend auf deutschem Boden, meistens in kleineren Orten in Grenznähe, aber auch in Karlsruhe, Stuttgart, Mannheim oder Freiburg, wo sie ihre Aufträge entweder von Fittko direkt oder von ausgesuchten »Instrukteuren« bekamen, die das besondere Vertrauen der Partei genossen.

Während die Instrukteure meistens in Moskau geschult worden waren und früher offizielle Ämter in der Partei bekleidet hatten, gehörten die Kuriere ausschließlich dem Arbeiter- oder Handwerkerstand an. Sie waren fast immer Familienväter, viele erwerbslos, manche schwer kriegsversehrt oder chronisch krank. Oft ließen sie sich aus reiner Not dazu überreden, Aufgaben zu übernehmen, für die sie zumindest eine kleine Aufwandsentschädigung erhielten, eine Fahrkarte etwa, ein warmes Essen, manchmal auch neue Kleidung. Ein Kurier namens Alfred Winter, Fabrikarbeiter aus Binzen, hatte ein schweres Nierenleiden, das ihn immer wieder arbeitsunfähig machte. Einen anderen, Karl Rhein, gelernter Seidenfärber und seit der Weltwirtschaftskrise meistens arbeitslos, hatte die SA schon 1931 bewusstlos geschlagen und ihm danach »einen Lungenstich« und einen »Schwartenriss am Schädel« zugefügt, sodass er sein Leben lang unter schwersten Kopfschmerzen litt.[28]

Den Kurieren wurde fast nie gesagt, was die Koffer oder Rucksäcke enthielten, die sie durch Wiesen, Wald oder knietiefes Wasser schleppten, und für wen das darin enthaltene Geld oder Material bestimmt war. Manchmal hörten sie heraus, dass es »nach Moskau« gehen solle. Manchmal sollte es nach Berlin oder München geschickt werden. Hans Fittko soll immer sehr wortkarg gewesen sein, selbst wenn sie während eines Transportes ihr Leben riskiert hatten. Das höchste Lob, zu dem er sich habe durchringen können, sei gewesen: »Es ist gut.«[29]

Alle Kuriere und Flüchtlinge hatten sich regelmäßig an bestimmten Treffpunkten einzufinden und an Schulungen oder Versammlungen teilzunehmen, die meist mehrere Tage dauerten. Auch Lisa trat dabei in Erscheinung, von den einen als »Stephans« Braut, von den anderen als seine Freundin oder Frau bezeichnet. In Unterlagen der Gestapo wird sie als reiner Appendix behandelt. Selbst in den Akten der KPD heißt es nur, dass sie in Basel wie in Prag für Frauen- und Jugendarbeit zuständig gewesen sei, ohne dass präzisiert wird, was das eigentlich hieß. Als einziges Detail ist aus den Akten ersichtlich, dass sie am Ostersonntag 1935 einen Vortrag über die »Jugendfrage« hielt, dessen Text leider nicht überliefert ist.[30]

Sophie, Hedwig und Frieda

Außer Lisa waren noch ein paar andere Frauen in der Gruppe aktiv: Sophie Dehm, Hedwig Hüglin und Frieda Faller zum Beispiel. Sophie Dehm, eine gelernte Schneiderin, lebte in Weil am Rhein, wo sie eine illegale Zweigstelle der Roten Hilfe betrieb, in der sie Flüchtlinge aufnahm und versteckte, bis es Zeit war, sie über die Grenze zu bringen. Das tat sie nicht nachts, sondern am helllichten Tag, wobei sie meistens ihren kleinen Sohn mitnahm, um das Ganze als Familienausflug zu tarnen. Ihr Mann Valentin Dehm war Fliesenleger. Er hatte die Funktion eines »Literaturobmanns«, das heißt, er sammelte die in Basel eintreffenden Schriften und sorgte für ihren Weitertransport nach Deutschland.[31]

Hedwig Hüglin aus Schopfheim war gelernte Zigarrenmacherin, die aufgrund fortwährender Arbeitslosigkeit immer wieder gezwungen war, als Hausgehilfin und »Serviertochter« zu arbeiten. Sie war im Alter von Lisa, also Mitte 20, hatte aber schon in der Frauenstrafanstalt Bruchsal gesessen, weil sie politische Gefangene unterstützt und an verbotenen Schulungen teilgenommen hatte.[32] Obwohl Kurierdienste eigentlich Männersache waren, setzte Fittko Hedwig Hüglin zeitweilig gezielt dafür ein, denn als Mitglied eines Arbeiterturnvereins war sie gut durchtrainiert und kannte fast alle Schleichwege im Grenzland. Manchmal kam sie in Begleitung von Frieda Faller, die mit Emil Faller, ebenfalls Kurier, verheiratet war. Die beiden hatten ein Kind, Doris, 1932 geboren. Auch Frieda Faller hatte schon fünf Wochen Einzelhaft hinter sich, weil man ihr vorgeworfen hatte, kommunistische Schriften in Milchkannen transportiert zu haben.[33]

Das Schicksal dieser Frauen macht auf eindringliche Weise klar, warum sie sich für die KPD in Gefahr begaben: weil sie sich mehr Gerechtigkeit und ein bisschen Frieden erhofften, ein festes Dach über dem Kopf, politische Meinungsfreiheit, genug zu essen und eine gute Zukunft für ihre Kinder. Frieda Faller zum Beispiel stammte aus einer kinderreichen Arbeiterfamilie, die sich nach dem Ersten Weltkrieg von Kartoffelbrot und gerösteten Eicheln ernährte. Schon mit 13 wurde sie als Dienstmädchen zu einer evangelischen Pfarrersfamilie geschickt, was konkret hieß: spülen, Schuhe putzen, Steinböden schrubben und die Kohlen aus dem Keller holen, noch bevor sie morgens zur Schule ging. Wenn Emil, ihr Mann, nicht gerade im Gefängnis saß, arbeitete er als Weber, bei der Müllabfuhr oder im Straßenbau. Für Doris, ihr gemeinsames Kind, konnten sie sich nicht einmal einen Kinderwagen leisten. Sie lebten entweder bei den Eltern oder befreundeten Genossen, die ihrerseits kaum über die Runden kamen. Doch wenn das Geld auch noch so knapp war, gingen sie über Land, um Spenden für die Internationale Arbeiterhilfe zu sammeln. Bei einer Hausdurchsuchung war die Polizei überrascht, größere Mengen marxistischer Bücher, aber auch Goethes *Faust* und vor allem hochpoetische Briefe zu finden, die Emil Faller aus dem Gefängnis an seine Frau geschrieben hatte:

> Es ist Sonntagvormittag. Ich sitze in meiner Zelle mit der großen Sehnsucht nach meinen Lieben, nach Sonne, Wind und Wald. Es ist nicht so, dass man nichts hört, nein, ich höre das Schleifen der Straßenbahn Tag und Nacht, ich höre am Wochentag das Geschrei der Schulkinder [...] von früh bis in die Abendstunden, nachts klingen aus einer Gartenwirtschaft die Klänge froher, freier Menschen an mein Ohr. Auch höre ich immer die Stimme eines zwei- bis dreijährigen Kindes, wie es Mama oder Papa ruft! Wenn ich die Stimme des Kindes höre. Dann fühle ich den Stein, der auf meiner Brust lastet, da muss ich immer tief atmen, um mich von einer Beklemmung zu befreien [...] Wenn Du einmal zu Besuch zu mir kommen solltest, bringe mir den grauen Werktagskittel mit. Du kannst den, den ich hier habe, mitnehmen wie auch die Uhr und ein schmutziges Hemd. [...] Ich küsse euch. Emil.[34]

Hans Fittko und seine Kuriere

Bei den Schulungen, die in Wohnungen von Schweizer Genossen oder im Arbeiterheim Bläsitor stattfanden, war von den persönlichen Nöten der Kuriere nicht die Rede, allenfalls davon, dass nur die KPD in der Lage sei, andere Zustände zu schaffen.[35] Ein Eisenbahnarbeiter namens Josef Knoll, der später zu drei Jahren Zuchthaus verurteilt wurde, sagte aus, dass Lisa meistens schweigend in der Ecke gesessen habe, während ihr Mann große Reden schwang. Er sei sehr selbstbewusst aufgetreten und habe ein baldiges Ende des Hitlerregimes prophezeit:

> Die illegale Arbeit in [...] Deutschland [...] würde gute Fortschritte machen. Es würden in einzelnen Städten, Namen nannte er nicht, gute Ortsgruppen bestehen. Im Rhein- und Ruhrgebiet würden die

> Gewerkschaften sich wieder illegal aufbauen. Er hat dann noch aus der »Roten Fahne« oder der »Rundschau« einige Artikel vorgelesen, woraus zu schließen war, dass die Organisation wieder Fuß fasse und von Tag zu Tag stärker werde. [...] Je schneller [...] die illegale Arbeit vor sich gehe, je rascher werde die Stunde kommen, wo der Sturz der heutigen Regierung herbeigeführt werden könne [...]. Ferner sollen die großen Massen auf die Lebensmittelknappheit, Preissteigerei, Lohnabbau und die hohen Gehälter aufmerksam gemacht werden. Stefan stellte sich auf den Standpunkt, dass, wenn jeder Genosse seine Pflicht tue, [...] würde das jetzige Regime in spätestens zwei Jahren erledigt sein.[36]

Fittko hielt große Stücke auf Josef Knoll und gab ihm »Unmengen marxistischer Literatur« zu lesen, bevor er ihn mit einem falschen Pass und einer Fahrkarte nach Moskau schickte, wo er drei Monate an einer Schulung teilnehmen sollte. Knoll fuhr hin, um tief enttäuscht wieder zurückzukommen, einmal von den sozialen Verhältnissen in der Sowjetunion, zum anderen, weil ihm dort glaubhaft versichert worden war, man gehe keineswegs von einem baldigen Sieg des Kommunismus aus, sondern rechne mit Jahrzehnten, »bis der Faschismus abgewirtschaftet habe«.[37] Als die Gestapo ihn eines Tages festnahm und verhörte, schien Knoll beinahe froh, alles erzählen zu können. Seinen kritischen Bericht über Moskau habe Fittko sich gar nicht erst anhören wollen, im Gegenteil, er habe »ganz wild« und aggressiv reagiert. Er habe ihn noch acht Tage in Basel festgehalten, bevor er ihm die Rückreise nach Deutschland erlaubte. Dabei sei es zum endgültigen Bruch gekommen. Fittko habe ihn zwar noch mehrmals zu sich bestellt, aber er sei nicht mehr hingefahren, obwohl er es manchmal erwogen habe, »um ihm dick und dünn [die] Meinung zu sagen und ihn rechts und links zu ohrfeigen«.[38]

Man könnte zugunsten von Fittko annehmen, Josef Knoll habe das alles nur unter Druck ausgesagt. Tatsächlich urteilten aber auch andere Kuriere ganz ähnlich über ihn, ob Emil Weber, Alfred Winter,

Johann Gassner oder Josef Stief. Fast alle sagten, dass sie sich von ihm »ausgenutzt« gefühlt hätten, weil er ihnen immer riskantere Aufgaben habe »anhängen« wollen, ohne sich selbst in Gefahr zu bringen.[39]

Berthold Jacob

Eine Zeit lang scheint Fittko daran gedacht zu haben, mit Berthold Jacob, einem politischen Journalisten, Kontakt aufzunehmen, der seit 1932 in Straßburg lebte, wo er für führende französische Zeitungen schrieb. Auch er war Flüchtling und Emigrant, denn man hatte ihn wegen »publizistischen Landesverrats« verurteilt, weil er akribisch recherchierte Bücher über die Kriegspläne Hitlers veröffentlicht hatte, die er bis ins kleinste Detail nachweisen konnte.[40] Für die Nazis war er ein Ungeheuer, ein Lügner, für Tucholsky und viele andere ein wahrer »Sherlock Holmes der Journalistik. [...] Mit dem Zirkel rechnete er die Schlupfwinkel des [...] Verschwörertums aus und markierte mit Fähnchen [...] die Standorte der Schwarzen Reichswehr.«[41]

Fittko alias »Stephan« dachte, wie Lisa berichtet, daran, sich mit ihm zu treffen, um ihm mitzuteilen, was seine Leute über »geheime Pläne für Deutschlands Waffenproduktion« herausgefunden hatten, doch daraus wurde nichts. Denn Berthold Jacob wurde am 8. März 1935 in Basel entführt, aus einem Hotel, in dem er sich mit einem früheren Redakteur des *Vorwärts*, Dr. Hans Wesemann, verabredet hatte.

Berthold Jacob vertraute ihm. Er kannte ihn noch aus Berliner Zeiten und ahnte nicht, dass er inzwischen für die Gestapo arbeitete und den konkreten Auftrag hatte, ihn nach Deutschland zu schaffen. Das gelang ihm, indem er einen geeigneten Moment dazu nutzte, Jacob ein Betäubungsmittel in sein Getränk zu schütten, worauf dieser ohnmächtig zusammenbrach. Nun konnten Wesemann und seine Helfer ihn in ein Taxi verfrachten, das schon bereitstand. Sie fuhren im Blitztempo zum nächsten Grenzübergang, der normalerweise verschlossen war. Doch an diesem Tag war er offen, sicher kein Zufall.

Von der Grenze aus brachte man ihn nach Berlin, wo er sofort in Einzelhaft kam, in den berüchtigten Folterkeller des Columbia-Hauses. Dort versuchte man Geständnisse aus ihm herauszupressen, indem man ihn 16 Nächte lang bei Tageslicht »schlafen« ließ, mit gefesselten Händen und Füßen, während zwei bewaffnete Aufseher hinter ihm wachten.[42]

Lisa schreibt, Hans Fittko sei weniger bestürzt als empört gewesen, als er von der Entführung gehört habe: »›Dieser Idiot‹, fluchte Stephan, und das Blut stieg ihm in den Kopf, ›dieser Narr! Sind ihm denn keine Zweifel gekommen? Hatte er denn nicht genug Erfahrung? War er blind? Einfach ins Auto zu steigen!‹«[43]

Berthold Jacob war aber kein Idiot, sondern Opfer eines brutalen Verbrechens. Er war auch nicht arglos in ein fremdes Auto gestiegen, sondern konnte sich nicht wehren, weil er betäubt worden war. Doch Lisa belässt es bei dieser Bemerkung, ohne den weiteren Verlauf der Geschichte zu erzählen. Dass nämlich die Schweizer Justiz gegen die Verletzung ihrer Hoheitsrechte protestierte und die sofortige Freilassung Jacobs verlangte, was die deutschen Behörden verweigerten mit der Begründung, er sei freiwillig nach Deutschland gekommen. In der Schweiz ließ man aber nicht locker. Dies sei schon der sechste Entführungsfall seit der »Machtergreifung«, sagte der ermittelnde Staatsanwalt Dr. Anton Roy Ganz. Diesen Rechtsbrüchen müsse ein Ende gesetzt werden.[44]

Nach diesem Vorfall kamen viele ausländische Journalisten nach Basel, um vor Ort über den Fall zu recherchieren. Auch Jacobs Frau erschien bei der Staatsanwaltschaft. Sie sagte, ihr Mann wäre nie freiwillig in ein fremdes Auto gestiegen. Dazu sei er viel zu vorsichtig. Er müsse vorher betäubt worden sein.

Um den politischen Schaden zu begrenzen, gab die deutsche Justiz schließlich nach und ließ Jacob im September 1935 in die Schweiz zurückbringen, wo er keineswegs jubelnd begrüßt wurde, sondern als »unerwünschter Ausländer« in Abschiebehaft kam.[45] Das rief allgemein großes Befremden hervor, nicht nur im Ausland. Auch in der

Schweizer Presse fragte man sich, ob nach dem langen Kampf um seine Freilassung nicht ein etwas taktvolleres Vorgehen möglich gewesen wäre. »Drei Schritt vor, zwei Schritt zurück« – ob so die neue schweizerische Politik gegenüber Hitler aussehe?[46] De facto war Jacob froh, als er die Schweiz endlich verlassen »durfte«, denn er hatte ohnehin vor, nach Paris zu gehen, wo er gegen Ende des Monats September eintraf. Von den Spuren der Haft schwer gezeichnet, erklärte er der Presse, dass man es nicht geschafft habe, ihn zu korrumpieren, weder in Deutschland noch in der Schweiz. Er werde in Wort und Tat weiter gegen die Barbarei kämpfen, die sich im Zentrum Europas eingenistet habe.[47]

Die Zerschlagung des Grenzapparates

Um diese Zeit, im September 1935, begann Fittkos Netzwerk immer brüchiger zu werden, weil ein Genosse nach dem anderen sich von ihm abwandte oder gar zur Gestapo überlief, so wie Felix Meides, ein Packer aus Frankfurt, der seit drei Jahren in Basel lebte. Er wohnte mal hier, mal dort, immer ohne feste Adresse, immer in Angst vor der Fremdenpolizei, die ihn schon mehrmals kurze Zeit inhaftiert hatte. Seine Frau, die in Frankfurt geblieben war, riet ihm dringend, zum deutschen Konsulat zu gehen und einen neuen Pass zu beantragen. Man habe ihr versichert, es werde ihm nichts geschehen, falls er alles, was er über die KPD im Dreiländereck wisse, der Polizei anvertraue. Er erklärte, dass er der Partei und des Lebens im Untergrund »absolut überdrüssig« sei und reden wolle. Tatsächlich nannte er alle möglichen Details: über »Stephan«, wohnhaft bei dem Ehepaar Bolli-Schneiter; Stephans »Frau«, die für »illegale Jugendarbeit« zuständig sei; über den Ort, wo sie ihre »Abziehapparate« versteckt hätten; über die Zeitungen, die sie sich von Zürich nach Basel schicken ließen,[48] um sie mittels eines Paddelbootes über den Rhein zu befördern; über die Zusammenkünfte der Roten Hilfe, über Sophie Dehm in Weil, über die Zusammensetzung der unsichtbaren Tinte, die Stephan für seine Mitteilungen an Genossen im Reich benutze usw.[49] Seine Aussagen waren »Ausgangspunkt umfangreicher Ermittlungen, die [...] zur Zerschlagung des Grenzapparates der KPD zwischen Basel und Lörrach / Weil führten«.[50]

Lisas Fazit, es habe »brenzlig« gerochen, sodass »höchste Vorsicht angebracht«[51] gewesen sei, ist eine starke Verharmlosung der Realität. Im Grunde muss man von wahren Tragödien sprechen, die den Kurieren und Instrukteuren widerfuhren. Josef Knoll, Josef Stief, Valentin Dehm, Adolf Keller, die Brüder Moser, Erich Hose, Alfred Winter, Emil Weber, Hedwig Hüglin, Luise Reinauer, Emil Faller oder Max Stingl: Sie alle wurden zu mehrjährigen Zuchthausstrafen verurteilt, die manche von ihnen nicht überlebten. Max Stingl zum Beispiel wurde 1936 in Dachau erschlagen.[52] Sophie Dehm, die »gute Seele« der Flüchtlinge, sollte eigentlich »nur« für vier Jahre in Haft gehen, war aber bis 1945 im KZ Ravensbrück, aus dem sie erst kurz vor Kriegsende befreit wurde. Allerdings wurde der LKW, in dem sie und andere Frauen saßen, aus Versehen von englischen Fliegern bombardiert, sodass sie, sich schon in Freiheit wähnend, doch noch den Tod fand.[53]

Manchmal traf es sogar Kuriere, die die Schweizer Staatsbürgerschaft hatten und gar nicht in den Zuständigkeitsbereich der Gestapo fielen. Den Schreiner Robert Kehrli zum Beispiel, der mit Frau und Tochter am Stadtrand von Basel lebte und manchmal »Schriften« über die Grenze schmuggelte, die er entweder selbst im Rucksack hinübertrug oder im »Invalidenwagen« seines gehbehinderten Bruders versteckte.[54] Bei einer dieser Transaktionen, es war im Dezember 1934, wurde er von der SS festgenommen und über Lörrach vor den Volksgerichtshof in Berlin gebracht. Das Urteil: fünf Jahre Zuchthaus wegen »Vorbereitung zum Hochverrat«. Seine Frau reichte ein Gnadengesuch nach dem anderen ein. Vergeblich. Auch die Schweizer Justiz lehnte es ab, zu intervenieren. Als er 1939 endlich zurückkam, wurde er sofort in die Schweizer Armee eingezogen. Er litt unter Asthma und Furunkulose. Aber man hielt ihn für einen Hypochonder und glaubte ihm nicht. Erst 1948 wurde ihm ein »Ehrenpass« für antifaschistische Kämpfer ausgestellt, nicht etwa von den Schweizern, sondern von der französischen Militärregierung in Baden. Kehrli wurde nur 71 Jahre alt. Die Zeit im Zuchthaus hatte ihn für sein restliches Leben gezeichnet. Vor seinem Haus in der Utengasse 42 liegt heute ein Stolperstein. Allerdings erst seit August 2022: »Hier wohnte Robert Kehrli, Jg. 1897, im Widerstand verhaftet, Deutschland, verurteilt 1934, Vorbereitung zum Hochverrat.«

»Schlimmer als die Gestapo«

Lisa war, als Kehrli verhaftet wurde, noch gar nicht in Basel, kann also erst später davon erfahren haben. Dass ihr diese und andere Tragödien aber verborgen geblieben sind, ist kaum anzunehmen. Sie muss doch gemerkt haben, dass ihr Kreis sich allmählich lichtete, dass Angst und Panik sich breitmachten, dass der *Basler Vorwärts* »Freiheit für Kehrli« forderte und bewegende Worte über seine Frau schrieb, die nirgends mehr Arbeit fand, dass man seiner Tochter »Zuchthäuslerin« oder »Kommunistensau« hinterherrief und sie beinahe in ein Waisenhaus abgeschoben hätte, wenn die Rote Hilfe nicht im letzten Moment interveniert hätte.[55]

Ganz richtig fand sie die Methoden von »Stephan« aber nicht immer. Das zeigt vor allem die Szene, in der sie beschreibt, wie er mit einem gewissen »Georg« umging, den er einem Verhör unterzog, weil er im Verdacht stand, ein Verräter zu sein.

Mit »Georg« ist höchstwahrscheinlich Alfred Winter gemeint, ein ungelernter Arbeiter aus Weil am Rhein, der seit 1935 für Fittko aktiv war, mehr aus Not als aus politischer Überzeugung. Nach einem Unfall auf einer Baustelle war er chronisch krank. Ein defekter Kran war umgefallen und hatte sein Nierenbecken getroffen. Er musste immer wieder ins Krankenhaus und verlor wegen der vielen Fehlzeiten oft seine Stellung. Manchmal wohnte er mit seiner Frau und seinem kleinen Kind bei Sophie Dehm von der Roten Hilfe. Dort lernte er einen KPD-Instrukteur kennen, der ihm anbot, Kurierdienste zu übernehmen. Was er zu tun habe, sei ganz harmlos. Er müsse nur mit einem Genossen nach Basel fahren, um ein paar Zeitungen abzuholen. Winter sagte ja, denn er brauchte das Geld, auch wenn es nicht mehr als ein Hungerlohn war.[56]

Mit der Zeit durfte oder musste er immer öfter nach Basel fahren, wo er auch »Stephan« traf. Der Polizei sagte er später, »Stephan« habe ihm immer größere Aufträge gegeben, zum Beispiel einen Koffer mit einem Abziehapparat nach Freiburg zu bringen, den er wegen seiner Schmerzen im Becken kaum tragen konnte. Er bekam eine Fahrkarte »und einige Mark Zehrgeld«. Am Zielort warteten Leute, die er nicht kannte. Er habe sich mit zerrissenen Zigarettenschachteln oder Floskeln wie »Einen schönen Gruß von Onkel Egon« ausweisen müssen. Mit der Zeit sei ihm das Ganze zu dumm geworden, zumal er endlich wieder Arbeit gefunden habe, sodass er »Stephans« Geld nicht mehr brauchte. Eine letzte Tour habe er aber noch für ihn gemacht. Nach Karlsruhe in die Wohnung eines Buchdruckers namens Emil Weber. Dort habe ihm ein weiterer Instrukteur ein mysteriöses Papier übergeben. Er sagte, es sei der Grundriss eines großen Rüstungsbetriebs, den er »von einem Chefingenieur oder so ähnlich« erhalten habe. Außerdem habe er ihm zwei Päckchen in die Hand gedrückt, die vermutlich MG-Munition enthielten.

»Die Päckchen habe ich, einer Weisung Stefans folgend, nicht geöffnet. [...] Als mir Stephan sagte, die Sachen kämen nach Russland, wurde mir erst bewusst, dass ich hier zu etwas benutzt worden bin, was ich nicht gemacht hätte, wenn ich gewusst hätte, um was es sich handelte.«[57]

Alfred Winter wurde am 23. März 1936 zum ersten Mal verhaftet. Er erklärte, dass er froh sei, endlich »reinen Tisch« machen zu können, denn er wolle »mit der ganzen Gesellschaft nichts mehr zu tun haben«. Noch am selben Tag wurde er wieder entlassen, allerdings unter Auflagen. Man befahl ihm, noch einmal nach Basel zu fahren und sich erneut in den »illegalen Apparat« einzuschleusen. Das tat er, denn er hatte Angst um seine Familie. Seine Tochter war erst anderthalb Jahre alt, und die Geburt eines zweiten Kindes stand kurz bevor. Bei dieser Gelegenheit muss es zu einem »Verhör« in der Wohnung von Edmund und Lydia gekommen sein, über das Lisa recht freimütig berichtet:

> »Setz dich«, sagte Stephan und zeigte auf den Stuhl ihm gegenüber. Sepp und Willi saßen schon in Lydias Esszimmer um den runden Tisch, auf den die Sonne durch die Vorhänge ein Spitzenmuster warf. »Wir haben dich herausgebracht, weil wir uns mit dir besprechen müssen. […] Etwas stimmt drüben nicht, das weißt du, aber du hast uns nichts darüber mitgeteilt. […]
> »Wovon redest du?« fiel Georg ihm ins Wort und sah Stephan erstaunt an. […] Mager und knochig saß er da, aufrecht […] Aber seine Hände. Die Hände hatte er nicht mehr in der Gewalt, die Finger zupften da und dort sinnlos an seinem Jackenärmel herum. Die Wahrheit, wir mussten die Wahrheit aus ihm herausbekommen!
> »Wir reden davon«, sagte Stephan langsam, »dass du verhaftet worden bist und dass in der Folge deine Verbindungsleute hochgegangen sind. […] An dem Nachmittag verschwindest du; […] Am nächsten Montag bist du wieder zu Hause, aber du gehst nicht aus dem Haus, auch nicht zur Arbeit. Jemand sieht dich am Fenster, und es spricht sich herum, wie du aussiehst, wie sie dich zugerichtet haben.«[58]

Georg, also Alfred Winter, habe alles abgestritten, dabei aber sehr verzweifelt gewirkt und manchmal sogar geweint. Er habe gesagt, dass er auf Fittkos »alte, abgedroschene Polizeitricks« nicht hereinfalle. Es sei unfair, ihn einen »Verräter« zu nennen.

»Ihr sitzt hier schön im Trockenen, ihr seid draußen, […] was heißt denn da stark bleiben, niemand kann das aushalten, niemand!«

Es sei sehr still gewesen. Nur leises Bienengesumm sei durch das geöffnete Fenster gedrungen. Fittko habe ihn überzeugen wollen zu bleiben. In der angeblich sicheren Schweiz. In Deutschland würde die Gestapo ihn doch gleich wieder verhaften. Doch der junge Mann habe gesagt, dass er Frau und Kind habe. Er könne sie nicht allein lassen. Am Ende dieses Verhörs soll er ausgerufen haben, dass sie ja »schlimmer als die Gestapo« seien. Dabei seien ihm Schweißtropfen von der Stirn gelaufen, die er mit dem Handrücken wieder weggewischt habe.[59]

Tatsächlich kam es, wie Fittko vorausgesagt hatte. Die Gestapo ließ ihn tatsächlich nicht aus den Klauen. Schon im August 1936 wurde er wieder verhaftet. Ein knappes Jahr später erhob man Anklage wegen »Vorbereitung zum Hochverrat und Landesverrat«. Das Urteil: »Lebenslanges Zuchthaus sowie Ehrverlust auf Lebenszeit.«[60] Ob er die Zeit bis 1945 überlebt hat oder nicht, ist nicht bekannt. Man hat nie wieder etwas von ihm gehört.

Abschied von Basel

Nach Beginn des Spanischen Bürgerkriegs im Juli 1936 meldeten sich viele Kommunisten freiwillig zu den Internationalen Brigaden, darunter so namhafte Schriftsteller und Schauspieler wie Arthur Koestler, Alfred Kantorowicz, Erich Weinert, Ernst Busch oder Egon Erwin Kisch. Auch in der Schweiz regte sich große Solidarität, nicht nur mit den Brigadisten, sondern auch mit den Witwen und Waisen, die jetzt leiden mussten, ob unter Hunger, Epidemien oder schierer Todesangst. Allein in Basel wurden mehrere Hilfskomitees gebildet, die Zivilisten mit Medikamenten, Kleidung, Lebensmitteln und Geld versorgten. Viele Ärzte beteiligten sich, praktisch und finanziell. Auch Frauen drängten sich mitzumachen. Die Rote Hilfe der Schweiz gründete Strickzirkel, in denen Strümpfe und Handschuhe hergestellt wurden. Dazu spielte ein Mandolinenorchester Lieder der Arbeiterbewegung, die vom Klappern der Stricknadeln untermalt wurden.[61]

Auch »Stephan«, schreibt Lisa in *Solidarität unerwünscht*, habe natürlich daran gedacht, sich nach Spanien zu melden. »Ich hatte es erwartet, aber nach allem, was hier geschehen war, war es schwer, richtig zu entscheiden. Wo wurde er mehr gebraucht? [...] Gerade jetzt, wo unsere Übergänge aufgeflogen waren! Wir mussten sie erst wieder aufbauen [...] Jetzt mussten wir erst einmal wieder neue Verbindungen anknüpfen!«[62]

Doch was war denn im Grenzland noch »aufzubauen«, was war das bisherige Ergebnis ihrer Mission? Mindestens 20 ihrer Leute saßen im Zuchthaus. Neue zu finden war so gut unmöglich, ob in Deutschland oder in der Schweiz. Außerdem hatte sich in der Schweiz eine zunehmende »Bolschewistenphobie« breitgemacht, die ab Spätsommer 1936 dazu führte, dass immer mehr Großrazzien stattfanden, ob gegen deutsche oder einheimische Kommunisten. Im September wurden allein in Zürich um die 50 Wohnungen durchsucht, im Oktober weitere Kuriere und Funktionäre verhaftet. Die Kantons- oder Stadtpolizei rückte schon an, wenn sie die Meldung bekam, dass jemand in einem öffentlichen Lokal Hochdeutsch gesprochen hatte.[63]

In diesem Kontext muss wohl auch nach »Stephan« gesucht worden sein, dessen wahre Identität immer noch allen ein Rätsel war, der Polizei wie den eigenen Genossen. Lisa schreibt, dass er gerade in Zürich gewesen sei, als morgens jemand bei ihr angeklopft habe, um sie zu Staatsanwalt Ganz zu bringen, demselben, der auch im Fall Berthold Jacob ermittelt hatte. Lisa erzählt, dass sofort etwas wie Sympathie zwischen ihnen aufkam. Als Jude und links stehender Sozialdemokrat habe er aus seinem Hass auf das Hitlerregime kein Geheimnis gemacht und ihr unter dem Siegel der strengsten Verschwiegenheit mitgeteilt, dass »Stephan« in Deutschland wegen Raubmordes gesucht werde. Es liege bereits ein Auslieferungsbegehren gegen ihn vor. Da man seine aktuelle Adresse in Basel in Erfahrung gebracht habe, möge er nur ja bleiben, wo er sei, in Zürich nämlich.

Von all dem ist in dem Sonderband »Stephan«, den die NS-Justiz über Hans Fittko anlegte, zwar nicht die Rede, also weder von einem Auslieferungsbegehren noch von einem Raubmord.[64] Aber ein Gespräch mit Anton Roy Ganz, dessen Namen Lisa konsequent mit »s« schreibt, wird es wohl wirklich gegeben haben. Im Sinne einer wohlgemeinten Warnung, einer Mahnung, dass demnächst Razzien in Basel bevorstünden und dass sie das Land doch lieber verlassen sollten, bevor es zu spät sei.

Als Lisa von der Unterredung mit Ganz zurückkam, war es schon spät. »Stephan« war wieder da. Er lag im Bett und war sehr verärgert. Wo sie sich eigentlich nachts herumtreibe, wenn er nicht da sei, wollte er wissen. Das fehlte ihr gerade noch. Streit mit ihm. Während der nächsten vier Tage ging er nicht aus dem Haus. Dann war es so weit. Ein paar Freunde hatten eine »Landpartie« vorbereitet und führten sie unbemerkt über die Grenze. Eigentlich hatte es Lisa ganz gut gefallen in Basel. Doch nun war sie froh, dieses Land mit allen seinen Gefahren verlassen zu können.[65] Auf dem Bahnhof von Mulhouse ging sie zum Schalter und sagte in nahezu perfektem Französisch: »Deux tickets pour Paris, s'il vous plaît!«

6
TULPENZEIT
(1936 – 1938)

Wiedersehen in Paris

In Paris wollten sie erst einmal Urlaub machen, denn inzwischen wohnte fast die halbe Familie dort, Lisas Eltern, ihr Bruder Hans und Eva Rosenthal, die inzwischen auch Ekstein hieß, da sie im August 1934 geheiratet hatten. Danach sollte es nach Amsterdam weitergehen, wieder zur Grenzstellenarbeit. Lisa freute sich, weil sie in Holland die schönste Zeit ihrer Kindheit verbracht hatte, das Jahr nach dem Ersten Weltkrieg, als sie mit einem Kindertransport nach Apeldoorn geschickt worden war. Sie erinnerte sich noch genau an das kleine Haus mit dem Rosengarten, an das Blaubeerpflücken im Wald, an die Streifzüge durch die Heide, an die Schulklasse, in der sie Holländisch singen und sprechen gelernt hatte. Und natürlich an Elisabeth Bosscha, die nur »Zuster« genannt werden wollte und fast wie eine Mutter für sie gewesen war. Ohne die Zuster und ihr gutes Essen wäre sie damals vielleicht verhungert. Ob das Häuschen wohl noch stand? Ob sie wohl noch lebte?

Lisas Bruder Hans war 1933 zunächst allein nach Paris gereist, weil es in Berlin zu riskant für ihn geworden war, denn auch er hatte einige Funktionen in der KPD ausgeübt, als Zellenpolitleiter, Fraktionsleiter im Bund der technischen Angestellten und Beamten, in der Studentenfraktion usw.[1] Das reichte, um auf der Fahndungsliste der Gestapo zu landen. Dazu musste man nicht einmal Jude sein oder eines »Verbrechens« bezichtigt werden. Wenigstens hatte er das Manuskript seiner Dissertation noch abschließen können, bei Michael Polanyi, dem stellvertretenden Direktor des Kaiser-Wilhelm-Instituts für physikalische Chemie, der seinen Posten bald darauf niederlegte, weil er Jude und Antifaschist war, obwohl man ihn händeringend gebeten hatte zu bleiben, denn er war eine internationale Kapazität, für die sich so bald kein Ersatz finden würde.

Eva war vorerst in Berlin geblieben, weil auch sie noch zu promovieren hoffte, bei Max von Laue, dem Entdecker der Röntgenstrahleninterferenz, doch daraus wurde nichts.[2] Er hielt große Stücke auf sie und stellte ihr seine Privatbibliothek zur Verfügung, riet ihr aber, Berlin möglichst bald zu verlassen, da die Situation auch für sie immer gefährlicher werde. Hans Ekstein kam, um sie herauszuholen, indem er sie in einer Art Blitztrauung heiratete. Dadurch bekam sie die österreichische Staatsbürgerschaft und war dem Zugriff der deutschen Justiz vorläufig entzogen.[3] Als Frau eines Österreichers war sie in Paris erst einmal sicher.

Lisa schreibt sehr wenig über ihren zweiten Aufenthalt in der französischen Hauptstadt, im Grunde nur einen einzigen Absatz, sodass viele Fragen offenbleiben.[4] Warum hatten ihre Eltern Wien nach so kurzer Zeit wieder verlassen? Um in der Nähe ihres Sohnes Hans zu sein oder weil sie es in Schuschniggs Österreich nicht mehr aushielten? Wovon lebten sie in der französischen Hauptstadt? Und wie ging es ihnen gesundheitlich, wirtschaftlich, emotional?

Nicht sehr gut, wie den Briefen ihres Vaters zu entnehmen ist. Sie wohnten in einer winzigen Einzimmerwohnung und ernährten sich von Heimarbeiten wie Nähen und Adressenschreiben, litten aber trotzdem unter »Hungerdepressionen« und mussten regelmäßig zum Pfandhaus gehen, um ihre kärgliche Habe zu versetzen: einen Goldzahn, eine Schreibmaschine oder ein Schmuckstück aus besseren Tagen. Trotzdem träumte Lisas Vater davon, ein gewaltiges Werk über Shakespeare fertigstellen zu können, mit dem er schon zu Beginn der Exilzeit begonnen hatte. Es sollten fünf Bände werden. Er wollte aufzeigen, was die Figuren in Shakespeares Dramen motivierte, sich immer wieder »ineinander [zu] verwandeln« und in neuen Formen wiederauf[zu]leben«.[5] Ein Gelehrter, den er noch aus Berlin kannte, sprach vom Prinzip einer »dynamischen Synthese«, die etwas völlig Neuartiges sei.[6] Geld verdienen ließ sich damit natürlich nicht, ganz im Gegenteil, es kostete Zeit, die ihm für seine Brotarbeit fehlte. Er sprach prominente Autoren an, Joseph Roth, Lion Feuchtwanger, Hermann Broch, ob sie ihm eine Empfehlung schreiben könnten[7] für die American Guild for German Cultural Freedom, eine Art deutscher Akademie der Künste und Wissenschaften im Exil, die vor kurzem gegründet worden war. In der Regel musste man monatelang auf eine Antwort warten, auf ein kleines Stipendium noch viel länger. Es gab ja so viele Künstler und Wissenschaftler, die von Hitler vertrieben worden waren. Man sah sie täglich vor den Suppenküchen für Flüchtlinge stehen oder stundenlang bei einem Café au Lait in den Bistros sitzen.

Verglichen mit den Eltern ging es Hans und Eva noch relativ gut. Beide waren fachlich hochqualifiziert, sodass sie sofort Arbeit fanden, Hans am Collège de France und Eva als Assistentin des Fotografen Philippe Halsman, der sich mit seinen phantastischen Mode- und Porträtfotografien gerade einen Namen machte.[8]

Bruder und Schwester

Die Verwandten kannten den neuen Mann an Lisas Seite noch nicht. Mag sein, dass sie ihn mit einer gewissen Skepsis empfingen. Es hieß zwar, dass er früher Journalist gewesen sei, aber das war lange her und hatte keine besonderen Spuren hinterlassen. Jetzt war er nur noch Parteifunktionär, der aus seiner Arbeit ein großes Geheimnis machte, sodass man nicht recht wusste, was man von ihm halten sollte. Manchmal machten sie sich einen Spaß daraus, ihn bei seinem Decknamen, »Stephan«, zu nennen, um ihn nicht dauernd mit Hans, Lisas Bruder, zu verwechseln.

Was den Kommunismus anging, war Lisas Vater ja längst von der orthodoxen Linie abgerückt. Ihr Bruder im Grunde auch, obwohl er immer noch der Partei angehörte, in die er eigentlich gar nicht mehr passte, denn die Auslandsleitung der KPD, die in Paris saß, pflegte junge Intellektuelle wie ihn als »Clique von bürgerlichen Studenten« zu bezeichnen, die per se verdächtig waren, wegen der »schnoddrigen, dreckigen Tonart«, in der sie parteifeindliche und zersetzende Thesen von sich gaben.[9] Einige seiner Freunde waren deshalb schon ausgeschlossen worden. Von anderen hieß es, dass sie mit dem Lutetia-Kreis verkehrten, der für ein Zusammengehen aller linken Kräfte, also für die »Einheitsfront« war, was als »Versöhnlertum« und »Sozialfaschismus« angesehen wurde.[10]

Zu dieser Zeit wurde viel über die Schauprozesse gestritten, die in Moskau fast täglich stattfanden. Es hieß, dass Stalin seine Kritiker in die schlimmsten Straflager sperren oder sogar hinrichten ließ. Auch deutsche Genossen waren darunter, Heinz Neumann, Hermann Remmele und Trude Richter zum Beispiel.[11] Wer es wagte, nach Gründen zu fragen, erhielt die Antwort, dass das unerlaubt sei. Man habe Stalin und seinen Behörden zu vertrauen. Das fanden die jungen Leute empörend. »Behörden« seien »keine von […] unfehlbaren Wesen eingesetzten Körperschaften«. »Behörden« bestünden aus Menschen, die sich irren könnten, »theoretisch wenigstens«. Die Diktatur des Proletariats hin oder her, sie seien der Meinung, dass sich jeder Funktionär sein Vertrauen verdienen müsse, indem er sich dem Diskurs mit den Genossen stelle.[12]

Lisa hatte ihren Bruder seit 1933 nicht mehr gesehen. »Es tat gut, einige Tage zusammen zu verbringen [und] wieder einmal über manches sprechen zu können«, fasst sie als Fazit ihrer Wiederbegegnung zusammen.[13] Was sich tatsächlich abgespielt hat, schreibt sie nicht. Dass es nämlich heftige politische Kontroversen gegeben haben muss, aus deren Inhalt sie schloss, dass auch er ein »Versöhnler« war, worauf sie zur Emigrationsleitung ging und alles zu Protokoll gab. Die Konsequenz war sein Ausschluss, der im Frühjahr 1937 erfolgte.[14]

Rein faktisch brachte es ihm keinen besonderen Schaden. Er hatte sein Auskommen, seine Wohnung, seine Wissenschaft. Er musste sein Heil nicht in der Partei suchen. Er musste auch keines der Flüchtlingskomitees um Hilfe bitten, im Gegensatz zu anderen Emigranten, die durch den Ausschluss mittellos wurden und ihren Status als politisch Verfolgte verloren. Es war ein Glück, dass er keine offiziellen Funktionen mehr hatte, denn sonst hätte man auch ihn womöglich nach Moskau »versetzt«.

Die Frage bleibt trotzdem: Was bewog Lisa zu diesem Schritt? Neid, Eifersucht, die alte Geschwisterrivalität, ihre emotionale Abhängigkeit von Hans Fittko oder das Gefühl, einer heiligen Pflicht zu dienen? Bis heute weiß man nicht genau, ob Hans Ekstein jemals davon erfuhr, ob es jemals eine Klärung, eine Aussprache gegeben hat. Wahrscheinlich nicht. Es blieb wohl eines jener quälenden Familiengeheimnisse, die schlimmer sein können als ein offener Bruch oder eine noch so scharf ausgetragene Kontroverse.[15]

Kommunisten und Calvinisten

Nun also Amsterdam. Angeblich auf Einladung von »Hermann und Elli«, deren Identität Lisa nicht näher erläutert.

»Sie hofften, wir würden ihnen dorthin nachkommen. Sie gaben uns zu verstehen, dass Leute gebraucht wurden, die Erfahrung hatten und helfen konnten, die Grenzarbeit dort zu organisieren. Sie würden uns unterbringen können.«[16]

Tatsächlich fuhren sie aber nicht auf Anraten von Freunden, sondern im Auftrag der KPD, die seit 1933 in Holland aktiv war und ein Netzwerk in verschiedenen Städten aufgebaut hatte. Die wichtigsten Zentren waren neben Amsterdam die Rheinhäfen und die grenznahen Orte, aus denen Flugblätter, Zeitungen und Instrukteure nach Deutschland geschmuggelt wurden mit dem Ziel, die politische Stimmung in den einzelnen Regionen zu erkunden und die Widerstandsarbeit im Reich zu unterstützen.[17] Besonders aktiv war ein ehemaliger Bäcker namens Alfred Jurke, der seit 1936 regelmäßig ins Ruhrgebiet fuhr, wo er Schriften und Spenden der Roten Hilfe verteilte. Nach dem Einmarsch der Deutschen in die Niederlande wurde er, wie viele Genossinnen und Genossen, verhaftet und später in Plötzensee hingerichtet.[18]

»Holland«, schreibt Lisa, sei »kein leichtes Land für Emigranten« gewesen, denn die »damalige Regierung« – gemeint ist das Kabinett des konservativen Ministerpräsidenten Hendrik Colijn – habe illegale Flüchtlinge »direkt an die deutsche Grenze abschieben« lassen, »direkt in die Hände der Gestapo«.[19] Das ist in dieser Form nicht ganz richtig. Denn wenn der Calvinist Hendrik Colijn als Vorsitzender einer »antirevolutionären Partei« auch wahrlich kein Kommunistenfreund war, so wurden doch bis 1938 grundsätzlich keine politischen Flüchtlinge ausgeliefert, nicht einmal hochrangige KPD-Funktionäre wie der ehemalige Emigrationsleiter August Creutzburg, der im Februar 1935 zwar wegen Verstoßes gegen das Passgesetz angeklagt worden war, nach vier Wochen Haft aber nach Belgien ausreisen durfte, von wo er mit seiner Lebensgefährtin nach Paris weiterfuhr.[20]

Insgesamt war die Stimmung in Holland ähnlich widersprüchlich wie in der Schweiz. Es gab starke Ressentiments gegen die »Moffen«, wie man die Deutschen dort despektierlich bezeichnete, besonders wenn sie der illegalen KPD angehörten. Es gab auch ultrarechte Parteien wie die Nationaal-socialistische Beweging (NSB), deren größte Sorge es war, dass Holland von mittellosen Emigranten überschwemmt würde, die zudem noch die Seuche des Bolschewismus verbreiten könnten. Es gab aber auch Niederländer, die stolz auf die demokratische Tradition ihres Landes waren, das seit Descartes immer wieder politisch Verfolgten Zuflucht gewährt hatte, ob Hugenotten, Herrnhutern oder Juden aus allen Teilen Europas.[21] Sie hatten protestiert, als Creutzburg und seine Freunde verhaftet wurden. Sie demonstrierten für ein liberaleres niederländisches Asylrecht und verteilten Karten, auf denen es hieß: »Es lebe die Solidarität des holländischen Volkes mit dem deutschen Freiheitskampf.«[22] Sie schlossen sich dem sogenannten Wuppertal-Komitee an, das sich für die Befreiung politischer Gefangener in Deutschland einsetzte. Auch mit diesen Kräften, darunter führende Vertreter der Studenten-, Frauen- und Friedensbewegung, musste Colijn rechnen, was er auch tat. Schließlich gab es schon genügend Unruhen in seinem Land, das mit einer Arbeitslosigkeit von fast 30 Prozent zu kämpfen hatte, sodass er drastische Sparmaßnahmen ergreifen musste, was zu blutigen Aufständen in den Arbeitervierteln führte, im Juli 1934 im Amsterdamer Stadtteil Jordaan zum Beispiel, wo bei einem Barrikadenkampf sieben Menschen ums Leben kamen.

Amsterdam als Exilort

Über das politische Exil in Holland ist wenig geforscht worden, ob von deutscher oder von niederländischer Seite. Man kennt die Tagebücher von Anne Frank und die Namen der Verleger Querido oder Allert de Lange, die so vielen deutschsprachigen Autoren ein Forum für ihre Publikationen boten: Joseph Roth, Irmgard Keun, Klaus Mann, Anna Seghers, Lion Feuchtwanger und Alfred Döblin, um nur einige zu nennen. Wer besonders gut informiert ist, weiß vielleicht, dass Joseph Roth oft im Café Rejners am Amsterdamer Leidesplein saß und scharfen Schnaps trank[23] oder dass Klaus Mann einmal über Amsterdam gesagt hat: »In Amsterdam mischt sich die Stimmung von Patriziertum mit der des Hafens; beide sind längst zur lebendigen Einheit geworden. Zu der Luft von Behaglichkeit und Solidität kommt die von Abenteuer.«[24]

Allerdings fanden die meisten Exilschriftsteller Amsterdam wenig attraktiv, schon allein wegen der Sprache, die in deutschen Ohren nicht sehr melodisch klang. Sie kamen meistens nur für ein paar Tage, um danach wieder nach Paris, Wien oder Prag zurückzufahren, wo auch immer sie gerade lebten. Während viele Romane der deutschen Exilliteratur in Paris, Marseille oder Sanary-sur-Mer spielen, kommen Amsterdam oder Holland als Schauplätze nur selten vor, ganz zu schweigen vom Alltag der Flüchtlinge dort und den Bedingungen ihres oft sehr elenden Lebens. Dabei hätte es genug darüber zu berichten gegeben. Denn es flohen zwischen 1933 und 1939 etwa 50 000 Menschen in die Niederlande, weil sie Juden oder/und politisch verfolgt waren. Für die Juden war ein eigenes Komitee, das Joodsche Vluchtelingencomité, zuständig, das auch jüdische Kommunisten unterstützte. Nichtkommunistische Antifaschisten, vor allem Sozialdemokraten, Freidenker und bekennende Christen, fanden Hilfe beim Comité voor Politieke Duitse Vluchtelingen. Am schwersten hatten es, wie fast überall, die konfessionslosen Kommunisten, für die es kein eigenes Komitee gab, sondern nur die Rode Hulp, die Rote Hilfe, deren Vorsitzender Siegfried Baruch, ein aus Göttingen stammender Journalist niederländischer Herkunft, zwar sein Bestes tat, aber trotzdem dauernd kritisiert wurde.[25] Zusammen mit der Emigrationsleitung der KPD musste er darüber entscheiden, wer Unterstützung bekam und wer nicht, wobei oft sehr fragwürdige Kriterien angewandt wurden. In den Dossiers, die die KPD über jeden einzelnen Flüchtling anlegte, finden sich nämlich nicht nur genaue Angaben über dessen Biographie, familiäre Herkunft und politische Arbeit, sondern auch moralische Wertungen wie: »Der Freund neigt leicht zur Kritik. Er wurde wegen seiner unberechtigten Kritik dreimal seiner Funktion enthoben.« Oder: »Neigt zu unerlaubten und konspirativen Reisen.« Oder: »Hält mit oppositionellen Elementen Verbindung.«[26]

Die »Freunde« konnten sich nicht gegen solche Bewertungen wehren, wenn sie sie überhaupt je zu lesen bekamen. Bis auf wenige Ausnahmen gab es in diesen Kreisen keine Berühmtheiten wie Anna Seghers, John Heartfield oder Egon Erwin Kisch. Die meisten waren in Deutschland Lagerarbeiter, Bergleute, Steinsetzer, Schlosser oder Bäcker gewesen, Stenotypistinnen, Dienstmädchen oder Lohnbuchhalterinnen. Einige wenige waren auf Umwegen aus Berlin gekommen. Die große Mehrheit aber stammte aus den grenznahen Gebieten an Rhein und Ruhr, viele aus Köln, Düsseldorf oder Wuppertal, wo sie wegen ihres politischen Engagements verfolgt worden waren. Fast alle hatten schon Schreckliches hinter sich, als sie ankamen. Dem einen hatte man im KZ beide Beine gebrochen,[27] dem anderen eine Eisenstange in den Schädel gerammt.[28] Man hatte sie in Käfige gesperrt und ausgepeitscht, um ihnen Geständnisse abzuringen,[29] was nicht hieß, dass die »Kaderüberprüfungskommission« sie besonders warmherzig empfing, ganz im Gegenteil. Es wurden immer wieder dieselben Fragen gestellt, immer wieder Zweifel an ihrer Glaubwürdigkeit geäußert. Manche sagten unter dem Eindruck solcher Verhöre, dass sie »lieber im KZ als in der Emigration verrecken« wollten.[30]

Kater Grijsje und der Spanische Bürgerkrieg

Wenn die Überprüfungsprozedur überstanden war, hieß das nicht, dass die Kandidaten als politische Flüchtlinge anerkannt waren. Für die Behörden blieben sie weiterhin »illegal« und mussten im Untergrund leben, in Quartieren, die die Rode Hulp ihnen zuwies, ob in Amsterdam oder in einer anderen Stadt, je nachdem, wo Kapazitäten vorhanden waren. Lisa schreibt, dass sie bei einer »Schauspielerfamilie« untergekommen seien, »freundliche[n], lustige[n] Leute[n]«, die als »liberal« bekannt gewesen seien.[31] Dabei erweckt sie den Eindruck, als seien sie dort vom Anfang bis zum Ende ihres Amsterdamaufenthaltes geblieben, was sehr ungewöhnlich gewesen wäre, denn in der Regel mussten die Flüchtlinge alle paar Tage den Aufenthaltsort wechseln, damit sie den Nachbarn und der Polizei nicht weiter auffielen. Sie mussten wechselnde Decknamen benutzen und fast jeden Tag woanders essen, da sie von Spitzeln der deutschen Gesandtschaft genau beobachtet wurden. Ein niederländischer V-Mann des *Völkischen Beobachter* bemerkte dazu:

> In Amsterdam wohnen nämlich viele Kommunisten in einer ziemlich langen Straße, in der Häuser mit drei Stockwerken und platten Dächern stehen. Am Beginn und am Ende der Straße liegen hinter Fenstern Wächter auf der Lauer und beobachten scharf eventuelle Vorbeigänger. Sobald die Unrat bemerken, lassen sie ihre Rundfunkapparate derart spielen, dass Störungswellen entstehen und der im Versammlungslokal aufgestellte Apparat plötzlich die wehklagenden Töne von sich gibt, die im Holländischen den Beinamen »Mexikanischer Hund« tragen. Sofort verschwinden die Versammlungsteilnehmer über die platten Dächer in die offenen Dachluken und Brandtüren von Gesinnungsgenossen.[32]

Lisa muss in dieser Zeit sehr unglücklich gewesen sein, tief enttäuscht von diesem zweiten, mit so viel Hoffnung verbundenen Hollandaufenthalt, vielleicht auch von Fittko, der sie für Tage allein ließ, wenn er in den Grenzregionen unterwegs war, in kalten, unwirtlichen Quartieren, wo sie mit niemandem sprechen konnte außer mit einem grauen Kater namens Grijsje, der ihr manchmal schnurrend um die Füße strich. Einmal zitiert sie ein Gedicht, das ihr sehr viel Trost gegeben habe: »Und wäre nicht die Glut in unsern Herzen / So hätten wir die Kälte nicht ertragen.«

Der Text stammt von Jef Last, einem Niederländer. Es war der Refrain zu einem der klassischen Lieder des Spanischen Bürgerkriegs: »An der Sierra-Front«, *das* Lied der Internationalen Brigaden schlechthin, das weniger durch seinen Dichter als durch seinen Interpreten Ernst Busch bekannt geworden war. Er war damit vor den Brigadisten aufgetreten und hatte es immer wieder in europäischen Sendern gesungen:

> Wie graue Wölfe schlichen sich die Wolken
> Von Fels zu Fels und Regengüsse krachten
> Wie echtes Trommelfeuer auf uns nieder,
> Die frierend hier in Schützenlöchern wachten.

Kein Sonnenstrahl drang durch in diesen Tagen
Und wäre nicht die Glut in unsern Herzen,
So hätten wir die Kälte nicht ertragen.[33]

In ihrem Bericht über die Amsterdamer Zeit kommt Lisa, wie in dem über Basel, oft auf den Spanischen Bürgerkrieg zu sprechen. Für viele Linke war dieser Krieg eine Art Hoffnungssymbol, ein Zeichen, dass Solidarität doch noch möglich war, über die Staats- und Sprachgrenzen hinaus, jenseits von kleinlichem Standesdünkel. Da kämpften Arbeiter und Bauern neben Schriftstellern, Malern und Sängern aus aller Welt. Prominente wie Orwell, Hemingway und Picasso waren dabei, Ilja Ehrenburg, Arthur Koestler oder Louis Aragon.[34] Lisa war wohl enttäuscht, dass ihr Hans sich immer noch nicht freiwillig gemeldet hatte wie so viele andere Genossen, die schon längst aus Amsterdam abgereist waren. Manche hatten sogar ihre Frauen mitgenommen, die nicht etwa tatenlos im Quartier herumsaßen, sondern sich den *Mujeres Libres*, den »Freien Frauen«, anschlossen und aktiv mitkämpften, im blauen Overall, den Karabiner über der Schulter, jedes Klischee von der braven Hausfrau über Bord werfend. Über 20 000 sollten inzwischen an der Sierra-Front unterwegs sein, als Soldatinnen, Journalistinnen, Fotografinnen oder Ärztinnen. Sogar in der *New York Times* waren sie abgebildet.[35] Kann es sein, dass dadurch Träume in Lisa geweckt wurden? Spanien, die Sierra, steile Bergpfade, der aktive Kampf, Männer und Frauen zusammen? Das war etwas anderes als im kalten Zimmer herumzusitzen und auf Hans Fittko zu warten, der meistens mürrisch und müde war, wenn er spätabends wieder zurückkam.

»Erzähl mir, was inzwischen hier vorgegangen ist«, pflegte er dann zu sagen.[36] Lisa wusste gar nicht, was sie darauf antworten sollte. Dass sie wieder schrecklich gefroren hatte? Dass sie an den Grachten herumspaziert war? Dass sie beim Einkaufen ein paar Worte Holländisch gesprochen hatte, *Matjesherings* oder *Hoestdruppels* zum Beispiel, wobei sie merkte, dass sie es eigentlich noch sehr gut konnte, obwohl das alles nun schon so lange her war, fast 20 Jahre, diese schöne Zeit bei der Zuster in Apeldoorn, die sie jetzt nicht besuchen durfte, weil Hans es für zu gefährlich hielt?

Kaltgestellt

Man hatte ihr bisher keine konkrete Aufgabe zugeteilt, denn sie wartete immer noch auf ihre Anerkennung durch die »Kaderüberprüfungskommission«, obwohl sie aus ihrer Zeit in Berlin, Prag und Basel doch eigentlich einschlägig bekannt gewesen sein müsste. Aber man ließ sie warten. Monat um Monat, ohne dass sie wusste, warum, während andere Frauen politisch aktiv werden durften. Alice Heymann zum Beispiel, eine Zahnärztin aus Köln, die ein Kulturzentrum für jüdische Flüchtlinge eröffnet hatte;[37] oder Cilly Hansmann, ebenfalls aus Köln, die mit ihrem Mann, Wilhelm Knöchel, von Amsterdam aus den Widerstand unter den Bergleuten im Ruhrgebiet und im Raum Aachen aufbaute.[38] Sie war auch als Journalistin aktiv, fuhr manchmal als Instrukteurin nach Deutschland und verteilte Flugblätter, auf denen es hieß: »Deutsche Hitlerfaschisten werfen Bomben auf spanische Frauen und Kinder!«[39]

Unter den in den »Kaderüberprüfungsprotokollen« für die Jahre 1937/38 verzeichneten 169 Flüchtlingen waren 23 Frauen.[40] Nicht alle, aber viele davon politisch aktiv, und sei es nur, dass sie im Auftrag der Rode Hulp Geschenke oder Lebensmittelbons an politische Gefangene übergaben. Lisa muss sich gefragt haben, warum man ausgerechnet *sie* nicht mitmachen ließ. Warum es fast ein Jahr, genauer bis zum 24. August 1937, dauerte, bis man sie endlich als kommunistische Emigrantin anerkannte.[41]

Vermutlich wurde Lisa kaltgestellt, weil Fittko sich unbeliebt gemacht hatte. Weil man schon länger über seinen Ausschluss nachdachte und ihn die versprochene leitende Stellung erst gar nicht antreten ließ, sondern ihn mit subalternen Hilfsarbeiten abspeiste.[42]

Doch was genau war geschehen? Hatte er nicht immer nur seine Pflicht getan? War er der Partei nicht immer treu ergeben gewesen?

Es scheint mit seinem kurzen Aufenthalt in Paris zu tun gehabt zu haben, der nun schon ein Jahr zurücklag. Ein Genosse mit dem Decknamen »Eiche« hatte beobachtet, dass er sich mit Hans Ekstein und anderen Personen getroffen hatte, die inzwischen alle ausgeschlossen worden waren, ob als »Versöhnler« oder »Trotzkisten«. Musste er dann nicht zwangsläufig auch zu ihnen gehören? Und hatte er sich nicht schon vorher, in der Schweiz, verdächtig gemacht, weil er Gespräche mit ausländischen »Parteifeinden« geführt hatte, wer immer das sein sollte? Die Witwe Gittli vielleicht oder der dicke Karl oder Robert Kehrli? »Eiche«, dessen richtiger Name nicht zu ermitteln ist, muss zu Fittkos engerem Kreis gehört und ihn schon länger gekannt haben. Am 19. August 1937 schrieb er an die »operative Auslandsleitung der KPD« in Paris:

> Ich möchte hiermit die Aufmerksamkeit der Partei auf einen Freund mit dem Decknamen Stephan (wirklich Hans, früher Politleiter von dem U[43] Spandau) lenken, der anfangs 1934 in Prag Orgleiter und später, glaube ich, auch Polleiter [salopp für Politleiter] der deutschen Emigranten in der CSR war und im Herbst 1934 nach Basel kam, um die dortige Gruppe der Emigranten zu leiten. Dieser Freund unterhielt mit dem ehemaligen Mitarbeiter oder Redakteur des trotzkistischen Blattes »Permanente Revolution«, Sobolevicz, der Ende 1932 mit einer Gruppe Trotzkisten zur KPD übertrat, sehr enge Beziehungen und gab ihm oft sehr vertrauliche Parteiaufgaben. So schickte er den S., der in Bern lebte, mit verschiedenen Aufträgen ins Land, obwohl in Basel genug zuverlässige Genossen waren. S. ist Fabrikantensohn, war, wie ich gehört habe, persönlicher Sekretär Trotzkis […]. Es ist zumindest zweifelhaft, dass er, kurz vor der Machtergreifung durch die Hitler-Regierung mit ehrlichen Absichten zur KPD übergetreten ist. Sein Deckname war zu der Zeit Roman. Auch St [ephan] stand nach seinen eigenen Erzählungen eine Zeitlang (ich weiß nicht, in welchem Jahre)

> in der Opposition und hat dafür Strafe bekommen [...]. St[ephan] soll im Jahre 1935 eine Zeit Vertreter des ZK in der Schweiz gewesen sein. Die Freundin von St [ephan] war damals Lisa Eckstein, Schwester des in Paris aus der Partei ausgeschlossenen Hans Eckstein.[44]

Wer war dieser Sobolevicz, und was hatte Fittko mit ihm zu tun? Es gab tatsächlich einen Mann, der so ähnlich hieß, einen litauischen Journalisten namens Ruvelis Leiba Sobolevicius, der vor allem unter dem Pseudonym »Roman Well« bekannt wurde. Er war Sohn einer jüdischen Kaufmannsfamilie, hatte eine Zeit lang in Leipzig studiert, sprach fließend Deutsch, Russisch, Französisch und Englisch, kannte sich bestens mit dem Marxismus / Leninismus aus und stand zeitweilig in brieflicher Verbindung zu Trotzki. Ende der zwanziger Jahre hatte er mit einem Psychiater namens Erwin Ackerknecht eine trotzkistische Gruppe, den Leninbund, gegründet, und einige scharfe Artikel gegen die KPD geschrieben.[45] Später wechselte er allerdings das Lager und erklärte, der Trotzkismus habe abgewirtschaftet, er sei bankrott, sodass nie richtig klar wurde, wer er eigentlich war, ein skeptisch gewordener Trotzkist oder ein Spion, den die sowjetische Geheimpolizei eingeschleust hatte, um die Stimmung in Deutschland zu erkunden.[46]

Für Letzteres spricht, dass er 1933 zunächst einmal nach Moskau floh, nachdem er von einem deutschen Gericht wegen »Vorbereitung zum Hochverrat« angeklagt worden war. Von Moskau aus muss er ziemlich viel gereist sein, u. a. nach Paris und in die Schweiz, in wessen Auftrag, bleibt unklar. Hans Fittko gab auf Befragen zu, dass er ihm tatsächlich mehrmals begegnet sei und mit ihm gesprochen habe.[47] Von »Aufträgen« oder einer Zusammenarbeit sagte er nichts. Zu seinem Kontakt mit Hans Ekstein meinte er, dass bei diesem rein privaten Besuch keine »parteifeindlichen Gespräche« geführt worden seien. Man habe nur »über allgemeine politische Fragen, u. a. die Vorgänge in Spanien« gesprochen.

Das alles war so widersprüchlich und so wenig konkret, dass es kaum für einen Parteiausschluss gereicht hätte. Doch nun, da der Stein einmal ins Rollen gekommen war, kamen auch andere Themen zur Sprache, die Affäre Karl Katz in Prag zum Beispiel, die nächtlichen Trinkgelage und die Prügelei mit den Arbeitern einer Ziegelmanufaktur.[48] Fittko versuchte die Dinge zu entschärfen, indem er sein Vorgehen gegenüber Karl Katz als völlig legitim darstellte und die Arbeiter als »Stänkerer« und Streithähne, gegen die er sich nur angemessen gewehrt habe.[49]

Hans Fittko wird ausgeschlossen

Doch das alles half ihm nicht weiter. Man war nun einmal entschlossen, ihn loszuwerden. Am 26. August 1937, nur wenige Tage nach der Anzeige des Genossen »Eiche«, wurde er offiziell ausgeschlossen, und zwar »wegen ungenügender Wachsamkeit gegenüber parteifeindlichen Elementen und Verbindung mit Parteifeinden«.[50]

Das Ganze klingt erstaunlich oberflächlich und inkompetent. Was genau soll Fittko mit diesem Sobolevicz besprochen haben und inwiefern hat er dadurch der Partei geschadet? Es gab ganz andere Dinge, die man ihm hätte vorwerfen können, dass seine Arbeit in Basel völlig ineffektiv war und zu nichts weiter geführt hatte, als dass Dutzende von Kurieren in Haft kamen, wo man ihnen Geständnisse abpresste, indem man sie folterte oder ihre Familien bedrohte. Auch über seine Zeit beim Spartakusbund hätte man diskutieren können. Über seine ehemals enge Beziehung zu den Pfemferts, die zwar vorläufig den Kontakt zu ihm abgebrochen hatten, aber in umso engerem zu Trotzki standen, dessen Werke Anja Pfemfert seit 1930 übersetzte, zuletzt *Stalins Verbrechen*. Das Buch war gerade in Zürich erschienen. Im Vorwort hieß es u. a.:

> Die Politik Stalins ist durch und durch verlogen. Darin äußert sich ihr reaktionärer Charakter. [...] Stalin dressierte erst seine Untersu-

> chungsrichter, Staatsanwälte und Henker. [...] Der blutigen Säuberung ist kein Ende abzusehen. Die eigenen Reihen fressend, schreit die Bürokratie wie besessen nach Wachsamkeit. In ihrem Schreien kann man mitunter das Todesgeheul eines verwundeten Tieres hören.[51]

Doch so weit reichte der Scharfsinn von »Eiche« wohl nicht. Dazu hätte er ja ein Buch in die Hand nehmen und lesen müssen. Im Grunde konnte Fittko noch froh sein, dass »Eiche«[52] nicht auf das Thema zu sprechen gekommen war. Sonst hätte man ihn am Ende nach Moskau verschleppt und vor Gericht gestellt, was oft genug vorkam. Deshalb entschied er sich für die Rolle des noblen Verlierers und schrieb zurück:

> Liebe Freunde!
> Euren für mich so folgenschweren Entschluss, mich aus der Partei auszuschließen, habe ich zur Kenntnis genommen. Ich halte diesen Beschluss für ungerechtfertigt. Ich nehme jedoch davon Abstand, Revision dagegen einzulegen, weil ich der Auffassung bin, dass die heutige Arbeit der Partei nicht durch derartige Verfahren behindert werden soll, und außerdem glaube ich deshalb momentan keinen Erfolg damit zu haben.
> Meine politische Stellung zur Partei und zur Komintern wird auch durch diesen Ausschluss nicht geändert werden können; ich stehe nach wie vor auf dem Boden beider Organisationen. Davon werden auch mein künftiges Verhalten und meine künftigen Handlungen bewegt werden.
> Ich bitte noch einmal, im Vertrauen darauf, bei Euch Verständnis zu finden, meine Frau hierher zu schicken. Freund H. kennt die näheren Gründe dafür, dass die Emigration in Holland für meine Frau besonders ungünstig ist. Außerdem soll meine Frau am Dienstag ein Quartier beziehen, in welchem bereits sieben Freunde verunglückt sind.
> Mit kommunistischen Grüßen
> Stephan[53]

Bleibt die Frage: Wo war Hans Fittko, als er diesen Brief schrieb? In Amsterdam offenbar nicht. Also in Paris? Hatte man ihn kurzfristig dorthin beordert, um seinen Fall ohne längeren Schriftverkehr zu erledigen, während Lisa allein in Holland zurückblieb? Aber warum hatte man sie dann nicht auch ausgeschlossen, sondern nach quälender Prozedur als Emigrantin anerkannt, nicht ohne Seitenhiebe auf Stephan, den »ungelernten Arbeiter«, dem sie seit Jahren von Ort zu Ort folge, mal mit Erlaubnis der Partei, mal ohne? Um die beiden zu schikanieren? Um sie gewaltsam zu trennen? Oder, weil man glaubte, dass Lisa der Partei vielleicht doch noch nützlich sein könne? Immerhin war sie attraktiv, körperlich fit und sprach sogar Niederländisch.

Ganz fertig war man mit ihr aber offenbar noch nicht, denn in den »Kaderüberprüfungsprotokollen« ging man noch einmal ausführlich auf ihre Beziehung zu August Laß ein.[54] Man rollte auch ihre Tätigkeit in Berlin wieder auf. War sie als »Gegnermann« wirklich zuverlässig gewesen? Oder hatte sie nicht insgeheim mit dem Kreis um Heinz Neumann sympathisiert, den sie eigentlich unterwandern und aushorchen sollte?[55] Diese Frage stellte der »Freund Felix«[56] im November 1937 in einem Nachsatz zum Überprüfungsprotokoll.

Die genauen Hintergründe dieser Prozedur wird man wahrscheinlich nie erfahren, denn in Lisas Buch kommt das alles nicht vor, und mit ihrer Familie hat sie nie ein Wort darüber gesprochen.[57] Nimmt man Fittkos Andeutungen ernst, so könnte es sein, dass sie in Amsterdam »isoliert« und »kaltgestellt« worden ist, in einem Quartier, in dem schon »sieben Freunde […] verunglückt« waren, was immer das heißen sollte. Verhaftet, verletzt, schwer erkrankt oder gar gestorben, vielleicht durch Selbstmord?

Aus den Aktenfragmenten der Amsterdamer Exil-KPD geht hervor, dass die Stimmung in der Partei damals extrem schlecht war, besonders die Beziehung der Emigrationsleitung zum Gros der Flüchtlinge, die sich in langen, empörten Briefen beschwerten oder sogar regelrecht rebellierten. Geklagt wurde eigentlich über alles: über schlechte Quartiere mit undichten Dächern und verwanzten Betten, sexuelle Übergriffe, fehlende ärztliche Hilfe, erzwungene Trennung von Ehepartnern, viel zu niedriges Wochengeld, mangelnde Kommunikation mit der Roden Hulp und den niederländischen Genossen, von deren Hilfsbereitschaft man so gut wie keinen Gebrauch mache. Die Partei habe keine Bibliothek, die man nutzen könne, nicht einmal, um die sozialistischen Klassiker zu lesen, es würden keine Freikarten für Theater, Kino etc. mehr verteilt, man würde geistig und sozial regelrecht verkümmern, sodass viele Genossen unter Depressionen litten oder sogar schon Selbstmord begangen hätten, ohne dass es jemanden interessiere.[58]

Am meisten beklagt wurden die Selbstherrlichkeit und der diktatorische Ton der Emigrationsleitung: »Du bist nicht würdig, nach Spanien zu gehen! Du bist ein Lump, du fährst morgen wieder nach Deutschland!« Tatsächlich seien schon »gute Genossen« wieder zurückgeschickt und zu langjährigen Zuchthausstrafen verurteilt worden. Anderen würde dauernd mit Ausschluss gedroht, selbst wenn sie nur ein paar kritische Fragen gestellt hätten wie zum Beispiel: Wie denkt man in Deutschland über die Einheitsfront? Hat der Faschismus noch eine Massenbasis? Wie gedenkt die Partei sich bei Ausbruch eines Weltkrieges zu verhalten? Wird der Freiheitssender gehört? Ist die Kriegsbegeisterung der deutschen Jugend eine Gefahr? Wie denkt man in Deutschland über die Sowjetunion und die Trotzkistenprozesse?[59]

Offenbar war es der KPD gelungen, sich in Amsterdam und anderen holländischen Städten so unbeliebt zu machen, dass ihre Mitglieder kaum noch Quartiere fanden, die sowohl sicher als auch menschenwürdig gewesen wären. Seit Januar 1937 häuften sich Razzien auf die *ongewenste Vreemdelingen*, gegen die sich kein nennenswerter Protest mehr erhob, nicht einmal seitens der Roden Hulp, die mit der deutschen Partei chronisch zerstritten war. Nach ihrer Verhaftung wurden die Flüchtlinge entweder nach Belgien ausgewiesen oder hinter elektrischem Stacheldraht interniert, so zum Beispiel im Fort Honswijk in der Provinz Utrecht. Fittko hatte wahrscheinlich Angst, dass auch Lisa betroffen sein könnte. Deshalb sein dringender Appell, sie zu ihm zu schicken, wo auch immer er damals gewesen sein mag, in Paris wahrscheinlich.

Wie das holländische Intermezzo ausging, lässt Lisa offen. Ob sie verhaftet und in ein Internierungslager gesteckt wurde, ob man sie nach Belgien ausgewiesen hat, ob die Partei ihr eine Fahrkarte nach Paris gab oder ob Fittko gar kommen durfte, um sie abzuholen? Nicht einmal der Zeitpunkt ihrer Ankunft in Paris steht genau fest. Sie schreibt, dass es 1938 gewesen sei, was bedeuten würde, dass man sie seit August 1937 in Holland festgehalten haben muss, für mehr als vier Monate oder gar länger. Es bleibt deshalb unklar, ob es den Ausflug zur »Tulpenzeit« wirklich gegeben hat, den sie mit Fittko im Frühjahr 1938 gemacht haben will, nach Harlem, wo sie einen wunderbaren Tag verbracht hätten: »Man hatte uns viel davon erzählt, doch was wir hier sahen, diese endlosen Farbenfelder, das hatten wir uns nicht vorstellen können. Es war obendrein ein Genuss, einmal aus der Stadt heraus und im Freien und überhaupt woanders zu sein.«[60]

7
DER AUFSCHUB
(PARIS, 1938–1939)

Nicht erwünscht

Als die Fittkos, wann und unter welchen Umständen auch immer, in Paris wieder zusammentrafen, musste Lisa ihre nächste große Enttäuschung erleben. Sie hatte diese Stadt doch so geliebt, als sie vor zehn oder elf Jahren zum ersten Mal dort gewesen war, den »Montparnasse, das nette kleine Hotel in der Rue de la Gaîté, die Kurse und Vorlesungen am Boulevard Raspail, die Studenten-Cafés«, das Weintrinken, die kleinen, erlesenen Mahlzeiten in den Bistros. Und nun waren die Straßen voller Flüchtlinge, auf die niemand gewartet hatte, Menschen ohne Arbeitsrecht, Geld und Papiere, aber leider auch voller Ausländerfeinde und Antisemiten, die Parolen wie »A bas les Juifs!« und »A bas les Etrangers« an die Wände schmierten.[1]

Hinzukam, dass ihre Existenz vollkommen ungesichert war. In Berlin, Prag, Basel oder Amsterdam: Immer hatte die Partei ihnen ein Salär, ein Obdach, eine Funktion geboten, etwas, an das sie glauben konnten, einen Lebensinhalt. Doch seit dem Ausschluss Fittkos war das alles zerstoben und zerronnen. Sie mussten selbst aktiv werden, für sich selbst sorgen, ein ungewohntes Gefühl, denn im Grunde waren sie ja beide ohne Ausbildung, ohne Beruf. Wobei es sogar für diejenigen, die studiert hatten, schwer war. Ob Ärzte, Geisteswissenschaftler, Rechtsanwälte, Lehrerinnen und Lehrer – fast kein Flüchtling erhielt eine offizielle Arbeitserlaubnis, jeder musste sich mehr oder weniger illegal durchschlagen. Dazu noch die Angst vor der Polizei, die als besonders ungnädig galt. Unter der Volksfront-Regierung Léon Blums war es möglich gewesen, mit etwas Glück einen Flüchtlingspass oder eine *carte d'identité* zu erhalten. Jetzt bekam man bestenfalls ein *récépissé*, eine Art Aufenthaltsbescheinigung, die je nach Fall monatlich oder gar wöchentlich erneuert werden musste. Denn die Regierung Daladier verschärfte die Ausländergesetze unentwegt, sosehr sich auch Dutzende verschiedener Hilfskomitees dagegen wehrten, vor allem das *Comité national de secours aux refugiés allemands victimes de l'antisémitisme* in der Rue de la Durance.[2]

Sehr viel helfen konnten die Komitees schon lange nicht mehr. Aber immer noch versuchten sie Arbeit zu vermitteln, manchmal sogar verbunden mit einer provisorischen Unterkunft. Doch für so ein Leben war Hans Fittko überhaupt nicht geschaffen. Anpassung? Geduld? Improvisation? Kein Gedanke daran. Er konnte sich mit nichts und niemandem arrangieren und sah in jedem, der ein bescheidenes Auskommen hatte, einen Ausbeuter.

Frauen kamen in der Regel etwas besser zurecht. Sie waren weniger anspruchsvoll, waren es gewohnt, zu kochen, zu nähen, Kinder zu hüten, zu tippen, zu putzen, hinter Theken zu stehen oder Kranke zu pflegen. Sogar von Dora Benjamin, der Schwester des ebenfalls nach Paris geflohenen Philosophen, wusste man, dass sie Kinder von Flüchtlingen betreute, obwohl sie einen Doktor in Nationalökonomie hatte und in Berlin eine berühmte Sozialforscherin gewesen war, die moderne Fürsorge- und Suchtberatungsstellen geleitet hatte.[3]

Putzen, Schrubben und Tippen

Mit viel Sinn für Komik und Selbstironie zählt Lisa in *Solidarität unerwünscht* akribisch auf, womit sie sich in den ersten Monaten durchschlagen mussten: Adressenschreiben für einen bayerischen Kunstdruckverleger, Putzen in einer noblen Privatklinik, Abtippen von Manuskripten anderer Emigranten, Anstreichen von Flüchtlingsquartieren, Kinder von Emigranten ausfahren, die auf Anweisung ihrer Eltern unbedingt Bananen essen mussten, obwohl sie sich mit Händen und Füßen dagegen wehrten.

Manchmal mussten sie auf dem Fußboden schlafen. Oder in Betten ohne Matratzen, die man ihnen zuwies. Oder nachts an Feuerleitern hochklettern, um sich in Hotelzimmer von Freunden zu schleichen, die dort untergekommen waren. Ihre Arbeitsverhältnisse endeten fast immer in einem Riesenkrach, der von Fittko kunstvoll inszeniert wurde. Da flogen Schrubber durch Marmorhallen. Große Vorträge über Ausbeutung wurden gehalten. Beschwerden über das unerträgliche Essen geführt. Jeden Tag Hackfleisch? Bückling? Räucherfisch? Eine Zumutung! Und das in Frankreich, wo man doch bekanntlich wie der liebe Gott aß und lebte!

Die meisten Emigranten aßen allerdings noch viel schlechter, Thunfisch aus der Dose, Blumenkohl und verbranntes Kaninchen im Foyer Henri Heine. Oder an einem der Mittagstische im Quartier du Marais, wo Gemüse und Salat selten ohne Würmer auf den Tisch kamen und man orthodoxe Juden darüber streiten hörte, ob das alles auch wirklich koscher sei.[4] Es gab sogar Flüchtlinge, die unbemerkt von ihrer Umwelt verhungerten, der Berliner Rechtsanwalt und Notar Dr. Salomon zum Beispiel, der bereits 45 Pfund an Gewicht verloren hatte, als endlich eins der Komitees auf ihn aufmerksam wurde und ihn in ein Pariser Krankenhaus brachte, wo er im Juni 1935 starb.[5]

Die Arbeitgeber der Fittkos waren bis auf wenige Ausnahmen

selbst Flüchtlinge. Ein preußischer Landtagsabgeordneter soll darunter gewesen sein, ein Physiker und der Kunstdruckverleger aus München. Weshalb waren all diese Leute gekommen? Weil sie Juden, Sozialdemokraten oder Kommunisten waren? Lisa wird da selten konkret, urteilt aber generell sehr kritisch über sie, obwohl sie doch alle dasselbe Schicksal teilten, das Exil. Vielleicht gab es ja Gründe für diesen Groll. Vielleicht gab es Männer, die die Not dieser Frauen ausnutzten. Wenn sie schon einmal da waren, um Adressen zu schreiben, konnten sie auch gleich den ganzen Haushalt führen oder sich für Liebesdienste zur Verfügung stellen, besonders wenn sie so jung und hübsch waren wie Lisa.[6] Das ist natürlich eine reine Vermutung. Aber ist sie so abwegig? Geschieht es nicht bis in die Gegenwart immer wieder, dass geflüchtete Frauen Opfer von sexueller Gewalt werden, nur dass man heute offen darüber sprechen darf, was damals unmöglich war?

In dieser Zeit begann sie ihren Hans etwas kritischer zu sehen und zog aus den vielen Schwierigkeiten die Konsequenz, künftig lieber ohne ihn arbeiten zu gehen, so problematisch das manchmal auch sein mochte. Auch privat war es nicht so einfach mit ihm. Sie war 29 Jahre alt und wünschte sich sehnlichst ein Kind. Aber er wollte nicht. Falscher Zeitpunkt. Lisas Bruder und dessen Frau erwarteten gerade eins. Hans fand das unmöglich.

»Wenn man selbst oft nichts zu essen hat, darf man keine Kinder in die Welt setzen. Noch dazu in eine Welt, in der Krieg unvermeidlich geworden ist. Und was auch immer geschehen mag: so lange in Deutschland der blanke Faschismus herrscht, werden wir ihn bekämpfen! Wie könnten wir das mit Kindern?«[7]

Rue Dombasle

Das Kind, das Eva Ekstein damals erwartete, wurde am 16. August 1938 geboren. In einer auf Abtreibungen spezialisierten Klinik, wie es heißt.[8] Davon gab es in Paris eine Menge, die stark frequentiert wurden, besonders von Emigrantinnen; sofern sie es sich leisten konnten. Viele von ihnen dachten so ähnlich wie Fittko. Nur keine Kinder in dieser Zeit. Dann lieber abtreiben. Wobei es weniger der »blanke Faschismus« war, der sie dazu trieb, als die blanke Not. Die meisten hatten weder Geld noch Platz, um ein Kind großzuziehen, denn sie wohnten in schäbigen Hotelzimmern, in denen geliebt, geschlafen, gearbeitet, gekocht, gestritten und gegessen wurde. Oder, noch schlimmer, in Lagern am Rand der Stadt, die man schnell errichtet hatte, um die Menschenmassen irgendwie unterzubringen. 36 Personen in einem Raum. An den Zäunen Militärposten. Keine Kinderzimmer, keine Spielplätze, nicht einmal Schulen. Nur selten ein Arzt, der die Kleinsten versorgte. »Hoffnungslosigkeit [...] liegt auf den besorgten Gesichtern«, schrieb das *Pariser Tageblatt*. »Schwer lastet die Arbeitslosigkeit auf der großen Mehrheit der Insassen. Sie ist das Problem der Emigration.«[9]

Die jungen Eksteins hatten also noch Glück. Sie hatten beide einen Beruf, eine Arbeit und sogar eine Wohnung, an der Rue Dombasle Nr. 10, was ein unglaublicher Luxus war. Sie war zwar klein, aber immerhin groß genug, dass ihre Eltern ab und zu dort schlafen konnten; oder Freunde, die als Flüchtlinge nach Paris kamen, manchmal auch Lisa und Hans, obwohl das Verhältnis angespannt war, seit Lisa ihren Bruder denunziert hatte, weil er angeblich Trotzkist war. Aber das lag wohl nur irgendwie in der Luft. Darüber sprach man nicht.

Niemand hat sich je bemüht zu rekonstruieren, wie all diese hochintellektuellen, größtenteils aus Deutschland stammenden Jüdinnen und Juden in der Rue Dombasle Nr. 10 zusammenfanden, in diesem nüchternen, schmucklosen Gebäude mit sieben Stockwerken. Teilweise kannten sie sich noch aus Berlin. Da war die Fotografin Lore Heinemann[10] und ihre Schwester Gisela, die eine Lehre als Modelschneiderin machte, der Neurologe, Psychiater und Suchtforscher Fritz Fränkel, der Kinderarzt Rudolf Neumann, der Journalist Otto Katz, der Schriftsteller Arthur Koestler, der Philosoph Walter Benjamin. Einige waren schon 1934 eingezogen, andere erst vier Jahre später, wieder andere rein zufällig, weil ein Schild »à louer« im Fenster gehangen hatte, andere durch Mund-zu-Mund-Propaganda.[11] Wem gehörte das Haus überhaupt? Wer war so großzügig, sie alle aufzunehmen, diese teils legalen, teils illegalen Emigranten, die größtenteils keiner festen Arbeit nachgingen und ihre Miete sicher nicht immer ganz pünktlich zahlten?[12]

Hannah Arendt erschien mit ihrem künftigen Mann Heinrich Blücher, um mit Benjamin über Politik, Psychologie und jüdische Mystik zu diskutieren, Klaus Mann kam, um sich medizinisch versorgen zu lassen, Dora Benjamin schaute bei ihrem Bruder Walter vorbei, weil er so unpraktisch war und immer Geld brauchte. Gisèle Freund erschien mit ihrem Fotoapparat. Und Anna Seghers, durch ihre mit dem Kleist-Preis ausgezeichnete Erzählung »Der Aufstand der Fischer von St. Barbara« schon damals weltbekannt, hastete schnell zu einem der Ärzte hinauf, weil sie sich wieder einmal ihr Ohropax zu tief in die Ohren gesteckt hatte, um sich vor dem Geschrei ihrer beiden lebhaften Kinder zu schützen.[13]

Eigentlich durften die emigrierten Ärzte in Paris gar nicht praktizieren, aber sie taten es dennoch. Neumann und Fränkel hinter einem Paravent, wo sie kleine Operationen und sogar Entbindungen durchführten. Ihr Klientel bestand fast ausschließlich aus Schicksalsgenossen, die kein Geld für einen regulären französischen Arzt hatten. Die einen zahlten mit Lebensmitteln, die anderen mit einer Flasche Wein, die dritten mit Zigaretten, ein paar guten Worten oder ihrer Dankbarkeit.

Biotop des Exils

In diesem Haus, auf dieser »Theaterbühne« des Exils, müssen beinahe kommunenähnliche Verhältnisse geherrscht haben, die der Schriftsteller und Journalist Maxim Leo, ein Nachfahre von Fränkel, in seinem Buch *Wo wir zu Hause sind* sehr plastisch geschildert hat.[14] Von Benjamin wusste jeder, dass er in der Regel nur nachts zu arbeiten pflegte und erst morgens ins Bett ging, dass er vorher ein Bad nahm, sich ständig über den zu lauten Aufzug beklagte und manchmal mit wirrem Haar an der Tür erschien, meistens mit einem rostroten Morgenmantel bekleidet.[15] Arthur Koestler, der mit einer jungen englischen Bildhauerin zusammenlebte, stand noch unter dem Eindruck des Grauens, das er in Spanien erlebt hatte, wo er als Berichterstatter einer englischen Zeitung beinahe hingerichtet worden wäre, wenn man ihn nicht aus für ihn unerfindlichen Gründen plötzlich freigelassen hätte – nach sechs Monaten in Francos Kerkern. Er hatte ein Buch darüber geschrieben, *Ein spanisches Testament*, das bei aller Tragik doch voller Sarkasmus war, voller Witz und scharfer Beobachtungsgabe, was ihm wahrscheinlich half, die Angst vor dem Tod irgendwie auszuhalten.

> Eine Flüchtlingsfamilie betritt den Garten: Mann, Frau, zwei Kinder, eine Schwiegermutter, alle beladen mit Körben und Paketen, hauptsächlich mit Bettzeug. Es liegt eine erschütternde Gesetzmäßigkeit darin, dass bei allen großen Katastrophen […] die Armen und Elenden zuerst ihr Bettzeug retten. Als Nächstes in der Hierarchie der kostbarsten Güter folgen alte Kochtöpfe und Essgeräte. Als Drittes folgt dann gewöhnlich der Käfig mit dem Kanarienvogel, die Hauskatze oder ein unsagbarer Bastardköter.[16]

Erst als er wieder zurück in der Rue Dombasle war, fingen die Depressionen an und die Angstneurosen, eine typische Traumareaktion.[17] Manchen Bewohnern kam er deshalb vielleicht etwas seltsam vor. Besonders die Eksteins scheinen ihn nicht gern gemocht zu haben.[18] Aber mit Benjamin, seinem unmittelbaren Nachbarn, verstand Koestler sich gut. Er bezeichnete ihn später als einen der bizarrsten und geistreichsten Menschen, die er je kennengelernt habe.[19] Sie pokerten häufig oder spielten Schach. Doch sie schätzten sich auch als Autoren. »Ich habe das ›Spanische Testament‹ von meinem Nachbarn Arthur Köstler gelesen, das eben bei Oprecht erschienen ist«, schrieb Benjamin an einen Freund. »Es ist ein sehr gutes Buch. Lies es, wenn Du die Zeit finden kannst.«[20]

Für den Notfall einigten sie sich, würden sie vorbereitet sein und ihrem Leben freiwillig ein Ende machen.[21] Doch noch war es nicht so weit. Noch hatten sie Hoffnung auf ein Ende des Nazialbtraums und schlugen sich irgendwie durch. Koestler mit seinen Verlagshonoraren und Benjamin mit einem Stipendium, das ihm das Institute for Social Research in New York zahlte. Es war nicht viel, aber es reichte zum Leben. Und wenn gar nichts mehr ging, fuhr er nach Sanremo zu seiner Exfrau,[22] die dort ein schönes Hotel, die Villa Verde, betrieb, wo jederzeit Platz für ihn war.

Mars und Marx

Lisas Eltern schien es wieder etwas besser zu gehen, jedenfalls von außen betrachtet. Zumindest hatten sie eine Wohnung gefunden, die diesen Namen verdiente, in Châtenay-Malabry, südlich von Paris, wo es eine richtige Gartenstadt gab, La Butte Rouge, die ganz modern, fast wie eine Bauhaus-Siedlung wirkte. Keines der Häuser war mehr als drei Stockwerke hoch. Der rosafarbene Putz ließ beinahe Ferienstimmung aufkommen. Besitzer war eine Genossenschaft, kein Privateigentümer. Wenn wieder einmal das Geld für die Miete fehlte, flog man zumindest nicht gleich heraus, zumal der Bürgermeister, Jean Longuet, ein leibhaftiger Enkel von Karl Marx war.[23]

Rundherum lebten viele andere Flüchtlinge, die meisten aus Deutschland. Einer von ihnen war Otto Wels, der langjährige Vorsitzende der SPD, den die Fittkos noch aus Berlin und Prag kannten. Er war wegen seines autoritären Kurses politisch nicht unumstritten. Aber es war bekannt, dass er im März 1923 im Reichstag gesagt hatte: »Freiheit und Leben kann man uns nehmen. Die Ehre nicht.«[24] Wenig später war er ins Saargebiet geflohen und von dort nach Prag, wo er die Exilorganisation der SPD (SOPADE) mit aufgebaut hatte. Für die Fittkos muss er eine Art Erzfeind gewesen sein, denn auch die SPD betrieb Grenzarbeit in der Tschechoslowakei, gab Zeitungen wie den *Neuen Vorwärts* heraus und genoss großes Vertrauen bei der dortigen Regierung. Nun war er also ein Nachbar. Man musste sich irgendwie arrangieren. Er war allerdings schon sehr krank, hatte 30 Kilo Gewicht verloren und konnte sich nur noch mühsam an zwei Stöcken fortbewegen. Es sah nicht so aus, als würde er der KPD noch einmal gefährlich werden.[25]

Die finanzielle Lage der alten Eksteins hatte sich etwas verbessert. Julie, kunsthandwerklich hochbegabt, hatte aus ihrer Leidenschaft einen Beruf gemacht. Für ein Pariser Modehaus häkelte sie »Kleider und Kostüme aus Seidenbändern, alles nach Maß, und hatte damit großen Erfolg«.[26] Ekstein hatte für sein Shakespeare-Werk endlich ein Stipendium bekommen, 30 Dollar im Monat.[27] Der Bescheid ging im Dezember 1938 ein, und schon wenige Tage später schrieb er an die American Guild, dass er das Thema ausweiten wolle, auf eine »Analyse der künstlerischen Schöpfung im Allgemeinen«.[28]

Dann überraschte er mit einem Filmmanuskript, »Schwankende Gestalten«, für das, so Ekstein, er Disney oder Chaplin zu begeistern hoffe. Vielleicht werde er es aber auch »Mars und Marx« nennen, ein Fantasystück über das Leben auf einem anderen Planeten, dessen Bewohner in diesen Zeiten der Barbarei noch an »reiner und kindlicher Einfalt« festhielten.[29]

Kurze Zeit später wollte er schon nichts mehr davon wissen. Es schrieb jetzt an einem anderen Filmskript – über den jungen Mendelssohn, über seinen ersten Besuch bei Goethe in Weimar, bei dem über Moses Mendelssohn, seinen Großvater, gesprochen wurde. Vielleicht könne Yehudi Menuhin die Hauptrolle spielen? Und Toscanini das Dirigat übernehmen? Ekstein kannte sich mit Mendelssohns Leben durchaus aus, sprach korrekt von seinem Lehrmeister Zelter, von seiner Wiederentdeckung der Matthäus-Passion, von seiner Zeit als Gewandhauskapellmeister in Leipzig. Doch dann versetzte er ihn plötzlich in die Gegenwart, in die Berliner Kroll-Oper, an deren Wänden »Kanonen statt Butter« stand, die mörderische Parole von Rudolf Heß aus dem Jahr 1936.[30]

Als die Jury ihm mitteilte, dass sie keinerlei Verwendung für den Stoff sehe und ihm die Drehbücher zu ihrer Entlastung zurückschicken wolle, packte ihn die Wut. Er schlug vor, sie lieber gleich zu verbrennen.[31]

Irgendwann verlor die Guild die Geduld mit ihm. Ob er nicht endlich das Shakespeare-Manuskript, bitte in Reinschrift, vorlegen wolle, er habe bisher nur eine zerfledderte Fassung geschickt, die man keinem Verlag präsentieren könne. Aber inzwischen war wieder einmal seine Schreibmaschine gepfändet worden, weil sie die Stromrechnung nicht bezahlt hatten.[32]

Inzwischen waren Lisa und Hans auch nach La Butte Rouge gezogen, wo zufällig eine Wohnung frei geworden war, eine Etage über ihren Eltern. Lisa bemerkte zwar, dass es ihrem Vater gesundheitlich nicht sehr gut ging, dass ihm immer kalt war, dass er immer eine Decke um die Knie gewickelt trug und trotz allem mit unerbittlichem Fleiß über seiner Arbeit saß. Doch von deren Inhalt wusste sie nichts, nur, dass »Wiener Verleger Interesse« gezeigt hätten, was ganz gewiss nicht der Fall war, da man in Österreich keine Bücher von Juden mehr drucken durfte, nicht einmal, wenn die Autoren Joseph Roth oder Stefan Zweig hießen.[33]

Das Rätsel von Clichy

Es soll in diesem Haus in La Butte Rouge gewesen sein, dass Lisa plötzlich schwer erkrankte. Es war morgens um sieben. Sie hatte die ganze Nacht Briefe für ein exklusives Parfümhaus geschrieben und wollte das Ganze noch rasch in die Stadt bringen. Hans Fittko hatte den Auftraggebern den Termin zugesagt, ohne sie zu fragen. Das war typisch für ihn. Lisa war ja immer so fleißig, sie schaffte doch immer alles. Er schlief noch, als sie in aller Hast zwei Brote hinunterschlang, die ihre Mutter ihr hingestellt hatte, da sie selbst nichts zu essen im Haus hatte.

Plötzlich wurde ihr schlecht. Sie spricht von Schwäche und Magenschmerzen. Sie war nicht mehr fähig weiterzutippen. Ihre Mutter sagte, sie brauche dringend einen Arzt. Aber als Flüchtlinge waren sie natürlich nicht krankenversichert. Also wurde Fritz Fränkel alarmiert, der Hausarzt vieler jüdischer Emigranten. Er kam mit Minna Flake, einer Kollegin, und sah, wie ernst es um Lisa stand.[34] Er soll von einem Blinddarmdurchbruch gesprochen haben.

Das Hospital Beaujon in Clichy, in das sie gebracht wurde, gab (und gibt) es tatsächlich. Es war 1935 eröffnet worden, ein zwölfstöckiges, hochmodern ausgestattetes Klinikum, wo sie nach einer schweren Operation sechs Wochen geblieben sein will, eine Zeit, in der man buchstäblich um ihr Leben gekämpft und ihr viele quälende Fragen gestellt habe. Wonach, bleibt so offen wie das Rätsel, wer denn die Kosten trug. Französinnen und Franzosen, die einer Arbeit nachgingen oder offiziell erwerbslos gemeldet waren, waren über die *Caisse nationale d'assurance maladie* krankenversichert und brauchten in einem öffentlichen Krankenhaus nichts zu bezahlen. Die Beiträge wurden vom Gehalt abgezogen oder zwischen Arbeitgebern und Arbeitnehmern geteilt. Für Ausländer, die keine Arbeitserlaubnis hatten, galt das natürlich nicht. Sie mussten sich, wenn sie krank wurden, privat behandeln lassen, was nicht verboten, aber sehr teuer war. Auch die Wohlfahrt war nicht für sie zuständig, ganz im Gegenteil, neben »unerwünschte[r] politische[r] Betätigung, strafbare[n] Handlungen oder Betteln, unerlaubte[r] Arbeit oder Zeitungsverkauf, wirtschaftliche[r] Not« galt besonders die »Inanspruchnahme französischer Wohlfahrtseinrichtungen« als sofortiger Ausweisungsgrund.[35]

Lisas Fall scheint also geradezu an ein Wunder zu grenzen, von dem in dieser Form kein anderer Emigrant zu berichten weiß. Wenn eines der Hilfskomitees eingesprungen wäre, hätte sie das doch eigentlich erwähnen müssen. Das Ganze bleibt so rätselhaft, dass man die Hypothese wagen könnte: Ging es hier vielleicht gar nicht um einen Blinddarmdurchbruch, sondern um die Folgen einer dilettantisch vorgenommenen Abtreibung? Hatte einer ihrer Dienstherren sich an ihr vergriffen und ihr Geld für ihr Schweigen angeboten? Kam er für die Kosten auf? Wollten die Ärzte die Vorgeschichte abklären? Gab es deshalb vielleicht diese quälenden Fragen?

Lisa beendet das Clichy-Kapitel mit den Worten: »Als ich nach etwa sechs Wochen aus dem Krankenhaus entlassen wurde, hatte das Deutsche Reich Österreich annektiert.«[36]

Doch da muss sie sich gründlich vertan haben, denn die Annexion Österreichs durch Adolf Hitler fand am 13. März 1938 statt. Zu der Zeit war sie aber doch noch in Holland, um die Tulpenblüte zu bewundern.[37] Wie kann sie da gleichzeitig in Clichy gewesen sein? Hier gerät die Chronologie etwas zu sehr durcheinander, selbst für ein subjektives Erinnerungsbuch. Man verliert den Faden und wird misstrauisch, manchmal auch ärgerlich.

Im Studio Dorit

Hans Fittkos ehemalige »Adoptiveltern«, die Pfemferts, waren 1933 ebenfalls emigriert, zunächst nach Karlsbad, wo sie ein Fotostudio eröffnet hatten, und von dort nach Paris. Eigentlich hatten sie ja miteinander gebrochen, aus politischen Gründen, wie Lisa zu wissen glaubte.[38] Aber jetzt war das sozusagen verjährt. Es wurde Zeit, sich wieder zu versöhnen. Es war leicht, ihre Adresse zu finden, denn sie betrieben ein neues Geschäft, das Atelier Dorit an der Place Madeleine, für das sie regelmäßig Anzeigen in der *Pariser Tageszeitung* aufgaben. Hans Fittko hatte ein wenig Angst vor dem Wiedersehen. Zu Unrecht, wie sich zeigen sollte. Denn Pfemfert empfing ihn so herzlich, »als hätten sie sich nie entzweit«.

In *Solidarität unerwünscht* widmet Lisa diesem Besuch sehr viel Raum, wobei es vor allem um Minka, die Katze der Pfemferts, geht, die grundsätzlich nur das Feinste vom Feinsten gefressen und überhaupt sehr bizarre Angewohnheiten gehabt habe. Sie sei Pfemferts ein und alles gewesen. Wichtiger als der politische Kampf, wichtiger als seine Arbeit als Autor, die er im Exil vollkommen eingestellt habe. Die Szene ist nicht so bedeutend, als dass sie hier nacherzählt werden müsste. Als Anekdote mag sie einen gewissen Unterhaltungswert haben. Als Zeitzeugnis wird sie der Bedeutung der Pfemferts kaum gerecht, denn sie waren immer noch intellektuell hochaktiv und standen in lebhaftem Briefwechsel mit Trotzki, dessen Schriften Anja nach wie vor ins Deutsche übersetzte, womit sie ihren Mann und sich selbst in Lebensgefahr brachte.[39]

Immerhin erzählt Lisa, dass der als Fotograf nur autodidaktisch geschulte Franz Pfemfert wunderschöne Porträtfotos von Künstlern und Intellektuellen seiner Zeit gemacht habe, die übrigens noch heute abgedruckt werden, u. a. von Gottfried Benn, Karl Kraus, André Gide und Frans Masereel. Ansonsten mutiert er bei ihr zur komischen Gestalt. Ähnlich wie Anja, seine Frau, eine russische Jüdin, die immer das Essen anbrennen ließ. »Sie war eine erstklassige Übersetzerin, doch eine gute Köchin war sie nie gewesen.«[40]

Mr Trone und die Weltgeschichte

Im Sommer 1939 bekam Lisa ein erstklassiges Jobangebot, für das sie sich eine Weile von Fittko trennen musste, zumindest räumlich. Es kam von einem amerikanischen Ehepaar, Mr und Mrs Trone, das jemanden suchte, der sich um ihr Haus in der Vorstadt Marnes-la-Coquette und ihr kleines Mädchen Alexandra kümmern würde, da sie viel unterwegs waren. Lisa bewarb sich und wurde genommen. Sie schreibt nicht viel über die beiden, nur dass sie wohlhabend und freundlich gewesen seien und ihr voll vertraut hätten. Politisch seien sie gut informiert gewesen, mehr, als sie es von »Durchschnittsamerikanern« erwartet hätte. Allerdings habe Mr Trone gleich zu Anfang die berühmte Gretchenfrage gestellt, die sie seit ihrem Exil in der Tschechoslowakei so sehr hasste: »Wie war es möglich, dass der Faschismus in Deutschland gesiegt hat? Gerade in Deutschland, dem Land der großen, mächtigen Arbeiterbewegung? Wie ist es geschehen? Wie konnten sie diese Niederlage dulden? Kannst Du mir das erklären?«[41]

Trotz der Gereiztheit, mit der sie anfangs darauf reagiert habe, sei etwas wie eine richtige Freundschaft entstanden, ein schönes, angenehmes Zusammenleben in einem Haus, dessen Wohnzimmer *drawing-room* genannt wurde, mit feinen Mahlzeiten, kultivierten Gesprächen, guter Bezahlung und nicht zu viel Arbeit. – Doch wer waren eigentlich diese Trones, die wirklich so hießen und die wirklich mit Lisa befreundet waren, auch über die Zeit ihrer Anstellung hinaus?

Es waren tatsächlich keine »Durchschnittsamerikaner«, sondern wichtige Persönlichkeiten der Politik, Diplomatie und Industrie, Vermittler zwischen verschiedenen Kulturen und politischen Systemen, die nicht etwa als Geschäftsleute oder Privatiers in Paris waren, sondern als Vertreter einer Organisation namens DORSA,[42] die sich um die Ansiedlung verfolgter Juden in der Dominikanischen Republik bemühte, vor allem in Sosúa, einem kleinen Ort an der Nordküste des Inselstaates.[43] Die DORSA unterstand ihrerseits dem American Jewish Joint Distribution Committee, verfügte über beträchtliche Geldmittel und genoss den persönlichen Schutz des amerikanischen Präsidenten Franklin Roosevelt.

Solomon Abramovich Trone, so der volle Name von Lisas »Chef«, stammte aus dem damals russischen Litauen. Er war schon fast 70 und hätte seinen wohlverdienten Ruhestand genießen können. Aber er rastete offenbar nie, denn er war Zionist, Sozialist, Menschenfreund. Obwohl selbst nicht sonderlich religiös, wollte er alles tun, um den verfolgten Juden in Europa zu helfen, wobei ihm auch seine Vielsprachigkeit nützlich war.

Von Beruf war er Elektroingenieur. Bevor er 1916 in die USA ging, galt er als »der Mann, der Russland elektrifiziert« hatte,[44] als genialer Neuerer und Visionär. In Amerika arbeitete er für General Electrics. Bis Anfang der dreißiger Jahre reiste er immer wieder in seine Heimat und sorgte dafür, dass der Konzern sich dort etablieren konnte. Er schloss Verträge mit der Regierung, also mit Stalin, ab,[45] sodass er zeitweilig im Verdacht stand, dessen Agent zu sein, was aber nicht stimmte, im Gegenteil. Er hasste Stalin.

Die Trones waren in diesem Frühjahr/Sommer 1939 in Paris, um von dort aus nach Zürich, Belgien und Holland weiterzufahren, wo sie in Flüchtlings- und Sammellagern Kandidaten für ihr Projekt in der Dominikanischen Republik suchen wollten, das vom dortigen Präsidenten, Rafael Trujillo, persönlich gewünscht und gefördert wurde. Eine seltsame Ironie der Geschichte, denn Trujillo war in der ganzen Welt als Rassist und Diktator bekannt, der erst kurz zuvor furchtbare Massaker unter Haitianern hatte anrichten lassen, die zu Tausenden über die Landesgrenze gekommen waren, um in seinem Land Arbeit zu suchen. Er hatte sein Militär mit Macheten auf sie gehetzt, hatte ihre Leichen ins Meer werfen lassen, wo sie von Haien gefressen wurden. Die Angaben über die Anzahl der Opfer schwanken. Es ist von 12 000 bis 20 000 die Rede.[46] Das Ganze hatte den Charakter einer »ethnischen Säuberung«. Denn die meisten Einwanderer waren Schwarze – wie Trujillo selbst, der sich deshalb schämte und sich mittels Schminke und Puder als Weißer zu tarnen suchte. Von den Juden erhoffte er sich, dass sie sein Volk »aufhellen« würden, weshalb er vor allem an jungen Männern interessiert war, die auch in der Landwirtschaft gut einzusetzen waren: beim Anbau von Zuckerrohr, Kaffee, Kakao, Bananen, Obst, Mais und Süßkartoffeln. Juden galten als fleißig und pflichtbewusst. Vielleicht konnten sie auch mit moderner Technik und Maschinen umgehen?

Während der Konferenz von Evian im Juli 1938, auf der Vertreter von 32 Nationen eine Lösung zur Rettung der Juden zu finden suchten und keine fanden, weil niemand mehr Flüchtlinge aufnehmen wollte, Frankreich nicht, Holland nicht, die Schweiz und die USA schon gar nicht, hatte Trujillo zum allgemeinen Erstaunen angeboten, 100 000 Juden in sein Land zu lassen, das seinerseits nicht einmal zwei Millionen Einwohner hatte. Eine schwindelerregend hohe Zahl, an die niemand recht glauben wollte. Dennoch war es für viele der letzte Hoffnungsschimmer, selbst wenn ihnen die Absurdität des Ganzen bewusst war. Hitler, der *deutsche* Rassist, habe sie ausrotten wollen, sagte ein späterer Bewohner der Kolonie. Trujillo, der *dominikanische* Rassist, habe ihnen das Leben gerettet. Was sei ihnen übrig geblieben, als ihm dankbar zu sein?[47]

Obwohl Trone und seine sehr viel jüngere Frau halb Europa bereisten, um für ihr Projekt zu werben, folgten am Ende nur etwa 700 Personen dem Angebot, sei es, weil sich unter den Flüchtlingen, die zum großen Teil keine Ahnung von Landwirtschaft hatten, kaum geeignete Kandidaten finden ließen oder weil vielen von ihnen das Ganze zu dubios war. Trujillo hatte während des Spanischen Bürgerkriegs mit Franco kooperiert und einige Nazispione in sein Land gelassen. Wer wollte dieses Risiko schon eingehen?

Ihren 30. Geburtstag am 23. August 1939 verbrachte Lisa nicht bei den Trones, sondern bei ihren Eltern. Es versprach ein schöner Abend zu werden. Freunde aus Paris waren mit dem Bus angereist. Lisa, die jetzt wieder ganz gut verdiente, hatte Bratheringe vorbereitet, nach einem Berliner Rezept, wahrscheinlich mit Zwiebeln und Bratkartoffeln, »sie schmeckten großartig«. Aber dann kam eine seltsame Nachricht über den Rundfunk: »Die Sowjetunion und Deutschland haben einen Nichtangriffspakt unterschrieben.«

Sofort entspann sich eine lebhafte Diskussion. Die einen wollten es glauben, die anderen nicht.

> »Ein Pakt zwischen Stalin und Ribbentrop? Lächerlich!«
> »So hört doch zu! Da – jawohl, der Pakt ist geschlossen, unterschrieben. Die Sowjetunion macht Einheitsfront mit den Nazis. Glaubt ihr es jetzt?«
> »Wissen wir denn, was wirklich vorgeht? Kann Russland zusehen und stillsitzen, wenn Hitler mit Hilfe von Frankreich und England den Angriff gegen den Osten vorbereitet, um schließlich die Sowjetunion zu vernichten?«
> »Kann das verhindert werden durch ein Bündnis mit dem Faschismus?«
> »Aber wie sonst? Wer weiß, wer hat eine Antwort?«[48]

8

IM DIENST DER IMPERIALISTEN? (PARIS, 1939–1940)

Alerte! Alerte!

Am 1. September 1939 saßen sie im *drawing-room* zusammen, Lisa, die Trones und die kleine Alexandra, die nicht einschlafen wollte, als plötzlich die Nachricht aus dem Radio kam, die deutsche Wehrmacht marschiere in Polen ein, nicht ganz überraschend – wegen des schon lange schwelenden Streits um die Freie Stadt Danzig und den polnischen Korridor, wie es hieß. Aber ganz ohne Vorankündigung? War das denn möglich? Zunächst waren sie alle völlig irritiert. Hieß das nun Krieg oder nicht? Selbst gut Informierte waren sich nicht sicher und hofften, dass vielleicht noch eine friedliche Lösung gefunden würde.[1]

Wer noch am Ernst der Lage gezweifelt hatte, wurde kurz darauf eines Besseren belehrt: Es *gab* Krieg, denn die deutschen Angriffe auf Polen wurden immer brutaler. Zwei Luftflotten mit über 1000 Maschinen und weit über eine Million Soldaten bewegten sich Richtung Warschau, wobei viele Zivilisten, darunter auch Frauen, Kinder und Landarbeiter, getötet wurden, weil es hieß, dass sie Partisanen seien oder Gewalttaten an Deutschen begangen hätten.

Das war zu viel für einen einfachen Grenzkonflikt. Das war Krieg. England und Frankreich erklärten sich solidarisch mit Polen, nachdem sie vergeblich die sofortige Einstellung der Angriffe gefordert hatten. Der englische Premier Chamberlain sagte in einer Rundfunkansprache, die beiden Länder seien entschlossen, nicht gegen das deutsche Volk, sondern gegen ein »tyrannisches und meineidiges Regime« zu kämpfen, das nicht nur seine eigenen Bürger, sondern die gesamte abendländische Kultur verraten habe. »Gott schütze das Recht!«[2]

Die *Pariser Tageszeitung* appellierte an die Emigranten, sich, wenn irgend möglich, in die Provinz zu begeben, auch wenn mit überfüllten Bahnhöfen und gestörten Zugverbindungen zu rechnen sei. Außerhalb ihrer Wohnungen sollten sie entweder schweigen oder, wenn überhaupt, nur Französisch sprechen.[3] Noch wusste niemand, ob und wann Hitler in Paris einmarschieren würde. Aber schon jetzt gab es immer wieder nächtlichen Alarm, was Lisa manchmal fast um den Verstand brachte. Mit der ländlichen Ruhe in der Butte Rouge war es jetzt vorbei.

> »Alerte!« Die Sirenen heulten, die Bevölkerung […] rannte durch die mondhellen Straßen, entlang der rosaroten Häuserreihen, zum Abri, dem Gemeinde-Luftschutzkeller. Die Sirenen kreischten weiter grell: Alarm! Hoch hinauf und tief hinunter. Vor mir rannte Eva mit der einjährigen Catherine, die inzwischen recht schwer geworden war. Mein Vater und ich rannten nebeneinander. Würde sein Herz das aushalten […]? Ich hörte ihn keuchen. Das Keuchen ist mir bis heute in den Ohren geblieben.[4]

Dabei war die konkrete Gefahr noch weit weg. Noch war es ein »komischer Krieg«, wie die Franzosen ihn nannten, ein *drôle de guerre*, der sich irgendwo im Osten abspielte. Trotzdem wurde jedes Mal Alarm ausgelöst, wenn ein deutsches oder für deutsch gehaltenes Flugzeug die Grenze überflog.

Es war ein herrlicher Spätsommer, wie er für Paris so typisch war: volle Caféterrassen, herbstliche Bäume, deren Blätter in die langsam dahinfließende Seine fielen, Menschen aller Hautfarben und Nationalitäten, die unbekümmert durch den Jardin du Luxembourg spazierten. Doch jetzt leerten sich die Cafés und die Parks. Vor den Lebensmittelläden bildeten sich lange Schlangen. Wer irgend konnte, legte sein Geld in Reis, Mehl, Öl und Konserven an, wie man es im Ersten Weltkrieg gelernt hatte. Nachts waren die Straßen dunkel und fast gähnend leer. Nur ein paar einrückende Soldaten eilten, mit Rucksäcken beladen, zu den Bahnhöfen. Kaum jemand konnte mehr schlafen. Kaum jemand wagte mehr, sich überhaupt ins Bett zu legen, denn in jedem Moment konnte es wieder losgehen, dieses Aufheulen, dieses Gellen und Pfeifen. Und wenn es irgendwo in der Ferne zufällig donnerte, zuckten die Älteren zusammen, weil sie dachten, das seien Flakgeschosse, deren Geräusche sie noch aus dem Ersten Weltkrieg im Ohr hatten.

Es ist auffällig, dass sich Lisas Sprache in diesem schlicht mit »Krieg« überschriebenen Kapitel völlig verändert. Sie wird bildhafter, persönlicher, emotionaler, erweckt den Eindruck großer Authentizität. Die kleinen Anekdoten und langen politischen Streitgespräche treten bis auf wenige Ausnahmen zurück, wenn auch manchmal die hilflose Frage auftaucht, wo die deutschen Emigranten denn eigentlich stünden, besonders wenn sie immer noch überzeugte Kommunisten waren:

> Auf der Seite derer, die gegen den Faschismus kämpften. Auf Seiten Frankreichs natürlich. Gegen das nationalsozialistische Deutschland – selbstverständlich. [...] Doch war damit auch die Revolution näher gerückt? Würde die innere Opposition, der illegale Widerstand, Deutschland je befreien können? Also verbünden wir uns dann eben mit den Imperialisten? Egal, unser Feind ist das Hitlerregime. Wir gehören zu denen, die es bekämpfen. Wir müssen mitkämpfen.[5]

Die vielen Fragezeichen in diesem Text zeigen, dass sie völlig verunsichert war. Wie lange hatte sie an Stalin und sein Land geglaubt! Und jetzt erschienen in der *Pariser Tageszeitung* dauernd neue Meldungen über sein inniges Verhältnis zu Hitler. »Freundschaftspakt zwischen Ribbentrop und Molotow«. »Pläne zur gemeinsamen Aufteilung Polens«.[6] »Russische Goldsendungen nach Deutschland«.[7] »Kommunisten als Nazi-Gäste«.[8] Im Dezember gratulierte Hitler Stalin zum 60. Geburtstag, nachdem er noch 1937 vor dem Reichstag erklärt hatte, der Bolschewismus sei der »ansteckendste Krankheitsstoff«, der ein Volk befallen könne.[9] Doch es kam noch schlimmer. Stalin ließ die Rote Armee in Polen einmarschieren und schloss mit Hitler einen »Grenz- und Freundschaftsvertrag«, der ihm die Besetzung Ostpolens, der Westukraine und Westweißrusslands erlaubte. Dieser Vormarsch wurde als »Wiedervereinigung« der slawischen Völker und Ergebnis des antifaschistischen Kampfes der Arbeiter dargestellt, »zum Schutze von Leben und Eigentum der blutsverwandten Bevölkerung« in den annektierten Gebieten.[10]

Wer sollte das noch verstehen? Auf wen war eigentlich noch Verlass? Auf die Franzosen etwa, die sich weigerten, Gasmasken an Ausländer auszugeben, aber trotzdem mit guten Ratschlägen aufwarteten, was im Fall eines Gasangriffs zu tun sei: das Gesicht mit den Händen und feuchten Tüchern bedecken. Sich flach auf den Boden legen und nicht atmen. Brillen mit Kautschukumrandung kaufen, wie Motorradfahrer sie trügen. Kapuzen aus undurchlässigem Stoff nähen und von innen mit doppelt kohlesaurem Natron tränken.[11]

Grete Turowski, eine Genossin aus Deutschland, hatte es einmal erlebt, wie es sich anfühlte, bei Bombenalarm in eine Pariser Metrostation zu laufen, ein feuchtes Tuch vor dem Mund, unter dem ohrenbetäubenden Geheul der Sirenen.[12] Alle hätten sie angestarrt, weil sie keine Gasmaske trug. Wahrscheinlich sahen alle sofort, dass sie eine Ausländerin war, eine Deutsche, vielleicht sogar eine Jüdin, Kommunistin? Die Kommunisten waren nämlich neuerdings genauso unbeliebt wie die Nazis, wenn nicht noch mehr.

Am 5. September 1939 wurden in ganz Frankreich Plakate aufgehängt, auf denen »alle Männer des Deutschen Reiches« aufgefordert wurden, »unverzüglich« im nächsten Sammellager für Ausländer zu erscheinen.[13] Diese Verordnung galt zunächst für die 17- bis 50-Jährigen, also auch für Hans Fittko, Hans Ekstein, Heinrich Blücher, Walter Benjamin und fast alle, mit denen Lisa in Paris näher zu tun hatte. Nur bei Ärzten, Apothekern und Krankenpflegern würde man eine Ausnahme machen, da sie im Kriegsfall von Nutzen sein könnten. Sie sollten sich schriftlich bei der Assistance Publique unter Vorlage ihrer Ausbildungsnachweise melden.[14]

Zuerst hielten die meisten es für eine Falschmeldung. Unter »allen Männern des Deutschen Reiches« konnten doch unmöglich auch Juden, Spanienkämpfer, Kommunisten und Antifaschisten gemeint sein, die, selbst vor Hitler geflohen, nicht einmal mehr »Deutsche« waren, da man ihnen die Staatsbürgerschaft aberkannt hatte? Aber es war keine Falschmeldung. Die in Paris Ansässigen mussten sich auf dem Fußballfeld des Stade de Colombes einfinden, wo die Deutschen erst vor kurzem drei zu eins gegen die Franzosen gewonnen hatten. Wer nicht freiwillig kam, wurde verhaftet. Mit fast preußisch wirkender Akribie wurde aufgezählt, was die Flüchtlinge mitzubringen hatten: Proviant für zwei Tage, eine Gabel, einen Napf, einen Teller, Löffel und Becher, eine große Decke oder zwei kleine und Kleidung zum Wechseln, gerade so viel, wie ins Handgepäck passte.[15]

Über die Tage und Wochen danach gibt es unendlich viele Berichte, vor allem von den Betroffenen selbst, die das zugige, nicht überdachte Gelände beschreiben, das Gedränge der über 6000 Männer, die auf Steinbänken oder feuchten Strohballen schlafen mussten, die verrosteten leeren Dosen, die als »Waschbecken« dienten, Konserven mit Leberpastete, die als einzige Nahrung verteilt wurden – eigentlich eine

Delikatesse, aber auf Dauer doch eintönig und ungesund, besonders wenn es kein Brot dazu gab.[16] Und dann war da noch dieser beißende Geruch von Kot und Urin, weil man die Notdurft in offene Fässer verrichten musste, die aber bei weitem nicht ausreichten, weshalb sich der »Dünnschiss« auf allen Wegen und den Stufen der Tribünen verbreitete, auf denen die Männer schliefen oder saßen.[17] Lisa, die inzwischen wieder Arbeit in der Stadt gefunden hatte, ging manchmal hin, um ihrem Hans etwas zu essen oder ein paar warme Kleidungsstücke zu bringen. Dabei bekam sie ihn zwar nie zu Gesicht, aber es wurde ihr garantiert, dass man ihm alles korrekt aushändigen würde.

Vor dem Stadion standen lange Schlangen von Frauen, die dasselbe wollten wie sie: ihre Männer oder Verlobten noch einmal sehen. Vielleicht war auch Anja Pfemfert dabei, deren Franz ebenfalls interniert worden war, denn schon bald hatte man die Altersgrenze um 15 Jahre auf 65 heraufgesetzt, sodass auch Ältere interniert wurden. Lisa schildert das Verhalten von Anja zu jener Zeit als »aufgeregt und verwirrt«. Sie habe sich mit den verschiedenen Sirenenalarmen nicht zurechtgefunden, sei oft zur falschen Zeit in den Keller gegangen und habe es einfach nicht fassen können, dass man ihren Franz, »Frankreichs treuen alten Freund«, in ein Lager gesperrt habe.[18]

Ganz so verwirrt kann sie allerdings nicht gewesen sein, denn in der *Pariser Tageszeitung* erschienen immer noch Anzeigen von ihrem Studio, Atelier Dorit, das gute Passfotos in zwei Stunden anfertige und alle von ausländischen Konsulaten geforderten Dokumente schnell, preiswert und korrekt reproduziere. Das heißt, der Betrieb lief ganz normal weiter auch ohne Franz, offenbar gar nicht so schlecht, denn es kostete schließlich Geld, täglich in der Zeitung zu inserieren.

Benjamin und die Widrigkeiten des Lebens

Nach etwa zehn Tagen wurden die Internierten aus dem Stadion in verschiedene Lager gebracht, die man im ganzen Land provisorisch eingerichtet hatte. Fittko kam ins Lager Vernuche in Nevers an der Loire, eine Kleinstadt auf der Strecke zwischen Paris und Lyon. Dort waren verschiedene Schlösser, Fabriken und Bauernhöfe ausgeräumt worden, um die *Ressortitants étrangers* aufzunehmen. Fittko hatte noch Glück, denn er kam in noble Gesellschaft. Unter seinen »Kollegen« waren Hans Sahl, Hermann Kesten und Walter Benjamin, sodass es sich einigermaßen aushalten ließ.

Allerdings waren die räumlichen Verhältnisse katastrophal. Ein paar kahle Säle in einem alten Schloss, ohne Tische, Stühle, Schränke, sogar ohne Betten. Die ersten Nächte mussten sie auf dem blanken Boden schlafen. Dann wurde ihnen immerhin etwas Stroh gebracht. Für eine Latrine und Wasch- und Duschmöglichkeiten hatten sie selbst zu sorgen. Für eine provisorische Küche ebenfalls. Fittko, der gern und gut aß, wurde zum Koch ernannt, worauf er sehr stolz war.[19]

Offiziell nannte sich das Lager *Camp de travailleurs volontaires*, Lager der freiwilligen Arbeiter, eine Bezeichnung, die auch Benjamin in seinen Briefunterschriften benutzte.[20] Das heißt, die Arbeit war wohl nicht ganz so schwer, wie es zu befürchten war. Manche Männer lagen den ganzen Tag auf ihren Strohballen. Andere vertrieben sich die Zeit, so gut es ging. Hin und wieder durften sie sogar in die örtliche Bibliothek gehen, sie durften malen, Briefe und Texte schreiben. Sie versuchten sogar, eine Lagerzeitung herauszugeben, das *Bulletin de Vernuche*, die allerdings nie erschien. Es gab einen Chor, literarische Matineen und Vorlesungen über Freud, Jung, Lenin und Trotzki.[21]

Benjamin und Fittko, die sich schon von der Rue Dombasle flüchtig kannten, scheinen sich ein wenig angefreundet zu haben. Das berichtet zumindest Lisa in *Mein Weg über die Pyrenäen*.

Benjamin, ein starker Raucher, eröffnete ihm eines Tages, dass er das Rauchen aufgegeben habe, und beschrieb ihm die Qualen des Entzugs. »Falscher Zeitpunkt«, sagte Hans. Ihm war aufgefallen, wie wenig Benjamin in der Lage war, mit den »Widrigkeiten des äußeren Lebens [...]« fertig zu werden – und in Vernuche war das gesamte Leben eine einzige Widrigkeit. Hans hatte sich daran gewöhnt, ihm zu helfen, sich in praktischen Dingen zurechtzufinden.

Um Krisen zu überstehen und den Verstand nicht zu verlieren, [...] sei folgende Grundregel wichtig: Immer nach Erfreulichem suchen und nicht nach zusätzlichen Härten.

Benjamin entgegnete: »Ich kann die Zustände im Lager nur ertragen, wenn ich gezwungen bin, meine geistigen Kräfte ganz und gar auf eine gewaltige Anstrengung zu konzentrieren. Das Rauchen aufzugeben kostet mich diese Anstrengung, und so wird es mir zur Rettung.«[22]

Vielleicht hat die Episode sich wirklich so zugetragen. Vielleicht aber auch nicht. Benjamin, der aus dem Lager Vernuche sehr viele Briefe schrieb, hat sie jedenfalls nie irgendwo erwähnt, wobei man sich kaum vorstellen kann, dass gute Ratschläge dieser Art ihn sonderlich interessierten.

Benjamin hatte eine Reihe einflussreicher Freundinnen und Freunde, die sich für seine Freilassung einsetzten, darunter die Buchhändlerin Adrienne Monnier und der Vorstand des französischen PEN-Clubs. Auch seine Familie wurde aktiv, seine geschiedene Frau Dora in Sanremo zum Beispiel, die »etwa zehn« ihrer zum Teil recht prominenten Hotelgäste bat, gegen seine Internierung zu protestieren, darunter auch Eva Michaelis-Stern, eine seiner Cousinen, Mitbegründerin der deutschen Jugend-Aliyah, die in großem Stil Kindertransporte nach Palästina organisierte.[23]

Es war nicht schwer, den Behörden klarzumachen, dass Benjamin keine große Gefahr für das französische Volk darstellte. Er war herzkrank und kurzsichtig, hatte keinerlei Kriegserfahrung und war bestimmt kein Hitler-Agent, ganz im Gegenteil, man hatte ihn im Mai

1939 ausgebürgert, weil er einen Aufsatz für die Moskauer Zeitschrift *Das Wort* geschrieben hatte, in dem es u. a. hieß, »die Kultur unterm Hakenkreuz sei nur der Tummelplatz unqualifizierter Intelligenzen und subalterner Naturen«, nichts weiter als schlichte Propaganda, über die man bestenfalls sagen könne, dass sie »der Dekadenz und dem Ästhetizismus« verpflichtet sei.[24]

So kam es, dass er im November 1939 entlassen wurde und nach Paris, in die Rue Dombasle, zurückkehren konnte, während viele seiner Kollegen von Lager zu Lager geschickt wurden oder sich umbrachten, besonders als der Einmarsch der Deutschen näher rückte und sie befürchten mussten, ihnen ausgeliefert zu werden. »Die Katastrophe rückt näher – heute oder morgen kann das Ende da sein«, schrieb der Schriftsteller Walter Hasenclever an seine Frau Edith. »Ich kann und will nicht mehr leben. Du wirst mich verstehen. Ich will freiwillig diesen letzten Schritt tun.«[25]

Im Dienst der Imperialisten?

Es gab allerdings Möglichkeiten, der Internierung auch ohne gute Beziehungen zu entgehen. So konnte man sich beispielsweise als *prestataire*, als freiwilliger Arbeitssoldat, zur französischen Armee melden oder, ebenfalls freiwillig, zur Fremdenlegion gehen, von der man vor allem in Nordafrika eingesetzt wurde. Insgesamt entschlossen sich etwa 65 000 Flüchtlinge für eine dieser Möglichkeiten, anstatt in hoffnungslose Depression zu verfallen. Zu den bekannteren *prestataires* zählten George Wronkow, Leiter einer deutschsprachigen Radiostation in Paris,[26] Walter Thormann, der ehemalige Sekretär des Reichskanzlers Wirth, oder Hans Jacob, Übersetzer klassischer französischer Literatur, um nur einige zu nennen.[27]

Viele Männer haben Erinnerungen hinterlassen, in denen sie nicht nur negativ über diese Zeit berichten. Als *prestataires* kamen sie im Land herum, machten interessante Bekanntschaften und wurden sogar relativ anständig behandelt, sofern sie passabel Französisch sprachen und zum praktischen Arbeiten taugten. George Wronkow schreibt, dass der Kommandant seiner Einheit gesagt habe, er versichere ihnen, dass er niemanden an die Deutschen ausliefern werde, solange er selbst noch im Dienst sei.

»Bis zu meiner eigenen Demobilisierung kann ich Sie schützen. Solange Sie hier bleiben, sind Sie am sichersten. Reißen Sie nur nicht kopflos aus!«[28]

In der Fremdenlegion waren die Verhältnisse deutlich härter. Mörderisches Klima, sehr harte Arbeit, schlechte, gefängnisähnliche Quartiere, »Kameraden«, unter denen es Trinker, Verbrecher und Nazisympathisanten gab. Aber selbst das war den meisten noch lieber, als im Lager auf die Ankunft der Deutschen zu warten. Als es hieß, dass sie schon kurz vor Lyon stünden, hofften Wronkow und seine Freunde sogar auf einen »Marschbefehl nach Algerien«, um möglichst weit weg aus der akuten Gefahrenzone zu sein.[29]

Fittko war gegen die beiden Alternativen. Lisa ebenfalls. Sie meinte, dass der »Platz der deutschen Linken« weder in der Fremdenlegion noch in der französischen Armee sei. Sie geriet richtig in Wut, wenn Freunde das Thema auch nur berührten. Ob sie, die deutschen Antifaschisten, den Franzosen etwa beim Bau der Transsaharabahn helfen sollten? Oder sich Hunger, Epidemien und Schwerstarbeit aussetzen, wozu sie als unerwünschte Ausländer offenbar gerade noch gut genug seien?[30] Es ist erstaunlich, dass sie nur diesen einen Aspekt – den Bau einer Eisenbahnlinie – erwähnt. Viele politische Flüchtlinge waren schlicht nicht bereit, im Namen der Franzosen Menschen zu schießen, die ihnen nichts getan hatten, ob in Algerien, Indochina oder Schwarzafrika.

Kriegstrauung

Während die Männer weit weg von Paris in Lagern einsaßen, ob in Les Milles, in Vernet oder Vernuche, rückten die Frauen in der Stadt näher zusammen, vor allem wenn sie sich schon so lange kannten wie Lisa und Erna, eine alte Freundin aus Berlin. Sie verfielen automatisch in Berliner Jargon, wenn sie sich trafen, nannten sich »Armleuchter«, »olle Fittko'n« oder »olle Krüger'n«, sprachen von alten Zeiten und natürlich auch über ihre Männer und über den Krieg. Erna war ursprünglich mit Otto Rissmann, einem Buchhalter, verheiratet gewesen, von dem sie eine Tochter namens Eva hatte, lebte aber seit langem mit einem Genossen, Rolf Friedländer, zusammen, mit dem sie schon 1933 nach Paris emigriert war. »Als der Krieg ausbrach, waren Rolf und Hans in dasselbe Lager gekommen, und während dieser Monate hatte ich oft bei ihr [...] übernachtet, oder sie kam mich mit ihrer kleinen Tochter besuchen«, schreibt Lisa in ihren Erinnerungen.[31]

Rolf, eigentlich Rodolphe, Friedländer, der französische Vorfahren hatte, aber deutscher Staatsbürger war, wollte, anders als Fittko, zur Legion gehen. Er hatte lange darüber nachgedacht und es für das Beste empfunden, nicht aus politischen Gründen, sondern um es Erna und ihrer Tochter leichter zu machen, denn dann würden sie heiraten können und keine »unerwünschten Ausländer« mehr sein. Erna würde sogar eine kleine Unterstützung bekommen, von der sie leben könnte, ein Kompromiss, nicht der beste vielleicht, doch was wäre die Alternative gewesen? Sie selbst war eine waschechte Arbeitertochter aus Berlin-Köpenick, aber Rolf galt nach den »Rassegesetzen« als Jude. Man wusste ja nicht, wie es weitergehen würde. Aber dass er in Afrika weniger gefährdet war als in Frankreich, war ein Gedanke, der ziemlich einleuchtend schien.

Nun würden sie aber erst einmal heiraten, in einem Dorf in der Nähe des Lagers Vernuche, wo es eine richtige *Mairie* und ein anständiges Restaurant gab, in dem man, wenn man Glück hätte, etwas feiern könnte, vielleicht sogar mit Champagner, Austern und allem, was dazugehörte. Als Termin war der 23. Dezember 1939 festgesetzt worden. Der Bräutigam war noch nicht offiziell entlassen, steckte aber schon in Legionärsuniform. Als Trauzeugen hatte er sich Hans Fittko und einen gewissen Herbert gewünscht, der ebenfalls in Vernuche einsaß, einen alten Spanienkämpfer, den sie seit Jahren kannten.

Es muss alles in allem sehr komisch gewesen sein. Auch für Lisa, die ihre Freundin begleitet hatte. Rolf sah in seiner Legionärsuniform prächtig aus. Aber Fittko und Herbert erschienen in »ehemals weiß gewesene[n] Arbeitsanzüge[n]«, die inzwischen dunkelgrau waren. Sie trugen keine Schuhe, sondern Holzpantinen. Ihre Haare hingen ihnen bis auf die Schultern. Wie zu erwarten, war natürlich ein Wachmann dabei, ein sehr alter, der ein riesiges Gewehr mit sich führte. Der Sekretär der *Mairie* nahm die Trauung vor. Danach gab es tatsächlich noch ein großes Essen im Gasthof, bei dem viel Wein und Champagner getrunken wurde, sodass am Ende alle ziemlich beschwipst waren, auch der Wachmann.[32]

»Von der Hochzeit wurde noch lange gesprochen«, schreibt Lisa in *Solidarität unerwünscht.*[33] Das Brautpaar durfte eine Nacht im Hotel verbringen. Fittko und Herbert wurden wieder zurück ins Lager gebracht. Lisa fuhr vermutlich mit dem Zug nach Paris, aber erst einen Tag später, um ganz allein wieder in ihre Wohnung in der Butte Rouge zu gehen.

Abschied von der Mutter

Einige Zeit später brachte auch Fittko es fertig, aus Vernuche entlassen zu werden, ohne zu heiraten und ohne zur Fremdenlegion zu gehen. Er simulierte einfach eine schwere Krankheit. Eine Art Keuchhusten. Ein paar Ärzte unter den Lagerinsassen hatten ihm gezeigt, wie das geht.[34]

Er kam also zurück nach Paris, wo er kurzfristig für den »Deutschen Freiheitssender« gearbeitet haben soll, als Autor und Sprecher, was aber nicht zu belegen ist.[35] Lisa schreibt, dass er von dort aus zu deutschen Soldaten gesprochen habe. »Über die kommenden Schrecken des Krieges. Über den Terror.« Es sei großartig gewesen »nicht stillschweigen zu müssen zu den Verbrechen seines Landes«.[36]

Am 14. Mai 1940 durchbrach die deutsche Wehrmacht die französische Front bei Sedan und rückte ins Innere des Landes vor. Wenige Tage später wurden in allen Orten der Republik rote Plakate aufgehängt, auf denen es hieß:

> Bekanntmachung!
> Betreffend die Frauen deutscher Nationalität oder die aus dem Gebiet des Deutschen Reiches in seinen Grenzen vor dem 1. März 1939 stammenden:
> Sie müssen sich, wenn sie über 17 und unter 56 Jahre alt sind, [...] im jeweils örtlichen Sammelzentrum einfinden. Diejenigen, die diesem Befehl nicht nachkommen, werden verhaftet. [...] Sie haben Lebensmittel für 2 Tage und das notwendige Material zur Essensaufnahme mitzubringen (Gabel, Löffel, Essnapf usw.) Inbegriffen die Lebensmittel, darf ihr Gepäck 50 kg nicht überschreiten. Von diesen Maßnahmen befreit sind Frauen, die ein von einem Amtsarzt ausgestelltes Attest vorweisen, in dem bescheinigt wird, dass sie außerstande sind, die Internierung durchzustehen.
> Die zivilen und militärischen Behörden werden beauftragt, die Durchführung dieses Befehls zu überwachen.[37]

Fast alle Frauen, die davon betroffen waren, folgten diesem Befehl, auch Lisa. Nur wenige widersetzten sich und tauchten unter, die österreichische Schriftstellerin Hertha Pauli zum Beispiel, die sich mit Freunden in ein Auto setzte und auf gut Glück über Land fuhr, in der berechtigten Annahme, dass man sie in dem allgemeinen Chaos nicht finden würde.[38] Lisas Mutter war schon zu alt, um noch interniert werden zu können. Ihre Schwägerin Eva wurde zunächst freigestellt, weil sie ein kleines Kind, Catherine, genannt Titi, hatte.

Auch die Männer mussten sich wieder in Sammelzentren einfinden, selbst die, die wie Hans Fittko schon einmal entlassen worden waren, ob aus politischen oder gesundheitlichen Gründen. Wenn sie nicht kamen, wurden sie von Gendarmen aus ihren Wohnungen geholt. Nur Legionäre und Arbeitssoldaten blieben verschont, Rolf Friedländer zum Beispiel, der inzwischen seinen Dienst irgendwo in Afrika angetreten hatte.

Aber vielleicht war es ja besser so. Denn die deutschen Truppen bewegten sich immer mehr in Richtung Seine und standen schon kurz vor Paris. Lisa beschloss, erst einmal gelassen zu bleiben, ließ sich von ihrer Mutter zum Autobus bringen und fuhr in die Stadt, wo sie sich mit Paulette, ihrer besten Freundin, treffen wollte, die, gut organisiert, wie sie war, schon alles aufgeschrieben hatte, was sie brauchten:

Zahnbürste
Henkeltopf, Löffel
Lippenstift
Rasierklingen (falls es keinen anderen Ausweg gibt)

Sie gedachten noch eine Weile spazieren zu gehen, mit ein paar Freundinnen, die nicht antreten mussten, weil sie Kinder hatten oder weil es ihnen gelungen war, nachzuweisen, »dass sie aus anderen, nichtfeindlichen Ländern« stammten. Erst etwas später wollten Lisa und Paulette mit der Metro zum Vélodrome d'Hiver fahren, der großen Radsporthalle in der Nähe des Eiffelturms, wo sie sich mit Tausenden anderer Frauen einzufinden hatten. Doch zunächst galt es, von der Mutter Abschied zu nehmen, die sie vielleicht nie mehr wiedersehen würde. Eigentlich hatte sie ihr ja sagen wollen: »Mach dir keine Sorgen, Mutter, ich bin bald wieder zurück.« Aber dann fand sie, dass es wohl besser sei, zu schweigen und ihr stattdessen nur einen Kuss auf die Wange zu geben. Beim Einsteigen drehte sie sich noch einmal um und winkte.

Und als ich sie da so allein auf der Landstraße stehen sah, hinter ihr die rötlichen Häuser zwischen den blühenden Bäumen, merkte ich plötzlich, wie klein und dünn und gebeugt sie war, […] auf einmal […] alt geworden. Ich musste bisher wohl blind gewesen sein, sie war mir immer alterslos erschienen. Ich schluckte ein paar Mal, um den Druck in der Kehle loszuwerden.[39]

9
UNERWÜNSCHT
(GURS, MONTAUBAN, PONTACQ, 1940)

Wer war Paulette?

Lisas Lager- und Fluchtgefährtin »Paulette«, wie sie im *Pyrenäen*-Buch beinahe zärtlich genannt wird, hieß eigentlich Paula Laura Ludmilla Spriewald, geborene Oettinghaus, und stammte aus einem kleinen Ort in der Nähe von Hagen, Westfalen. Wahrscheinlich haben sie sich erst im Exil kennengelernt, denn sie ist nie für längere Zeit in Berlin gewesen. Sie war die Tochter des bekannten Arbeiterführers Walter Oettinghaus,[1] der in seiner Heimat als Legende gegolten hatte. Er war Metallarbeiter, Gewerkschafter, Mitglied des Arbeiter- und Soldatenrates und politischer Führer der Roten Ruhrarmee gewesen, langjähriger Politiker der SPD, deren Wahlkreis Westfalen-Süd er im Reichstag vertreten hatte, bis er 1931 zur KPD wechselte, weil ihm die Sozialdemokraten nicht entschieden genug gegen den Krieg waren. In der Nacht nach dem Reichstagsbrand musste er fliehen, zunächst nach Holland, wo er vom grenznahen Vaals aus Kuriere zur Untergrundarbeit ins »Reich« schickte. Paula, ebenfalls KPD-Genossin, angeklagt wegen »Vorbereitung zum Hochverrat«,[2] war mit ihm gegangen, während ihr Mann, Karl Spriewald, noch in »Schutzhaft« saß.[3] Auch er war KPD-Genosse und Widerstandskämpfer, von Beruf Kraftwagenfahrer.

Da Lisa Paula (oder »Paulette«) zwar ausführlich würdigt, ihren Witz, ihre Tatkraft, ihre Schönheit und ihre Solidarität, aber nie etwas über deren Identität preisgegeben hat, auch in einem Interview von 1999 nicht, wo sie mit großer Bestimmtheit erklärte, ihren Namen vergessen zu haben,[4] sind hier ein paar Nachträge nötig. Sie waren gleichaltrig, beide Jahrgang 1909. Aber Paula war, soweit die Quellen erkennen lassen, keine Jüdin. Was sie gelernt hat oder bis 1933 von Beruf war, ist nicht ganz klar. Vermutlich Sekretärin oder Stenotypistin, ähnlich wie Lisa.

Von Holland aus flohen Vater und Tochter 1936 weiter nach Frankreich, wo sie mit Paulas inzwischen aus der »Schutzhaft« entlassenen Mann zusammentrafen. Er ging sofort zu den Internationalen Brigaden nach Spanien. Paula und ihr Vater blieben in Paris und schlugen sich mit den üblichen Arbeiten durch: sie als Kindermädchen und Haushaltshilfe, er stellte in Heimarbeit Spielzeug her. Im Frühjahr 1937 muss es zu einem schweren Konflikt mit der KPD gekommen sein, weil Oettinghaus Kritik an den Moskauer Schauprozessen geübt hatte. Er schloss sich den »Freunden der sozialistischen Einheit Deutschlands« um Willi Münzenberg an, für deren Zeitschrift *Die Zukunft* er auch journalistisch aktiv wurde. In seinen Beiträgen plädierte er für eine überparteiliche Gewerkschaftsbewegung, von der er sich eine »zentrale Rolle« in einem neuen, demokratischen Deutschland versprach.[5]

Wahrscheinlich sind Lisa und Paula sich in diesem Umfeld begegnet. Karl Spriewald, Paulas Ehemann, hatte sich gleich nach Beginn des Zweiten Weltkriegs zu den *prestataires*, den freiwilligen Arbeitssoldaten, gemeldet, sodass die beiden nun schon seit langer Zeit räumlich voneinander getrennt waren.

Im Vélodrome

Das Vélodrome d'Hiver war ein riesiger Glaskuppelbau am rechten Ufer der Seine, Schauplatz unzähliger Radrennen, Boxkämpfe und Eishockeyspiele, auf dessen Tribüne ungefähr 17 000 Zuschauer

Platz fanden. Sechstagerennen und Schönheitswettbewerbe hatten hier stattgefunden, Konzerte mit Edith Piaf, politische Kundgebungen, Zirkusauftritte mit Hunderten von Kamelen und Löwen. Jetzt war es der Sammelplatz für die »feindlichen Ausländerinnen«, Alte und Junge, Jüdinnen und Nichtjüdinnen, Frauen aus Österreich und der Tschechoslowakei, Sozialistinnen, Kommunistinnen und völlig Unpolitische.

Die Straßen in der Nähe des Eingangs waren kaum noch passierbar, weil so viele darauf warteten, eingelassen zu werden. Manche drängten geradezu darauf und waren wütend, weil es nicht schneller voranging. Lisa fand das befremdlich. Hatten sie etwa Angst, »ausgelassen« zu werden, »ausgelassen bei der Einweisung in ein Konzentrationslager«?[6]

Doch dann gab es auch andere, die mit großer Hartnäckigkeit darauf bestanden, dass man sie ganz bestimmt nicht internieren würde, weil sie eine der berühmten Ausnahmen seien. Die eine war leber-, die andere nierenkrank, eine dritte meinte, sie sei eigentlich Polin, eine vierte hatte einen Mann bei der Fremdenlegion und eine fünfte so gute gesellschaftliche Verbindungen, dass man sie sicher bald wieder freilassen werde.[7]

Paula und Lisa beschlossen, sich nicht trennen zu lassen, zumindest nicht in dieser verzweifelten Situation. Selbst wenn es ihnen gelingen sollte zu fliehen, würden sie auf jeden Fall zusammenbleiben, denn zu zweit war alles viel einfacher als allein. Sie wollten sich alles teilen, die Sorgen, die Ungewissheit, den Schmutz und sogar die Flöhe. Auch Notlügen ließen sich besser gemeinsam aushecken. Und Strategien, Tücken, Überlebenstricks. Schließlich waren sie beide im Untergrund aktiv gewesen und hatten ähnliche Erfahrungen gemacht, auch wenn sie aus ganz unterschiedlichen Verhältnissen stammten.

Betonböden mit Stroh ausgelegt, schlafen auf Jutesäcken, ständig besetzte und verstopfte Toiletten, Wachsoldaten mit geschulterten Flinten, ein riesiges offenes Rohr, an dem die Frauen sich waschen mussten, mitten auf dem Hof, zum Entsetzen der Anwohner, die sich aus den Fenstern lehnten und böse Kommentare abgaben: So waren sie eben, diese Frauen der *boches*, kein Anstand, keine Scham, keine Kultur!

Lisa, Paula und eine dritte Freundin, die sie zufällig gefunden hatten, gingen herum, um nach Bekannten zu suchen. Hannah Arendt war da. Lore Heinemann, spätere Krüger, Anja Pfemfert. Und da – auf dem Strohhaufen – war das nicht »Claudia«, »die ›Königin Mutter‹, die bekannte antifaschistische Journalistin, die Potsdamer Offizierstochter mit Berliner Schnauze. Mitten im Staub und Dreck [...] saß sie hoch über allen auf einem Strohhügel, schlank und hellblond und kerzengerade. Sie trug weiße Handschuhe.«[8]

Wieder so ein Geheimnis, wieder so ein Verwirrspiel, dessen Sinn man beim besten Willen nicht zu erkennen vermag. Dass Lisa Paulas Identität nicht preisgab, mag politische Gründe gehabt haben. Aber »Claudia«, die bekannte antifaschistische Journalistin, die Potsdamer Offizierstochter mit Berliner Schnauze? Wer soll das sein? Und was bedeutet der Spitzname »Königin Mutter«, der, wie Lisa suggeriert, jedem vertraut gewesen sein soll, nur leider den heutigen Lesern nicht, die doch gern etwas mehr über diese Zeit erfahren würden, besonders über Schriftstellerinnen im Exil, über die noch viel zu wenig bekannt ist?

Fahrt ins Ungewisse

Die folgende Szene ist von einer literarischen Dichte, wie man sie nicht einmal bei den bekanntesten Chronistinnen jener Zeit, Thea Sternheim, Gertrud Isolani oder Adrienne Thomas, findet.[9] Schauplatz ist wieder ein Zug. »Ein Zug nach Nirgendwo«, um einen Schlager von 1972 zu zitieren. Auf einem Güterbahnhof, wahrscheinlich dem Gare d'Austerlitz, werden sie eines Tages hineinverfrachtet, jeweils zehn Frauen in ein Abteil, das nur sechs Plätze hat, aber egal, sie sind ja ohnehin alle so dünn und werden auf dieser Fahrt bestimmt nicht zunehmen, denn es gibt nur braune Fleischsauce, etwas Brot und das berühmte Stückchen Paté zu essen.

Lisa und Paula sind nun doch voneinander getrennt worden, jedenfalls für die Zugfahrt ins Ungewisse. Paula hat lebhaft dagegen protestiert. »Wir gehören zusammen, warum will man uns trennen? Weshalb muss ich nach links? Was bedeutet das alles?«[10]

Ein Offizier erklärt ihnen etwas umständlich, aber nicht unfreundlich, das sei keine Schikane, sondern geschehe zu ihrem Schutz. Paulas Mann sei den Papieren nach *prestataire*, also Arbeitssoldat. Es sei also möglich, dass ihre Internierung auf einem Missverständnis beruhe und dass man sie bald wieder freilassen werde.[11]

Die Fenster des Zuges sind verdunkelt und nicht zu öffnen. Niemand kann sehen, wo sie gerade sind, nicht einmal, ob es Tag oder Nacht ist. Nur ein einziges Mal meint Lisa bei einem Zwischenhalt die Aufschrift »Tours« zu erkennen, aber sie ist sich nicht sicher. Ist es nur ein Albtraum oder ist vom Bahnsteig immer wieder Geschrei und Gejohle zu hören? »Boches«, »Sales boches«, die Standardschimpfworte dieser Tage. Und fliegen wirklich Steine gegen die Fensterscheiben, die zum Glück so stabil wie dunkel und schmutzig sind? Wie viele Albträume dieser Art werden sie auf ihrer Fahrt noch erleben?

Und im Waggon? Ist es da besser? Rücken die Frauen enger zusammen in dieser Gefahr, macht die Ungewissheit sie solidarisch? Keineswegs, erklärt Lisa. Sie spricht von Hass und Wut, von panischer Angst, die mit endlosem Geschwätz übertüncht wird, von Attacken auf ein behindertes kleines Mädchen, das eine gewisse Vorzugsbehandlung zu erfahren scheint: »Ah, l'enfant infirme! Seht doch mal, das arme Kind muss das größte Stück Brot haben! [...] Ach Gott, das arme behinderte Kind, sie braucht mehr Platz als die anderen!«[12]

Alle schweigen. Auch das Kind selbst, ein Mädchen mit langen, braunen Zöpfen, das an so etwas wohl schon gewöhnt ist. Das ermutigt die Angreiferin fortzufahren und sich immer neue Gemeinheiten auszudenken. Doch plötzlich erhebt sich eine der Frauen, sie ist noch ganz jung und hat bisher kein Wort gesagt, geht auf die Spötterin zu, hält ihr die Faust vor den blonden Lockenkopf und sagt »mit überraschend tiefer, heiserer Stimme«:

> »Lassen Sie das Kind in Ruhe – noch ein Wort, und ich werde –« Ein schrilles Kreischen der Lokomotive verschluckte den Rest. Ich sah, wie das Gesicht der Blonden zuckte; mit offenem Mund hob sie die Arme in die Luft, wie zur Abwehr, dann sank sie in sich zusammen und begann zu schluchzen. Sie war zum Schweigen gebracht, und ich werde nie recht wissen, wie. Ich werde auch nie wissen, was aus dem Mädel mit den Krücken geworden ist. Ist sie durchgekommen?[13]

Mauer des Hasses

Die Fahrt ging nach Gurs. Lisa war sich als eine der Ersten darüber im Klaren. Der Zug war die ganze Zeit Richtung Süden gefahren, eigentlich logisch, denn von Norden her rückten die Deutschen vor. Als sie irgendwann meinte, den Ortsnamen Oloron-Sainte-Marie entziffern zu können, wusste sie Bescheid. Das war der letzte Ort vor dem berüchtigten Lager, das 1939 für die Spanienkämpfer errichtet wurde, die nach dem Sieg des Franco-Regimes über die Grenze geflohen waren. Fast 19 000 waren es zuerst gewesen. Um die 900 waren immer noch da, der größte Teil war inzwischen entlassen oder in andere Lager verlegt worden. Es war kaum zu glauben, aber die Männer hatten sich »ihr« Lager selbst bauen müssen, eine riesige Barackenstadt auf sumpfigem Gelände, drei Kilometer lang und breit, vor der Kulisse der Pyrenäen, die im Hintergrund bläulich schimmerten. Viele Freunde hatten davon berichtet, Rolf Friedländer, Fränkel, Koestler und all die anderen, die in Spanien gewesen waren. Doch keine der Frauen in ihrem Abteil wollte Lisa glauben, als sie sagte, sie wisse jetzt, wohin die Fahrt gehe, nach Gurs.

»Sie lügt!« [...] »Sie will uns Angst machen! – »Falscher Alarm! Das würden sie uns nie antun.« – »Glaubt ihr nicht! Es ist nicht wahr.«[14]

Oloron ist ein hübsches Städtchen im äußersten Südwesten Frankreichs, ein Städtchen mit alten Häusern, alten Brücken und einer romanischen Kirche, die heute zum Weltkulturerbe gehört. Ein schmaler Fluss, der Gave D'Oloron, teilt den Ort in zwei Hälften. Sein träge dahinfließendes Wasser ist von undurchsichtigem Grün. Mitten durch die Stadt führt einer der Pilgerwege nach Santiago de Compostela. Es ist ein Ort, der zum Bleiben verlockt, ein Ort der Stille. Doch für die Frauen war es ein Schreckensort. Als die Züge dort ankamen und die Türen zum ersten Mal während dieser Fahrt aufgingen, drängten sich dunkle Menschenmassen auf dem Bahnsteig, baskische Bauernfrauen und ihre Männer, »böse Köpfe [...] auf säulenartigen Gestalten, vom Kinn bis zu den Füßen in Schwarz gehüllt«, Menschen, die wortlos spuckten oder auch pfiffen und »nicht schlecht, die Frauen der *boches*« riefen.[15] Es war wie Spießrutenlaufen. Eine Demütigung ganz besonderer Art, die Lisa fast bildhaft genau beschreibt. Ihr Leben lang würde sie davon träumen, von diesem Bahnhof in Oloron und der menschlichen »Mauer des Hasses«. Es klingt absurd, aber sie atmeten auf, als sie endlich auf Lastwagen geladen und nach Gurs, weg von diesen unheimlichen Gestalten, gefahren wurden.

Kunst im Vorhof zur Hölle

Nach diesem grandiosen Einstieg erzählt Lisa nur ziemlich wenig, was über andere Darstellungen dieser Zeit hinausgehen würde. Wie auch? Die Realität war schließlich für alle dieselbe: endloser Stacheldraht, aufgeweichter Lehmboden, brutale Wärterinnen, katastrophale hygienische Verhältnisse, Essen, das fast nur aus Kichererbsen bestand, Ruhr, Typhus, viele Tote, miserable medizinische Versorgung, wilde Gerüchte über die Entwicklung des Krieges und der internationalen Politik, strenge Absonderung von der Außenwelt, Schwarzhandel, politischer Streit, Tausende von Frauen in einer Zwangsgemeinschaft: Greisinnen, Schwangere, Mütter, Kinder, Nonnen, Prostituierte, Sinti- und Roma-Frauen, Jüdinnen, Widerstandskämpferinnen und Nationalsozialistinnen, die alle angeblich zu ihrem eigenen Schutz und dem Schutz Frankreichs hierher gebracht worden waren.[16] Dazwischen nur manchmal ein paar Lichtblicke und etwas Lebensfreude, Chorgesang, Tanz, Theater oder Kabarett, ein Sprachkurs, ein Malkurs. Nicht von der Lagerleitung, sondern von den Frauen selbst organisiert, unter denen sich viele Berühmtheiten befanden: Lou Albert-Lasard,[17] Tatjana Barbakoff,[18] Lotte Eisner,[19] mehrere bekannte Schriftstellerinnen, Dita Parlo[20] und die Sozialforscherin Dora Benjamin, Walter Benjamins jüngere Schwester.

Lisa widmet der »Kultur im Lager« nicht viel Raum, weil sie sich als »Politische« ansah, die nur mit ihresgleichen verkehrte. Dabei war auch die Kultur in Gurs durchaus politisch. Lou Albert-Lasard etwa saß zwischen den Baracken auf einer Kiste und zeichnete mit leichter Hand, was sie sah: das Gedränge in den Waschräumen, die endlosen Wege, gesäumt von Lichtmasten und Stacheldraht, Szenen am Krankenbett, Porträts ihrer Mitinsassinnen, Plauderstunden von Frauen, die bei allem Elend versuchen, sich ein Stück Frohsinn zu bewahren. Wenn die Farbe nicht reichte, behalf sie sich mit Mixturen aus Tee und Kohletabletten.[21] Ähnlich wie Edith Auerbach,[22] die gesichtslose Frauen mit weißen Augenhöhlen malte, Stacheldraht, magere Vögel und Menschen, in der Ferne ein Berg oder ein Lagertor.[23]

Eine Malerin kommt in Lisas Bericht allerdings vor, ihre »Cousine Ili« aus Wien, die sie zu ihrer großen Überraschung in Gurs wiedertraf, nachdem sie sich ungefähr zwei Jahre lang nicht mehr gesehen hatten, zuletzt in Paris, wohin »Ili« nach der Annektion Österreichs hatte fliehen müssen. »Ili«, die in Wirklichkeit Ilona Kronstein hieß,[24] war zwölf Jahre älter als Lisa, eine imposante, selbstbewusste Persönlichkeit, voller Scharfsinn und Witz, selbst im größten Elend. Lisa erinnerte sich noch gut, was sie in Paris über den Einmarsch der Nazis erzählt hatte, über diesen furchtbaren 13. März 1938, als Tausende von Jüdinnen und Juden die Straße putzen mussten, damit der »Führer« ein schönes, sauberes Wien vorfinden würde. Ili, mit einem Apotheker verheiratet und sehr wohlhabend, hörte den Lärm und ging auf die Straße hinaus, in einem Nerzmantel, stolz und in aufrechter Haltung.

> »Geben Sie mir einen Besen«, befahl sie den zwei Nazis, die die Frauen unter ›Judensau‹-Geschrei antrieben.
> Die beiden sahen die imposante Figur verwirrt an. »Aber doch nicht Sie, gnä' Frau!«, stotterte der eine.
> »Ich bin Jüdin«, sagte Ili entschlossen, »und ich bestehe darauf, wie die anderen den Mist zu kehren. Den Besen, oder ich werde mich beschweren!«
> Da zogen die Nazis sich vorläufig aus der Straße zurück.[25]

Obwohl unter Multipler Sklerose leidend und rechtsseitig weitgehend gelähmt, hörte sie auch im Lager nicht auf, zu malen. Sie gab Zeichenkurse, die sich großer Beliebtheit erfreuten und den Frauen ein Stück Lebensinhalt zurückgaben. »Wann immer ich in die Gegend ihrer Baracke kam, ging etwas vor«, erzählt Lisa. »Man eilte hin und her und war damit beschäftigt, das Leben erträglicher und interessanter zu machen. Ich weiß noch, dass Ili mir jedes Mal, wenn ich vorbeikam, ein Bonbon aus ihrem Vorrat gab. Nur wer in Gurs war, kann diese Kostbarkeit schätzen.«[26]

Paulette und die anderen

Lisa lässt keinen Zweifel daran, dass sie in *ihrem* Bereich, der Baracke 21a, eine Führungsrolle übernahm. Ob sie nun Maria, Marianne, Sala, Ruth, Nelly, Irma, Lotte oder Hilde hießen: Die 60 Frauen, die dort untergebracht waren, sollten lernen, Widerstand zu leisten und sich nicht von brutalen Wärterinnen herumkommandieren zu lassen. »Aufstehen, anstellen, Ruhe, Licht aus, Ordnung, Sauberkeit« – das war doch absurd, wo man bei jedem Schritt beinahe im Lehm versank und kaum Wasser zum Waschen hatte. Sie sollten mehr Freiheiten fordern, Selbstverwaltung, gegen das Zeitungs- und Postverbot demonstrieren, das Gespräch mit dem Kommandanten, einem Herrn Davergne, suchen, der sich nach anfänglichem Zynismus zu einigen Konzessionen bereitfand, besonders nach dem 18. Juni 1940, als der neue »Herrscher« von Frankreich, der 85-jährige Maréchal Henri Philippe Pétain, Hitler einen Waffenstillstand anbot, was einer kläglichen Kapitulation der Grande Nation gleichkam.

Manche der Frauen kannte Lisa schon aus Berlin. Andere scheint sie erst in Paris kennengelernt zu haben. Paula (oder Paulette) war in einer anderen Baracke untergebracht worden, als sie schließlich doch noch im Lager gelandet war, wo sie als Frau eines *prestataire* doch eigentlich gar nicht hingehört hätte. Die beiden sahen sich zwar manchmal auf dem Lagergelände, aber nur über den Stacheldraht oder bei den Latrinen. Mehr Nähe war nicht erlaubt. Die alte Freundschaft bestand zwar immer noch, aber einmal, als plötzlich Listen verschwanden, auf denen die Namen der von der Gestapo besonders gesuchten Frauen standen, hatte Lisa den Verdacht, Paulette könne etwas damit zu tun haben. Was genau, führt sie nicht weiter aus. Wollte ihre Freundin die besonders Gefährdeten damit nur schützen? Oder hatte sie am Ende die Seiten gewechselt, so wie August Laß alias »Bruno«, Lisas alter Berliner Liebhaber, der von der KPD zur SA übergelaufen war und Dutzende von Genossen verraten hatte? Immerhin war Paula öfter in der Verwaltungsbaracke gewesen, um beim Sortieren von Post zu helfen. Hatte sie nicht den Eindruck erweckt, als verschwiege sie etwas? War ihr wirklich zu trauen?[27]

Falls sie noch dort ist …

Fluchtpläne wurden geschmiedet und konkretisiert. Es war höchste Zeit. Denn der Waffenstillstandsvertrag enthielt eine Klausel, nach der alle Emigranten »auf Verlangen« auszuliefern seien, auch die Internierten, was Lisa auf keinen Fall abwarten würde. Wann genau sie und ungefähr 60 andere Frauen das Gelände verließen – mit gefälschten Entlassungsscheinen, die nur flüchtig kontrolliert wurden –, lässt sie in ihren Erinnerungen offen.[28] Es muss Ende Juni 1940 gewesen sein, als Tausende von Flüchtlingen sich auf den Weg machten, während das Land in Schrecken und Chaos versank.

Einige wollten nicht mitgehen, weil sie sich im Lager sicherer fühlten als draußen. Immerhin war Gurs eine Adresse, wo ihre Männer sie finden konnten, wenn sie noch leben sollten. Lisa verstand das nicht und warf den Frauen vor, dass sie feige seien. »Du kannst doch nicht im Ernst meinen, dass wir hier sitzen sollen und auf die Gestapo warten?«[29]

Im Innersten hatte sie aber wohl selbst darauf gehofft, dass ihr Hans kommen würde, um sie zu holen, wie so viele andere Männer es taten, Fritz Neugass zum Beispiel, der Gefährte der Schriftstellerin Luise Straus-Ernst, der in der Uniform eines *prestataire* plötzlich vor dem Lagertor stand und nach seiner Frau verlangte, die man bereitwillig freiließ, nur, weil er energisch genug darauf bestanden hatte.[30] Hans Fittko aber hatte sich nie gemeldet, nicht ein einziges Mal, weder direkt noch durch Freunde oder Genossen. Später, als sie sich wiedergefunden hatten, fragte sie ihn einmal, warum nicht. Er lachte nur und sagte:

> Das war doch klar, dass du nicht in Gurs sitzt und auf mich wartest. Das wäre doch widersinnig gewesen. Während der Flucht aus dem Norden war ich einmal mit einigen Kameraden unterwegs, die nach Gurs wollten. Bevor wir uns trennten, sagten sie: Gib uns wenigstens ihren Namen, falls sie noch dort ist. – Lisa heißt sie, sagte ich, aber strengt euch nicht zu sehr an, sie ist nicht mehr dort.[31]

In Pontacq

Endlich in Freiheit, machten Lisa und Paula sich zunächst allein auf den Weg, mit gefälschten Papieren, in denen sie sich Lisa Duchamps und Paulette Perrier nannten, beide aus Belgien stammend. Ihr Ziel hieß Pontacq, ein Dorf knapp 70 Kilometer östlich von Gurs, wo sie sich mit ein paar anderen Frauen verabredet hatten. Zu Fuß hätte es etwa 15 Stunden gedauert – geschwächt, wie sie waren, ein Ding der Unmöglichkeit. Aber sie hatten Glück. Ein französischer Offizier nahm sie mit. Er lieferte sie auf der Gendarmerie von Pontacq ab und erklärte, dass sie Belgierinnen seien. Sie seien auf der Flucht vor den Deutschen. Man möge gut auf sie aufpassen.

Obwohl das Dorf, ein gottverlassener Ort auf knapp 500 Metern Höhe, kaum auf Gäste eingerichtet war, waren schon 20 Flüchtlinge da, Frauen, Kinder und alte Leute. Man hatte eine Art Notversorgung organisiert, provisorische Quartiere, ein paar Lebensmittel und etwas Geld. Lisa und Paula wurden bei einer Bäuerin untergebracht. Sie war Baskin und ziemlich unfreundlich, wie es Lisa schien. So habe sie zum Beispiel von ihnen verlangt, ihr Geschäft doch bitte im Freien, zwischen dem Gemüse, zu verrichten, anstatt das *cabinet* außerhalb des Hauses zu benutzen, und zum Waschen könnten sie an die öffentliche Dorfpumpe gehen. Aber vielleicht war das alles gar nicht so gemeint, denn die Frau sprach mit einem baskischen Akzent, den Lisa nicht richtig verstand. Außerdem hatten die »Gastgeber« selbst kaum etwas zu essen. Es waren Holzfäller, Arbeiter, Kleinbauern und Invaliden, die, ohnehin schon bitterarm und vom Verkehr abgeschnitten, durch den Krieg in noch größere Not geraten waren.[32] Wanderer, die früher gelegentlich kamen, gab es nicht mehr. Wein wurde zwar angebaut, aber kaum noch verkauft. Und jetzt noch die Flüchtlinge. Und die Angst vor den Deutschen. War da ein gewisses Misstrauen nicht normal? Wer garantierte dafür, dass Lisa und Paulette wirklich Belgierinnen waren und nicht zu den *sales boches* gehörten, ob nun jüdisch, kommunistisch oder was auch immer?

Irgendwann meinten die beiden, dass es in Pontacq doch gar nicht so übel sei. Immerhin waren sie hier in Sicherheit. Es war schön kühl und weit genug weg von Gurs. Ein alter Bauer, bei dem eine der anderen Frauen untergebracht war, kochte sogar manchmal für sie: dicke Suppe mit Huhn, eine Delikatesse.

Obwohl der Ort anscheinend am Ende der Welt lag, kamen immer wieder Leute vorbei, die sie kannten: Alfred, ein junger polnischer Spanienkämpfer zum Beispiel, der sich als äußerst hilfreich erwies, weil er sich, woher auch immer, ein Motorrad beschafft hatte; oder die Wiener Starautorin Hertha Pauli, die allerdings nur kurz die Fensterscheibe ihres Autos herunterließ und fragte, wo sie hier sei; oder »Bolle«, recte Anita Karfunkel, und ihr Mann, Hanns-Erich Kaminski, einer der profiliertesten Journalisten der Weimarer Republik, wenn er auch heute kaum noch bekannt ist.

Hampelmann und Rübezahl

Er war damals 41 Jahre alt, promovierter Wirtschafts- und Sozialwissenschaftler, ehemaliger Redakteur der *Weltbühne*, für die er über 100 Beiträge verfasst hatte. Im Exil war er ständiger Mitarbeiter französischer Blätter, schrieb eine viel beachtete Bakunin-Biographie und, zusammen mit Anita Karfunkel, ein Buch über den Spanischen Bürgerkrieg, *Ceux de Barcelone – Barcelona. Ein Tag und seine Folgen.*[33] Bolle – also Anita Karfunkel – kannte Lisa aus dem Lager Gurs. Ihrem Mann muss sie schon vorher begegnet sein, denn sie erkannte ihn gleich wieder, als er eines Tages von einem Heuwagen sprang, der in der Dorfmitte anhielt. Er suche seine Frau, seine Anita. Er habe gehört, dass sie aus Gurs geflohen und bei einem Bauern in diesem Dorf untergekommen sei.

Abends saßen sie alle in dessen Stube zusammen. Kaminski erzählte von seiner Flucht aus einem Lager in der Nähe von Tours, wo er Hans Fittko getroffen habe. Lisa nennt keinen Namen, aber der geographischen Beschreibung nach kann es sich eigentlich nur um das Camp du Ruchard im Département Indre-et-Loire gehandelt haben, in dem auch Hannah Arendts Mann, Heinrich Blücher, einsaß.[34] Lisa war natürlich sehr aufgeregt. Was Fittko für einen Eindruck gemacht habe? Ob er noch dort sei? Oder ob es ihm gelungen sei, zu fliehen? So viel er wisse, sagte Kaminski, sei nur ihm selbst und zwei Freunden die Flucht gelungen. Die anderen, darunter Fittko, hätten lieber noch abwarten wollen, aber sie hätten die Lage »falsch eingeschätzt«, denn am nächsten Tag seien die Deutschen gekommen. Lisa hat diese Antwort offenbar gar nicht gefallen.

»Dieser Hampelmann, dachte ich, er weiß nichts, er hat nur ›gehört‹ und verbreitet Panik. Wahrscheinlich ist das eine Vorbereitung für seinen nächsten Roman. Ausgerechnet er hat ›die Lage richtig eingeschätzt‹, wo er doch von Tuten und Blasen keine Ahnung hat. Hans und die anderen müssen gewusst haben, was sie tun.«[35]

Vielleicht hat Kaminski sich geirrt, weil er es einfach nicht besser wusste. Es war nicht leicht, sich in diesem Chaos zu orientieren und immer zu wissen, wer gerade wo war. Ein »Hampelmann« war er deshalb allerdings nicht. Er war übrigens auch kein »Roman«-Autor, sondern schrieb Sachbücher und politische Analysen, von denen viele heute noch zu entdecken und übersetzen sind, da sie im argentinischen Exil unter Pseudonym und auf Spanisch erschienen.[36]

Eines Tages tauchte auch Walter Oettinghaus auf, der Vater von Paula. Er war nicht mehr so gepflegt wie in Berlin oder Paris, wo man ihn nur mit Krawatte und gestutztem Schnurrbart gesehen hatte, sondern wirkte eher wie ein Landstreicher, abgerissen und schmutzig, mit wirrer, lange nicht mehr beschnittener grauer Haarmähne. Paula erkannte ihn trotzdem sofort und rief: »Papa, Papa!«, überglücklich, weil er noch lebte und der Hölle des Internierungslagers entkommen war. Ganz anders Lisa. Sie hatten sich zwar versprochen, alles zu teilen, die Angst und die Freude, aber diesmal empfand sie nur Groll und Verbitterung. Was wollte dieser »Rübezahl« überhaupt hier? Wie hatte er sich überhaupt bis zu ihnen durchgefragt? Und warum weigerte er sich auch nach mehreren Tagen noch, sich zu benehmen wie ein normaler Mensch und sich wenigstens die Haare abschneiden zu lassen?[37] Er habe sich gar nicht erst bemüht, Französisch zu sprechen, sondern nur hässliches Kauderwelsch von sich gegeben, das er mit seltsamen Gebärden unterstrich, zum Beispiel »Député kaputt«, wenn man ihn gefragt habe, was er von Beruf sei. Das habe wohl heißen sollen, er sei früher mal Reichstagsabgeordneter gewesen.[38] Er war zwar erst 57, aber sie nennt ihn in ihrem Buch nur »den Alten«.

Woher diese Wut? Woher diese Unduldsamkeit? War es, weil sie sich vielleicht auch einen Vater wünschte, der mitten im Krieg kreuz und quer durch Frankreich fuhr, um sie zu suchen? Oder weil er ihre Gemeinschaft mit Paula störte, sich zu oft einmischte und manchmal deutlich sagte, dass er sich nicht gerne herumkommandieren lasse, sondern seinen eigenen Weg gehen werde, ob es ihr passe oder nicht?[39] Auch politisch war er wahrscheinlich anderer Meinung als sie, da er den »Freunden der sozialistischen Einheit Deutschlands« und dem Redaktionsstab der »Zukunft« angehörte, die sich von der orthodoxen Parteidoktrin distanziert hatten, von der Lisa im Innersten wohl immer noch überzeugt war, auch wenn man ihren Hans 1937 ziemlich unsanft hinausbefördert hatte.[40]

1983, zwei Jahre vor dem Erscheinen von *Mein Weg über die Pyrenäen*, schrieb Lisa an Paula, dass sie ihren Vater in ihrem Buch nicht erwähnen werde, weil es nicht ihre Absicht sei, »alte Feindschaften wiederzubeleben«, die »nicht Gegenstand« ihrer Berichte seien.[41] Sie erwähnt ihn aber doch. Als »den Alten« eben, nur nie bei seinem richtigen Namen, Walter Oettinghaus.

Ratlos in Lourdes

In dem seltsamen Kollektiv, das sich in Pontacq gebildet hatte, tauchte plötzlich auch Anja Pfemfert auf, die, zunächst jedenfalls, nicht dabei war, auch wenn es gelegentlich anders dargestellt wird.[42] Wie sie die Strecke von Gurs nach Pontacq zurückgelegt hat, bleibt ein Rätsel. Zu Fuß sicher nicht. Vielleicht auch per Anhalter? Jedenfalls war sie auf einmal da und machte Lisa fast so viele Probleme wie »der Alte«. Sie habe so fremdartig ausgesehen mit ihren schwarzen, am Scheitel weiß auswachsenden Haaren und ihren »Kalmückenaugen«, habe Französisch mit russischem Akzent gesprochen und sich nicht einmal in dem winzigen Pontacq zurechtgefunden.[43] Einmal – sie waren für ein paar Tage nach Lourdes gefahren – habe Anja sich ganz allein aufgemacht, weil sie unbedingt nach ihrem Franz suchen wollte, bis sie von der Polizei aufgelesen worden sei. Gott sei Dank ohne weitere Konsequenzen, denn man hielt sie für verwirrt, für *affolée*, was aber nicht weiter auffiel in diesem »phantastischen Heerlager des Chaos«, unter Flüchtlingen aus nahezu allen Ländern Europas, die der irrigen Meinung waren, »Lourdes sei der einzige Ort, wo ein vom Glück Begünstigter vielleicht noch Unterkunft finden könne«.[44]

Unter ihnen war übrigens auch Walter Benjamin, den sie aber nicht zu Gesicht bekamen. Er wohnte bei seiner Schwester Dora in der Rue Notre Dame Nr. 8. Trotz schwerer, äußerst schmerzhafter Krankheit – Morbus Bechterew – war es ihr gelungen, aus Gurs zu fliehen und sich eine Wohnung in Lourdes zu beschaffen. Nun war Benjamin also bei ihr und wartete sehnsüchtig auf ein amerikanisches Visum, das ihm seine Freunde vom Institute for Social Research in New York beschaffen wollten. Rein faktisch ging es ihm besser als den meisten anderen. Er war der zweiten großen Internierungswelle entgangen, hatte seine Wohnung in Paris rechtzeitig räumen können, hatte seine wichtigsten Manuskripte in Sicherheit gebracht, bezog ein kleines, aber auskömmliches Salär aus New York und wurde von seiner Schwester gut versorgt. Aus Lourdes schrieb er Brief um Brief an seine Freunde, im Wesentlichen über sich selbst, als wenn sein Schicksal ein Einzelfall wäre und es Tausenden nicht noch viel schlechter ginge.

> Die völlige Ungewissheit über das, was der nächste Tag, was die nächste Stunde bringt, beherrscht seit vielen Wochen meine Existenz. Ich bin verurteilt, jede Zeitung […] wie eine an mich ergangene Zustellung zu lesen und aus jeder Radiosendung die Stimme des Unglücksboten herauszulesen. […] Ich hoffe, dass ich Ihnen bisher den Eindruck gegeben habe, auch in schwierigen Augenblicken gefasst zu bleiben. Glauben Sie nicht, dass sich das geändert hat. Aber ich kann mich dem gefährlichen Charakter der Lage nicht verschließen. Ich fürchte, die, die sich aus ihr haben retten können, werden eines Tages zu zählen sein.[45]

Wieder vereint, aber …

Benjamins Briefe bleiben selbst in dieser Ausnahmesituation so klar und prägnant wie immer. Lisas Bericht dagegen entspricht dem Chaos und der Unordnung jener Zeit. Mal ist sie mit Paula, Anja und Alfred in Pau, mal in Tarbes, mal in Toulouse, ohne dass man wirklich versteht, warum. Sie treffen auf freundliche oder unfreundliche Amtspersonen, mal fehlt dieser Stempel, mal jener, und hin und wieder tauchen plötzlich Personen auf, die sie bisher an keiner Stelle erwähnt hat, über deren Erscheinen sie sich aber bass erstaunt zeigt.[46] Und immer kann sie sich an jedes Wort langer Dialoge und Kontroversen erinnern, während Fakten, Daten und Gesichter in ihrem Gedächtnis verschwommen sind, wie sie selbst mehrmals betont.[47]

Allmählich gingen die ersten Nachrichten über Lisas Angehörige ein. Zuerst nur als vage Hinweise. Einer meinte, Hans Fittko gesehen zu haben, wie er auf einem Fahrrad über eine Landstraße fuhr. Er sei uniformiert gewesen. Also doch *prestataire*? Von Bruder Hans kam eine Karte aus einem Städtchen namens Montauban. Er sei dem Lager noch einmal glücklich entkommen und wolle jetzt Eva und Catherine, das *bébé*, zu sich holen. Lisa erfuhr erst später, dass die beiden nicht mehr in Paris, in der Butte Rouge, waren, sondern ebenfalls in einem südfranzösischen Lager, wohin sie sich auf Anweisung des Forschungsinstituts, bei dem Hans angestellt war, »im letzten Moment vor dem Einmarsch der Deutschen« zu begeben hatten.[48] Lisa war tief enttäuscht. Es war ja schön, dass ihr Bruder sich gemeldet hatte, aber hätte er nicht wenigstens schreiben können, er freue sich, dass sie noch lebe?[49]

Endlich erfuhr sie durch Dritte, dass auch *ihr* Hans in Montauban sei und auf sie warte. Sie begab sich auf Umwegen sofort dorthin und fand ihn im Garten einer »Villa«, in der noch andere Flüchtlinge lebten.

»Er sah mich und kam auf mich zu und streckte die Arme aus.«[50] Doch sie ging nicht darauf ein, sondern blieb am Gartenzaun stehen. Keine Umarmung, kein Kuss, keine Tränen, kein Hauch von Romantik, keine Frage, wie es ihm ergangen sei. Man erfährt nicht einmal, wie er aussah. Braun gebrannt? Abgemagert? Rasiert? Unrasiert? Stattdessen begann sie sofort einen handfesten Streit. Andere Männer hatten aktiv nach ihren Frauen gesucht, sogar der alte Franz Pfemfert, der überall Zettel mit der Aufschrift »Je cherche ma femme« verteilt und seine Anja schließlich auch gefunden habe. *Das* war Liebe. *Das* war echtes Bemühen umeinander. Aber er, Fittko, der ihr nicht einmal ein Telegramm geschickt habe, stehe nun in irgendeinem verwahrlosten Garten und erwarte, dass alles beim Alten sei? Nein, sie müsse jetzt gleich wieder weiterfahren, und zwar nach Toulouse. Dort würden noch andere Menschen auf sie warten, die ihr wichtig seien, Paulette, »der Alte« und Alfred, der junge polnische Soldat, der in den letzten Wochen nicht mehr von ihrer Seite gewichen war und den sie offenbar ganz besonders in ihr Herz geschlossen hatte.

Von Toulouse wollten sie dann weiter nach Marseille fahren, weil dort viele ausländische Konsulate waren, wo man vielleicht ein Visum beantragen könne. Sie würden andere Emigranten treffen und vielleicht sogar ein Schiff bekommen, das sie wohin auch immer in dieser Welt bringen würde, auf jeden Fall in die Freiheit, weit weg von Hitler.

Fittko war gar nicht begeistert von diesem Plan. Nein, auf gar keinen Fall, sagte er. Es sei besser, sich irgendwo auf dem Land zu verstecken. Ein Genosse – Fritz Opel[51] – habe nämlich die Nachricht erhalten, »dass seit einigen Tagen alle Ausländer am Marseiller Bahnhof verhaftet und in Lager gebracht« würden. Lisa und Paulette würden vielleicht mit dem uniformierten Alfred durchkommen, aber der Alte mit seiner Mähne – ausgeschlossen.[52]

Vielleicht hatte er recht. Vielleicht auch nicht. Die politische Stimmung konnte sich jeden Tag ändern. Am Ende ließ Lisa sich doch darauf ein, dass *er* bestimmte, was jetzt zu tun sei: Ja, nach Toulouse müssten sie wohl oder übel, aber nur, um die Freunde von ihrem gefährlichen Plan abzuhalten. Sie »organisierten« zwei Fahrräder, um noch rechtzeitig anzukommen, denn der letzte Zug aus Montauban war schon fort. Die fast 60 Kilometer lange Fahrt führte fast nur durch Hügelland. Kurz vor Mitternacht erreichten sie endlich ihr Ziel, den Bahnhof Toulouse-Matabiau, wo Fittko der schon ungeduldig wartenden Gruppe seine Direktiven gab, sehr zum Ärger des »Alten«, der der Meinung war, man dürfe nicht auf jedes Gerücht hören und seine Entschlüsse nicht dauernd ändern.

La grande illusion

Am Ende lenkte er ein. Was blieb ihm auch anderes übrig? Der Zug nach Marseilles-Saint-Charles war ohnehin längst fort. Auf dem Bahnhof, wo bestimmt irgendwann Polizei auftauchen würde, konnte er nicht bleiben. Jetzt galt es, einen Platz zum Schlafen zu finden. Es gebe da ein Kino, das für die Flüchtlinge leer geräumt worden sei, meinte Fittko. Vielleicht würden sie da für eine Nacht unterkommen?

In diesem Kino, vielleicht war es das Plaza, sah es trostlos aus. Hunderte von Flüchtlingen dicht an dicht auf dem kahlen Boden, keine Decken, keine Matratzen, keine Kissen. Früher hatten hier fröhliche Menschen in bequemen Sesseln gesessen, nach getaner Arbeit oder am Samstagabend. Sie hatten gelacht, applaudiert, sich geküsst oder auch geweint, wenn es besonders ergreifend wurde. Lisa war keine große Kinogängerin, aber *La grande illusion* mit Dita Parlo und Jean Gabin hatte sie immerhin gesehen. Es war ein Film, der im Ersten Weltkrieg spielte. Teils dokumentarisch, teils fiktional, schwarz-weiß natürlich. Dita Parlo, die Jüdin aus Stettin, spielte darin die weibliche Hauptrolle, eine deutsche Bauersfrau, die sich in einen französischen Offizier verliebt und ein rührend komisches Französisch spricht. Wahrscheinlich war sie jetzt immer noch in Gurs und wartete darauf, dass die Deutschen sie abholten, denn sie hatte sich nicht entschließen können zu fliehen. Lisa musste immer wieder daran denken, wie absurd sie es fand, diesen Weltstar in einem französischen Lager zu sehen, hilflos, deprimiert, ungepflegt, das einst hellblond gebleichte Haar herausgewachsen und am Ansatz zunehmend dunkler werdend, weil es im Lager keine Friseure und keine Haarfarbe gab.[53]

Montauban

Am nächsten Tag fuhren sie alle wieder nach Montauban, wo sie wenigstens ein Dach über dem Kopf haben würden. Hans und Alfred mit Fahrrädern, der Rest der Gruppe im Autobus. Montauban zog damals besonders viele Flüchtlinge an. Wieso eigentlich? Sicher nicht, weil es der Geburtsort des Malers Ingres war. Auch nicht wegen des milden Klimas und der prächtigen Backsteinhäuser oder der alten Brücke, deren Bögen sich majestätisch über das Wasser des Tarn wölbten. Nein, die Stadt stand im Ruf, besonders fremdenfreundlich zu sein und Flüchtlingen schon immer großzügig Obdach gewährt zu haben, russischen Sozialisten im Ersten Weltkrieg, Republikanern, die vor Francos Schergen geflohen waren. Es gab sogar Schulen im Ort, die man eigens für die spanischen Kinder eingerichtet hatte. Der Bürgermeister, Marcel Guerret, war Sozialist. Er unterstützte die Ansiedlung verschiedener Hilfsorganisationen: ein *Comité d'assistance aux réfugiés*, das Familien aus dem ganzen Département betreute, das Schweizerische Arbeiterhilfswerk, die Auslandsvertretung österreichischer Sozialisten, ein Büro, das sich speziell um die Elsass-Lothringer kümmerte, den Internationalen Sozialistischen Kampfbund (ISK), der durch mehrere prominente Mitglieder vertreten war. So war Montauban eine Art Klein-Paris geworden, ein Treff- und Sammelpunkt von Flüchtlingen aus ganz Europa, Nordfrankreich, Belgien, Holland, Spanien, Österreich, Polen und der Tschechoslowakei. Eine Hauptstadt des französischen Exils, in der man – zumindest zeitweilig – ziemlich sicher sein konnte, ein Quartier, etwas zu essen und viele Bekannte zu finden, wenn nicht gar Verwandte und Freunde, nach denen man schon lange gesucht hatte.[54]

Zeitzeugen berichten, dass die Einwohnerzahl allein im Jahr 1940 von 20 000 auf 80 000 angewachsen war, aber trotzdem habe man nirgends ein böses Wort gehört, »nie einen Ausbruch von Fremdenfeindlichkeit«, im Gegenteil, »die Bewohner des Ortes rück[t]en zusammen, schaff[t]en Platz«, stellten Hausgerät zur Verfügung und teilten »die immer knapper werdende Nahrung« mit den Flüchtlingen.[55] Auch der Bischof von Montauban, Pierre-Marie Théas, bezog ausdrücklich Position, indem er in einer Predigt sagte:

> Ich spreche entrüsteten Protest des christlichen Gewissens aus, und ich erkläre, dass alle arischen und nichtarischen Menschen Brüder sind, weil sie von demselben Gott geschaffen worden sind, und dass alle Menschen, welcher Rasse oder Religion sie auch angehören, ein Anrecht auf Achtung durch den Einzelnen wie auch den Staat haben. Die gegenwärtigen antisemitischen Maßnahmen bedeuten eine Verachtung der Menschenwürde, eine Verletzung der heiligsten Rechte der Person und der Familie.[56]

So wundert es nicht, dass auch die Fittkos »auf Schritt und Tritt Bekannte« trafen.[57] Hannah Arendt, Heinrich Blücher, Fritz Fränkel, Franziska Neumann, alte Parteifreunde aus Berlin und Menschen, die sie erst in Paris oder im Lager getroffen hatten, die Geschwister Eva und Erich Lewinski zum Beispiel, sie Journalistin, er Rechtsanwalt. Beide waren für den Internationalen Sozialistischen Kampfbund aktiv und plädierten für eine organisierte Flucht nach Amerika, wo sich inzwischen Hilfskomitees gebildet hatten, die, wie es hieß, von Eleanor Roosevelt, der Gattin des Präsidenten persönlich, moralisch und finanziell unterstützt wurden.[58]

In der »Villa«, wo die Fittkos Quartier fanden – laut Lisa war sie nie richtig fertig geworden, weil der Besitzer den Bau kriegsbedingt eingestellt hatte –, lebten noch viele andere Emigranten, die auf Strohsäcken schliefen und sich nicht immer besonders gut vertrugen. Es war laut. Es war keine Intimität möglich. Politische und persönliche Differenzen brachen auf. Die Flüchtlinge lagen dicht an dicht wie im Lager, nur dass die brutalen Aufseherinnen fehlten. Und trotzdem. Es war eine Atempause. Denn in Montauban fanden niemals Razzien statt, nie fragte die Polizei nach Papieren, nie wurde jemand in ein Lager verschleppt.

Das Problem war Hans Fittko, der sich sehr verändert hatte. Einerseits war da immer noch das alte Bedürfnis zu bestimmen. Und doch war er anders geworden, irgendwie schreckhafter, zuckte zusammen, wenn er eine Sirene hörte, erzählte von schrecklichen Dingen, die er erlebt hatte. Einmal sei eine Bombe direkt neben ihm auf dem Hof eingeschlagen. So etwas vergesse man nicht, so etwas fahre einem zutiefst in die Knochen.[59] War das der Grund, weshalb er sich nie bei ihr gemeldet hatte? Konnte und wollte er ihr unter diesen Umständen nicht schreiben?

Auf den wenigen erhaltenen Fotos aus dieser Zeit wirken sie wie zwei Fremde: sehr korrekt angezogen, er mürrisch und ein wenig gebeugt, sie etwas freundlicher, aber wie erstarrt in die Kamera schauend, kein Blickkontakt, keine Berührung. Wie gut, dass sie wenigstens Paula, Alfred und »den Alten« um sich hatten, da waren sie nicht dieser Zweisamkeit ausgeliefert, sondern konnten Pläne schmieden, diskutieren, ja vielleicht manchmal sogar Spaß haben wie früher.

Irgendwann änderte Hans seine Meinung und fand, dass sie nun doch nach Marseille fahren sollten. Die Verhältnisse hätten sich geändert. Die Kontrollen seien gar nicht mehr so schlimm. Also machten sie sich auf. Mit der Eisenbahn. Die Zugfahrt von Montauban dauerte über fünf Stunden. Sie führte, bei schönstem Hochsommerwetter, über Toulouse, Carcassonne und Narbonne durch Hügelland und von da an fast immer am Meer entlang, Béziers, Montpellier, Nimes, Aix-en-Provence, eigentlich ein Traum, aber Lisa nahm die Landschaft kaum wahr, da sie ständig Angst hatte, verhaftet zu werden.

10

VOR DER GROSSEN FLUCHT (MARSEILLE, BANYULS-SUR-MER, 1940)

Auf dem Bahnhof verhaftet

In Marseille geschah dann, was sie schon lange vorausgesehen hatte: »Der Alte«, Walter Oettinghaus also, wurde noch auf dem Bahnhof Saint-Charles festgehalten, von zwei Beamten, die erklärten, er sei *apatride*, also staatenlos, und müsse wieder zurück in ein Lager. Lisa wunderte sich, dass er so ruhig blieb und nicht einmal hilfesuchend zu ihnen herübersah, sondern nur sagte: »Nix comprend – nix parlé!«[1]

Ob er diese Naivität nur vortäuschte oder nicht – es war klar, dass er die Gruppe der jungen Leute nicht gefährden wollte, denn außer Alfred, der polnischer Staatsbürger war, waren sie *alle* staatenlos und dazu noch »feindliche Ausländer«. Deshalb ging Alfred forschen Schrittes auf die Beamten zu und fragte sie, was sie mit »dem Alten« vorhätten. Sie würden ihn nach Les Milles bringen lassen, sagten sie, in das große Männerlager im Département Bouches-du-Rhone.

Lisa war beinahe beruhigt. Das Lager Les Milles sollte gar nicht so schlimm sein, womit sie sich allerdings irrte, denn es handelte sich um eine ehemalige Ziegelei mit schattenlosem Hof, über den der Mistral fegte. Es gab keine Toiletten, kein sauberes Trinkwasser, dafür Fliegen und Staub, die sich in Nasen, Augen und Ohren setzten. Mehr als 1000 Männer waren hier zusammengepfercht, darunter Alfred Kantorowicz, Golo Mann, Max Ernst, Anton Räderscheidt und Lion Feuchtwanger, der darüber in *Der Teufel in Frankreich* ausführlich berichtet hat.[2] Max Ernst schuf dort seine berühmte Frottageserie *Les Apatrides*, die den Betrachter noch heute erschauern lässt: seltsame Fabelwesen zwischen Mensch, Tier, Waffen und Werkzeug, auf gewelltem Lehmboden stehend, vor unendlichem Horizont. So ähnlich müssen sich auch die Insassen gefühlt haben, die zu unsinniger Arbeit verdammt waren und deren Zukunft völlig ungewiss war.[3] Tag für Tag mussten sie Ziegel aufheben und sorgfältig stapeln, nur damit sie am nächsten Tag wieder umgeworfen wurden, während ein Sergeant rhythmisch kommandierte: »Un, deux, un, deux!«

Dort war nun also auch Walter Oettinghaus, 57 Jahre alt, ehemaliger Reichstagsabgeordneter der KPD, abgemagert, mit verstaubtem Gesicht, von Kopfschmerzen geplagt, die einen Gehirnschlag befürchten ließen. Paula sei fest entschlossen gewesen, ihn zu begleiten und irgendwo in der Gegend Quartier zu nehmen, heißt es bei Lisa. Doch Hans Fittko habe sie davon abgehalten. Das sei doch Unsinn. Wozu? Ob sie etwa selbst wieder interniert werden wolle?[4]

Gehen oder bleiben?

Über die Stimmung im Marseille jener Tage und Wochen erfährt man aus Lisas Berichten nicht viel, vielleicht, weil sie an die große literarische Konkurrenz dachte, gegen die sie hätte anschreiben müssen, Anna Seghers, Hertha Pauli, Fred Wander, Leonhard Frank, Hans Sahl, Arthur Koestler und wie sie alle hießen.[5] Wer wissen will, wie es zuging im Alten Hafen, auf der Cannebière, in den schäbigen Hotels, Bordellen und Bistrots, wer eintauchen will in diesen Zustand von Verzweiflung, babylonischer Sprachverwirrung, Meeresrauschen, Hunger, Hoffnung und Angst, der sollte lieber dort nachlesen.[6]

Lisa Fittko setzt in ihren Erinnerungen andere, eher praktische Schwerpunkte: wo man ein Nachtquartier fand, wo es etwas zu essen gab, wie man sich gegen die immer wieder grassierende Ruhr schützte, wie man den Polizeikontrollen entging und wovon man leben sollte. Manchmal halfen ihre amerikanischen Freunde, die Trones, mit größeren Summen, mal 500, mal 1000 Francs, die Lisa sich bei einem Kontaktmann in Marseille abholen konnte. Sie waren immer noch in ihrer alten Mission unterwegs, Juden als Bauern in San Domingo anzusiedeln. Falls sie Interesse hätten, sollten sie sich melden, schrieb Florence Trone. Sie würde sich gern um sämtliche Formalitäten kümmern und die Ausreise auf einem Schiff bezahlen und organisieren.[7]

Lisa wäre vielleicht darauf eingegangen. Aber Fittko hielt nichts von solchen »Schnapsideen«, sondern fing, wie schon in Montauban, wieder damit an, dass man sich doch lieber in Frankreich verstecken solle, auf abgelegenen Gehöften zum Beispiel, was ihm während seiner Flucht aus dem Lager mehrmals gelungen sei.[8] In einem Romanfragment, das er später schrieb, würde er noch einmal darauf zurückkommen, wobei er den Helden, Edmund Brasch, sein literarisch-politisches Alter Ego, als tollkühnen Widerstandskämpfer darstellt, der, von schwerer Folter gezeichnet, dennoch ein Frauenheld bleibt und auf fast jedem Hof eine liebeshungrige Bäuerin vorfindet:

> Er bleibt einen Schritt hinter ihr zurück und betrachtet sie. Die schwere Arbeit auf dem Bauernhof hat ihrer Figur noch nichts anhaben können. Der leichte Abendwind spielt mit ihrem Haar und lässt den Hals durchleuchten. Dabei trifft ihn ihr heißer Atem. Statt einer Antwort reißt er sie mit Heftigkeit in seine Arme und presst seine Lippen auf ihren Mund. Mit Gewalt bricht bei beiden der Lebenshunger durch; ein jubelnder Rausch erfasst sie. Als sie sich wieder aufrichten, ist sie noch schöner als vorhin; ihre Züge sind ruhig und glücklich.[9]

Lisa macht in ihrem Buch nicht recht klar, was ihr Mann eigentlich gegen eine Auswanderung hatte. Schien ihm ein Leben im französischen Untergrund wirklich so reizvoll? Oder hatte er Angst vor den vielen Hürden, die zu überwinden waren, Transitvisa, Ausreisevisa, Einreisevisa, Beschaffung von Bürgschaften, Schiffspassagen und gültigen Pässen? Schreckte es ihn ab, dass er keine Fremdsprache sprach, nicht einmal ein halbwegs passables Französisch, obwohl sie doch lange in Paris gelebt hatten? Oder dachte er am Ende wirklich, dass »dieser Nazi-Winter« nicht mehr lange dauern werde und man sich nur ein paar Monate irgendwo verstecken müsse?[10]

Wie auch immer: Lisa *musste* Frankreich verlassen, ob mit oder ohne Fittko, denn sie war Jüdin, wobei sie sich sicher war, dass er seine Meinung noch ändern würde, wenn sie nur oft und beharrlich genug auf ihn einwirkte. Zwar konnte sich 1940 noch niemand vorstellen, dass es jemals zur systematischen und millionenfachen Ermordung von Juden kommen würde, aber es war längst bekannt, dass es ein »Reservat« im polnischen Lublin gab, ein riesiges Ghetto, in das schon Tausende verschleppt worden waren, nicht nur aus dem pommerschen Stettin, sondern auch aus dem von Hitler besetzten Teil Frankreichs. Sie wurden in Lublin einfach sich selbst überlassen, auf freiem Feld oder in halb abgebrannten Synagogen, ohne Essen, ohne Schutz vor Pogromen, ohne ärztliche Hilfe. Epidemien wie Fleckfieber brachen aus und führten, unbehandelt, fast immer zum Tod. Kaum möglich, dass Lisa nichts davon wusste, denn im *Aufbau* und anderen Exilzeitungen, die man auch in Marseille lesen konnte, war immer wieder davon die Rede. Mit der Zeit führte schon allein das Wort »Lublin« bei vielen Flüchtlingen zu einer solchen Panik, dass sie aus schierer Angst vor diesem Schicksal Selbstmord begingen.[11]

Madame L'Orpheline

Ähnlich wie in Lourdes oder Montauban waren auch in Marseille Dutzende von Bekannten der Fittkos anzutreffen, sei es aus Berlin, Paris oder Gurs: Hannah Arendt, Heinrich Blücher, Anna Seghers, Fritz Fränkel, Hertha Pauli, Adrienne Thomas, Lore Krüger und viele mehr. Man sah sich im Vieux Port und vor den Konsulaten, in der Bar Mistral oder auf der Cannebière. Seltsamerweise erwähnt Lisa namentlich keinen einzigen von ihnen außer Leo Lania und seine Frau Lucy, die ihr ein weißes Strickkleid mit schwarzen Streifen geschenkt habe, sehr schick, aber viel zu warm für die Jahreszeit, denn es war Anfang August.

Leo Lania, der bekannte investigative Schriftsteller und Journalist, der wie Egon Erwin Kisch als Prototyp des »rasenden Reporters« galt, Autor enthüllender Bücher über Hitler und die Reichswehr, war keineswegs ein besonders enger Bekannter von Lisa. Sie erwähnt nur einmal, dass er ihr, noch in Berlin, Karten für die *Dreigroschenoper* besorgt habe.[12] Aber durch diese Geste, dieses unerwartete Kleidergeschenk, wurden seine Frau und er plötzlich zu guten Freunden, zu Sympathieträgern. Tatsächlich muss sie damals so ärmlich ausgesehen haben, dass sogar noch Ärmere Mitleid mit ihr hatten. Während einer ihrer langen Gänge durch die Stadt hatte sie sich erschöpft irgendwo niedergelassen, auf einer Treppe vor einem *Orphelinat*, einem Waisenhaus, da kamen zwei kleine Mädchen auf sie zu und fragten mit dünner Stimme: »Madame, vous êtes une orpheline?« – »Madame, sind Sie ein Waisenkind?« Dann streckten sie ihr ein paar Gänseblümchen entgegen und sagten: »Für Sie, Madame Orpheline. Das bringt Glück.«[13]

Das ist fast die einzige Szene in ihren Marseille-Schilderungen, die einen Blick in ihr Inneres erlaubt. Die kleinen Mädchen hatten genau den richtigen Instinkt, denn Lisa muss sich in dieser Zeit wirklich wie verwaist gefühlt haben. Sie hatte seit Mai 1940 nichts mehr von ihren Eltern gehört, wusste nicht einmal, ob sie noch lebten, und wenn ja, dann wo? In einem Lager? In einem Versteck? Oder etwa noch immer in derselben Wohnung, in der Butte Rouge? Hoffentlich nicht, denn am 14. Juni waren die Deutschen in Paris einmarschiert. Wer irgend konnte, war damals fortgegangen. Ganze Ströme von Flüchtlingen hatten versucht, die Stadt zu verlassen, zu Fuß oder im Auto, mit Lastwagen oder Zügen, zum Teil in Pferdekarren, viele nur mit einem Handkoffer oder einer Tasche ausgerüstet, die die notwendigsten Dinge zum Überleben enthielten. Hans, ihr Bruder, hatte ihr geschrieben, dass er auch nichts Genaueres wisse. Doch er würde ja seine Frau und sein Kind bald wieder zu sich holen, Eva und die kleine Catherine, vielleicht wüssten die mehr als er?[14]

Und was war mit Paula, Alfred, den Pfemferts und all den anderen? Den Menschen, mit denen Lisa die letzten Monate verbracht hatte? »Alfred«, dessen Identität nie enthüllt wird, kommt nicht mehr vor. Die Pfemferts hatten sich »vorläufig in Perpignan festgesetzt«.[15] Paulette erscheint nur noch ganz am Rande. Einmal heißt es, dass sie ihren Mann, Karl Spriewald, wiedergefunden habe, der »mit einem kleinen Haufen von Leuten aus seinem Regiment« plötzlich in Marseille aufgetaucht sei.[16]

»Der Alte« war eines Tages wieder da, aus dem Lager Les Milles nach Marseille geflohen. Er war besonders gefährdet, weil er auf der Auslieferungsliste der Deutschen stand. Er hatte vor, sich nach Algiers abzusetzen, um von dort nach Mexiko zu entkommen, was ihm einige Zeit später auch gelang.[17] War er vielleicht doch nicht ganz so verwirrt, wie Lisa ihn darstellt?

Benjamin in Marseille

Auch Walter Benjamin war inzwischen in Marseille angekommen. Er hatte Lourdes in der zweiten Augusthälfte verlassen, tatsächlich mit einem Notvisum für die Vereinigten Staaten in der Tasche, das er sich auf dem amerikanischen Konsulat abholen sollte. Das Ganze glich inzwischen fast einem Wunder, denn auf den Doppeltüren dieses Konsulats war auf Englisch und Französisch zu lesen: »Quotenübertragungen aus Paris gesperrt. Anmeldungen aus Mitteleuropa ausgeschlossen, Schiffsplätze aus Lissabon ausverkauft.«[18] Das hieß so viel wie: Versucht es erst gar nicht, es hat sowieso keinen Sinn! Das Land ist voll! Nur sehr berühmte Künstler, Wissenschaftler oder Antifaschisten hatten eventuell eine Chance, ein »Emergency-Visa« zu bekommen.

Wer am Ende zu den Auserwählten zählen würde, hing von Kriterien ab, die niemand verstand, unter anderem von der Willkür der Mitarbeiter des amerikanischen Konsulats, die die ganze Aktion am liebsten sabotiert hätten, sei es aus Antisemitismus, Sturheit oder Selbstherrlichkeit.[19] Als Hertha Pauli ein Visum bekam und Leonhard Frank, einer ihrer Kollegen, nicht, verlor er die Fassung und schrie sie an: »Aber ich bin doch viel bekannter als Sie!«[20]

Auch der moralische Ruf soll eine Rolle gespielt haben. War jemand geschieden, homosexuell, polygam, drogensüchtig, Mutter eines unehelichen Kindes? Und natürlich kam es auch darauf an, wo jemand politisch stand. Der Schriftstellerin Anna Seghers gab man zu verstehen, man helfe »solchen Leuten« wie ihr nicht, womit Kommunisten, besonders »Partei-Kommunisten«, gemeint waren. Da sie allerdings Trägerin des renommierten Kleist-Preises war, erhielt sie für ihre Familie und sich wenigstens ein Transitvisum, mit dem sie nach Mexiko reisen konnten.[21]

Weil die Listen sich ständig veränderten, je nachdem wer darüber entschied, gaben viele die Hoffnung noch nicht völlig auf, sondern kamen Tag für Tag in den Park des amerikanischen Konsulats, wo sie sich auf den breiten Marmorstufen niederließen. Vielleicht hatte sich der politische Wind ja wieder einmal gedreht. Oder ein berühmter Mensch hatte sich umgebracht und ein anderer würde nachrücken. Das Problem war nur: Ob mit oder ohne Emergency-Visum – man kam nicht aus Frankreich heraus, denn dazu brauchte man ein *visa de sortie*, eine Ausreisegenehmigung, ohne die es unmöglich war, das Land auf legalem Weg zu verlassen. Es konnte nur in Vichy ausgestellt werden, was konkret hieß, unter Supervision der Gestapo, was natürlich niemand riskieren wollte.

Diese Erfahrung musste auch Walter Benjamin machen, der schon glaubte, alles zu haben, was er brauchte: das amerikanische Visum, eine Bürgschaft, die eidesstattliche Erklärung, dass er am International Institute for Social Research in New York angestellt sei, Gehaltsnachweise, eine Unterkunft usw.[22] Nur: Er hatte kein *visa de sortie*, nicht einmal einen gültigen Pass, denn er war der Überzeugung, dass das gar nicht nötig sei, weil er auch mit seinem Flüchtlingsausweis, seinem *Réfugié*-Papier, nach Amerika käme, was sich als großer Irrtum erwies.[23] Einen Pass hätte er sich zur Not fälschen lassen können, ein Ausreisevisum aber nicht. Denn dieses Papier galt als absolut fälschungssicher und taugte nach Überzeugung der meisten Flüchtlinge nur für die Einweisung ins Konzentrationslager.

Walter Benjamin war damals 48 Jahre alt, sah aber, wie die erhaltenen Fotos zeigen, viel älter aus. Er war relativ klein, leicht übergewichtig und fiel sofort durch seinen schleppenden, etwas unsicheren Gang auf. Sein Haar war stark ergraut, aber noch lockig und dicht. Als Markenzeichen trug er seit Jahren einen Schnäuzer und eine Brille mit kreisrunden Gläsern. Wo er um diese Zeit wohnte, ist nicht bekannt. Sicher nicht im noblen Grand Hôtel du Commerce et des Négociants am Cours Belsunce, wie 1928, als er seine berühmten »Denkbilder« über Marseille schrieb:

> Marseille – gelbes, angestocktes Seehundsgebiss, dem das salzige Wasser zwischen den Zähnen herausfließt. Schnappt dieser Rachen nach den schwarzen und braunen Proletenleibern, mit denen die Schiffskompagnien ihn nach Fahrplan füttern, so dringt ein Gestank von Öl, Urin und Druckerschwärze daraus hervor. Der ist vom Zahnstein, der an den wuchtigen Kiefern festbackt: Zeitungskioske, Retiraden und Austernstände. Das Hafenvolk ist eine Bazillenkultur; Lastträger und Huren menschenähnliche Fäulnisprodukte. Im Gaumen aber sieht es rosa aus. Das ist hier die Farbe der Schande, des Elends. Bucklige kleiden sich so und Bettlerinnen.[24]

Er hatte hier Haschisch-Experimente gemacht und minutiös darüber Protokoll geführt, um sie mit befreundeten Ärzten zu diskutieren. Jetzt gab er vorsichtshalber keine Adresse mehr an, wenn er Briefe schrieb, und ließ sich die Antworten *poste restante* zuschicken. Denn er wusste, dass überall Spitzel lauerten. Jeder Brief konnte von der Gestapo abgefangen werden. Er schrieb an wenige ausgewählte Freunde, auf Französisch, kurz und zurückhaltend: dass allgemein große Aufregung herrsche, dass er immer noch auf ein Ausreisevisum hoffe, dass das Ganze eine schreckliche Nervenprobe sei und er Anzeichen einer starken Depression verspüre.[25]

Spaziergang mit Soma Morgenstern

In den Wochen dieses Marseille-Aufenthaltes lief ihm ein alter Freund, Soma Morgenstern, über den Weg, den er seit Mitte der zwanziger Jahre kannte. Sie schätzten sich sehr und hatten viele Gemeinsamkeiten, sodass die Freude über die Wiederbegegnung groß gewesen sein muss. Soma, eigentlich Salomon Morgenstern, war der Sohn frommer galizischer Juden. Seine Muttersprache war Jiddisch, aber er sprach auch Ukrainisch, Polnisch, Französisch, Englisch und Deutsch, das er sich wie eine Fremdsprache aneignen musste, um später fast ausschließlich darin zu scheiben. Bekannt geworden ist er vor allem durch seine grandiose Biographie über Joseph Roth, einen seiner engsten Freunde.[26]

Nach dem Anschluss seiner Wahlheimat Österreich an das Deutsche Reich emigrierte er nach Paris, wo er in große Not geriet, da seine Tantiemen nicht ins Ausland transferiert werden durften. Er bekam ein paar Almosen von der American Guild for German Cultural Freedom und von Joseph Roth, seinem alten Freund, der im Hotel de la Poste wohnte.

Im Bistro dieses Hotels war auch Benjamin oft zu Gast, damals noch relativ optimistisch und voller Hoffnung, wie Morgenstern meinte. Sie machten lange Spaziergänge im Jardin du Luxembourg und führten intensive Gespräche, meistens über Literatur. Politik sei für Benjamin erst seit dem Hitler-Stalin-Pakt, der ihn furchtbar erregt haben soll, ein zentrales Thema geworden. Später, in Marseille, habe er um Jahre gealtert ausgesehen und wahrscheinlich keine Nacht ohne Schlafmittel verbracht. Tief enttäuscht habe er vom Versagen der Intellektuellen gesprochen, nicht ohne bittere Selbstkritik übrigens. »Warum sollten wir es auch verdient haben, dass unsere Generation die Lösung der wichtigsten Fragen der Menschheit erleben sollte?«[27]

Ja, er sei manchmal etwas merkwürdig gewesen. Zum Beispiel meinte er, unbedingt einen schwarzen Hut tragen zu müssen, damit ihn nicht jeder sofort erkenne. Und auf der *Cannebière* wollte er nur Französisch sprechen, um sich nicht verdächtig zu machen, obwohl auf dieser »vielleicht lautesten Straße der Welt« inzwischen jeder Zweite oder Dritte Deutsch gesprochen habe.

Morgenstern nahm Benjamin so, wie er war. Auch in seiner Widersprüchlichkeit. Einerseits habe er oft davon geredet, wie schön es sein müsse, im 30. Stockwerk eines New Yorker Wolkenkratzers zu leben, um im nächsten Moment wieder von Selbstmord zu sprechen, spöttisch, sachlich oder mit tiefer Melancholie. Er habe ihm mehrmals erzählt, dass irgendein Dichter aus der Zeit der Französischen Revolution sich gerade im richtigen Moment umgebracht habe, um sich »sein Plätzchen in der Weltgeschichte« zu sichern. Benjamin fand das komisch. Selbstmord als Mittel zum Nachruhm.[28] Ein anderes Mal wollte er wissen, ob Morgenstern vielleicht Gift besitze und manchmal daran denke, davon Gebrauch zu machen. Morgenstern sagte, dass er einen zehnjährigen Sohn habe. Er wolle sich schon deshalb nicht umbringen, weil er sich verpflichtet fühle, »ihn nicht allein zu lassen in dieser Hitler-Zeit«. Und er war sehr überrascht, als Benjamin ihm erzählte, dass auch er einen Sohn habe, von dem Morgenstern bisher gar nichts wusste. Er habe »kurz und kühl wie von einem entfernten Verwandten« gesprochen und in einem merkwürdigen Ton hinzugefügt: »Wenn ich mich rette, wird es kaum für meinen Sohn geschehen.«[29]

Der tschechoslowakische Konsul

Nach Wochen zermürbender Diskussionen ließ sich Fittko doch noch davon überzeugen, dass eine schnellstmögliche Flucht die einzige Option sei. Eine der vielen Hürden bestand darin, dass Lisa keine Papiere hatte. Ihren deutschen Pass hatte man ihr schon in Berlin abgenommen. Der tschechische Interimsausweis war nicht mehr gültig. Aus der Zeit in Basel und Amsterdam hatte sie, soweit bekannt, gar keine Papiere und aus Paris nur ihr *refus de séjour*, ihre Aufenthaltsverweigerung. Für Marseille hätte sie ein *permis de séjour*, eine Aufenthalts*erlaubnis*, gebraucht, die sie natürlich auch nicht besaß. Aus diesem Chaos wusste ausgerechnet Franz Pfemfert einen Ausweg, derselbe Mann also, den sie noch kurz zuvor als realitätsfernen Katzenliebhaber geschildert hatte.

Er war mit seiner Frau Anja für ein paar Tage nach Marseille gekommen, um den Konsul der Tschechoslowakei, Vladimír Vochoč, aufzusuchen, der an der *Rue de la République* seine Amtsräume hatte. Er befand sich in einer juristischen Grauzone, denn seitdem Hitler in Prag einmarschiert war und das »Reichsprotektorat Böhmen und Mähren« ausgerufen hatte, gab es sein Land eigentlich gar nicht mehr. In London hatte sich zwar eine Exilregierung gebildet, doch deren rechtlicher Status war nicht allgemein anerkannt. Aber Vochoč machte einfach so weiter, als wäre nichts geschehen. Seine Akkreditierung stammte von 1938. Darauf berief er sich. Er war Professor für internationales Recht und kannte sich aus. Solange man ihn gewähren ließ, nutzte er die gesetzlichen Lücken, um möglichst vielen Flüchtlingen zu einem Pass zu verhelfen. Unter seinen Klienten waren die Werfels, Heinrich und Nelly Mann, Walter Mehring, Hertha Pauli und der kritische Hitler-Biograph Konrad Heiden, die Pfemferts und irgendwann auch Lisa mit ihrer Gruppe: Hans Fittko, ihr Bruder samt Frau und Kind, Paula Spriewald und Walter Oettinghaus. Insgesamt soll Vochoč über 2000 Flüchtlingen einen Pass ausgestellt haben, wofür ihm später von der Gedenkstätte Yad Vashem in Israel der Titel eines »Gerechten unter den Völkern« verliehen wurde.[30]

Nach tage- und nächtelangem Verharren in Warteschlangen hatten sie dann endlich ihre Papiere beisammen: ihre tschechischen Pässe, ein gefälschtes Visum für China, ein Transitvisum für Spanien, eines für Portugal und eine fingierte Schiffspassage nach Übersee, die man im Reisebüro Thomas Cook käuflich erwerben konnte. Nur das *visa de sortie* fehlte noch und würde auch nicht zu beschaffen sein, aus den bekannten Gründen. Nach China wollte übrigens niemand aus der Gruppe ernsthaft auswandern. Das Visum mit seinen bunten Hieroglyphen, deren Sinn niemand entschlüsseln konnte, diente nur zur Tarnung, denn es war nun mal Vorschrift, ein »Endvisum« vorweisen zu können, selbst wenn es für ein gar nicht existierendes Land gewesen wäre.

Der Engel der Flüchtlinge

Am 15. August 1940 war ein junger Amerikaner in Marseille eingetroffen, der im Auftrag eines neu gegründeten Komitees, des Emergency Rescue Committee, herausfinden sollte, wie man möglichst viele gefährdete Flüchtlinge retten könne, »vorrangig […] bekannte Persönlichkeiten aus Kultur und Politik«.[31] Sein Name war Varian Fry. Er war 33 Jahre alt, Journalist, Altphilologe und vor allem: überzeugter Antifaschist, der Deutschland aus eigener Anschauung kannte. 1935 war er im Auftrag einer amerikanischen Zeitung in Berlin gewesen und hatte mit eigenen Augen gesehen, »wie sich junge Nazischläger zusammenrotteten und jüdische Cafés demolierten, […] wie sie jüdische Caféhausbesucher von ihren Stühlen rissen, […] Frauen die Straße hinuntertrieben, einen alten Mann zu Boden warfen und ihm ins Gesicht traten«. Nach allem, was er über die Flüchtlinge, die in Frankreich festsaßen, gehört und gelesen hatte, habe er sich verpflichtet gefühlt, ihnen zu helfen, »solange es auch nur die kleinste Chance gab, wenigstens einige [...] zu retten«.[32]

Eleanor Roosevelt, die Gattin des amerikanischen Präsidenten, unterstützte ihn, politisch, moralisch und finanziell, mit Hilfe einflussreicher Persönlichkeiten aus Amerika und dem alten Europa. Als Fry abflog, hatte er die Taschen vollgestopft mit Namenslisten von Männern und Frauen, die er retten sollte. Etwa 200 sollen es anfangs gewesen sein, aber es würden noch über 2000 dazukommen.

Varian Fry schlug sein Quartier zunächst im Hotel Splendide auf, später in der Villa Air-Bel am Stadtrand von Marseille, unterstützt von einem Team internationaler Helferinnen und Helfer, darunter auch der Schriftsteller Hans Sahl, der in seinem Roman *Die Wenigen und die Vielen* darüber schreiben würde:

> Sie müssen sich vorstellen: die Grenzen waren gesperrt, man saß in der Falle, jeden Augenblick konnte man von neuem verhaftet werden, das Leben war zu Ende – und nun steht da plötzlich ein junger Amerikaner in Hemdsärmeln, stopft dir die Taschen mit Geld voll, legt den Arm um dich und zischelt mit schlecht gespielter Verschwörermiene: »Oh, es gibt Wege, Sie herauszubringen«, während dir, verdammt nochmal, die Tränen über die Backen laufen, ja, scheußlich, richtige, dicke Tränen, und der Kerl, [...] übrigens ein ehemaliger Harvard-Student, nimmt nun auch wirklich sein seidenes Taschentuch aus der Jacke [...] und sagt: »Hier, nehmen Sie, es ist nicht ganz sauber, Sie müssen schon entschuldigen.« Und sehen Sie, seitdem liebe ich Amerika, weil [...] da doch immer, wenn es irgendwie nicht mehr weiterzugehen scheint, irgendein Mann in Hemdsärmeln vor dir steht und sagt: »Oh, there are ways, you know.«[33]

Die Nachricht von der Ankunft des Retters sprach sich unter den Emigranten wie ein Lauffeuer herum. Mit Hilfe seines Teams, das sich auf Französisch Centre Américain de Secours nannte, gelang es vielen schon in den nächsten Wochen, Frankreich auf Schmugglerpfaden zu verlassen und sich über die Pyrenäen nach Spanien zu retten. Von dort würde es weiter nach Lissabon gehen und mit etwas Glück und Geduld nach Amerika.

Zu den Ersten, die es erfolgreich versuchten, gehörten Hertha Pauli mit ihrem langjährigen Kollegen und Freund Karl Frucht, genannt Carli. Fry hatte ihnen noch in Marseille eine Skizze gegeben, auf der ein Weg vom französischen Banyuls-sur-Mer nach Portbou in Spanien markiert war. »Es war ein Schmugglerweg, der in sieben Stunden über die Pyrenäen führte«, schreibt Hertha Pauli in ihren Erinnerungen. Allerdings sollten sie nicht allein gehen. Ein Fluchthelfer, Norbert Mühlen, würde sie begleiten. Ferner ein Schriftsteller aus Prag, Hans Natonek, dessen Freundin und eine ehemalige Autorin der *Weltbühne*, Hilde Walter. Die Gruppe muss in der letzten Augustwoche aufgebrochen sein, denn sie war schon Anfang September in Lissabon und konnten von dort ein Schiff nach Amerika nehmen.[34]

Man hörte nun in Marseille immer öfter, dass es solche Wege gebe und dass sie zwar anstrengend, aber passierbar sein sollten. Auch in Lisas Kreis wurde die Nachricht erfreut aufgenommen, zumal es hieß, dass die spanischen Grenzposten etwas lethargisch seien und in der Regel nicht groß nach dem Ausreisevisum fragten. »Es gab aber auch Fälle, wo es zunächst nicht klappte«, schränkt Lisa ein:

> Die Spanier erfanden von Zeit zu Zeit Schikanen. Dieses oder jenes Dokument wurde nicht anerkannt, oder ein neues Papier war erforderlich, oder ein Stempel passte ihnen nicht; und dann gab es Verordnungen, denen zufolge [...] keine Staatenlosen durch Spanien fahren durften. Mehrere Emigranten wurden verhaftet oder zurückgeschickt oder sogar ins Konzentrationslager Figueras gebracht. Soweit wir wussten, war es bisher jedoch allen gelungen, sich irgendwie wieder herauszuwinden. [...] Beunruhigend war, dass die meisten, die Schwierigkeiten an der Grenze hatten, bekannte Leute waren, die unter ihrem richtigen Namen reisten: Offensichtlich hatte auch dort die Gestapo die Hand im Spiel.[35]

Es sei also notwendig, eine *organisierte* Fluchthilfe aufzubauen, vor allem für die politischen Flüchtlinge, die besonders gefährdet waren, weil die Gestapo schon lange nach ihnen suchte, Widerstandskämpfer, Kommunisten, kritische Journalisten. Bei der geplanten Aktion ging es um mehr als um bloße Kenntnis der Geographie. Es ging um die Unterwanderung und Umgehung der Kontrollen.

> Jemand sollte zur Grenze fahren und wenn möglich sogar einige Zeit dort bleiben. Wir brauchten einen sicheren Weg, der auch für die Nachkommenden gangbar war. Es musste auch möglich sein, mit uns freundlich gesinnten Grenzbewohnern Verbindung aufzunehmen, so würde man immer auf dem Laufenden sein, was an der Grenze vorging. Es musste jemand mit Grenz-Erfahrung sein. Frauen kamen immer leichter durch. Vielleicht Paulette? Nein, Paulette war noch nicht so weit mit ihren Papieren. Die Lisa, sagte jemand. (Ich bin nicht mehr sicher, wer zuerst auf den Gedanken gekommen ist, aber ich glaube, es war mein Mann.)[36]

Zunächst sei sie skeptisch, fast ein wenig verärgert gewesen. Die Lisa, die Lisa! Warum immer die Lisa? Aber verschiedene Gründe sprachen dafür. Erstens: Sie konnte fast fließend Französisch. Zweitens: Sie fiel als mediterraner Typ in der Gegend nicht weiter auf. Drittens: Sie war eine gute Sportlerin. Das alles konnte man von Fittko nicht gerade behaupten. Also setzte sie sich in den Zug und fuhr los, ungefähr Mitte September 1940,[37] nach Port-Vendres, eine kleine Hafenstadt am Ostrand der Pyrenäen, wo sich besonders viele Flüchtlinge aufhalten sollten.

Am Bahnhof von Montpellier stiegen ihre Schwägerin Eva und die kleine Catherine zu. Sie hatten sich vier Monate lang nicht mehr gesehen. Für ein Kind war das viel, eine halbe Ewigkeit. Aber sie erkannte ihre Tante sofort wieder und lief jubelnd auf sie zu: »Tu as du gâteau? Tu as du chocolat?« – »Hast du Kuchen? Hast du Schokolade?«

Es gab zwar längst keinen Kuchen und keine Schokolade mehr,

aber Lisa war trotzdem gerührt, denn durch das aufgeregte Geplapper der Kleinen tauchte ein Stück ihres früheren Lebens wieder auf, das sie schon fast vergessen hatte.

Wirklich sicher?

In Port-Vendres fanden sie ein provisorisches Quartier, Lisa in einem Dachstübchen, Eva und das Kind in einem Kellerraum. Man hatte ihr gesagt, dass der Mann, den sie als Erstes aufsuchen sollte, Azéma heiße, Vincent Azéma, Bürgermeister des Nachbarortes Banyuls-sur-mer. Er sei Sozialist und habe schon während des Spanischen Bürgerkriegs vielen Menschen geholfen, die fliehen mussten, ob Spaniern oder Mitgliedern der Internationalen Brigaden. Lisa schreibt, dass sie ihn baldmöglichst aufgesucht habe, ob am nächsten Tag oder etwas später, lässt sie offen. Sie musste einen relativ langen Weg gehen, um zu ihm zu gelangen, der Eisenbahnlinie folgend, durchs Landesinnere, aber auch immer wieder mit herrlichem Blick auf Weinberge und Meer. In der Bürgermeisterei traf sie einen hageren, sonnengebräunten Mann von Anfang 60 an, der ein wenig arabisch aussah und deshalb von den Einheimischen liebevoll »El Bedoui« genannt wurde. Sie hätte auch bis nach Cerbère gehen können, das noch näher an der spanischen Grenze lag. Heinrich Mann, seine Frau Nelly, sein Neffe Golo und die beiden Werfels waren mit Hilfe von Frys Komitee von dort aufgebrochen und hatten es tatsächlich bis nach Portbou geschafft, wenn auch unter großen Strapazen, da sie bis auf Golo alle nicht mehr jung und gesund waren.[38] Aber jetzt galt der Weg plötzlich als »scharf bewacht und musste[n] gemieden werden«. Die Route von Banyuls aus sei sicherer, wenn sie auch dreimal so lang war.[39]

Die »Route Lister«, die Lisa nehmen sollte, war noch heiß von den Füßen ungezählter Bürgerkriegsflüchtlinge, die sie in umgekehrter Richtung benutzt hatten.[40] Ihren Namen verdankte sie Enrique Lister, einem General, der inzwischen in der Sowjetunion lebte und kämpfte.

Während des Bürgerkrieges hatte man sein Bild oft in den Zeitungen gesehen. Was für ein Mann! Fast wie ein Filmstar! Die energische Gestik, das kühne Gesicht, das schwarze Haar, die dichten Augenbrauen, die immer leicht schief auf dem Kopf sitzende Uniformmütze! Man musste ihn einfach mögen, kein Wunder, dass sich so viele Frauen den *Mujeres Libres* anschlossen, um ihn vielleicht einmal in diesem Leben zu sehen.

Ja, natürlich, Azéma, der Lisa sehr freundlich empfing, wollte den Flüchtlingen helfen. Doch er hatte auch seine Bedenken, denn so geheim, wie sie dachte, war der Weg nun auch wieder nicht. Er zeichnete ihr eine grobe Skizze auf, riet ihr aber, möglichst viel selbst zu organisieren und sich nicht zu oft bei ihm blicken zu lassen, es könne ja sein, dass er überwacht werde und eines Tages nicht mehr da sei. Immerhin versprach er, ihnen ein Quartier und genügend Lebensmittel zu verschaffen, für die nächsten Tage und Nächte, vielleicht sogar Wochen. Frohgemut und mit etwas Proviant »pour le bébé« versehen ging sie den weiten Weg wieder zurück und nahm zum ersten Mal die herrliche Landschaft wahr, Bergketten mit dem Gold der untergehenden Sonne dazwischen und »ein Himmel so blau wie das Meer«.[41]

Walter Meyerhof

Soweit Lisas Version der Geschichte, die nie ernsthaft bezweifelt worden ist, obwohl es noch eine andere, mindestens ebenso glaubwürdige gibt. Sie stammt von Walter Meyerhof, Professor of Physics an der Stanford University, der von Ende August 1940 bis Anfang April 1941 in Banyuls-sur-Mer lebte und in seinen Lebenserinnerungen ausführlich über diese Zeit erzählt.[42]

Er war 18 Jahre alt, als er dort ankam, zusammen mit seinen Eltern, Otto und Hedwig Meyerhof, die verzweifelt auf ihre Ausreise nach Amerika warteten, denn sie waren Juden. Otto Meyerhof war einer der berühmtesten Biochemiker seiner Zeit, ausgezeichnet mit dem Nobelpreis für Medizin und Physiologie, Professor an der medizinischen Fakultät Heidelberg, bis ihm die Lehrbefugnis wegen seiner Herkunft entzogen wurde. In Amerika war schon alles für ihn vorbereitet. Die Rockefeller Foundation würde für ihn bürgen. Er sollte Professor in Pennsylvania werden. Man fühlte sich geehrt, als er um ein Visum bat, aber es fehlten, wie üblich, noch ein paar Papiere, vor allem das begehrte Ausreisevisum aus Frankreich.

Die Meyerhofs waren persönliche Schützlinge Varian Frys. Er hatte ihnen geraten, nach Banyuls zu fahren und dort eine Weile zu bleiben, um die Möglichkeiten des Grenzübertritts zu erkunden. Das passte gut, denn in Banyuls gab es ein renommiertes Institut für Meeresbiologie, in dem Meyerhof vorläufig arbeiten konnte.

Walter, sein Jüngster, hatte schlimme Zeiten hinter sich: Schikanen und Schläge durch antisemitische Lehrer in Deutschland, Internierung als »feindlicher Ausländer« in Frankreich, Flucht aus mehreren Lagern, tage- und nächtelange Fußmärsche, in der Hoffnung, seine Eltern irgendwo wiederzufinden, immer in der Angst, verhaftet zu werden, denn seinen deutschen Pass mit dem großen »J« hatte er weggeworfen und besaß nur noch ein gefälschtes Entlassungspapier aus dem Lager, mit dem er sich »ausweisen« konnte.

In seinen Erinnerungen *In the Shadow of Love* schreibt er, dass er den Kampf mit der Bürokratie schon fast aufgegeben hätte, als er Anfang September ein junges Paar kennenlernte, das ihm seine Hilfe anbot: die Fittkos, die »vollständig überraschend« vor dem Haus standen, in dem er mit seinen Eltern untergekommen war.[43] Varian Fry, sagten sie, habe ihnen die Adresse gegeben.

> Sie seien dabei, nach Spanien zu fliehen und würden sich freuen, uns mitnehmen zu dürfen. Sie hätten schon Flüchtlinge über andere Grenzen gebracht, als sie von Deutschland in die Tschechoslowakei geflohen seien […] Obwohl sie gerade erst aus Marseille angekommen seien, hielten sie sich für erfahren genug, es würde ihnen nicht schwer fallen, einen Fluchtweg nach Spanien zu finden.

Seine Eltern trauten den Fittkos nicht recht, sondern wollten lieber auf einen gewissen Dick Ball warten, einen Mann, der ihnen von Varian Fry persönlich empfohlen worden war. Meyerhof jr. aber wollte den Fittkos unbedingt folgen, weil er Angst hatte, dass es sonst zu spät sei. Am nächsten Tag seien sie bei glühender Hitze aufgebrochen, um die Mittagszeit, da sie annahmen, dass *tout le monde* dann zu Tisch sein würde, auch die Grenzpolizisten. Als Datum des Aufbruchs gibt er den 6. September 1940 an. Tatsächlich war es aber wohl der 5., ein Donnerstag. Allgemeinen Ratschlägen folgend hätten sie nur eine Wasserflasche und eine Tasche mit etwas Proviant mitgenommen, sodass es ausgesehen habe, als würden sie eine Wanderung machen. Das Ganze muss ziemlich improvisiert gewesen sein. Von einer Karte oder Skizze ist nicht die Rede.

> Es war sehr heiß, als wir durch die Felder und Weingärten gingen, in eine Richtung, von der die Fittkos dachten, dass sie nach Spanien führte. Ein Hügel folgte dem anderen, es wurde später Nachmittag, wir dachten, wir würden endlich die Grenze erreichen, wenn wir es nur durch den Wald bis zum nächsten Berg schaffen würden. Wir hatten keine Pause gemacht und waren sehr müde.

Plötzlich, noch auf französischer Seite, seien zwei Polizisten aus dem Wald gekommen und hätten gefragt, wohin sie wollten. Sie hätten behauptet, sie seien Einwohner von Banyuls und wollten nur eine Bergwanderung machen. Doch die Männer hätten ihnen nicht geglaubt, sondern gesagt, das müsse man auf der Gendarmerie in Cerbère klären. Meyerhof habe sich entschlossen, ihnen die Wahrheit zu sagen. Vielleicht waren sie ja keine Unmenschen?

»Ich flehte sie an, uns gehen zu lassen, sagte, dass wir deutsche Flüchtlinge seien und nach Spanien wollten, um der Gestapo zu entkommen. ›Das können Sie unserem Leutnant erzählen‹, antworteten sie. ›Kommen Sie mit uns und versuchen Sie nicht zu fliehen, sonst werden wir schießen.‹«

Der Chef der Gendarmerie sei sehr abweisend gewesen. Er habe ihre Geschichte gar nicht erst hören wollen. Er werde sie, habe er gesagt, in Perpignan vor Gericht bringen. Sie könnten dann alles dem Herrn Vorsitzenden erzählen. Daraufhin seien sie auf verschiedene Zellen verteilt worden, kahl, grau, die Fenster vergittert, der Boden mit etwas Stroh ausgelegt. Das Essen habe aus Schwarzbrot und einer kaffeeähnlichen braunen Brühe bestanden. »Diese Nacht war die einzige in meinem Leben, in der ich zu Gott betete, er möge mich retten. Ich war mir sicher, dass der Richter uns einsperren und mich an die Gestapo ausliefern würde.«

Am Mittag des nächsten Tages habe er sich wie in einem Märchen gefühlt. Man habe sie tatsächlich in ein Restaurant geführt und ihnen eine richtige warme Mahlzeit vorgesetzt, im Garten, denn es sei schönes Wetter gewesen. Unter den Gästen habe er jemanden bemerkt, den er kannte: einen leitenden Zollbeamten, der als relativ freundlich gegolten habe. Sein Vater und er hätten ihn schon ein paar Tage vorher gefragt, ob er ihnen beim Grenzübertritt helfen könne, aber er habe nein gesagt, weil sie zu bekannt seien. Trotzdem, er habe irgendwie menschlich gewirkt, weder besonders ausländer- oder gar judenfeindlich. Vielleicht sei er insgeheim sogar Sozialist gewesen? Meyerhof schreibt, dass ihm plötzlich eine kühne Idee gekommen sei. Er habe abgewartet, bis seine Bewacher sich ganz aufs Essen konzentrierten und genau in diesem Moment ein Stück Papier aus der Tasche gezogen, um darauf zu schreiben: »Bitte, informieren Sie meine Eltern und sagen ihnen, dass ich in Cerbère eingesperrt worden bin. Am Samstag werden wir dem Richter in Perpignan vorgeführt.«

Als sie aufgestanden seien, um das Lokal zu verlassen, habe er das Papier scheinbar achtlos auf den Boden geworfen, ungefähr vor die Füße des Zollbeamten, der es wie beiläufig aufgehoben habe. Dann seien Lisa, Hans Fittko und er selbst wieder zurück in die Gendarmerie gebracht worden.

Als sie, wie angekündigt, in Perpignan vor Gericht geführt worden seien, habe er kaum glauben können, seine Eltern dort zu sehen. Der

Beamte musste ihnen die Nachricht also tatsächlich überbracht haben! Sie erzählten, sie seien sofort zum Bürgermeister von Banyuls, also zu Azéma, gegangen. Der habe den Richter – einen alten Sozialisten – angerufen und in Kenntnis gesetzt.

»Als unser Fall an die Reihe kam, erklärte einer der Gendarmen, dass die Fittkos und ich nahe der Grenze festgenommen worden wären. Wir hätten versucht, Frankreich illegal ohne Ausreisevisen zu verlassen. Der Richter sagte zu dem Gendarmen: ›Danke für Ihre Aussage‹ und zu uns: ›Sie können gehen.‹ Es war unglaublich.«

Diese Geschichte, an deren Wahrheitsgehalt wenig Zweifel besteht, da sie durch Briefe, Postkarten und Telegramme bestätigt wird, die sich im Exilarchiv der Deutschen Nationalbibliothek befinden,[44] lässt eigentlich nur den Schluss zu, dass in Lisas Version etwas fehlt, nämlich ein erster, fehlgeschlagener Fluchthilfeversuch und ein Gefängnisaufenthalt, dessen sie sich nachträglich schämte.

Walter Meyerhof selbst hat sie – 50 Jahre später – danach gefragt. Sie soll gesagt haben, das habe sie alles »komplett vergessen«, deshalb komme es in *Mein Weg über die Pyrenäen* auch nicht vor.

Das Problem ist nur: Aus der einen Lücke ergibt sich die nächste. Ein Zweifel zieht zwei oder drei andere nach sich, die Erzählung wird brüchig, selbst da, wo sie stimmt. Meyerhof war eine bekannte Persönlichkeit. Er hätte Lisa bloßstellen können, was er aber nicht tat. Er fand es nur seltsam, dass sie sich nie korrigiert hat, weder in einer Übersetzung noch in einer späteren Auflage. *Sein* Buch erschien 2002 in einem kleinen amerikanischen Universitätsverlag. Ob Lisa es je gelesen hat, ist nicht sicher. Sicher ist nur, dass es keine weite Verbreitung erfuhr und dem guten Ruf Lisas nichts anhaben konnte, auch wenn es ihrer Darstellung in vielen wichtigen Details widerspricht.

11
THE STORY OF OLD BENJAMIN (MARSEILLE–BANYULS-SUR-MER–PORTBOU, 1940)

»Mit ganz fremden Menschen«

Als Benjamin erkannt hatte, dass es sinnlos war, auf ein Ausreisevisum zu warten, entschloss er sich, illegal über die spanische Grenze zu gehen. Er wusste, dass es schwierig sein würde. Von Wetterstürzen, Lawinen oder Tod durch Erfrieren war die Rede, von Erschöpfung, Herzversagen oder Verhaftungen schon auf französischer Seite. Soma Morgenstern hatte man in Perpignan an der Weiterreise gehindert, weil er keine Papiere hatte, die ihn berechtigten, Marseille oder gar Frankreich zu verlassen. Zum Glück konnte er den Polizisten entkommen und mit dem nächsten Zug wieder zurückfahren. Er würde es wieder und wieder versuchen. Irgendwann würde es schon klappen oder auch nicht. Benjamin allerdings sagte, er habe beschlossen, »Demütigungen nur bis zu einer gewissen Grenze zu ertragen«.[1] Das wiederholte er oft, auch Hannah Arendt, seiner alten Freundin, gegenüber.[2] Er habe gehofft, dass er zusammen mit ihr und ihrem Mann, Heinrich Blücher, fliehen könne. Aber am Ende habe er »mit ihm ganz fremden Menschen losziehen« müssen, deren Namen sie entweder nicht wusste oder nicht nennen wollte.[3]

Diese »ganz fremden Menschen« waren Henny und Joseph Gurland, Mutter und Sohn. Sie waren genauso verzweifelt wie Benjamin, denn auch sie hatten kein Ausreisevisum, mussten Frankreich aber dringend verlassen, weil sie Juden und Antifaschisten waren. Henny war damals 40, Joseph, genannt »José«, 17 Jahre alt. Von Henny heißt es in der Benjamin-Biographik übereinstimmend, dass sie »Fotografin« gewesen sei, obwohl von den Bildern, die sie bis 1933 gemacht haben soll, jede Spur fehlt.[4] Erst aus der amerikanischen Zeit sind Bilder von ihr nachweisbar, vor allem aus dem Bereich der Porträtfotografie. Angeblich hat sie bis 1933 für den *Vorwärts* gearbeitet, das Zentralorgan der SPD also. Doch der *Vorwärts* enthielt in jener Zeit nur ganz wenige Bilder, die zudem nicht namentlich gekennzeichnet waren. In Frankreich scheint sie jedenfalls nicht mehr fotografiert zu haben, anders als Lore Krüger, die man fast nie ohne Kamera sah.

Da Henny Gurland noch eine wichtige Rolle in der Geschichte spielen wird, lohnt es sich, etwas genauer hinzusehen, wer sie eigentlich war. Sie war eine geborene Meyer aus Aachen,[5] Tochter eines jüdischen Augenoptikers, Tabakhändlers und Karnevalisten, der faszinierend aus der Bibel und den Sagen der alten Griechen erzählen konnte. Da ihre Heimatstadt ihr zu klein und zu provinziell war, ging Henny, die eigentlich Johanna hieß, schon früh nach Berlin, wo sie ihren ersten Mann, Otto Rosenthal, kennenlernte, einen Chemiefabrikanten, der sehr viel Wert auf Etikette und Konvention legte, während sie eher dem Typus der Femme Fatale entsprach: schwarzhaarig, glutäugig, witzig, scharfzüngig und von tiefer Verachtung gegen alles Bourgeoise erfüllt. Sie engagierte sich in der SPD und verkehrte in linken, zionistischen Kreisen. Joseph, 1923 geboren, war der einzige Sohn dieses Paares, das sich 1929 scheiden ließ. Da das Gericht Henny für »unmoralisch« und »psychisch instabil« hielt, sprach es dem Vater das Sorgerecht zu, was sie allerdings zu boykottieren wusste, indem sie Joseph nach der »Machtergreifung« entführte, zunächst nach Brüssel. Dort lernte sie ihren zweiten Mann kennen, Rafael Ruben Gurland, einen aus Russland stammenden Juden, der als Diplomat in spanisch-republikanischen Diensten stand. Er war leidenschaftlicher Franco-Gegner und Mitglied der Widerstandsgruppe »Neu Beginnen«. Während des Bürgerkriegs wurde er nach Paris versetzt, wohin Henny und Joseph ihm folgten.[6]

Zu Beginn des Zweiten Weltkriegs wurde Joseph, inzwischen 16, als »feindlicher Ausländer« interniert, in einem Lager in der Nähe von Bordeaux. Im Juni 1940 gelang ihm unter dramatischen Umständen die Flucht. Er schlug sich über Montauban nach Toulouse durch, wo er nach langem Suchen seine Mutter wiederfand, unter Tausenden von Flüchtlingen, die alle ihr eigenes tragisches Schicksal hatten. Sein Stiefvater, dessen Namen er inzwischen trug, hatte sich freiwillig zur französischen Armee gemeldet und war nahezu sofort in deutsche Gefangenschaft gekommen. Sie wussten nicht, wo er war und ob er überhaupt noch lebte.

Von der Schwierigkeit, sich zu erinnern

Benjamin gab niemandem Bescheid, als er Marseille mit den Gurlands verließ, weder Soma Morgenstern noch Arthur Koestler, den er ebenfalls in der Hafenstadt wieder getroffen hatte.[7] Angeblich war es Hans Fittko, der ihm gesagt hat, dass Lisa ihm vielleicht helfen könne. Jedenfalls stand er an einem frühen Morgen im September vor ihrer Tür in Port-Vendres und sagte: »Gnädige Frau, Ihr Herr Gemahl hat mir erklärt, wie ich Sie finden kann. Er sagte, Sie würden mich über die Grenze nach Spanien bringen.«[8]

Lisa fand das charmant, aber leicht befremdlich. Schließlich ging gerade die Welt aus den Fugen, und da drückte er sich aus wie im spanischen Hofzeremoniell?

Von nun an kennt man die Geschichte bis zu einem bestimmten Punkt nur noch aus ihrer Sicht. Es gibt sie allerdings in drei Fassungen, einer englischen und zwei deutschen, nicht mitgerechnet die zahlreichen Interviews in Büchern, Hörfunk und Fernsehen, die immer wieder neue Varianten ins Spiel brachten. Mit der ersten Fassung begann sie – auf Englisch – im Sommer 1979, als sie für längere Zeit bei ihrem Bruder Hans in Bandol zu Besuch war. Sie behandelt ausschließlich die Flucht Walter Benjamins und ihre eigene Rolle als

Fluchthelferin. Ihre Vergangenheit wird so gut wie vollständig ausgeblendet, was dem Text den Charakter einer autonomen Erzählung verleiht, die zwar von großem literarischem Wert ist, aber so sehr wie ein Fremdkörper in der späteren Buchfassung wirkt, dass sich der Verdacht aufdrängt, sie könnte vielleicht einen Co-Autor gehabt haben, jemanden aus der Familie etwa?[9]

Es ist ein sehr dichter poetischer Text, der auf lange Dialoge verzichtet und sich durch ungewöhnlich starke Bilder auszeichnet, sodass er mit Recht eine gewisse Berühmtheit erlangt hat und zu *dem* Referenztext für Benjamins Flucht geworden ist, immer wieder zitiert, reinszeniert oder nacherzählt, zuletzt von Marica Bodrožič in *Die Arbeit der Vögel*, einer Sammlung von *Seelenstenogrammen* über den letzten Weg Walter Benjamins, dem die Autorin nach acht Jahrzehnten noch einmal gefolgt ist.[10]

Lisas Geschichte beginnt in der Urfassung mit grundsätzlichen Betrachtungen über das Sicherinnern, die fast so klingen, als seien sie durch die Lektüre von Benjamin, Sigmund Freud oder Marcel Proust angeregt worden:

> Das geschah vor genau vierzig Jahren. Ich muss endlich mein Versprechen halten und diese Geschichte niederschreiben. Immer wieder sagt man mir: Schreiben Sie es doch einfach so auf, wie es war … Ich erinnere mich genau an alles, was damals geschah; ich glaube es jedenfalls. Mit anderen Worten: ich erinnere mich an die Tatsachen. Kann ich aber jene Tage noch einmal durchleben? Kann ich zu jener Vergangenheit zurückkehren, als uns noch nicht einmal Zeit blieb für einen Gedanken an ein normales Leben, zu jenen Tagen, als wir uns dem Chaos anpassten und ums Überleben kämpften?
> Der zeitliche Ablauf von vierzig Jahren hat, wie viele glauben, die Ereignisse für uns in eine bestimmte Perspektive gerückt. Ich glaube allerdings, dass diese Perspektive nur anscheinend eine bessere Einsicht darstellt und leicht zu einer Sicht im Nachhinein, zu einer Umformung des Geschehenen wird … Wie werden sich meine Er-

innerungen gegen diese Gefahr behaupten? Und wo soll ich anfangen?[11]

Mit dieser Einleitung räumt sie ein, dass der Text nicht als verlässliche historische Quelle zu lesen ist, dass nicht alles eins zu eins stimmen muss, dass Erinnerungen trügerisch sein können, überlagert, unvollständig, verschoben. Leider fehlt gerade dieser Passus in der Buchfassung, wo es lediglich heißt: »Es ist jetzt schon über vierzig Jahre her, aber ich erinnere mich noch genau daran, mit allen Einzelheiten. Oder könnte es sein, dass ich mir das nur einbilde?«[12]

Damit wurde der Charakter des Ganzen grundlegend verändert. Aus der subjektiven Erinnerung waren objektive Tatsachen geworden. Der Text erhob nunmehr den Anspruch, eine verlässliche historische Quelle zu sein, was er aber nicht ist, denn schon im ersten Satz heißt es, sie *wisse*, es sei der 25. September 1940 gewesen, als Benjamin plötzlich vor ihrer Tür stand, während es tatsächlich der 24. war, was inzwischen als historisch gesichert gilt.[13] Das mag eine Kleinigkeit sein. Oder doch nicht? Denn nun ging das Spekulieren und Streiten unter den Experten so richtig los, wann genau er die Grenze überschritten hat, ob am 24., 25. oder 26. September 1940, wann er im Hotel Francia in Portbou ankam, wann er sich umgebracht hat, mit wie vielen Morphiumtabletten, und um welche Uhrzeit welchen Tages er klinisch tot war. Es gibt Berge von Literatur darüber, Polemiken, Aufsätze, Bücher, ja sogar einen Dokumentarfilm,[14] und das alles macht sich an diesem Ankunftstag fest, an diesem »Plus-Minus-Tag«, der plötzlich wichtiger zu sein schien als die menschliche und politische Tragik der Geschichte.[15]

Nicht zu gehen, wäre das eigentliche Risiko

Als Benjamin an diesem frühen Morgen vor ihrer Tür stand, hatte Lisa nur wenig geschlafen. Wahrscheinlich wunderte sie sich, dass er so korrekt gekleidet war – weißes Hemd, Krawatte, dunkles Jackett –, wie jemand, der in die Oper oder zu einem Geschäftstermin ging, nicht wie ein Flüchtling, nicht einmal wie ein Tourist, der am Mittelmeer Urlaub macht. Er habe ganz gefasst auf sie gewirkt, würde sie später noch oft wiederholen, nicht wie jemand, »der sich mit Selbstmordgedanken trägt oder mit einer anderen tragischen Entscheidung. [...] Er benahm sich wie jemand, der weiß, was er tut.«[16]

Er fragte also, ob sie ihm vielleicht helfen könne, worauf sie ihm, wohl noch etwas schlaftrunken, die Lage erklärte:

> Sind Sie sich darüber im Klaren, dass ich kein erfahrener Führer in dieser Gegend bin? Ich kenne den Weg eigentlich gar nicht, ich bin selbst noch nie dort oben gewesen. Was ich habe, ist ein Stück Papier mit einer Wegskizze, die der Bürgermeister aus dem Gedächtnis gezeichnet hat. [...] Wollen Sie sich auf das Risiko einlassen?
> »Ja, sicher«, sagte er, ohne zu zögern. »Nicht zu gehen, wäre das eigentliche Risko.«[17]

An dieser Stelle fehlt nicht nur der Hinweis auf ihren ersten, fehlgeschlagenen Fluchthilfeversuch – sie flicht auch in alle drei Fassungen eine Episode ein, deren Wahrheitsgehalt eher zweifelhaft ist: dass Benjamin nämlich schon in Marseille einen Fluchtversuch unternommen habe, zusammen mit Fritz Fränkel, seinem alten Freund aus Berlin, dem Neurologen, Suchtforscher und Psychiater. Die beiden hätten als Matrosen verkleidet auf einem Frachter unterzukommen versucht, wann und mit welchem Ziel, lässt sie offen.

»Man muss sich vorstellen: Dr. Fritz Fränkel mit seiner zierlichen Gestalt und der grauen Haarmähne und sein etwas schwerfälliger

Freund Walter Benjamin mit dem durchgeistigten Gelehrtenkopf und dem forschenden Blick hinter den dicken Brillengläsern – [...] Weit sind sie nicht gekommen. Zum Glück gelang es ihnen, im allgemeinen Chaos davonzukommen.«[18]

Klaus Täubert, Fränkels späterer Biograph, hat sie 1997 gefragt, wann genau das gewesen sein soll, weil er sich wunderte, dass kein anderer Zeitzeuge davon berichtet hat und das Ganze so wenig zu den beiden Protagonisten zu passen schien, die doch gebildete, hochreflektierte Menschen waren.

»Ich war natürlich nicht dabei«, räumte Lisa sofort ein. »Aber es ist mir nie eingefallen, daran zu zweifeln. Wir hatten längst gelernt, ›bobards‹ [Lügengeschichten, EW] und Tatsachenberichte zu unterscheiden. Es kam ja sehr auf die Quellen an. Ich kann mich erinnern, dass auch mein Mann, der eher skeptisch war, mir Einzelheiten darüber berichtete, die ich natürlich vergessen habe.«[19]

Täubert war sehr verstimmt, denn die Szene war inzwischen in die Literatur eingegangen, konkret in den Roman *Benjamin's Crossing* von Jay Parini, einem amerikanischen Bestseller-Autor.[20] Erstaunlich, dass weder Scholem noch andere Benjamin-Forscher sie je bezweifelt haben. Sie fügt sich übrigens nahtlos in Lisas Tendenz, Benjamin als »komischen Kauz«, »Tollpatsch« und »seltsamen Menschen« hinzustellen, die sich mit der Zeit eher verschärfen als abmildern würde. Man kann sie als Zeichen erheblicher Ignoranz werten, denn Lisa kannte Benjamin ja eigentlich kaum und hat lange Zeit so gut wie gar nichts von ihm gelesen. Andererseits ist es nicht ohne Reiz, sich den müden, durchgeistigten Walter Benjamin mit seiner Sprache wie »im spanischen Hofzeremoniell« neben der drahtigen Arbeitersportlerin Lisa mit ihrer schnoddrigen Berliner Schnauze vorzustellen. Skurriler und gegensätzlicher hätte diese Paarung kaum sein können, was sie wahrscheinlich so reizvoll für Film, Funk und Fernsehen machte.

Kleiner Spaziergang durch Port-Vendres. Inzwischen muss die Sonne aufgegangen sein. Wahrscheinlich war schon Betrieb im Hafen. Es wurde Katalanisch gesprochen. Die Fischer priesen laut ihren frischen Fang an: Steinbutt, Seeteufel, Seezunge, Meerbarbe. Selbst, wenn man gut Französisch sprach, verstand man nicht viel.

Benjamin und Lisa gingen in ein Bistro, um Kaffee zu trinken. Benjamin erklärte, dass er seit langem herzkrank sei und mit seinen Kräften haushalten müsse. Er sagte auch, dass im Gasthof noch zwei andere Leute warteten, die unbedingt fliehen müssten, eine Frau Gurland und ihr halbwüchsiger Sohn Joseph oder José. Ob es in Ordnung sei, wenn sie mitgingen? Ja, natürlich. Zu viert würde es sogar einfacher sein als zu zweit.

Sie beschlossen, Azéma noch einmal aufzusuchen, in seinem Amt in der Bürgermeisterei von Banyuls. In allen drei Fassungen räumt Lisa ein, nicht mehr zu wissen, wie sie dorthin gekommen seien, ob zu Fuß oder mit der Bahn. »Hier lässt mein Gedächtnis mich im Stich.«[21]

Letztendlich glaubt sie, sich *gegen* die Zugfahrt entschieden zu haben, wegen der »ständigen Kontrollen im Grenzgebiet«. Aber Benjamin hatte doch gerade gesagt, dass er herzkrank sei. Wäre der Fußweg da nicht viel zu anstrengend für ihn gewesen, »mittelschwer«, wie es heute noch heißt, auf schmalen, steinigen Pfaden durch Weinfelder, Obstplantagen und Bachbetten führend, die auf kleinen Stegen zu überqueren waren, manchmal kaum zu erkennen und fast immer völlig schattenlos?[22] Wäre es da nicht sinnvoller gewesen, ihn im Hinblick auf die noch kommenden Strapazen ein wenig zu schonen?

In der Mairie

Banyuls-sur-mer. Heimat der süßen, schweren Weintrauben und des Bildhauers Aristide Maillol, bekannt für üppige weibliche Akte. Es ist ein kleiner Ort an der Küste des Golfe du Lion, die Pyrenäen, die hier »Albères« heißen, fallen steil ins Meer ab, auch hier wird Katalanisch gesprochen, aber man muss an diesem Morgen auch Französisch und vor allem Deutsch gehört haben, denn es gab auch noch andere Flüchtlinge in dem kleinen Ort, etwa »100 bis 150 Personen«, die verzweifelt darauf warteten, einen sicheren Weg über die Grenze zu finden.[23]

Ungefähr um dieselbe Zeit wie Benjamin und Lisa müssen einige von ihnen ebenfalls die Mairie betreten haben, Carina Birman zum Beispiel, eine Juristin aus Graz, 44 Jahre alt, mit einem regulären Visum für Mexiko in der Tasche. Sie war nicht allein, sondern mit drei anderen Frauen gekommen, ihrer Schwester Adele, einer Freundin namens Sophie Lippmann und Grete Freund, einer Redakteurin und Journalistin, die in einem Privatquartier oder Hotel auf sie warteten, um nicht unnötig aufzufallen. Auch Carina Birman hat einen Bericht über ihre Flucht verfasst, der, 1976 geschrieben, allerdings erst 2006 unter dem Titel *The Narrow Foothold* veröffentlicht wurde. Lisa, die 2005 gestorben ist, kann ihn also nicht gekannt haben. Trotzdem lohnt es sich, die Texte miteinander zu vergleichen.[24]

Carina Birmans Bericht ist durchaus glaubwürdig, denn die ehemalige Justitiarin der österreichischen Botschaft in Paris, die später für die Literaturagentur von Franz Horch in New York arbeitete, zu deren Klienten Heinrich Mann, Franz Werfel und Upton Sinclair gehörten, hatte es nicht nötig, sich zur Legende zu machen. Sie wollte auch keine große Literatur schreiben, sondern nur einen Bericht für die Tochter ihrer inzwischen verstorbenen Freundin Sophie Lippmann.

Auf der Mairie fragte sie zunächst nach »einem Verantwortlichen für die Überquerung der Berge nach Spanien«, dessen Namen sie nicht nennt oder nicht erfragt hat. Vielleicht war es Azéma. Oder einer seiner Mitarbeiter. Es baten ja so viele um Hilfe in dieser Zeit. Er riet ihr, den Weg zunächst zur Probe zu gehen, um sich mit der Gegend vertraut zu machen, dann wieder umzukehren, in Banyuls zu übernachten und am nächsten Tag die eigentliche Flucht anzutreten, möglichst früh, etwa um vier Uhr morgens, wenn auch die Weinbauern zur Arbeit aufbrechen würden. Leicht, sagte er, würde es trotzdem nicht sein. Deshalb sollten sie schon beim Erkundungsgang einen Führer mitnehmen, »der mit den Schmugglerwegen sehr gut vertraut« sei.[25]

Das tat sie dann auch, in Begleitung von Grete Freund, einer Mitarbeiterin von Leopold Schwarzschilds legendärer Exil-Zeitschrift *Das Neue Tagebuch*, zu dessen regelmäßigen Lesern auch Benjamin zählte.[26] Die beiden Frauen gingen mit ihrem Führer bis zu einer bestimmten Höhe, von der sie in ein tiefes von Bergketten umgebenes Tal sehen konnten. Von dort aus sollte der weitere Weg gut zu finden sein. Sie müssten sich nur auf eine Kuppe mit einem großen, massiven Kreuz zubewegen. Dort sei die spanische Grenze.

Die Nacht auf der Lichtung

Auch Lisa und Benjamin wurden auf einen »Kundschaftsgang« geschickt, den sie sofort antraten, allerdings ohne »Führer«. Das Seltsame ist, dass nun plötzlich »Benjamins Bekannte«, die Gurlands, auftauchten, die doch eigentlich noch in Port-Vendres gewesen sein müssten? Jetzt aber waren sie »im Gasthof«, also doch wohl in Banyuls, wie auch immer sie dahin gelangt waren und durch wen sie von den jüngsten Plänen erfahren hatten. Lisa fand Mutter und Sohn relativ unkompliziert, »keine Leute, die immer was zu meckern haben«.[27] Tatsächlich hatte Henny aber große Angst, dass man sie in Spanien einsperren und verhören würde. Ihr Mann, Rafael Ruben Gurland, war schließlich Diplomat in republikanischen Diensten gewesen. Vielleicht würde man versuchen, sie als eine Art Geisel zu nehmen und wichtige Informationen aus ihr herauszupressen?[28]

In diesem Moment wird zum ersten Mal Benjamins schwarze »Aktentasche« erwähnt, die zu einem eigenständigen Mythos der Forschung geworden ist.[29] »Schwarz« ist sie zu diesem Zeitpunkt zwar noch nicht, aber »groß« und »schwer«. Auf Lisas Frage, warum er sie denn schon auf diese Probetour mitnehmen wolle, habe Benjamin erklärt, sie sei ihm »das Allerwichtigste«, er dürfe sie »nicht verlieren«, sie enthalte sein neustes Manuskript, das ihm wichtiger sei als sein eigenes Leben.[30] Die Frage ist allerdings, wo sie denn vorher war und warum sie jetzt erst auftaucht. Wenn sie ihm so wichtig war, hätte er sie doch eigentlich schon am Morgen, als er an Lisas Tür klopfte, bei sich haben müssen, auf dem Weg nach Banyuls und beim Gespräch mit Azéma.

Nach einer nicht allzu schwierigen Wanderung, bei der sie genau der Beschreibung von Azéma folgten – ein leerer Stall, ein leicht nach links abbiegender Pfad, ein riesiger Felsblock, eine Lichtung –, wollen sie ein wenig ausgeruht haben, um wieder zurück in den Ort zu gehen. Aber Benjamin habe sich, mit geschlossenen Augen im Gras liegend, geweigert. »Ich bleibe hier. Ich werde die Nacht hier verbringen und Sie stoßen morgen früh wieder zu mir.«[31]

Lisa versichert in allen drei Fassungen, dass sie alles versucht habe, ihn zu warnen, vor wilden Stieren, Schmugglern, Hunger, Durst oder nächtlicher Kälte. Vergeblich. Sein Entschluss sei unwiderruflich gewesen, »denn er beruhe auf einer einfachen logischen Überlegung«: Sein Ziel sei, die Grenze zu überqueren, damit er und sein Manuskript nicht in die Hände der Gestapo fielen. Ein Drittel dieses Zieles habe er erreicht. Wenn er jetzt ins Dorf zurückkehren und den ganzen Weg am folgenden Tag nochmals gehen müsse, würde sein Herz wahrscheinlich nicht mitmachen. Folglich werde er bleiben.

Als sie erklärt habe, dann bleibe sie eben auch, da sie ihn keinesfalls über Nacht allein lassen wolle, habe er mit bitterer Ironie reagiert: »Werden Sie mich vor Ihren wilden Stieren schützen, gnädige Frau?«

Sie sei also ratlos wieder zurückgegangen. Mit den Gurlands. Schließlich habe auch sie ihren Schlaf gebraucht und noch etwas zu Essen besorgen müssen, »Brot, […] vielleicht auch einige Tomaten oder Ersatzmarmelade«, was immer auf dem Schwarzmarkt zu bekommen war. Sie sei sehr unruhig gewesen und von schlechtem Gewissen geplagt.

Am nächsten Morgen seien sie in aller Frühe aufgebrochen. Etwa um vier, genau wie Carina Birman und ihre Gruppe, der sie erstaunlicherweise nicht begegnet sind. Doch es gab wohl verschiedene Wege, nicht nur die Route Lister.[32] Vielleicht verteilte man die Flüchtlinge ein wenig, damit sie nicht zu sehr auffielen.

Benjamin sei wohlauf gewesen, als er sich, noch halb schlafend, aus dem Gras erhob, schreibt Lisa in allen drei Fassungen. Doch woher kamen diese roten Flecken um seine Augen? Vielleicht doch von einem Herzanfall, den er in der Nacht erlitten hatte? Er habe ihre Irritation gleich bemerkt, seine Brille abgesetzt und sich mit einem Taschentuch übers Gesicht gewischt. »Ach das«, sagte er. »Der Tau, wissen Sie. Die Ränder des Brillengestells, sehen Sie? Sie färben ab, wenn sie feucht werden.«

In neuerer Zeit sind einige Zweifel an dieser Geschichte geäußert worden, von Marcel Raabe zum Beispiel, der in seiner detektivisch genauen Rekonstruktion von Benjamins letzten Stunden erklärte, das Ganze klinge sehr nach einer Dramaturgie, deren Entwicklung »im Wissen um den Ausgang der Geschichte« erfolgt sei.[33] Auch Verena Boos fragte sich in ihrem klugen Essay »Nachgehen – eine Spurensuche auf Walter Benjamins letzter Fluchtroute«, warum Benjamin auf dem Foto, das die spanische Polizei am nächsten Tag von ihm machte, so adrett und gepflegt ausgesehen habe, nicht etwa wie jemand, der gerade eine Nacht im Freien verbracht hätte.[34]

Einwände dieser Art ließen sich fortsetzen, zum Beispiel, dass es oft Unwetter in dieser Region gab. Carina Birman würde es zwei Tage später erleben, dass der Himmel plötzlich dunkler und dunkler wurde, dass sich »Massen von Wasser« über sie ergossen, kein Weg mehr passierbar war und sie sich nur noch fortbewegen konnte, indem sie auf steinigen Abhängen nach unten rutschte.[35] Hätte die Tasche das überlebt? Und das Manuskript? Von der Gefahr für seinen Verfasser, Walter Benjamin, ganz zu schweigen? Wo soll diese Lichtung überhaupt gewesen sein? Das ist nie präzisiert worden, so wenig wie der Inhalt des Manuskriptes, über den bis heute gerätselt wird. War es das *Passagenwerk*? Oder die *Thesen zum Begriff der Geschichte*? Oder etwas ganz Neues, noch völlig Unbekanntes? Lisa schreibt, sie habe keine Zeit gehabt, ihn danach zu fragen. Es habe sie auch nicht weiter interessiert.

> Du lieber Himmel, ich hatte alle Hände voll zu tun, meine kleine Gruppe bergauf zu führen; die Philosophie musste warten, bis wir über den Berg waren. Es kam darauf an, einige Menschen vor den Nazis zu retten, und da war ich nun mit diesem komischen Kauz, dem alten Benjamin, der sich unter keinen Umständen von seinem Ballast, von dieser schwarzen Ledertasche trennen würde. So mussten wir das Monstrum wohl oder übel über das Gebirge schleppen.[36]

Solche Schönheit!

Für jemand, der eine Nacht im Freien verbracht hatte und danach nicht einmal ein minimales Frühstück zu sich nehmen konnte, scheint Benjamin, folgt man Lisas Bericht, erstaunlich frisch gewesen zu sein. Er sei sehr ausdauernd gewandert, habe Azémas Skizzen manchmal besser deuten können als sie selbst und keinen Klagelaut von sich gegeben, »nicht einmal ein[en] Seufzer«. Um den weiten Weg durchzustehen, habe er sich sein eigenes, etwas seltsames System ausgedacht: »In regelmäßigen Abständen – ich glaube, es waren zehn Minuten – machte er Halt und ruhte sich für etwa eine Minute aus. Dann ging er in demselben gemäßigten Schritt weiter. Er hatte sich das, wie er mir erzählte, während der Nacht überlegt.«

»Was für ein merkwürdiger Mensch, kristallklares Denken, eine unbeugsame innere Kraft, und dabei ein hoffnungsloser Tollpatsch«, dachte sich Lisa.

Es war wohl auf dem Coll de Rumpissar, schon auf spanischer Seite, aber noch vor der Grenzstation, wo Lisa für einen Moment stehen blieb und so berührt von der herrlichen Aussicht war, dass sie an eine Fata Morgana glaubte:

> Weit unten, von wo wir gekommen waren, sah man wieder das tiefblaue Mittelmeer. Auf der anderen Seite, vor uns, fielen schroffe Klippen ab auf eine Glasplatte aus durchsichtigem Türkis – ein zweites Meer? Ja, natürlich, das war die spanische Küste. Hinter uns, im Norden, im Halbkreis, Kataloniens Roussillon mit der Cote Vermeille, der Zinnober-Küste, einer herbstlichen Erde mit unzähligen gelb-roten Tönen. Ich schnappte nach Luft. Solche Schönheit hatte ich noch nie gesehen.[37]

Auf der anderen Seite der Berge

In der ersten und zweiten Fassung des Textes folgt nun eine Passage, die in der Buchfassung fehlt: Lisa sieht plötzlich ein »undeutliches Bild« vor sich aufsteigen, das über Jahre, ja Jahrzehnte versunken gewesen sei:

> Drei Frauen – zwei von ihnen kenne ich ein wenig – kreuzen unseren Weg. Wie im Dunst sehe ich, wie wir dort stehen und uns kurz unterhalten. Sie waren einer anderen Route gefolgt und gingen für sich weiter hinunter zur spanischen Seite. Die Begegnung überraschte mich nicht sonderlich und hinterließ auch keinen Eindruck, da so viele Menschen versuchten, über die Berge zu flüchten.[38]

Tatsächlich müssen es *vier* Frauen gewesen sein, Carina Birman, deren Schwester Adele, Sophie Lippmann und Grete Freund. Es ist durchaus möglich, dass sie zwei von ihnen schon einmal gesehen hatte, wahrscheinlich Carina Birman und Grete Freund, die in Pariser Exilkreisen recht bekannt waren.

Lisa erzählt noch, wie Benjamin unbedingt aus einem grünlichen Tümpel trinken wollte, weil er so durstig war, obwohl sie ihn ermahnt habe, doch vernünftig zu sein, er könne sich Typhus oder eine andere Krankheit holen, dass er aber wieder einmal nicht mit sich habe reden lassen: »›Das Schlimmste, was passieren kann, ist, dass ich an Typhus sterbe – nachdem ich die Grenze überschritten habe. Die Gestapo kann mich nicht mehr festnehmen und das Manuskript wird in Sicherheit sein. Sie müssen schon entschuldigen, gnädige Frau!‹ – Er trank.«[39]

Dann, es war gegen zwei Uhr mittags, habe sie die Gruppe allein gelassen. Die ersten Häuser von Portbou waren schon zu sehen. Der Weg schien gar nicht mehr weit zu sein. Sie habe der Gruppe noch einmal erklärt, was sie zu tun hätten, zum Grenzposten gehen, die Visa vorzeigen und den nächsten Zug über Barcelona nach Lissabon nehmen. Dann sei sie flink wie ein Wiesel wieder zurückgehüpft, nachdem sie sich relativ kühl von ihnen verabschiedet hatte: »›Jetzt muss ich gehen. Auf Wiedersehen.‹ In zwei Stunden war ich wieder unten in Banyuls.«

Das klingt sehr sportlich. Fast wie ein Rekord im Bergmarathon. Autoren, die den Weg neuerdings nachgegangen sind, haben allerdings Zweifel an Lisas Zeitangaben. Das sei gar nicht zu schaffen. Viel zu schnell. Aber egal. Sie kam guter Dinge wieder an, froh, dass »der alte Benjamin und sein Manuskript« jetzt in Sicherheit waren – auf der anderen Seite der Berge.

Drei Frauen erinnern sich

Die Frauengruppe war allerdings keineswegs allein weitergezogen, sondern zusammen mit Walter Benjamin und den Gurlands, was Lisa vielleicht nicht mehr gesehen hat oder nicht sehen wollte. Es gibt drei Berichte, die das unabhängig voneinander bestätigen. Carina Birman schreibt, dass sich ihnen »ein älterer Herr, eine jüngere Frau und ihr Sohn angeschlossen« hätten.

> Der Herr, ein deutscher Universitätsprofessor namens Walter Benjamin, stand kurz vor einem Herzinfarkt. Die Anstrengung des Berg-

steigens an einem extrem heißen Septembertag in Kombination mit dem Stress der Furcht vor der Verhaftung durch die Deutschen waren zu viel für ihn. Als wir an einem Rastplatz waren, liefen wir in alle Richtungen, um Wasser für den kranken Mann zu suchen. Er erholte sich langsam und wir setzten unsere Wanderung fort.[40]

Grete Freund schrieb dasselbe an einen unbekannten Empfänger, von Lissabon aus, am 9. Oktober 1940:

> Wir waren zu viert unterwegs, vier Freunde, als wir Frau Gurland, ihren sechzehneinhalbjährigen Sohn und Herrn Benjamin getroffen haben, die in derselben Richtung wie wir gehen wollten. Herr Benjamin war zuvor bereits sehr müde gewesen, nachdem er auf der Reise einen Herzanfall erlitten hatte. Er war gezwungen, sich einige Stunden auf den Boden zu legen. Er erholte sich wieder und konnte die Reise erstaunlich gut fortsetzen, für die wir vierzehn Stunden benötigten, ohne dass wir eine Möglichkeit zum Essen oder Trinken hatten.[41]

Henny Gurland bestätigte diese Version in einem Brief, den sie ebenfalls in Lissabon schrieb, wahrscheinlich an ihren Schwager Arkadi Gurland, der als Politologe am Institute for Social Research in New York arbeitete, also sozusagen ein Kollege von Benjamin war.[42] Sie erzählt zunächst, wie sie sich schon in Marseille »ziemlich mit ihm angefreundet« hätte. »Auf dem Pyrenäenweg« hätten sie dann »die Birman, ihre Schwester, Frau Lippmann und die Freund vom ›Tage-Buch‹« getroffen und sich ihnen angeschlossen. »Für uns alle waren diese zwölf Stunden eine ganz grauenhafte Anstrengung. Der Weg war uns völlig unbekannt, zum Teil musste man ihn auf allen Vieren erklettern.«[43]

Von Lisa und irgendeiner Hilfe durch sie findet sich in keinem der Berichte auch nur ein Wort. Ist das nicht seltsam? Dass Carina Birman und Grete Freund nichts über sie zu sagen wussten, könnte noch damit zu erklären sein, dass sie so schnell wieder weg war und keinen bleibenden Eindruck hinterließ. Aber Henny Gurland? Sie war doch zwei Tage mit ihr zusammen gewesen, auf der Probewanderung und am Fluchttag selbst? Das vergisst oder verdrängt man doch nicht? Welchen Grund, es bewusst zu verschweigen, sollte sie denn gehabt haben?

Hatte es vielleicht Streit auf der Tour gegeben, was gut möglich ist, da beide Frauen *sehr* temperamentvoll waren und sich nicht gerne etwas sagen ließen? Uneinigkeit über die Strecke könnte ein Grund gewesen sein. Oder dass Benjamin tatsächlich einen Herzanfall erlitt und die Frauen darüber stritten, was nun zu tun sei. Politische Differenzen kommen wohl kaum infrage, denn unter Lebensgefahr hatte man für so etwas keine Zeit.

Als Lisa 40 Jahre später von Gershom Scholem auf diese Widersprüche, besonders auf den Brief Henny Gurlands angesprochen wurde,[44] war sie hellauf empört. Das müsse ein Irrtum sein! *Sie* sei doch die »Führerin« gewesen! Sie könne sich das überhaupt nicht erklären. Am Schluss eines langen Telefonats, das Scholem am 15. Mai 1980 mit ihr führte, sagte sie ganz dezidiert, »dass von Seiten der Frau Gurland eine Verdrängung vorliegen müsse, die vielleicht damit zusammenhängen könne, dass sie dort in Port Bou alle ihre Sachen verloren hat und vielleicht dabei auch das Manuskript von Benjamin, das er ihr etwa vor seinem Bewusstseinsverlust übergeben haben könnte«.

Ein Fall für Hypnose?

Um die Sache aufzuklären, musste man Henny Gurland also unbedingt finden. Vielleicht hatte sie das Manuskript ja doch noch, oder eine Idee, wo es sein könnte und vor allem, wovon es handelte? Gershom Scholem und Rolf Tiedemann, der Herausgeber von Benjamins Schriften bei Suhrkamp, machten sich gleich auf die Suche nach ihr, fanden aber nur eine ehemalige Schauspielerin namens Gertrud Gurland, die ihnen sagte, sie sei die Witwe von Arkadi Gurland, Hennys Schwager, der im März 1979 verstorben sei. Er war 1950 nach Deutschland zurückgekehrt und hatte zunächst eine Stelle in Berlin angenommen, als Leiter des Instituts für politische Wissenschaft, wo er über Totalitarismus und Parteisoziologie geforscht hatte. 1962 war er als Professor für Politologie an die Universität Darmstadt berufen worden.[45]

Durch einen Hinweis seiner Witwe wurden Tiedemann und Scholem wahrscheinlich darauf gebracht, dass Henny Gurland schon 1952 gestorben war, nach achtjähriger Ehe mit dem Philosophen und Psychoanalytiker Erich Fromm übrigens, den man ebenfalls nicht mehr befragen konnte, da er am 18. März 1980 in der Schweiz verstorben war. Er war wie Benjamin einer der wichtigsten Denker des 20. Jahrhunderts. Die beiden hatten sich sogar gekannt. Henny Gurland müsste ihm doch eigentlich erzählt haben, dass sie auf seinem letzten Weg bei ihm war? Aber jetzt war es zu spät. Leider.

Nun konnte man nur noch versuchen, Joseph oder José, ihren Sohn, zu finden. Das war leichter als gedacht, denn er war Professor für Metallurgie an der Universität in Providence, Rhode Island, ein angesehener Mann mit vielen Auslandsverpflichtungen, die ihn nach Deutschland, England und Israel führten. Ein junger Benjamin-Forscher aus Texas, Gary Smith, wurde zu ihm geschickt, um ihn zu befragen, was zunächst recht enttäuschend verlief. Denn Gurland, damals 58, konnte sich an fast nichts mehr erinnern, auch nicht, als man ihm Fotos von Walter Benjamin zeigte. Ja, da sei wohl ein übergewichtiger älterer Herr gewesen. Aber den Namen habe er vergessen. Er habe ja nicht gewusst, dass er einmal so berühmt werden würde. Und eine Frau Fittko? Da schien etwas aufzublitzen. Allerdings meinte er, dass sie »Sittko« geheißen habe. Von einer Aktentasche wisse er nichts. Auch nichts von einer Lichtung, auf der jemand geschlafen habe.[46]

Anfang April 1981 nahm auch Lisa mit Gurland Kontakt auf, allerdings nur telefonisch. Er sei zwar sehr freundlich zu ihr gewesen, schrieb sie an Tiedemann, doch er habe wirklich nicht gewusst, wer sie war und sich weder an eine Aktentasche noch an sonstiges Gepäck erinnert, das seine Mutter und er bei sich trugen.[47] Tiedemann und Scholem waren entsetzt. Das könne doch gar nicht sein, »dass ein fünfzehnjähriger junger Mensch ein solches Erlebnis wie jenen Grenzübergang, der für sein Leben so wichtig geworden ist, fast völlig unterdrücken oder verdrängen konnte.« Das sei ja schon fast pathologisch, ein klassischer Fall für eine »Erinnerungshypnose«, zu der er aber wahrscheinlich nicht bereit sein würde.[48]

Was sie nicht erfuhren, wahrscheinlich, weil sie es nicht für wichtig hielten, danach zu fragen, war, dass er, inzwischen verheiratet, zwei Töchter hatte, von denen eine, 1951 geboren, »Lisa« hieß. Ausgerechnet »Lisa«, warum wohl? Sie war von Beruf klinische Psychologin, vielleicht hätte man sie einmal zu Rat ziehen sollen?

1985, als Lisas Buch erschien und allgemein hoch gelobt wurde, war ihm plötzlich alles wieder präsent – oder war das nur Einbildung? Jedenfalls schrieb er – auf Englisch – an Lisa, er sei der José Gurland, dem sie 1940 über die Berge geholfen habe. Sie hätten vor ein paar Jahren miteinander telefoniert. Es sei schön und seltsam zugleich, sich vorzustellen, dass er ohne sie wahrscheinlich gar nicht mehr leben würde. Das Buch sei großartig! Und so gut erzählt! Ob sie ihm eine englische Fassung des Pyrenäen-Kapitels schicken könne, er wolle, dass auch seine Frau und seine Töchter darin läsen. So wurde Lisa Teil der Familiengeschichte, ja fast ein Mythos.[49] Sie schrieben sich oft und besuchten sich manchmal. Von »Verwirrtheit«, die Gary Smith bei ihm bemerkt zu haben glaubte, findet sich in seinen Briefen keine Spur.

Damit war zwar, was Benjamins Manuskript anging, nichts geklärt. Aber Lisas Bericht galt von nun an als authentisch und wurde bis in jüngste Zeit kaum hinterfragt. Warum auch? Henny Gurland war tot. Sie hatte an einer chronischen Schmerzerkrankung, wahrscheinlich Arthritis, gelitten, die mit Opiaten behandelt worden war. Das führte zu einer Abhängigkeit, die nicht aufgelöst werden konnte.

Ob sie Selbstmord beging oder versehentlich eine Überdosis nahm, ist nicht sicher.[50]

Nach Carina Birman und Grete Freund suchte man erst gar nicht, sondern erklärte, dass ihre Lebensdaten unbekannt seien.

In einer aussichtslosen Situation …

Ein paar Tage nach der Rückkehr von ihrer Tour will Lisa erfahren haben, dass Benjamin sich »in Port-Bou in der Nacht nach seiner Ankunft das Leben genommen« habe. Die spanische Grenzstelle hatte der Gruppe mitgeteilt, dass sie zurück nach Frankreich gebracht würde. Eine neue Verfügung war gerade aus Madrid eingetroffen: Ohne ein französisches Ausreisevisum darf niemand nach Spanien einreisen.

Ihre Reaktion klingt fast nüchtern. So, als ob sie irgendwie damit gerechnet hätte.

> Weltfremd wie er war, zählte für ihn nur, dass sein Manuskript und er selbst außerhalb des Zugriffs der Gestapo waren. Die Flucht über die Grenze hatte ihn erschöpft, und er glaubte nicht, dass er imstande wäre, sie zu wiederholen, das hatte er bei unserem Aufstieg zu mir gesagt. Auch für diesen Fall hatte er im Voraus alles berechnet: Er hatte genügend Morphium bei sich, um sich mit seiner tödlichen Dosis das Leben zu nehmen. Betroffen und erschüttert über seinen Tod ließen die spanischen Behörden die Gurlands weiterreisen.[51]

Tatsächlich verhielt sich die Sache etwas anders. Es war nicht nur das Ausreisevisum, das Benjamin fehlte, er hatte auch keinen Pass, nicht einmal einen gefälschten, sondern nur ein *Réfugié*-Papier, das aber nach den neuen Vorschriften nicht mehr ausreichte, selbst wenn man ein amerikanisches Visum vorlegen konnte. Da die Bestimmungen ganz aktuell, nämlich am frühen Nachmittag des 25. September

1940, aus Madrid eingegangen waren,[52] konnte noch niemand davon wissen, auch Lisa nicht, die offenbar der Meinung war, er hätte nur abwarten und ein wenig ausharren müssen, anstatt sich gleich umzubringen.

Henny Gurland schreibt, dass diese letzten Stunden ganz furchtbar gewesen seien, sie hätten »weinend, bittend, verzweifelt« vor den Beamten gesessen und darum gebeten, wenigstens eine Nacht im Hotel schlafen zu dürfen, bevor sie denselben Weg wieder zurückgehen müssten, auf dem sie gekommen waren. So kam es, dass man sie ins Hotel de Francia brachte, wo Benjamin noch in derselben Nacht Morphium nahm, dessen Wirkung allerdings erst am nächsten Abend zum Tod führte. Henny Gurland hat die Szene in ihrem Brief plastisch beschrieben: dass Benjamin früh morgens nach ihr rief, dass er ihr gestand, Morphium genommen zu haben, dass er sie bat, das Ganze als Krankheit darzustellen, da Selbstmord im katholischen Spanien als Straftat galt, dass die Polizei kam, ein Priester und ein Arzt, der aber nicht helfen konnte. Es sei zu spät gewesen. Alles, was Benjamin bei sich hatte, Papiere, Geld und sonstige Habseligkeiten, habe sie dem *Juge*, dem Stadtrichter, übergeben, bis auf einen Brief an Adorno und sie, den sie gerade noch rechtzeitig habe vernichten können. Es standen nur fünf Zeilen drin, die sie aus dem Gedächtnis rekonstruierte:

> In einer ausweglosen Situation habe ich keine andere Wahl als ein Ende zu machen. Mein Leben wird in einem kleinen Dorf in den Pyrenäen, wo mich niemand kennt, seinen Ausklang nehmen. Ich bitte Sie, meinem Freund Adorno meine Gedanken zu übermitteln und ihm die Situation zu erklären, in die ich mich gestellt sah. Es bleibt mir nicht genug Zeit, um all die Briefe zu schreiben, die ich gerne geschrieben hätte.[53]

Unterdessen hatte man die vier anderen Frauen, Carina Birman, ihre Schwester Adele, Sophie Lippmann und Grete Freund, tatsächlich, wie angedroht, wieder zurückgeführt, nicht denselben Weg, den sie gekommen waren, sondern zwischen Felsen und ausgebrannten Hängen bis zu einem dicken Seil, hinter dem schon deutsche und französische Polizei auf sie wartete.[54] Genau in diesem Moment ging ein furchtbares Unwetter los, das die vier Frauen dazu nutzten, sich unter Lebensgefahr zurück nach Portbou durchzuschlagen, wo sie völlig durchnässt und erschöpft wieder ankamen. Nach endlosen Diskussionen und Zahlung erheblicher Bestechungsgelder ließ man sie nach einiger Zeit weiterreisen. Ebenso wie die Gurlands, die Lissabon schließlich heil erreichen und sich nach Amerika einschiffen konnten.[55]

Die letzte Ölung

Walter Benjamin wurde am 28. September 1940 in Portbou begraben. Auf dem katholischen Friedhof, da es keinen jüdischen gab und da man ihn irrtümlich für einen Katholiken gehalten hatte. Im Sterberegister der Pfarrei Santa Maria heißt es:

> Am 26. September 1940 verstarb hier in Portbou, Bistum und Provinz Gerona, im Alter von 48 Jahren Herr Benjamin Walter, gebürtig aus Berlin, aus Frankreich kommend, verheiratet mit Frau Dora Kellner. Er empfing die letzte Ölung. Am darauffolgenden Tag wurde er in der Grabnische Nr. 1 der neuen Nischen auf der Südseite der Kapelle des hiesigen Katholischen Friedhofs begraben.[56]

Dora und ihr Sohn Stefan waren schon lange tot (Dora Sophie Kellner starb 1964, ihr Sohn Stefan 1972), als ein Forscherteam im Gemeindearchiv von Portbou eine Liste fand, die über Benjamins Hinterlassenschaft Auskunft gab: eine schwarze Aktentasche, enthaltend eine goldene Taschenuhr, einige Banknoten, ein paar Reisedokumente, sechs Passbilder, eine Röntgenaufnahme, eine Tabakspfeife, eine Nickelbrille, einige Briefe und ein paar Zeitungen.[57] Die schwarze Aktentasche hat es also tatsächlich gegeben. Wenn sie auch leider nicht mehr da war, samt ihres Inhalts, denn im Lauf der Zeit war das Archiv mehrfach »von Ratten und Wasser besucht« worden, sodass viele Asservaten auf den Müll geworfen werden mussten. Das Manuskript, das Benjamin wichtiger gewesen sein soll als sein Leben, wurde nie gefunden, wenn es denn überhaupt jemals existiert hat.

12
FRY, FREIER, FITTKO
(BANYULS-SUR-MER, 1940–1941)

»Rentrez!«

Nach dieser Tour durch die Berge war Lisa klar, dass sie für Catherine, ihre Nichte, einen anderen Weg finden mussten. Das Kind war gerade einmal zwei Jahre alt und noch viel zu unsicher auf den Beinen, es sei denn, man hätte es die ganze Zeit über getragen, durch Geröllhalden, Weinberge und über Pfade, die kaum als solche zu erkennen waren, bei großer Hitze und einem höchst ungewissen Ausgang der ganzen Aktion. Diese Zeit war doch eine einzige *»pagaille«*, ein einziges Chaos. Niemand verstand mehr etwas. Niemand wusste mehr, was die nächsten Tage bringen würden. Neue Schikanen? Neue Bestimmungen? Neue Erschwernisse? Und das alles mit diesem kleinen Bündel Mensch auf dem Arm, für das inzwischen kaum noch Brot oder etwas Milch zu ergattern waren?

Auch Eva, Catherines Mutter, würde Frankreich vorläufig nicht verlassen. Sie würde auch nicht mehr tatenlos in Port-Vendres sitzen bleiben, um abzuwarten, was als Nächstes geschehen würde. Sie wollte zurück zu Hans Ekstein, ihrem Mann, zurück nach Marseille, auch wenn die Zustände dort immer schlimmer wurden: Massenverhaftungen durch eine hysterisch reagierende Polizei, die die Menschen mitten auf der Straße, im Café oder nachts im Hotel festnahm; die ermächtigt war, Ausweisungen vorzunehmen und auf undurchsichtige Art mit dem Naziregime kollaborierte. »Viele, vor allem die

Deutschen und Österreicher, glaubten bei jedem Klingeln, bei jedem Klopfen an der Tür und jedem Schritt auf der Treppe, die Polizei sei da, um sie abzuholen und an die Gestapo auszuliefern«, schrieb Varian Fry in seinen Erinnerungen.[1] Manche verloren unter diesem Druck den Verstand oder zumindest den Lebensmut. Sie glaubten nicht mehr, dass sie jemals aus dieser Falle herauskommen würden, fühlten sich wie Vieh im Vorhof zum Schlachthaus. »Sie zitterten vor Angst bei dem Gedanken zu bleiben und waren wie gelähmt bei dem Gedanken zu fliehen. Man versorgte sie mit einem Pass und ordnungsgemäßem Visum – und einen Monat später saßen sie immer noch in den Cafés von Marseille und warteten darauf, dass die Polizei sie abholte.«[2]

Nicht so Hans Fittko. Er war nach wie vor der Kämpfer, der Stratege von früher, der alte Grenzstellenleiter, der genau wusste, was zu tun ist. Er schickte Lisa ein Telegramm nach Port-Vendres, in dem nur ein Wort stand: *Rentrez!* – »Kommt zurück.« Was er weiter vorhatte, würde sie erst in Marseille erfahren.

Der Harvard-Mann

Fittko wohnte noch in derselben Sammelherberge, wo sie zu Beginn ihres Marseilleaufenthalts untergekommen waren, in einer Schule im Arbeiterviertel Belle de Mai. Es war nicht gerade schön dort. Hunderte von Menschen in einem Massenlager, die Böden mit Stroh bedeckt, nur zwei Mahlzeiten am Tag, nur drei Toiletten, Lärm, Streit, Chaos, Gesang, aber man konnte wenigstens Erfahrungen austauschen und ein paar Pläne machen.[3]

Lisa, die nach den Aufregungen der letzten Tage sehr erschöpft war, hatte sich gerade ein wenig hingelegt, als Fittko sie wieder von ihrem Strohlager hochzog. Es tue ihm leid, dass er sie stören müsse. Aber ein Treffen mit »diesem Amerikaner«, Varian Fry, sei verabredet. Er habe versprochen, »alle [zu] retten«, denn er habe »viel Geld und viele Visa und alles«. Übrigens werde er zusammen mit einem Freund, Albert Hirschmann, kommen. Den kannten die Fittkos offenbar noch von früher her.

Auch wenn die Chronologie hier etwas fragwürdig ist, denn Lisa wusste ja längst, wer »dieser Amerikaner« war, er hatte sie ja zu den Meyerhofs nach Banyuls geschickt: Sie ärgerte sich über die Störung und hatte absolut keine Lust, ihn zu sehen. War es nicht vollkommen weltfremd, sich in einem dieser kleinen, schmierigen Lokale im Vieux Port zu treffen, wahrscheinlich in der Bar Mistral, die bis zum Morgengrauen geöffnet hatte, wenn die Fischer kamen, um Bottiche voller Seeteufel, Brassen und Tintenfische auszuladen? Musste der nobel gekleidete Harvard-Absolvent mit der hohen Stirn und der starken Brille hier nicht jedem *flic*, also Polizisten, oder Gestapomann sofort auffallen?

Außer Hirschmann, einem jungen politischen Flüchtling aus Berlin, der wegen seines hinreißenden Dauerlächelns auch »Beamish«, der »Strahlemann«, genannt wurde, war noch Frank Bohn mitgekommen, ein älterer, ziemlich deutsch aussehender Herr, der von der AFL, der American Federation of Labor, nach Marseille geschickt worden war. Er sollte sich um die sozialdemokratischen Flüchtlinge kümmern, die verzweifelt auf ein Notvisum warteten, Hunderte von Arbeitern und Gewerkschaftern mit ihren Familien, aber auch bekannte Politiker wie Rudolf Breitscheid, Rudolf Hilferding oder Marie Juchacz.

Fry muss in diesem Gespräch ziemlich schnell erklärt haben, worum es ging: um »organisierte Grenzübergänge«, um geregelte Fluchthilfe »mit einer Anlaufstelle und Führern, die die Bergen kannten; es müsse jemand dort sein, der Erfahrung in der Grenzarbeit habe«.[4] Die einzelnen Gruppen sollten nicht mehr selbstständig über die Berge gehen, sondern professionell geführt und betreut werden. Sein Komitee würde sich um das Geld und die nötigen Papiere kümmern. Fry meinte, dass Hans Fittko genau der Richtige sei. Von Lisa sprach er nur nebenbei, vielleicht weil sie »nur« eine Frau war?

Zunächst seien sie empört gewesen. Das sei doch unmöglich, so etwas von ihnen zu erwarten, wo sie jetzt endlich alle Papiere zusammenhätten, die sie brauchten. Ihre eigene Flucht sei doch so gut wie fest geplant. Sollten sie sich da vorher noch in Gefahr bringen? Es entspann sich eine lebhafte Diskussion, in die Hirschmann sich einmischte, auf Deutsch, denn bisher war nur Französisch gesprochen worden. Er sagte, sie könnten Fry und Bohn ruhig vertrauen. Er kenne sie schon länger. Sie meinten es ehrlich.

Lisa schreibt, dass Fry in diesem Moment »*Combien?*«, also »Wie viel?« dazwischengeworfen habe, wie viel sie für ihre Fluchthilfe haben wollten, und dass sie geglaubt habe, nicht richtig zu hören. Aber: Kann es nicht sein, dass er in Wahrheit »*Comment?*« gesagt hat, »Wie bitte?« Denn er hatte zwar Deutsch gelernt, aber an der Harvard-Universität, nicht in Deutschland. Vielleicht konnte er dem erregten Gespräch zwischen drei Berlinern nicht ganz folgen? Doch ob Missverständnis oder nicht, Hans Fittko soll sich furchtbar erregt und einen seiner berühmten Wutanfälle bekommen haben: »Wissen Sie, [...] dass Mithilfe beim illegalen Grenzübertritt von Männern im dienstpflichtigen Alter jetzt mit dem Tode bestraft wird? Und Sie bieten uns Geld an. Wir müssten ja wahnsinnig sein. Wissen Sie eigentlich, was ein Antifaschist ist? Verstehen Sie das Wort Überzeugung?«[5]

Ja, das verstand Fry durchaus, denn der Mann, der später der »amerikanische Schindler« genannt werden sollte, arbeitete von acht Uhr morgens bis tief in die Nacht und verhalf, ohne zu zögern, in nur einem Jahr mehr als 2000 Menschen zur Flucht, keineswegs nur Prominenten wie André Breton, Marc Chagall, Max Ernst oder Franz Werfel, sondern auch völlig Unbekannten, die ihn um Hilfe baten. Er legte sich mit dem Vichy-Regime genauso an wie mit seinen amerikanischen Vorgesetzten, auch mit Eleanor Roosevelt. Der Präsidentengattin ging er in seinem Engagement entschieden zu weit, sodass er ständig befürchten musste, abberufen oder gar verhaftet zu werden, was im August 1941 dann auch geschah. Hat er sich tatsächlich von Fittko derartig beschimpfen lassen, ohne zu sagen *Assez!*, das Gespräch sei hiermit beendet?

Lisas hat hier vielleicht etwas übertrieben. Denn am Ende einigten sie sich doch noch recht schnell mit Varian Fry und nahmen auch sein Geldangebot gerne an. Es müsse nicht viel sein, aber es müsse reichen. »Man sollte auch eine Reserve haben, falls etwas nicht klappen sollte mit den Flüchtlingen.« Nur als Fry sagte, die neue Route solle ab jetzt nicht mehr »Route Lister«, sondern »F-Route« heißen, soll Lisa noch einmal zusammengezuckt sein, sei es vor Stolz oder vor Ärger, denn sie musste gedacht haben, mit »F« sei »Fittko« gemeint. Das war aber, wie sich später herausstellen sollte, keineswegs sicher. Denn schließlich fing auch der Name »Fry« mit »F« an. Und der von Bil Freier, recte Bil Spira, dem hochbegabten Cartoonzeichner aus Wien, der im Auftrag von Frys Komitee falsche Ausweise für die Flüchtlinge anfertigte, indem er die Stempel der zuständigen Präfektur mit dem Pinsel so geschickt imitierte, dass es niemandem auffiel. Auch Lisa und Hans hat er damals geholfen. Mit großer Genugtuung schrieb er später an Lisa.

> Ich wusste damals fast nie – und je weniger ich wusste, umso besser war es –, für wen meine Kunst war, außer wenn ich jemanden auf einem Photo erkannte. Oft sah ich auch gar keine Photos, denn ich war vor allem der Stempelfabrikant. Den Werfel erkannte ich natürlich und erinnere mich ganz besonders daran, da ich ihm am selben Tag, als ich sein Papier fälschte, auf der Cannebière auf einer Caféterrasse sah und mir dachte: heute weiß ich mehr von Dir als Du von mir. Du kennst mich nicht einmal. Seine F-Route (Fry, Freier, Fittko) hielt er für die B-Route (Bernadette)![6]

Das Dokument, das Lisa als französische Staatsbürgerin aus der besetzten Zone auswies[7], lautete übrigens auf ihren richtigen Namen: Elisabeth Lewin, wozu sie sich später aber nie offiziell bekannt hat. Selbst in der jüngsten Ausgabe des Pyrenäen-Buches heißt es, sie habe sich »aus Sicherheitsgründen« Lewin genannt, »da der Name Fittko auf der Auslieferungsliste der Gestapo stand«[8].

Tagebuch oder Fiktion?

Die zweite Hälfte des Pyrenäen-Buches besteht fast nur aus »Aufzeichnungen aus dem Tagebuch«, »Berichten von Varian Fry und Fritz Heine« und »verschiedenen Aufzeichnungen«,[9] ist also stilistisch sehr inhomogen, eine Sammlung disparater Notizen, in die sich nur manchmal eine ausgeschriebene Geschichte verirrt. Bei den Tagebuchaufzeichnungen bleibt unklar, ob sie wirklich aus dem Jahr 1940 stammen oder Jahrzehnte später aus dem Gedächtnis rekonstruiert wurden. Vieles ist nachweislich falsch datiert, was für nachträgliche Rekonstruktion spricht.[10] Manches wirkt in seiner Skizzenhaftigkeit durchaus authentisch, anderes viel zu detailliert, um Tagebuch sein zu können, besonders vor dem Hintergrund von Not und Gefahr, als die Zeit allenfalls für ein paar Stichworte gereicht haben dürfte. Insgesamt ist der Wechsel zwischen Erzählung und »Tagebuch« nicht überzeugend, zumal er weder eingeführt noch begründet wird. Durch die Verknappung wird alles noch lückenhafter, noch subjektiver, noch mehr aus dem historischen Kontext gerissen, sodass vieles neu erklärt, korrigiert oder umgeschrieben werden muss. Die Geschichte des Ehepaars Laufer zum Beispiel.[11]

Am 12. Oktober 1940 befanden sich Lisa und Hans im Zug nach Banyuls-sur-Mer. Bis Perpignan gab es zu ihrer Erleichterung keine Kontrollen. Dort unterbrachen sie die Fahrt, um die Pfemferts zu besuchen. Doch die waren schon aus Frankreich heraus, mit Hilfe von Fry, der sie auf die Liste der besonders Gefährdeten gesetzt hatte. Gerettet waren sie aber, wie Lisa annahm, noch nicht, sondern irgendwo in Lissabon, wo sie sich »hilflos wie Kinder oder verirrte Hunde« fühlten, fast ohne Geld, in kalten, kaum möblierten Zimmern lebend, krank und seit Wochen auf ihre Notvisa wartend, die erst Ende November eintreffen würden.[12]

Perpignan war im Vergleich zu Marseille eine Kleinstadt, die wegen ihrer Grenznähe von Flüchtlingen geradezu überrollt wurde. Überall waren sie zu sehen und zu hören, laut und ungeniert redend, »auf den Café-Terrassen rief man sich von Tisch zu Tisch zu, wie hoch der schwarze Dollar stand, wer kaufen wollte, und wo man verkaufte«.[13] Auch Schlepper und Schmuggler machten hier gute Geschäfte und boten für Geld ihre Dienste an.

Eine der vielen Bekannten, die sie trafen, war Gertrud Laufer, geborene Fromm, sechs Jahre jünger als Lisa, eine ehemalige Chemiestudentin aus München. Lisa erläutert nicht, woher sie sich kannten. Aus Paris, Gurs, Montauban? Sie kam aus großbürgerlichem Elternhaus. Ihr Vater war Anwalt der Münchener Kammerspiele gewesen.[14] Politisch stand sie offenbar links. Denn der Mann, den sie im Pariser Exil geheiratet hatte, gehörte der Résistance an und hatte sich freiwillig zur französischen Armee gemeldet. Dr. Robin Laufer war gebürtiger Pole, Dirigent, Musikwissenschaftler, Pianist. Bis zum »Anschluss« Österreichs war er Professor an der Wiener Musikakademie gewesen.[15] Gertrud strickte an einem hellgelben Babyjäckchen. War sie vielleicht schwanger? Sie schien wie besessen von dieser Arbeit zu sein, unfähig, sich auf irgendein Gespräch zu konzentrieren. Sie habe sich sehr verändert, fand Lisa. Niemand hätte ihr zugetraut, »dass sie eines Tages stricken würde«.[16]

Robin Laufer sei, so Lisa, in dunkle Geschäfte verwickelt gewesen. Devisenschmuggel, Menschenschmuggel, genau erklärt sie es nicht. Ja, auch sie wollten so schnell wie möglich aus Frankreich heraus, habe er gesagt, selbstverständlich. Aber gerade jetzt liefen »die Geschäfte« so gut wie noch nie …

Lisa und Hans fuhren angeekelt wieder ab. »Vorsicht! Keine Verbindung mit diesem Gesindel!«[17]

Vielleicht hat sie Laufer mit jemandem verwechselt. Es gab viele Juden dieses Namens, vor allem in Polen. Denn nichts, aber auch gar nichts deutet darauf hin, dass der spätere Direktor des Konservatoriums von San Francisco jemals in dunkle Geschäfte verwickelt gewesen wäre, ganz im Gegenteil. Für seine Verdienste im Widerstand wurde er später von der französischen Regierung mit dem »Croix de guerre« ausgezeichnet. Er selbst hat Auschwitz wie durch ein Wunder überlebt. Gertrud, seine Frau, leider nicht. Sie wurde im März 1944 mit Konvoi 69 deportiert und zusammen mit ihrer kleinen Tochter Hedwige ermordet.[18]

Problemkandidaten

13. Oktober. Ankunft in Banyuls-sur-Mer, diesmal zu einem längeren Aufenthalt. Ein beinahe luxuriöses Leben in einem Haus, das früher einmal einem Arzt gehört hatte, riesig, direkt am Meer, ausgestattet mit den herrlichsten Antiquitäten, nur leider ohne fließendes Wasser und Toilette.

Verschiedene Leute kamen, um sie in ihre neuen Aufgaben einzuführen. Vincent Azéma erklärte ihnen, wie sie sich am besten mit dem Leben der Einheimischen vertraut machten und worauf zu achten sei: nicht mehr als zwei Gruppen pro Woche, aus nicht mehr als drei Personen bestehend, in unauffälliger, ländlicher Arbeitskleidung, nicht zu dünn, denn inzwischen wurde es schon kalt in den Bergen. Auch Marcel Verzeano, ein junger rumänischer Arzt, Mitarbeiter von Varian Fry, der selbst schon Flüchtlinge geführt hatte, gab ihnen nützliche Tipps.[19]

Zuerst dachten sie, dass sie »nur« für Fry arbeiten sollten. Aber nun gab es noch einen Zweiten, der ihnen Flüchtlinge schickte: Fritz Heine, ein junger SPD-Mann, Mitglied des Vorstands der SOPADE, der Exil-SPD, Nachfolger des etwas glücklos agierenden Frank Bohn, den man in die USA zurückberufen hatte.[20] Auf seiner Liste standen im Herbst 1940 etwa 400 Menschen, die dringend Hilfe brauchten, Geld, Visa, Papiere, Fahrkarten, ein Obdach und medizinischen Beistand. Viele mussten noch aus Lagern wie Gurs, Rivesaltes oder Argèles befreit werden, wo täglich etwa 30 Flüchtlinge verhungerten, erfroren oder an Seuchen starben. An manchen Tagen sollen es sogar noch mehr gewesen sein.[21]

Heine, dessen Aktivität allgemein gelobt wurde, ja den Genossen in Amerika manchmal sogar zu weit ging, arbeitete eng mit Varian Fry zusammen und hatte dessen volles Vertrauen. Doch die Frage war: Würde das gut gehen? Würden Lisa und Hans sich mit der Exil-SPD arrangieren können? Das waren doch immer die »Sozialfaschisten« gewesen, die politischen Feinde. Und jetzt sollten sie diesen Menschen Fluchthilfe leisten, unter Einsatz ihres eigenen Lebens, denn wenn es nicht gut ging, drohte nicht nur den Flüchtlingen, sondern auch ihnen selbst größte Gefahr.

Gerne übernahmen sie diese Aufgabe nicht. Denn es waren vorwiegend »Problem«-Kandidaten, die Heine ihnen schickte, ältere Leute, die den Weg nicht mehr schafften, oder jüngere, die nicht diszipliniert genug waren, Anwälte, Journalisten oder ehemalige Reichstagsmitglieder, die meinten, alles besser zu wissen. So wenigstens stellt es Lisa in ihren Berichten dar, die manchmal etwas übertrieben klingen, denn wer ist schon »normal« und »diszipliniert« in Extremsituationen? Am liebsten waren Fittko und ihr immer noch Menschen, die durch die harte »Schule des Widerstands« gegangen waren, Menschen wie sie und er.[22] Aber die kamen nicht alle Tage.

Hugo Bieber zum Beispiel, Doktor der Literaturwissenschaft, Judaist, Heine-Forscher, ehemaliger Direktor des Volksverbands der Bücherfreunde, ein Mann, der sein Leben lang nur in Bibliotheken gesessen hatte. Wie sollten sie den über die Pyrenäen bringen?[23] Oder Dr. Hans Emil Hirschfeld, ehemaliger Ministerialrat, Pressereferent des Innenministers Carl Severing, »ein hohes Tier in der [...] Regierung«, wie Lisa schreibt.[24] Er war mit seiner Frau und seinen Kindern gekommen. *Und* mit seinem Gehpelz, von dem er sich keinesfalls trennen wollte, was fast zum Scheitern der Aktion geführt hätte, denn erst dadurch wurden die französischen Zöllner auf ihn aufmerksam und stellten peinliche Fragen.

Manche Flüchtlinge, die Heine schickte, wollten es erst einmal alleine versuchen. Robert Grötzsch zum Beispiel, der mit seiner Frau Hedwig kam.[25] Der Schriftsteller, der als Klempnergeselle angefangen hatte, war Herausgeber der *Dresdner Volkszeitung* gewesen, eines dezidiert sozialdemokratischen Blattes, war außerdem Arbeiterdichter, Verfasser von Komödien, Romanen und Kinderbüchern und vor allem: mutiger Hitlerfeind.[26] Erst nach mehreren Fluchtversuchen ließen seine Frau und er sich von den Fittkos führen,[27] wobei es trotzdem noch Komplikationen gegeben haben muss, denn sie machten sich am 14. November auf den Weg, trafen aber erst Anfang Dezember in Lissabon ein, wo sie wochenlang auf ihre Abfahrt mit der völlig überladenen *Serpa Pinto* waren mussten.[28]

Die Angaben, wie viele Flüchtlinge die Fittkos bis zur spanischen Grenze führten, weichen stark voneinander ab. Varian Fry spricht von »mehr als hundert Leute[n]« innerhalb von sechs Monaten.[29] Ein Zeitzeuge, Otto Pfister, schreibt, es seien 45 gewesen.[30] Nach neueren Schätzungen waren es »mehr als 250«,[31] an anderer Stelle ist sogar von »Hunderten« die Rede.[32] Verlässliche zeitgenössische Listen gibt es nicht. Aus gutem Grund. Denn sie hätten ja in die Hände der Gestapo fallen können. Wahrscheinlich wusste Lisa selbst nicht immer genau, wen sie vor sich hatte, außer wenn es sich um alte Freunde oder Bekannte handelte.

Es ist deshalb sinnlos, herausfinden zu wollen, wer »Max« und seine Frau »Lotte« waren, die sich keinesfalls von ihrem Koffer trennen wollten,[33] wer »das Ehepaar«, das eine Strecke zu Fuß im Eisenbahntunnel zurücklegen musste,[34] wer die »Jüngeren«, für die die Tour »unbeschwerlich, man könnte fast sagen, ein Vergnügen« war.[35] Schade ist allerdings, dass Lisa nicht rückblickend etwas genauer geworden ist, denn nun konnte doch niemandem mehr eine Gefahr drohen. Auch wenn sie viele der Namen vergessen haben mag: Es waren doch historische »Grenzsituationen«, deren Zeugin sie wurde, Stunden, von denen das Überleben vieler Menschen abhing. Bis auf wenige Ausnahmen huschen sie vorbei, ohne irgendeine Kontur anzunehmen, manche werden eher karikiert als porträtiert. Else Lehmann zum Beispiel, eine Sekretärin von Fritz Heine, die hoch in den Bergen lieber sterben wollte als weiterzugehen, worauf Fittko ihr im

Ton eines deutschen Feldwebels befohlen habe: »Hier wird nicht gestorben! Los! Marsch!«[36]

Im Sterbesaal

Es kann aber auch sein, dass Lisa vieles ins Komische zog, um es zu vergessen und zu verdrängen, denn ob es nun 45, über 100 oder 250 Menschen waren: Es muss viel Leid auf dieser Strecke gegeben haben, Tränen, Verzweiflung, Unfälle, vielleicht auch Streit. Nicht alle Flüchtlinge waren sehr dankbar, manche sogar extrem undankbar. Otto Pfister musste seine Braut, Eva Lewinski, eine alte Freundin von Lisa, im Mai 1941 geradezu darum bitten, sich doch beim Emergency Rescue Committee in New York, wo sie inzwischen tätig war, energisch für die Fittkos einzusetzen. Sie hätten schon so vielen Menschen geholfen und warteten nun ihrerseits dringend auf ein amerikanisches Visum, vergeblich bisher!

Auf den wenigen erhaltenen Fotos aus dieser Zeit sehen sie fast wie im Urlaub aus: Lisa und Hans mit vier anderen, alle in Badezeug, alle gut gelaunt auf einer Mauer am Kai sitzend, im Hintergrund das Meer und die Berge.[37] Doch das Bild täuscht. Es gab kaum noch etwas zu essen. Lisa nahm immer mehr ab, wurde immer schwächer. Manchmal fuhren schwarze, elegante Autos durch den Ort, in denen Mitglieder der sogenannten Kundt-Kommission saßen, Offiziere, die die Flüchtlinge »heim ins Reich« führen sollten. Sie hielten am Dorfplatz, sahen den Männern beim Boulespielen zu, lächelten leutselig, sagten auch manchmal ein französisches Wort, um nach einer Weile wieder abzumarschieren, mit knarrenden schwarzen Stiefeln. »Einsteigen und weiterfahren!«, hörte man noch. Aber man wusste, sie würden wiederkommen.

Dass sich die Stimmung gewandelt hatte, merkte sie spätestens im Dezember 1940, als sie schwer krank wurde. Gelbsucht, wie ihr ein Blick in den Spiegel zu sagen schien, dazu diffuse Blutungen und hohes Fieber. Doch der diensthabende Dorfarzt wollte nicht helfen. Er behandle keine deutschen Flüchtlinge, sagte er dem jungen Meyerhof, der ihn darum bat, egal ob sie ihn bezahlen würden oder nicht. Blieb nur noch das Saint-Jean-Krankenhaus in Perpignan, fast 40 Kilometer entfernt. Doch wie sollte das gehen ohne Auto und fast ohne Geld?

Was für ein Glück, das gerade jetzt Hirschmann alias »Beamish« vorbeikam. Der Strahlemann war oft in der Gegend unterwegs, um nach neuen Fluchtwegen und Unterstützern zu suchen. An diesem Tag ging es ihm aber um seine eigene Flucht. Er hatte gerade ein amerikanisches Visum bekommen, mit Hilfe eines Professors der Berkeley-Universität, bei dem er sein Studium der Wirtschaftswissenschaft und Soziologie fortsetzen würde.[38] Er wollte Lisa nur noch ins Krankenhaus bringen und sich dann über die Berge davonmachen, denn die französische Polizei suchte schon nach ihm.[39] Es war aber alles viel komplizierter, als er dachte, weil das Krankenhaus Lisa nicht aufnehmen wollte, bevor nicht für vier Wochen im Voraus bezahlt war. Lisa wusste nicht genau, wie er das Wunder vollbracht hatte, aber es gelang ihm, das Geld zu beschaffen und die Krankenhausdirektion zu beruhigen. Erst dann kam sie in einen großen Saal, in den Sterbesaal, wie sie bald bemerken würde, 30 schmale Metallbetten dicht an dicht in zwei Reihen, darin Frauen und Mädchen aller Altersklassen, von der 14-jährigen Madeleine bis zu einer 70-jährigen Obdachlosen.

Der Arzt, der nur alle paar Tage erschien, meinte, es sei keine Gelbsucht, sondern Skorbut. Das hätten jetzt viele, dagegen nützten nur Vitamine, aber es gebe keine. Madeleine zum Beispiel, die eine Polioinfektion hinter sich hatte, »wuchs nicht mehr und wurde nicht älter, nur ganz durchsichtig«.[40] Auch die obdachlose Frau war bis zum Umfallen zart und gebrechlich.

Lisas Bericht über diesen Krankenhausaufenthalt ist komisch und tragisch zugleich, völlig authentisch, geradezu beklemmend, da sie hier ganz bei sich selbst ist und keine Rolle spielen muss, weder die große Heldin noch die ergebene Frau an der Seite von Fittko. Er kam übrigens nicht zu Besuch, wegen der Ansteckungsgefahr, sondern schickte nur Briefe. Es scheint, dass sie ihn nicht besonders vermisste. Denn was waren das alles für Menschen, die sie hier kennenlernte: die große blonde Dame aus Lothringen, eine Frau Goldwasser aus dem Lager Rivesaltes, die nur Polnisch und Jiddisch sprach, Rosita, ein junges Mädchen aus Spanien, dessen Eltern im Bürgerkrieg umgekommen waren, die Obdachlose, die entweder Gedichte von Baudelaire las oder aus Protest gegen ihre Behandlung die Marseillaise schmetterte. Und dann die Krankenschwestern, die sich in all dem Elend bemühten, freundlich zu sein, und die Patientinnen dreimal täglich für alle verständlich baten: »Faites pipi, mesdames, faites pipi, s'il vous plait!« Sie waren daran gewöhnt, viel Geduld aufzubringen, denn das Krankenhaus war zugleich auch das Armen- und Irrenhaus der Region.

Als Lisa Mitte Januar herauskam, fühlte sie sich wieder besser, nur war sie noch dünner geworden, sodass man ihr Sicherheitsnadeln geben musste, um den Rock wieder passend zu machen. Es kam ihr allerdings vor, als ob sie seit langer Zeit die Erste war, die den Sterbesaal lebend verließ. Manchmal fragte sie sich, was wohl aus Frau Goldwasser geworden war. Sie hatte sich auf dem Zementboden des Lagers eine Unterleibsentzündung geholt und dauernd von ihrem Mann und ihren Kindern gesprochen. »Ob man sie ins Lager zurückbrachte, falls sie wieder gesund würde?« Wenn ja, dann wahrscheinlich nicht für sehr lange. Im Sommer und Herbst 1942 wurden die jüdischen Insassen über Rivesaltes und Drancy nach Auschwitz deportiert, insgesamt etwa 2500, darunter viele aus Polen stammende mit dem Namen Goldwasser.

Breitscheid und Hilferding

Hans Fittko war während ihres Krankenhausaufenthaltes umgezogen, in eine kleinere, aber deutlich bequemere Wohnung, die sogar eine Küche mit fließendem Wasser und eine Toilette hatte. Allerdings befand sie sich direkt über dem Zollamt an der Avenue du Puig del Mas Nr. 16, was bedeutete, dass die Flüchtlinge nicht mehr zu den Fittkos nach Hause kommen konnten, sondern im Gasthof am Dorfplatz oder in einem Hotel warten mussten. Hans hatte inzwischen eine Reihe weiterer Klienten nach Spanien geführt. Ohne Zwischenfälle, wie er sagte. Auch der Strahlemann Albert Hirschmann hatte es mit seiner Hilfe geschafft. Varian Fry vermisste ihn sehr. »Er war der einzige Mensch in Frankreich, der genau wusste, was ich tat und warum ich es tat«, schrieb er in seinen Erinnerungen. »Nachdem er weg war, war ich ganz allein, und ich empfand meine Einsamkeit so stark wie nie zuvor.«[41]

Lisa war noch nicht lange wieder in Banyuls, als eine erschütternde Nachricht die Runde machte: Rudolf Breitscheid und Rudolf Hilferding, zwei der prominentesten Vertreter der SPD im französischen Exil,[42] waren nach Paragraph 19 des Waffenstillstandsvertrages an die Deutschen ausgeliefert worden. Sie hatten schon auf gepackten Koffern gesessen, um auf ein Schiff nach Martinique zu gehen. Doch dann erschienen drei Beamte der französischen Polizei in ihrem Hotel in Arles, nahmen sie fest und übergaben sie einem SS-Mann, dem Chef de la Délégation de la police allemande à Vichy.[43] Hilferding kam schon in Frankreich ums Leben, ob durch Misshandlungen oder Einnahme von Gift, wurde nie geklärt. Breitscheid wurde aus Paris nach Berlin gebracht und von dort ins KZ Sachsenhausen. Noch wusste man nichts Genaueres über sein Schicksal, aber das Schlimmste war zu befürchten.[44]

Lisa kannte Breitscheid und Hilferding nicht persönlich. Doch sie wusste, dass Heine und Fry alles getan hatten, um ihnen rechtzeitig zur Flucht zu verhelfen, was aus verschiedenen Gründen gescheitert war, vor allem weil sie selbst zu lange gezögert hatten. Sie schreckten davor zurück, mit falschen Papieren zu reisen. Außerdem waren sie davon überzeugt, dass Hitler es nicht wagen würde, sie verhaften zu lassen, denn es würden sich doch Prominente in aller Welt für sie einsetzen, der ehemalige Reichskanzler Heinrich Brüning zum Beispiel, der schon seit 1935 in Amerika war und seine Kollegen bestimmt nicht im Stich lassen würde, auch wenn sie einer anderen Partei angehört hatten.[45] Doch er tat nichts. Er kam nicht einmal für ihr Schiffsticket auf.[46]

Was für eine Naivität, dachte Lisa! Wie konnten sie die Situation nur so falsch einschätzen! Sie hatte keine besondere Sympathie für die beiden Sozialdemokraten, aber sie wusste genau, dass jetzt doppelte Vorsicht angebracht war, denn auch zu ihr kamen immer wieder Menschen, die sich scheuten, illegale Wege zu gehen, weil sie vor den möglichen Gefahren der Flucht noch mehr Angst hatten als vor der Verhaftung durch die Gestapo.

Ein typischer Intellektueller?

Eines Abends, es soll Ende Februar 1941 gewesen sein, saßen Lisa und Hans in ihrem kleinen Wohnzimmer, als Rosa Ventajou, ihre Vermieterin, zu ihnen hinaufrief: »Madame, Madame, venez vite! Sie haben Besuch! Un ami à votre Papa!«[47]

Lisa war sehr verwirrt. Was für ein Freund? Wer sollte sie hier schon besuchen? Es war doch mit Heine und Fry ausgemacht worden, dass man sich in Zukunft in einem Café treffen würde und nicht mehr in ihrer Wohnung über dem Zollamt. Doch der Besucher hatte sich wohl nicht daran gehalten.

Der Mann, den sie im halbdunklen Hausflur sah, schien mittleren Alters zu sein. Und er schien sie zu kennen. Er kam auf sie zu, umarmte sie und sagte auf Französisch, jedoch mit deutschem Akzent, er lasse sie von ihrem Vater grüßen. Es gehe ihm gut, aber er habe ja so lange nichts mehr von ihr gehört.

Bei näherem Hinsehen erkannte Lisa, dass der Mann im Flur Georg Bernhard war,[48] einer der berühmtesten Journalisten der Weimarer Republik, Autor zahlloser Artikel zu politischen Themen, Professor an der Handelshochschule Berlin, Abgeordneter der Radikaldemokratischen Partei, Jude, Emigrant, Herausgeber der legendären *Pariser Tageszeitung*, Mitglied im Verband deutscher Journalisten in der Emigration, in der Association des Emigrés Israélites d'Allemagne en France …

Natürlich, sie hatten sich in Paris manchmal gesehen. Jetzt erinnerte sie sich. Es war fast unmöglich, ihn *nicht* zu kennen, so auffällig, wie er aussah: groß, breitschultrig, weiß gelockt und dann noch diese laute, nicht zu überhörende Stimme. Aber woher sollte er ihren Vater kennen, der doch schon lange nicht mehr als Journalist aktiv war? Wo war er überhaupt? Noch in Paris oder in der freien Zone? Ihr Bruder Hans hatte neulich geschrieben, dass er von einem gemeinsamen Freund die Nachricht erhalten habe, ihre Eltern lebten noch immer in der Butte Rouge, was Lisa unverantwortlich fand, denn das konnte doch gar nicht gut gehen. Damals, in Berlin, hatten sie nicht schnell genug fortkommen können, und jetzt hockten sie immer noch im besetzten Paris – wartend worauf?[49]

Doch das war jetzt unwichtig. Jetzt mussten sie erst einmal herausfinden, was dieser Mann, dieser Georg Bernhard, eigentlich von ihnen wollte. Er sagte, dass Varian Fry ihn zu ihnen geschickt habe. Lisa war verärgert. Das war typisch Fry! Das war so nicht abgemacht! Es war doch vereinbart, dass man ihnen mindestens eine Woche vorher Bescheid geben würde, selbst wenn sie die Flüchtlinge kannten. Eine Flucht war doch kein harmloser Ausflug. Jeder Fall musste einzeln bedacht werden. Die Situation an der Grenze änderte sich doch von Tag zu Tag. Aber das galt jetzt wohl alles nicht mehr. Nicht für Fry und nicht für Georg Bernhard, aus dem es aufgeregt heraussprudelte: »Man hat mir versprochen, dass Sie helfen werden, wenn alles andere schiefgeht. Also, es ist schiefgegangen, und hier bin ich, und ich muss über die Grenze. Werden Sie mir helfen?«[50]

Er sagte, dass er ganz oben auf der Auslieferungsliste der Gestapo stehe, sprach von verschiedenen Fluchtversuchen, die alle fehlgeschlagen seien. Es sei schon viel Geld geflossen für Limousinen, die nie gekommen, Schiffe, die nie abgefahren seien. Beim letzten Mal hätten sie es zu Fuß über die Pyrenäen versucht. Aber der Fluchthelfer sei über Nacht einfach verschwunden und habe seine Frau und ihn in den Bergen zurückgelassen. Nun seien sie also in Banyuls, im Hotel. Er habe den Einbruch der Dunkelheit abgewartet und sei schon fünfmal die Straße auf- und abgegangen, um sicher zu sein, dass er auch an die richtige Tür klopfen würde.

Für Lisa und Hans stand damit fest: Der Mann war völlig verrückt oder wenigstens hoffnungslos naiv, »ein echter Berliner Intellektueller«, der glaubte, mit seiner riesigen Gestalt und seiner albernen Sherlock-Holmes-Sonnenbrille in dem kleinen Banyuls nicht aufzufallen. Die Einheimischen hockten doch dauernd hinter den Fenstern oder vor den Türen und passten auf, wer vorbeikam. Seine Papiere, sagte er, seien völlig legal, die Leute von Frys Komitee hätten sie ihm persönlich ausgehändigt: ein Visum für Amerika, ein spanisches und ein portugiesisches Transitvisum. Es fehlte nur, wie üblich, die Ausreiseerlaubnis aus Frankreich.

Ab diesem Punkt gibt es drei verschiedene Versionen der Geschichte, die erheblich voneinander abweichen. Lisa schreibt, sie hätten sofort erkannt, dass es sich um grobe Fälschungen handelte. Fittko habe Bernhard, der es nicht glauben wollte, regelrecht angeschnauzt. Das sei typisch für das Komitee in Marseille! Idioten! Unverantwortliche Dilettanten! »Mit diesen Fetzen« käme er unmöglich über die Grenze. Man müsse eine andere Möglichkeit für ihn finden. Doch das könne dauern.

Bernhard habe leise, aber beharrlich eingewandt, ob man es nicht wenigstens einmal versuchen könne? Vielleicht seien die Kontrollen in Spanien ja gar nicht so streng? Sein Leben und das seiner Frau hingen davon ab, dass die Flucht dieses Mal endlich gelinge. Übrigens sei er ein notorischer Spieler. Fittko wisse es sicher schon. Ob er nun um Geld oder um sein Leben spiele, sei ihm egal. Je höher der Einsatz, desto größer der Reiz, Spiel bleibe Spiel. Daraufhin habe Fittko völlig die Fassung verloren und Georg Bernhard so laut angebrüllt, dass sogar Lisa vor Schreck zusammenzuckte: »Mann, wachen Sie auf! [...] Nein, ein Feigling sind Sie nie gewesen, aber mit den Faschisten spielt man nicht Roulette. [...] Sie müssen sich entscheiden, wer Sie wirklich sind: ein Spieler, der ausgespielt hat, oder Georg Bernhard, dessen Stimme nicht zum Schweigen zu bringen ist?«[51]

Endlich habe er Bernhard in sein Hotel zurückgebracht und ihn ermahnt, es nicht mehr zu verlassen, bis sie sich einen sicheren Fluchtweg für ihn ausgedacht hätten. Doch es habe neue Probleme gegeben. Diesmal mit seiner Frau, Gertrud Landsberger-Sachs,[52] einer Malerin, die darauf bestanden habe, sich am nächsten Tag mit ihrer Staffelei auf den Markplatz zu setzen »und die hübsche Gegend zu malen«. Es sei ja so schön hier. *»Je veux faire de la peinture«*, habe sie immer wieder gesagt, bis es ihm, Fittko, endlich gelungen sei, sie durch Drohungen und Mahnungen zum Schweigen zu bringen.[53] Als er, laut *merde* fluchend, wieder nach Hause gekommen sei, habe Lisa gesagt: »Ist es nicht unglaublich? Solche Leute – wie nennt man das? ›Geistig hoch stehende Menschen‹ – wandern mit einem Brett vor dem Kopf durch die Weltgeschichte. Manchmal scheint es, je höherstehend der Geist, desto größer das Brett.«[54]

Am nächsten Tag sei sie sofort mit dem Zug nach Marseille gefahren, um Fry zu erklären, dass die Papiere der Bernhards falsch seien, für den Fall, dass man »diese stümperhaft gemachten Dinger« auch noch anderen Flüchtlingen gegeben haben sollte. Fry habe zunächst entsetzt reagiert. Das sei nicht möglich. Die Papiere seien von spanischen und portugiesischen Konsularbeamten ausgestellt worden, gegen »hohe Bestechungsgelder« übrigens. Als er schließlich erkannt habe, dass sie recht hatte, habe er sofort »alle verfügbaren Leute des Centre« damit beauftragt, die Flüchtlinge, die im Besitz dieser Papiere waren, zu alarmieren. Viele seien auf diese Weise gerettet worden.

Thema mit Variationen

Fry selbst stellt die Geschichte ganz anders dar. Er räumt ein, dass die Papiere von einem dubiosen Mann stammten, den ein Mitarbeiter des Komitees im Vieux Port kennengelernt habe. Dieser Mann habe versichert, er könne »portugiesische und spanische Transitvisa von Konsulatsangestellten kaufen«, jedes für 6000 Francs. Das Komitee habe das Geld gezahlt und die Visa tatsächlich erhalten,[55] für das Ehepaar Bernhard, aber auch noch für andere Flüchtlinge, darunter ein sardischer Widerstandskämpfer namens Emilio Lussu, der selbst ein erfahrener Fluchthelfer war. Bevor er sich mit den Visa auf den Weg zur Grenze machte, habe er sie sich erst einmal genau angesehen und sofort erkannt, dass es plumpe Fälschungen waren. Dann sei er zu Fry gegangen, um ihn zu warnen: »Sehen Sie! Man kann erkennen, dass die Unterschriften mit Bleistift vorgezeichnet und dann stockend mit Tinte nachgezogen worden sind. An einigen Stellen kann man sogar noch die Bleistiftstriche erkennen, die unvorsichtigerweise nicht wegradiert wurden. Und die Orthographie! Einige portugiesische Wörter sind völlig falsch geschrieben!«[56]

Fry schreibt, man habe sich nun beraten, was zu tun sei, um die Inhaber dieser Papiere zu warnen. Einen Boten nach Banyuls zu schicken, hätte zu lange gedauert. Man habe Hans Fittko aber telefonisch erreicht, von einem Café an der Cannebière aus, da Telefonate im Büro des Komitees vielleicht abgehört wurden. Doch es sei zu spät gewesen, jedenfalls für die Bernhards, die schon fort waren, über alle Berge sozusagen.[57] Ein Ehepaar namens Arthur und Gertrud Wolff, das mit Fälschungen aus derselben »Werkstatt« ausgestattet war, sei jedoch nach wie vor in Banyuls.

Auch Lisa bestätigt, dass die Bernhards nicht mehr da waren, als sie aus Marseille zurückkam, sondern nur ein dubioser Geselle namens Paul, der gelegentlich für das Komitee von Fry gearbeitet habe.[58] Nach ihren Angaben soll *er* für die Katastrophe verantwortlich gewesen sein, indem er, gutgläubig oder nicht, mit dem Gangster im Hafen verhandelt habe, während Fry schreibt, einer seiner engsten Vertrauten, Jean Gemaehling, habe den Tipp von einem englischen Kapitän namens Murphy erhalten.[59]

Die Versionen der Beteiligten weichen nun immer mehr voneinander ab. So schreibt Lisa, es seien Mitglieder der französischen Résistance gewesen, die die Bernhards über die Berge geführt hätten.[60] Laut Fry war es ein gewisser Carlos, Mitglied eines anarchistischen spanischen Gewerkschaftsbundes, der pro Person noch einmal 15 000 Francs verlangt habe. Er sei ihm sehr unsympathisch gewesen, »ein schmieriger, kleiner Kerl«, der dauernd auf seinem Stuhl hin und her gerutscht sei. Trotzdem hätten sie seine Dienste benötigt, besonders als Fittko seine Mitarbeit aufkündigte.[61]

Was hier nun stimmt und was nicht, wird wohl nicht mehr zu klären sein. Vielleicht ist Lisas Fahrt nach Marseille frei erfunden. Vielleicht war sie aber auch wirklich dort, um Fry zu warnen, ohne zu wissen, dass Emilio Lussu schon vor ihr da war und sich ihre Mission bereits erledigt hatte. Die Situation wäre sicher nicht so eskaliert, wenn sie Bil Freier, den Meisterfälscher, hätten fragen können. Denn der hätte sofort erkannt, dass die Visa nicht echt waren. Aber leider hatte ihn jemand verraten, aus dem eigenen Komitee wahrscheinlich. Er war in seiner Werkstatt verhaftet und nach Le Vernet gebracht worden. Dieses Mal gelang es ihm nicht zu fliehen, wie gleich nach Kriegsbeginn, als man ihn zur Zwangsarbeit in einer Waffenfabrik eingesetzt hatte. Man brachte ihn erst nach Auschwitz, dann nach Buchenwald und Theresienstadt, wo er erst 1945 durch die Rote Armee befreit wurde.

Georg Bernhard hat die Umstände seiner Flucht nie verraten, sondern am 6. Juni 1941 im New Yorker *Aufbau* geschrieben: »Es war eine abenteuerliche Reise über die französische Grenze nach Spanien, aber sie gelang, und es erscheint mir nicht gut, darüber Einzelheiten zu veröffentlichen.«[62]

In einem Interview mit einem Kollegen hatte er allerdings gesagt, er habe den Weg über die Pyrenäen dreimal versucht, erst Mitte März sei der »anstrengende Marsch« geglückt, er habe zwei Nächte und einen Tag gedauert. Einmal hätten seine Frau und er unter einem Felsvorsprung schlafen müssen. Es sei aber schon »eine tolle Sache« gewesen.[63]

13

»WIR FAHREN AUF EINE INSEL, DIE HEISST KUBA« (BANYULS, MARSEILLE, LISSABON, 1941)

Veränderungen

Frühjahr 1941. Das dritte Kriegsjahr. Varian Fry und sein Komitee bemerkten mit Staunen, dass es plötzlich leichter wurde, Frankreich legal zu verlassen. Warum, verstand niemand so richtig, vielleicht weil die Lager ohnehin überfüllt waren, weil es im ganzen Land kaum noch etwas zu essen gab und man sich künftig nur noch auf die »gefährlichen Staatsfeinde« konzentrieren wollte, anstatt jeden Ausländer an der Grenze festzunehmen?

»Wie auch immer«, schreibt Fry in seinen Erinnerungen, »die unmittelbaren Auswirkungen waren beträchtlich. Bisher waren wir vorgeblich eine unscheinbare Hilfsorganisation gewesen, die kleine [...] Unterstützungsgelder an Männer, Frauen und Kinder verteilte, um sie vor dem Verhungern zu bewahren. Nun wurden wir gleichsam über Nacht eine Art Reisebüro, das an [...] Geschäftigkeit der ›American Express Company‹ [...] in nichts nachstand. Jetzt konnten wir uns endlich offen unserer Daseinsberechtigung widmen – der Emigration.«[1]

Für kurze Zeit also konnten viele Emigranten relativ problemlos ausreisen: Siegfried Kracauer, Max Ernst, Hans Sahl, André Breton und andere mehr, insgesamt über 1000. Man fuhr per Schiff von Marseille über Martinique nach New York, mit dem Zug von Marseille nach Lissabon oder ging zu Fuß über die Pyrenäen, was man nur noch den besonders Gefährdeten empfahl, vor allem wenn sie kein Überseevisum hatten.

Die Arbeit der Fittkos war damit nicht überflüssig, aber anders geworden. Die Flüchtlinge kamen nicht mehr in Scharen, sondern nur noch vereinzelt nach Banyuls, machten dafür jedoch, wie es Lisa schien, umso mehr Probleme. Nach den Bernhards, die sie schon als sehr »schwierig« empfunden hatte, kam ein anderes, nicht mehr ganz junges Paar zu ihnen: Arthur und Gertrud Wolff. Marcel Verzeano habe sie im Auftrag von Fry »angeschleppt«, so Lisa wörtlich.[2] Das klingt nicht freundlich und war auch nicht so gemeint.

Dr. jur. Arthur Wolff, 1888 in Köln geboren, war Rechtsanwalt, jüdisch, ehemals Mitglied der KPD, einer der Hauptverteidiger im sogenannten Leipziger Tscheka-Prozess von 1925, in dem »zum Schutz von Volk und Republik« nachgewiesen werden sollte, dass die Partei eine politische Polizei nach russischem Vorbild unterhalte, eine Meuchel- und Fememordorganisation zur Liquidierung ihrer politischen Gegner. Mehrere Morde sollten schon auf ihr Konto gegangen sein, weitere geplant oder in Auftrag gegeben, vor allem an Politikern, Offizieren und Industriellen.[3]

Arthur Wolff vertrat in diesem Prozess keinen der insgesamt 16 Angeklagten persönlich, sondern die Partei als solche,[4] wobei er differenziert darzulegen verstand, dass sie im Sinne von Rosa Luxemburg grundsätzlich gegen Mord und Gewalt sei. Auch die anderen Verteidiger gaben ihr Bestes. Am Ende konnten nur drei Urteile gesprochen werden, ein eher karges Ergebnis nach einem »Riesen-Monstre-Sensations-Prozess«,[5] über den die ganze Weltpresse berichtet hatte. Selbst bürgerliche Zeitungen erwähnten das hohe Niveau der Verteidigung, aber auch das skandalöse Benehmen der Richter, das »in der Rechtsgeschichte der gesamten zivilisierten Welt [...] nicht seinesgleichen« habe.[6] Fast jeder Beweisantrag sei abgelehnt worden, fast jeder Entlastungszeuge als unglaubwürdig bezeichnet. Auf unbequeme Fragen der Anwälte, auch von Arthur Wolff, sei mehrmals gesagt worden: »Setzen Sie sich, oder ich lasse Sie abführen!«[7]

Lisa war damals noch sehr jung, gerade mal 16. Unter den Zuhörern, die sich massenhaft in den Gerichtssaal drängten, wird sie wahrscheinlich nicht gewesen sein. Aber sie räumt immerhin ein, dass sie Arthur Wolff kannte, aus Berlin, wo er »oft Antifaschisten verteidigt« habe,[8] vielleicht auch sie selbst? Seine Kanzlei hatte er allerdings nicht in Berlin, sondern in Düsseldorf, wo die KPD bis zu den letzten freien Reichstagswahlen im November 1932 zeitweise stärkste Partei war.

Ein gefährlicher Staatsfeind?

Nun stand er also leibhaftig vor ihr, zusammen mit seiner Frau Gertrud, geborene Bertzky, genannt Trude. Er war alt geworden. Er ging auf zwei Krücken, denn sein linkes Bein war durch eine Verletzung im Ersten Weltkrieg vollständig gelähmt.[9] Lisa beschreibt ihn als »ein[en] große[n], massige[n] Mensch[en] mit schneeweißem Haar und buschigen, schwarzen Augenbrauen«, als jemanden, den man nicht übersehen konnte, zumindest nicht in Banyuls.[10]

Er kam als Klient von Varian Fry, der wahrscheinlich nichts von dem Tscheka-Prozess wusste. Für ihn war er einfach nur »einer der bedeutendsten Strafverteidiger in Berlin«, jemand, der »zahlreiche Opfer der von den Nazis angezettelten Straßenschlachten vertreten hatte«.[11] Arthur Wolff war mit seiner Frau Anfang Februar 1933 geflohen, zunächst in die Schweiz, dann nach Frankreich. Die Gestapo hatte seine Kanzlei an der Düsseldorfer Schadowstraße vollständig zerschlagen und das gesamte Aktenmaterial konfisziert in der Hoffnung, Hinweise auf verdächtige Kommunisten zu finden.

In Frankreich hatte er ein zweites Mal promoviert, um sich offiziell niederlassen zu können, in einer Kanzlei an der Avenue des Champs-Élysées, wo er als »internationaler Anwalt in allen in- und ausländischen Rechts- und Finanzangelegenheiten« tätig war. Politisch hielt er sich, wie es das Asylrecht verlangte, völlig zurück. Im *Pariser Tageblatt* sind nur zwei Artikel von ihm nachweisbar, die sich höchst sachlich mit steuer- und devisenrechtlichen Vorschriften für Auswanderer befassen.[12]

Die Gestapo und die französische Polizei sahen ihn aber offenbar immer noch als gefährlichen Staatsfeind an und internierten seine Frau und ihn im Herbst 1940 in einem Hotel in Arles, das sie nicht mehr verlassen durften.[13] Trotzdem gelang es ihnen 1941, unbemerkt nach Marseille zu entkommen, wo sie sich sofort zu Varian Fry begaben. »Bleich vor Angst«, dass es ihnen so gehen würde wie Breitscheid und Hilferding, die Wolff gut kannte. Fry versteckte sie zunächst in einem Lagerraum, hinter Kisten und Schachteln, mit der Warnung, nur ja nicht ins Freie zu gehen, da er mit seinen Krücken sofort auffallen würde. Er wolle schnellstmöglich einen Fluchtweg für die beiden suchen.

Das tat er dann auch, wenngleich zunächst ohne Erfolg. Als Erstes brachte er das Ehepaar in ein Bergdorf, wo ein amerikanischer Freund ein kleines Hotel führte. Nachdem sie sich dort ein paar Tage ausgeruht hatten, holte er sie wieder ab, um sie nach Andorra zu bringen. Irgendjemand hatte etwas von einer angeblich todsicheren Route erzählt, die allerdings durch Eis und Schnee führen würde, fast 20 Stunden lang. Für den gehbehinderten Arthur Wolff völlig unmöglich. Weitere vergebliche Anläufe folgten, wobei auch der berühmte »Carlos« wieder ins Spiel kam, bis das Ehepaar schließlich in Banyuls bei den Fittkos landete.[14]

Selbstzweifel

Der Bericht, der nun folgt, wirkt wie eine bittere Abrechnung mit Wolff, der es doch eigentlich schon schwer genug hatte, kriegsversehrt, von der Gestapo verfolgt und mit über 50 zum zweiten Mal vor den Trümmern seiner Existenz stehend. Lisa schreibt, sie habe das Paar in einer leer stehenden Villa untergebracht, wo er sofort den »exzentrischen Millionär« gespielt habe, weil er meinte, das sei ein guter Weg, sich zu tarnen. Als Erstes habe er sich Wein bei der örtlichen Winzergenossenschaft bestellt, zehn Kisten auf einmal. Er sei der Meinung gewesen, für einen Illegalen komme es immer darauf an, nicht wie »lichtscheues Gesindel« zu wirken. Er sei schließlich »Rechtsgelehrter«. Er wisse Bescheid. Zwischen seiner Frau Trude und ihm habe es ständig Streit gegeben. Wenn ihr seine »salbungsvollen« Vorträge auf die Nerven gingen, habe sie ihn zurechtgewiesen, er sei hier schließlich nicht im Gerichtssaal. Lisa entging allerdings nicht, dass er manchmal auch voller Angst war, dass sein Gesicht abwechselnd rot und weiß wurde, dass seine Hände zitterten, dass er leicht außer Atem geriet. Doch dann nahm er alles wieder auf die leichte Schulter. Auf dem Maultier über die Pyrenäen? Kein Problem, man müsse ihn nur gut genug festbinden. Mit dem Motorboot an die spanische Küste? Auch gut. Er brauche nur genügend Platz für sein krankes Bein. Er könne ja sagen, er habe in seiner Beinschiene Geld versteckt, mit dem er die Seeleute fürstlich belohnen wolle. »Ja, mach das«, habe seine Frau Trude dazu gesagt, »aber ohne mich, denn dann nehmen sie dir erst die Schiene ab, und dann schmeißen sie dich ins Wasser!«[15]

Das klingt hart. Aber die Wolffs waren Rheinländer. Vielleicht wusste Lisa nicht, dass man im Rheinland eine andere Art von Humor hat als in Berlin oder Wien, dass man manchmal übertreibt, manchmal Theater spielt oder sich in lebensrettenden Fatalismus flüchtet, selbst in Grenzsituationen. Nachdem nichts weiter geschah, außer dass hin und her diskutiert wurde, kam Verzeano, um die Wolffs wieder abzuholen. Er hatte ihnen einen gefälschten dänischen Pass auf den Namen Sanders und ein Visum nach Kuba besorgt. Das Ausreisevisum war ihnen von Abbé Alexandre Glasberg verschafft worden, einem in der Ukraine geborenen Juden, der in Frankreich zum Priester geweiht worden war. Verzeano würde die beiden »nach Cádiz verfrachten, von wo sie ein Schiff nehmen [konnten], alles ganz legal oder doch beinahe«. Lisa war sehr erleichtert, von ihnen »befreit« worden zu sein. »Und recht viel Glück in Kuba, Herr Sanders!« schließt sie diesen Passus ihrer Notizen.[16]

Fittko und sie müssen in dieser Zeit viel diskutiert haben, über nicht mehr und nicht weniger als den Sinn ihres Tuns. Natürlich, es war richtig, Verfolgte in ein Land zu bringen, in dem sie nicht mehr in Lebensgefahr waren. Aber war das nicht irgendwo auch »die falsche Bahn«?[17] Sie waren doch Widerstandskämpfer und kein Wohlfahrtsverein. Ihr Ziel war es doch, den Faschismus zu stürzen, um nach dem Krieg in Deutschland gründlich aufzuräumen, »für alle Zukunft«, wie Fittko zu sagen pflegte, nicht so halbherzig wie 1918.[18] Wobei immer noch die zentrale Frage im Raum stand, wer oder was »die deutsche Linke« eigentlich war, wo »ihr Platz« sei und was sie tun sollte, um sich einig zu werden, anstatt sich in einander bekämpfende Kleinstgruppen zu zersplittern.

Groß, blond und britisch

Nur noch ein letztes Mal war Lisa bereit, Fry zu helfen, weil er sie dringend gebeten hatte, quasi in diplomatischer Mission, englische Kriegsgefangene außer Landes zu bringen. Es waren Mitglieder der British Expeditionary Force, die von Ende Mai bis Anfang Juni 1940 gegen die deutsche Armee gekämpft hatten, in der Schlacht bei Dünkirchen, zu Beginn des Westfeldzugs.

Dünkirchen, die historische Stadt am Ärmelkanal, war schon im Ersten Weltkrieg Ziel deutscher Angriffe gewesen. Diesmal wurde sie von deutschen Bombern fast völlig zerstört. Es sei nur noch ein von Wasser überfluteter Landstreifen übrig geblieben, schrieben Zeitzeugen.[19] Nachdem fast 70 000 englische Soldaten gefallen waren, entschloss sich die britische Heeresführung, die Überlebenden zu evakuieren, indem sie 900 Schiffe für eine legendäre Rettungsaktion, die »Operation Dynamo«, an den Kriegsschauplatz schickte. Über 300 000 Soldaten wurden gerettet, aber um die 40 000 blieben zurück.[20] Sie saßen entweder in Lagern ein oder versteckten sich irgendwo in der freien Zone, meist in Marseille. Um sie vor dem Zugriff der Deutschen zu schützen, hatten sich große Widerstandsnetzwerke gebildet, in denen sich Menschen aus vielen Nationen engagierten, Franzosen, Deutsche, Engländer, Armenier, Belgier, die den Soldaten zur Flucht verhalfen oder sie bei sich aufnahmen. Auch das Komitee von Fry war gefragt worden, ob es helfen könne, gegen viel Geld, das vom britischen Botschafter in Madrid kam.[21] Fry war zunächst skeptisch. Das war doch nicht seine Aufgabe. Er war doch kein englischer Agent. Andererseits war er auf Kooperation dringend angewiesen. Also stimmte er zu, britische Soldaten in Dreier- und Vierergruppen nach Banyuls zu schicken. Von dort sollten sie von den Fittkos bis zur spanischen Grenze geführt werden.

Die Aktion, die Anfang März 1941 begann, verlief gut und unkompliziert, obwohl Lisa anfangs Bedenken hatte, dass die Klienten zu sehr auffallen würden, groß, blond und blauäugig, wie sie waren.[22] Die Kommunikation war zwar etwas schwierig, da sie kaum ein Wort Deutsch oder Französisch sprachen. Doch Lisas Schulenglisch reichte gerade aus, um ihnen zu erklären, was sie zu tun oder zu lassen hatten. Sie durften kein Aufsehen erregen in dem kleinen Ort, nicht laut sprechen. Früh morgens bei Dunkelheit mussten sie aufstehen, noch bevor die Zöllner auf ihren Posten waren. Das erste Stück des Weges ging sie selbst mit. Dann, irgendwo »zwischen den Hügeln«, wartete Fittko. Für den Fall, dass man ihnen in Spanien Schwierigkeiten machte, stand ein britischer Diplomat bereit, um sie bis nach Gibraltar zu bringen, von wo sie mit dem Schiff zurück nach England fuhren.

Laut Lisas Tagebuch müsste diese Aktion zwischen dem 10. und dem 25. März 1941 stattgefunden haben. Um wie viele Personen es dabei ging, bleibt unklar. Fry spricht an einer Stelle von 125,[23] das wären dann etwa neun Soldaten pro Tag gewesen, ein Ding der Unmöglichkeit. Doch außer den Fittkos waren noch andere seiner Leute aktiv, Jean Gemaehling, Marcel Verzeano und Emilio Lussu zum Beispiel, die sich mit einer »fast exzessiven Gewissenhaftigkeit« ihrer Aufgabe annahmen und zum Teil völlig neue Fluchtwege entdeckten.[24]

Ein Hoffnungsschimmer

Nach dieser Aktion waren die Fittkos ausgebrannt und erschöpft, vor allem Lisa. Sie hatten nun schon so vielen Menschen geholfen und mussten endlich auch einmal an sich selbst denken. Es wurde höchste Zeit, denn die Phase der Liberalisierung war nicht von Dauer gewesen. Schon bald war alles wieder wie vorher, beinahe noch schlimmer. Der Aufenthalt von Ausländern im Küsten- und Grenzgebiet wurde verboten, die Razzien in den Städten und auf dem Land nahmen zu, auf spanischer Seite wurde wieder das französische *visa de sortie* verlangt, ja es hieß sogar, dass es im ganzen Land demnächst Restriktionen gegen Juden geben werde, die sich am »Vorbild« der Nürnberger Rassengesetze orientierten.

Für die Fittkos hieß es nun, schnellstmöglich auszuwandern, aber wohin? Das chinesische Scheinvisum taugte nichts. Man brauchte ein echtes. Varian Fry, der versprochen hatte, ihnen zu helfen, versuchte alles, was in seiner Kraft stand. Aber auch für ihn war es eine Zeit »von Krisen und Unglücksfällen«, die er in seinem Buch ausführlich beschreibt.[25] Verhaftungen, Personalwechsel, Streitigkeiten im Team, neue Bestimmungen aus Amerika, die es den Flüchtlingen immer schwerer machten, ein neuer Mann im amerikanischen Konsulat, »dessen größtes Vergnügen es zu sein schien, autoritäre Entscheidungen zu fällen und so viele Visaanträge wie möglich abzulehnen«.[26]

Leider war auch Fritz Heine, der treue Mitstreiter der Fittkos, inzwischen abgereist, und zwar nach Lissabon, wohin die Genossen ihn abberufen hatten, weil sie fanden, in Marseille sei es auf Dauer zu gefährlich für ihn. Nun musste er abwarten, was sie mit ihm vorhatten. Würde man ihn vielleicht nach Amerika schicken? Oder nach London, wo sich bereits die SPD-Politiker Erich Ollenhauer und Hans Vogel befanden, um am Aufbau der Union deutscher sozialistischer Organisationen mitzuwirken?[27] Man ließ ihn lange im Unklaren, fast drei Monate lang, in einer Stadt, in der es von Flüchtlingen nur so wimmelte, leider auch von Nazis und deren Sympathisanten, wie man an den vielen »reichsdeutschen« Zeitungen sah, die fast an jedem Kiosk zu haben waren: *Völkischer Beobachter, Der Angriff, Das Reich* oder *Die Wehrmacht*, natürlich auch *Mein Kampf*, wahlweise auf Deutsch oder Portugiesisch. Die Gestapo war vermutlich auch in der Nähe. Jedenfalls liefen überall finster dreinblickende Männer herum, die verdächtig deutsch aussahen. Man musste aufpassen, was man sagte und tat. Auch von hier aus sollten schon Menschen verschleppt worden sein. Aber Heine ließ sich nicht irre machen. Er blieb weiter mit seinen Schützlingen in Verbindung, nahm mit örtlichen Hilfsorganisationen Kontakt auf, versuchte Visa, Lebensmittel und Geld zu beschaffen, wenn möglich auch Schiffskarten, was besonders schwierig war, da die Schiffe hoffnungslos überbucht waren. Er kümmerte sich um Kranke und gönnte sich ganz bewusst keine Ruhepausen, da er lieber nicht darüber nachdenken wollte, was aus Deutschland und der Sozialdemokratie werden sollte, wenn dieser Krieg eines Tages einmal vorbei wäre.[28]

Fittko und Heine waren während der Monate ihrer Zusammenarbeit Freunde geworden, sie waren sogar per Du, was insofern bemerkenswert ist, als Heine sehr vorsichtig mit Freundschaften war und sogar viele seiner alten Parteifreunde siezte. Von Lissabon aus muss er sich sofort für die Fittkos eingesetzt haben, denn am 18. April 1941 schrieb er bereits an den »lieben Hans«, dass er sich intensiv um seine Visaangelegenheit bemühe, leider bisher ohne Erfolg, obwohl er zwei alte Genossen um Hilfe gebeten habe, Robert Grötzsch und Hugo Bieber, die doch zu den ersten Klienten der Fittkos gehört hatten und ohne sie wahrscheinlich immer noch in Frankreich festsäßen.[29] Vielleicht war es falsch gewesen, gerade diese beiden zu fragen, denn sie mussten in New York selbst hart um ihr Überleben kämpfen. Robert Grötzsch schlug sich als Klempner und Fahrstuhlführer durch, Hugo Bieber fand mit fast 60 keine angemessene Stellung mehr, womöglich weil er die Sprache nicht genügend beherrschte. Wie oder wo hätten sie helfen sollen? *Eine* Hoffnung gebe es allerdings, schrieb Heine: ein

Visum für Kuba. »New York« sei bereit, alles dafür zu tun und die entsprechenden Kosten zu übernehmen, die, wie man hörte, sehr hoch sein sollten.[30] Auch wenn Lisa gar nicht genau wusste, wo Kuba lag, und sich fragte, welche Sprache man dort sprach,[31] war das eine gute Nachricht.

Tu as bobo?

Adieu Banyuls-sur-Mer, adieu Roussillon. Im April mussten die Fittkos den Ort verlassen, der fast sieben Monate lang ihre Wahlheimat gewesen war. Sie bestiegen einen Zug in Richtung Narbonne, um sich zu dem »anderen Hans«, Lisas Bruder, zu begeben, der inzwischen mit Frau und Kind in Cassis lebte – nur vorübergehend natürlich, denn auch er hatte die Hoffnung, bald ein Visum zu bekommen. Auch er war Klient von Varian Fry.

In ihren Aufzeichnungen berichtet Lisa minutiös über die letzten Tage in »ihrem« Banyuls: von der Welle der Sympathie, die ihnen entgegenschlug, von dem unsäglichen Chaos mit den Papieren, von *sauf-conduits, cartes d'indentité, refus de séjours*, von Stempeln und Unterschriften, die da oder dort fehlten, von Gendarmen, die ihre eigenen Vorschriften nicht mehr verstanden, von Konflikten zwischen Bürgermeister und Polizei, von Frauen mit Einkaufsnetzen, die sich lautstark einmischten und sich gegen den Wegzug der »unerwünschten Ausländer« wehrten:

> »›Ausländer? Das sind doch unsere Nachbarn – wer hat denn die halbe Nacht Kette gestanden und die Wassereimer weitergereicht während des Feuers? Das war Monsieur Jean aus Banyuls-sur-Mer, und jetzt nennen Sie ihn einen étranger?‹
> ›Es stimmt‹, habe eine andere, die gerade aus dem Fenster herausschaute, gerufen. ›Ich habe es selber gesehen, Monsieur hat geholfen, unser Feuer zu löschen; er gehört also hierher!‹«[32]

Unmöglich, dieses Chaos zu entwirren oder zu verstehen. Lisa und Hans verstanden es selbst nicht, so wenig wie die Leser von heute, die sich zudem fragen mögen, wo denn die »wunderschönen französischen Papiere« geblieben waren, die Varian Fry von Bil Freier hatte fabrizieren lassen. Sie wiesen Lisa und Hans doch als »französische Bürger aus der verbotenen Zone« aus und nicht als »Ausländer«.[33] Waren sie nichts mehr wert, seitdem man Bürgermeister Azéma abgesetzt und durch einen Pétain-Mann ersetzt hatte? Hatte jemand sie überprüft und als Fälschungen erkannt? Stand das Ganze etwa in Zusammenhang mit der Verhaftung von Bil Freier beziehungsweise Bil Spira?

Da ist vieles, was nicht zusammenzupassen scheint. Der Gendarm in Cassis stellte nämlich fest, dass die *carte d'identité* schon seit einem Jahr abgelaufen war, die »Aufenthaltsverweigerung« ebenfalls, obwohl Lisa doch am 14. Oktober 1940 geschrieben hatte: »Heute sind wir ›legalisiert‹ worden, unter unserem richtigen Namen. Die gefälschten cartes d'identité vom Centre in Marseille [...] würden wir nur im Notfall den Deutschen gegenüber gebrauchen. Monsieur Azéma hat uns auf einem Briefbogen der Mairie handschriftlich bestätigt, dass wir Einwohner von Banyuls sind; das ist jetzt unser Ausweispapier.«[34]

Immerhin, der Gendarm, der zunächst sehr laut gewesen sein soll, ließ sich am Ende erweichen, einen seiner Stempel auf die Ausweise zu donnern. Dieses Wunder hatte die kleine »Titi«, Lisas Nichte Catherine, vollbracht. Sie war inzwischen zweieinhalb Jahre alt und hatte darauf bestanden, mit auf die Gendarmerie zu gehen, wo sie ganz ruhig auf ihrem Stuhl sitzen blieb, bis sie sah, dass der Mann einen dicken Verband um einen seiner Finger trug. Da sei sie aufgestanden, zu ihm gegangen, habe sich an ihn gelehnt und mit ihrem Kinderstimmchen gesagt: »Tu as bobo, monsieur le gendarme? Hast du Wehweh?«[35]

Damit war die Sache aber noch nicht erledigt. Sie brauchten noch zahllose weitere Papiere, die sie sich bei einer Marie-Ange auf dem Bürgermeisteramt abholen sollten, einer jungen Frau mit dunklen Locken und einem kleinen goldenen Kreuz um den Hals, die als besonders hilfsbereit galt. Lisa schildert die Begegnung mit ihr nur sehr knapp.[36]

Sie war eine geborene Allibert, Tochter eines Fischers und einer Schneiderin. Da sie eine höhere Schulbildung hatte, was für Frauen in Cassis nicht gerade selbstverständlich war, hatte der Bürgermeister, Monsieur Isnard, ihren Vater gefragt, ob sie ihm auf dem Amt helfen dürfe bei allem, was so anfiel: Ausweise ausstellen, Trauungen vorbereiten, Lebensmittelmarken verteilen usw.

Da eine Menge jüdischer und politischer Flüchtlinge nach Cassis kamen, darunter auch bekannte Maler, Schriftsteller und Dirigenten, wurde sie täglich mit großer Not konfrontiert und überlegte sich, wie sie helfen könnte. Bei der Fälschung von Ausweispapieren ging sie nach einer ähnlichen Methode vor wie Bil Freier, nur noch etwas kühner. Sie kaufte sich Blankoausweisformulare im Tabakladen, fügte ein Originalfoto hinzu, versah sie, je nachdem, wie gefährdet der Inhaber war, mit echten oder fiktiven Namen und gab als Geburtsort, wenn nötig, Algerien an, weil die Deutschen auf dortige Archive nicht zugreifen konnten. Den Stempel brauchte sie, anders als Bil Freier, erst gar nicht zu fälschen. Sie saß ja direkt in der *Mairie* und musste dafür nur in die Schublade greifen. Das machte sie immer und immer wieder, so geschickt, dass man ihr nichts anhaben konnte, wobei der Bürgermeister persönlich sie unterstützte. Wenn gar nichts mehr ging, rief sie Dr. Agostini, den Dorfarzt, zur Hilfe, der den Flüchtlingen bescheinigte, sie seien so krank, dass sie nicht in ein Lager zurückgeschickt werden konnten. Auch den Ausweis von Lisa hat Marie-Ange verlängert, zunächst von August bis September, dann würde man weitersehen.[37]

Lisa und Hans konnten zunächst einmal aufatmen und ihre Zeit in Cassis wie einen Urlaub genießen, zwischen Pinienwäldern, Kalkfelsen und steilen Rebhängen. Vor allem am Strand natürlich, in den Calanques oder am Hafen, wo es nach Salz und Meer roch und wo man nicht spürte, wie viel Hunger man hatte, weil das Salzwasser und die frische Luft den Magen für eine Zeit lang betäubten.

Wovon sie in diesem »bezaubernden Fischerdorf« mit den farbenprächtigen Häusern lebten, in diesem Paradies, das schon Virginia Woolf fasziniert hatte,[38] lässt Lisa offen. Vielleicht von einer kleinen Unterstützung des Komitees, das ihnen ja schließlich noch etwas schuldig war, nachdem sie so vielen seiner Klienten zur Flucht verholfen hatten.[39]

Mit ihren nunmehr fast perfekten Ausweispapieren fuhr Lisa manchmal zu Fry nach Marseille, der ihr mit der Zeit nicht sympathischer wurde. In der Visaangelegenheit schien sich nicht viel zu bewegen. Sie glaubte, dass er sein altes Versprechen vergessen hätte.

»›Sie haben Hunderten geholfen‹, sagte ich, ›und viele hoffen noch auf Ihre Hilfe. Aber dann gibt es die anderen, die Leute, die nicht berühmt sind und die keine Verbindungen haben [...] Alle die Menschen, denen Sie nicht helfen können. Ein Monopol auf Lebensrettung kann es da nicht geben, nicht einmal für Ihr Komitee.‹«[40]

Wenige Monate später war er nicht mehr da. Man hatte ihn abgesetzt. Der amerikanische Vizekonsul und der Polizeichef von Marseille, ein bretonischer Adeliger, waren sich einig, warum: weil er noch immer an die »veraltete Idee der Menschenrechte« glaube und zu viele Juden und Nazigegner beschützt habe.[41] Auch von Mrs Roosevelt, der Präsidentengattin, kam keine Hilfe, ganz im Gegenteil. Sie schrieb an seine damalige Frau, Eileen Fry, dass sie leider nichts für ihn tun könne. Er habe Dinge gemacht, die nicht im Sinne der Regierung seien.[42] Man gab ihm eine Gnadenfrist, um seine Dinge zu ordnen und seinen Nachfolger, Daniel Bénédite, einzuarbeiten. Dann musste er sich in Begleitung eines Polizisten nach Cerbère begeben und Frankreich verlassen – es war der 6. September 1941.

Passage mit Hindernissen

Lisas unverkennbarer Groll auf Varian Fry hatte womöglich auch damit zu tun, dass er ihrem Bruder inzwischen ein Visum beschafft hatte. Hans Ekstein war als Physiker hoch qualifiziert. Man würde ihn in Amerika brauchen. Sogar die Schiffspassage war schon gebucht, von Marseille aus über Martinique nach New York. Wie komfortabel! Den mühseligen Weg über die Grenze nach Spanien und bis nach Lissabon würde er sich also sparen können.

Natürlich, sein Fall war ein anderer, er hatte eine Frau und ein kleines Kind. Aber war das nicht schon immer so gewesen? Dass sein Fall eben »ein anderer« war, dass man ihn vorzog, ihn dauernd lobte, dass man stolz auf ihn war, während ihr vorgeworfen wurde, dass sie nicht studiert, ja nicht einmal Abitur gemacht hatte und lieber an Straßenschlachten teilnahm, anstatt in die Schule zu gehen?

In ihrem Buch erwähnt sie jedenfalls nur – wenn auch zeitlich nicht ganz richtig eingeordnet –, dass »ihr Bruder Hans ein Visum für die Vereinigten Staaten« erhielt,[43] aber nicht, dass sie sich darüber freute oder dass es irgendein Abschiedsfest gab, denn so, wie die Dinge standen, war es doch keineswegs sicher, dass sie sich noch einmal wiedersehen würden. Auch von den Eltern ist in diesem Zusammenhang nicht die Rede. Sie waren doch immer noch in Paris in der Butte Rouge, wollte man sie einfach sich selbst überlassen, ohne ihnen irgendeine Nachricht zu geben?

Das Schiff, mit dem die Eksteins Marseille am 6. Mai 1941 verließen, hieß *Winnipeg*. Es war zwar schon älteren Datums – Baujahr 1918 –, galt aber als durchaus sicher, denn seit dem 18. Februar hatte es immer wieder Flüchtlinge nach Martinique gebracht, ohne dass es Unglücksfälle gegeben hätte.[44] Es war eigentlich ein Frachtschiff, das nur über wenige Kabinen verfügte, die kaum bezahlbar waren. Die meisten Passagiere mussten auf dem Vorderdeck oder im Laderaum schlafen, in unbequemen Stockbetten, Männer und Frauen bunt durcheinander, so wie auch die Passagiere selbst bunt gemischt waren: deutsche und österreichische Emigranten vor allem, aber auch spanische Bürgerkriegsteilnehmer, bekannte Künstler und Antifaschisten, Wissenschaftler, Gewerkschafter und Arbeiterdichter. Auch Lore Krüger, die Fotografin, Nachbarin aus der Rue Dombasle, war unter ihnen. Wahrscheinlich noch andere, die sich schon seit Jahren kannten. Von ihr stammt ein lesenswerter Bericht über diese Passage, die nach knapp drei Wochen zu scheitern drohte, als sie mitten auf hoher See von einem unter niederländischer Flagge fahrenden Kanonenboot angehalten wurden, das sie nötigte, ihnen bis nach Trinidad zu folgen, da das Gerücht umging, es handle sich um ein Schiff voller Nazispione.[45]

In Trinidad, damals englische Kolonie, kamen die Passagiere erst einmal in ein Internierungslager, für viele von ihnen nichts Neues, nur dass sie hier wesentlich besser behandelt wurden als in vergleichbaren Einrichtungen in Frankreich. Es gab gutes Essen, genügend Waschräume, eine Sozialarbeiterin und freundliches Wachpersonal. Nach knapp zwei Wochen durften sie alle auf der *Evangelina* nach New York weiterfahren, wo sie am 6. Juni 1941 ankamen.

Alte Freundinnen?

Zur selben Zeit traf Lisa einige ihrer alten Freundinnen wieder, Erna Friedländer und Paula Oettinghaus, genannt Paulette. Erna Friedländer hielt sich mit ihrer Tochter vorübergehend in Cassis auf, während Rolf, ihr Mann, noch als Legionär eingesetzt war.[46] Paulette und Lisa sahen sich ab und zu in Marseille, wo sie aber nur wenig miteinander sprachen.[47] Sie war anders geworden, stiller, nachdenklicher, wahrscheinlich auch magerer, so wie sie alle. Von ihrem Vater, »dem Alten«, erzählte sie, dass ihm inzwischen die Flucht nach Oran gelungen sei.[48] Frys Komitee habe ihm das ermöglicht. Auch ihr, Paula, habe er geholfen, das Hôtel Bompard zu verlassen, ein berüchtigtes Auffang-

oder Transitlager für Frauen und Kinder, in das man sie nach einer Razzia verfrachtet hatte.

Über politische Dinge sprachen sie offenbar nicht. Denn Lisa erwähnt in ihrem Buch nichts davon, dass auch Paula in der Fluchthilfe aktiv war, ja dass sie für die französische Résistance arbeitete, für das Réseau Pat O'Leary[49], das sich, genau wie seinerzeit Lisa und Hans, dafür einsetzte, vor allem britische und kanadische Alliierte wieder nach Hause zu bringen. Erstaunlich, dass sie sich dabei nicht begegnet sind oder nicht einmal etwas voneinander gehört haben. Denn auch das Réseau Pat O'Leary arbeitete Fluchtrouten aus, den Chemin de la Liberté zum Beispiel, der von Toulouse über Saint-Giron nach Spanien führte. Paula war hauptsächlich in der Marseiller Zentrale des Netzwerks aktiv, wo sie Berichte verschlüsselte und in Kurzschrift nach England weiterleitete. Sie begleitete aber auch – unter dem Decknamen Paula Perrier – nächtliche Zugfahrten. Dabei lernte sie ihren späteren Mann, Francis Blanchain, kennen, einen Kanadier, der ebenfalls Widerstandskämpfer war und mehrere Male um ein Haar hingerichtet worden wäre.[50]

Es ist seltsam, dass die drei jungen Frauen, die sich einst so nah gewesen waren, über die wichtigsten Dinge so wenig sprachen. War es Angst, Vorsicht, mangelndes Vertrauen? Erna Friedländer wusste zum Beispiel nicht, was Lisa und Hans eigentlich in Banyuls-sur-Mer gemacht hatten. Von den »Abenteuern« in ihrem »Pyrenäendorf« habe sie ja gar keine Ahnung habt, schrieb sie total verblüfft, als sie mit über 80 in Lisas Buch davon las.[51]

Auch als die Deutschen am 22. Juni 1941 überraschend in der Sowjetunion einfielen, wurde darüber offenbar wenig diskutiert, viel weniger als zwei Jahre zuvor über den Hitler-Stalin-Pakt, der sie alle so schrecklich erregt hatte. Allenfalls in der Bar sprach man manchmal darüber, wenn man ausnahmsweise einmal Geld genug hatte, zu viel Wein zu trinken. »Es ist der Beginn der Niederlage der deutschen Wehrmacht«, sagte jemand, der als Großmaul bekannt war. »Ich gebe Hitler zwei Monate.« Leider sollte er nicht recht behalten.[52]

Lauter Fragezeichen

Im Oktober 1941 kam endlich ein Telegramm vom Emergency Rescue Committee aus Marseille, in dem den Fittkos der Eingang von zwei Visa für Kuba bestätigt wurde. Es war nun »höchste Eile« geboten.[53] Zum Hin-und-her-Diskutieren war keine Zeit mehr. Denn seit September war in Emigrantenkreisen zu hören, dass die Preise für Kubavisa immer mehr stiegen. 2650 Dollar seien zu hinterlegen, bei zunehmend strenger werdender Asylpolitik. Es sei aber trotzdem der letzte Notausgang aus dem »europäischen Chaos«.[54]

Lisa stieß keine Jubelschreie aus, als die Nachricht kam. Dafür hatte sie schon zu viel erlebt, ob es nun Märchen, Betrügereien oder falsche Versprechungen waren oder aber Gesetze, die im letzten Moment wieder geändert wurden. Sie hatten schon Visa nach Panama oder China in der Hand gehalten. Auch von Ecuador, Peru oder Argentinien war die Rede gewesen, wohl auch von Mexiko, wo die Pfemferts inzwischen eingetroffen waren. Manchmal zweifelte sie an sich selbst und der Existenz der Zufluchtsorte. Gab es Kuba, gab es all diese Länder wirklich? Oder gab es nur Visa, auf denen ein Ort stand, den man nie erreichen würde?[55]

Fittko dachte da anders. Er fand, dass sie sich unnötig Sorgen mache. Immerhin wusste er jetzt, dass Kuba »irgendwo zwischen Nord- und Zentralamerika« lag und dass man dort Spanisch spreche. Blieb nur noch der Verbleib von Lisas Eltern zu klären, ein Thema, das sie lange beiseitegeschoben hatten. Ein Visum für zwei alte Leute wie sie zu bekommen, würde so gut wie unmöglich sein. Aber vielleicht konnte man sie wenigstens in die noch freie Zone holen?

Lisa schlug vor, einen gewissen »Edmund« zu fragen, von dem schon an anderer Stelle die Rede war, ohne dass sie ihn irgendwie eingeführt hätte.[56] Es handelte sich nicht um den Edmund aus Basel, den kommunistischen Schlafwagenkellner, sondern um einen Deutschen, einen politischen Flüchtling, einen Emigranten. Mal war er kurz im Pariser Exil aufgetaucht. Dann wieder als jemand, der zwischen der besetzten und freien Zone hin- und herfuhr, weil er »wichtige Angelegenheiten für andere Emigranten zu erledigen« hatte. Auch in Fittkos romanhaftem Manuskript kommt ein Edmund vor.[57] Und die Eksteins erwähnen ihn gelegentlich in ihren Briefen. Es muss ihn also wirklich gegeben haben. Nur: Wer war er?[58] Und wer waren all die anderen, die Lisa nur mit Vornamen erwähnt, Claire, Fritz, André und Jeannot,[59] Figuren, über die man gern mehr gewusst hätte? Teils sollen sie im besetzten Paris erschossen worden, teils freiwillig nach Deutschland zurückgekehrt sein. Ein gewisser Heinrich zum Beispiel, der, 1935 aus einem KZ geflohen, verzweifelt nach seiner Frau und seiner Tochter suchte, weshalb er wieder zurück in die »Heimat« ging, wo er sofort ermordet worden sei.[60] Welche Geschichten, welche Schicksale sind da unbeschrieben geblieben.

Jener Edmund soll Lisas Eltern jedenfalls *nicht* aus Paris abgeholt haben. Es sei zu gefährlich für ihn gewesen, er war ja politischer Flüchtling. An seiner Stelle sei eine Mademoiselle Bertrand aus Marseille hingefahren, eine Französin, die mit der Résistance in Verbindung stand. Zunächst habe sie große Bedenken gegen die Aktion gehabt, da es neuerdings »ständig Schießereien, Schüsse auf Menschen« gebe, die versuchten, von der einen Zone in die andere zu gelangen.[61] Am Ende sei sie dann aber doch gefahren, weil sie Lisas Bitten nicht widerstehen konnte. Sie habe aber nicht nur die Eksteins, sondern noch 20 andere »alte Juden« aus der besetzten Stadt befreit, einen ganzen Konvoi also, mit dem sie ungehindert in die freie Zone gelangt sei, zunächst mit dem Zug, wo sie sich auf verschiedene Abteile verteilt hätten, dann zu Fuß, manchmal auch auf allen vieren, weil der Boden nach langen Regenfällen so stark aufgeweicht war, dass sie durch tiefen Schlamm kriechen mussten. Ihr vorläufiges Ziel sei Mâcon gewesen, eine Kleinstadt 60 Kilometer nördlich von Lyon, in der sogenannten freien Zone. Dort seien sie, schmutzig wie sie waren, in einem Hotel abgestiegen, ohne weiter aufzufallen, bis am Ende doch noch die Polizei kam und sie auf verschiedene Orte verteilte: die

Frauen im Dachgeschoss eines Hospizes, die Männer in Holzhütten hinter dem Bahnhof. Dort seien sie bis auf weiteres festgehalten worden, während Mademoiselle Bertrand wieder nach Marseille fuhr, wo sie zunächst nicht den Mut fand, Lisa zu berichten, was ihren Eltern widerfahren war, da sie Angst hatte, dass die »alten Juden« in den Osten deportiert würden.

Die Geschichte nimmt großen Raum in Lisas Buch ein, mehr als zehn Seiten, die sich fast ausschließlich aus »Originaltönen« von Mademoiselle Bertrand speisen, deren vollen Namen man aber nicht erfährt, was ihre Identifizierung so gut wie unmöglich macht. In der bisherigen Literatur über die französische Résistance kommt das Kapitel nicht vor, so wenig wie Mademoiselle Bertrand selbst.[62] Den schwedischen Honorarkonsul namens Berglund, mit dessen Hilfe Lisa es doch noch geschafft haben will, ihre Eltern aus der Haft in Mâcon zu befreien, gab es allerdings wirklich. Es handelt sich um Folke Sixten Berglund (1899–1965), der im unbesetzten Frankreich als sogenannter Schutzmachtvertreter für die Belange deutscher Staatsbürger in Marseille zuständig war, was im Ernstfall auch hieß: »Rückführung von Kriegsgefangenen und Internierten«. Dieses Mandat übte er womöglich 1941 schon nicht mehr aus, da es Gerüchte gab, dass er Jude sei und es ablehne, sein Amt mit der gebotenen Sorgfalt zu versehen.[63] Vielleicht hatte Lisa aber auch einfach das Glück, ihn in dem allgemeinen Chaos gerade noch anzutreffen, sodass er tatsächlich befugt war, den Commissaire Spécial de la Ville de Mâcon anzuweisen, er möge Monsieur und Madame Ekstein unverzüglich freilassen und mit dem Zug nach Marseille auf sein Konsulat schicken.[64] Wie auch immer, die Geschichte ist sehr verwirrend und so wenig zu belegen wie zu widerlegen. Mal spielt sie in Marseille, dann in Mâcon, dann wieder in Cassis, wo die Eltern tatsächlich irgendwann mit dem Abendzug ankamen und noch fünf Tage mit Hans und Lisa verbrachten, die sich sputen mussten, alle Papiere zusammenzubringen, damit sie endlich mit dem Zug von Marseille nach Lissabon fahren konnten.

Als sie das verwüstete Spanien durchquerten und die vielen bettelnden Kinder auf den Bahnsteigen sahen, sagte Hans Fittko, jetzt seien sie auf dem Boden, auf dem so viel Blut für die Freiheit geflossen sei.[65] Spanien, das Land ihrer großen, gemeinsamen Sehnsucht! Spanien, das Land der Bürgerkriegskämpfer, über das sie so oft gestritten und diskutiert hatten! Damals, in Basel und Amsterdam, hätte Lisa am liebsten sofort ihre Koffer gepackt, um sich den *Mujeres Libres*, den Freien Frauen, anzuschließen und mit ihnen zu kämpfen. Und sie hatte mit Tränen in den Augen gehört, wie der große Ernst Busch im Radio gesungen hatte:

Wie graue Wölfe schlichen sich die Wolken
Von Fels zu Fels und Regengüsse krachten
Wie echtes Trommelfeuer auf uns nieder,
Die frierend hier in Schützenlöchern wachten.
Kein Sonnenstrahl drang durch in diesen Tagen
Und wäre nicht die Glut in unsern Herzen,
So hätten wir die Kälte nicht ertragen.

Doch jetzt, wo sie das legendäre Land endlich sah, blieb sie ganz kalt. Sie konnte das Pathos ihres Mannes nicht mehr teilen. »Wir fahren auf eine Insel, die heißt Kuba. Vater und Mutter sind frei, aber sie können nicht mit. Ich aber sitze hier und nichts rührt sich in mir. Ich habe keine Angst, ich freue mich nicht, ich bin nicht einmal traurig. Ich fühle nichts, gar nichts.«[66]

14
PASSAGEN
(CASSIS – LISSABON – KUBA, 1941)

Der Aufbruch

11. November 1941.[1] Endlich an Bord. Aber auch in Sicherheit? Es war müßig, diese Frage zu stellen. Vielleicht würde das Schiff ja gekapert werden, wie die *Winnipeg*? Oder beschossen? Oder eine Epidemie würde ausbrechen, was wegen der schlechten hygienischen Verhältnisse immer wieder vorkam? Die Toten warf man einfach ins Meer. Wohin sonst? Man konnte sie ja nicht an Bord verbrennen oder wochenlang in ein Kühlhaus legen.

Und dann gab es da noch die Geschichte von der *SS St. Louis*, die im Sommer 1939 von Hamburg nach Havanna fahren sollte, mit fast 1000 jüdischen Passagieren an Bord. Dies Stimmung war gut, der Seegang war mäßig, das Essen schmeckte. Die Kinder spielten unbeschwert auf dem sonnigen Deck, es fanden Konzerte statt, und am Freitagabend wurde im Speisesaal Sabbat gefeiert, nachdem man die Hitlerstatue auf der Bühne sorgfältig mit einem Tischtuch verhüllt hatte. Für die meisten war Kuba nur eine Zwischenstation. Sie wollten eigentlich nach Amerika. Doch als sie in Havanna ankamen, wurden ihre Visa nicht anerkannt, weil die Regierung ihre Bestimmungen plötzlich geändert hatte und nur noch US-Bürger und Spanier aufnahm. Der Kapitän, Gustav Schröder, tat alles, um zu verhandeln. Vergeblich. Also nahm er Kurs auf Florida, später auf New York und sogar auf Kanada. Aber niemand wollte die Flüchtlinge haben, auch Präsident Roosevelt nicht. Inzwischen drohte der Treibstoff auszugehen. Es gab Selbstmorde. Panik brach aus. Kapitän Schröder lenkte das Schiff zurück nach Europa. Erst in Antwerpen durften die Überlebenden von Bord gehen, worauf sie nach komplizierten Debatten auf Belgien, England und Holland verteilt wurden.[2]

Lisa kannte diese Geschichte, aber sie machte ihr keine Angst. Sie blieb ganz ruhig und wurde nicht einmal seekrank wie die meisten Passagiere der *SS Colonial*, die sich schon vor der Abfahrt kreidebleich über die Reling beugten. War es, weil Hans noch in Lissabon ein Medikament namens Dramamin gekauft hatte, das die Übelkeit dämpfte und die Stimmung hob? Oder kam ihr die Situation irgendwie vertraut vor? Schon 1918, gleich nach dem Ersten Weltkrieg, sie war neun Jahre alt, als sie mit dem Schiff von Budapest nach Wien fuhren, um den Pogromen im »neuen« Ungarn zu entgehen, hatte sie gehofft, dass etwas richtig Aufregendes passieren würde, ein Bombenangriff, ein Beschuss, eine Meuterei. Doch es geschah nichts. Das Schiff glitt sanft über die Donau, genau wie in Friedenszeiten. Wie enttäuschend!

Eine Stadt zum Warten

Eigentlich hätten sie Lissabon schon Tage früher verlassen sollen, aber das vom Komitee für sie gebuchte Schiff war hoffnungslos überfüllt gewesen, sie mussten warten. So gewannen sie Zeit, sich in der Stadt umzusehen, die Lisa sehr gut gefiel: das Gewirr von Treppen und Gassen im Alfama-Viertel, die maurischen Mosaiken auf den Esplanaden, die schattigen, meist terrassenförmig angelegten Parks, von denen man eine herrliche Aussicht über die ganze Stadt bis auf das Meer hatte. Fast überall roch es nach Knoblauch und Fisch. Und aus den halb geöffneten Türen der Kneipen hörte man Fado, die seltsamen, melancholischen Gesänge dieses Landes, deren Worte sie nicht verstanden.[3] Schon wieder eine andere Sprache! Schon wieder eine andere Musik! Paul Westheim, der berühmte Kunstschriftsteller aus

Berlin, hatte sie ein wenig herumgeführt. Sie kannten ihn noch aus Cassis, wo er nach seiner »Tour de France« durch verschiedene Internierungslager gestrandet war. Er war meistens unrasiert und trug die Uniform eines Arbeitssoldaten, eines *prestataire*.[4] Alles andere hatte er verloren, seine Heimat, seine Staatsbürgerschaft, seine Galerie und vor allem seine große Kunstsammlung mit Werken von Ernst Ludwig Kirchner, Oskar Kokoschka, George Grosz und anderen Vertretern der »entarteten« Kunst. Nein, auf ihn traf es nicht zu, was Lisa einmal über »geistig hochstehende Menschen« gesagt hatte: dass sie die »Weltgeschichte« niemals verstehen würden, weil sie alle »ein Brett vor dem Kopf« hätten, »je höher stehend der Geist desto größer das Brett«.[5] Paul Westheim hatte auch im Exil nicht aufgehört zu arbeiten, hatte Dutzende scharfsinniger Texte geschrieben, nicht nur über Kunst und Kunstpolitik. Er verfasste auch den politischen Schlüsselroman *Heil Kadlatz!*, die fiktive Biographie eines Berliner Hausmeisters, der vom kämpferischen Proletarier zum SA-Standartenführer avanciert, bis schließlich entdeckt wird, dass er in Wirklichkeit Katzenstein heißt, was das Ende seiner Karriere und seines Lebens bedeutet.[6]

Westheim war nicht der einzige alte Bekannte, den die Fittkos in Lissabon wiedertrafen. Auch Marcel Verzeano war seit Wochen da.[7] Er hatte sie sogar vom Bahnhof abgeholt und versucht, gute Laune zu verbreiten, obwohl er wusste, wie gefährlich es hier war. Soeben hatte man Berthold Jacob verschleppt, den bekannten pazifistischen Journalisten, der schon eine längere Odyssee hinter sich hatte.[8] Eines Abends war er zum Büro seines Hilfskomitees gegangen, um sich nach dem Stand seiner Ausreiseangelegenheiten zu erkundigen,[9] da hatten sie schon auf dem Flur auf ihn gewartet: drei Männer, von denen einer offenbar Deutscher war. Seitdem war er spurlos verschwunden. Etwas Ähnliches war ihm vor Jahren schon einmal passiert, 1935, in Basel, wo man ihn betäubt und nach Deutschland zurückgebracht hatte. Damals hatten die Schweizer vehement gegen die Verletzung ihrer Hoheitsrechte protestiert, mit Erfolg. Die Deutschen mussten ihn wieder zurückschicken. Doch dieses Mal würde man ihn nicht mehr gehen lassen, wo immer man ihn auch hingebracht haben mochte. Madrid? Berlin? Lisa, die es von anderen Emigranten erfuhr, war sich ganz sicher:

> Er weiß zu viel über die Kriegsvorbereitungen Deutschlands, er hat zu viel veröffentlicht über die geheimen Aufrüstungen der Reichswehr – er ist ein zu gefährlicher, ein unbeugsamer Feind des Dritten Reiches. Und die Polizei dieses neutralen Landes hilft der Gestapo. – Noch vor einer Stunde haben wir uns hier so schön sicher gefühlt – vor der Gestapo ist man nirgendwo mehr sicher.[10]

Und trotzdem: Lissabon, der Balkon Europas, galt als Stadt, in der sich wunderbar warten ließ. Das Wetter war schön, man konnte bis abends auf den Boulevards sitzen, und es gab endlich wieder genug zu essen: Fleisch, Gemüse Käse und Obst, Schokolade, Kuchen, Pralinen. Sogar die Fische seien hier »viel größer und auch fetter« als in Südfrankreich, stellte Lisa mit Staunen fest: »Da können unsere lieben kleinen Sardinen in Cassis gar nicht mit, obwohl wir ohne sie fast verhungert wären. Das Brot ist ganz anders als unser Brot, aber es gibt so viel man will, ohne Marken?«[11]

Ein neuer Ton

Mit den Sardinen und dem Brot beginnt die Geschichte »SS Colonial«, die Lisa Fittko Ende der neunziger Jahre, mit fast 90, schrieb, in der Absicht, sie dem Hanser Verlag als Teil eines Buches über ihre Zeit in Kuba anzubieten.[12] Da aber dort niemand Interesse hatte, wurde der Text erst 2017 bekannt,[13] zwölf Jahre nach ihrem Tod. Allerdings nur in Kreisen der Exilforschung, obwohl er zweifellos zu ihren besten gehört, denn er ist poetisch, atmosphärisch, bildhaft, manchmal sogar komisch, ohne die zum Teil überlangen Dialoge der beiden Autobiographien, die zuweilen recht konstruiert wirken.

Besondere Bedeutung gewinnt dieser Text, wenn man ihn parallel zu den vielen Briefen liest, die ihre Eltern ihr aus Cassis geschrieben haben. Sie befinden sich in ihrem Nachlass im deutschen Exilarchiv,[14] wo sie bisher nur wenig beachtet worden sind, obwohl sie Lisa in einem ganz neuen Licht zeigen: als Tochter, die sich um ihre Eltern sorgt, als Nichte, die sich Gedanken um das Schicksal ihrer Tante Malva im besetzten Prag macht,[15] als liebevoll, teilnehmend und warmherzig, nicht nur als Kämpferin und Antifaschistin. Sie hatte zum Beispiel blitzschnell dafür gesorgt, dass ihre Eltern eine Wohnung in Cassis bekamen, in der Avenue Victor Hugo Nr. 5, umgeben von einem Gewirr schmaler, holprig gepflasterter Gassen, nicht weit vom Hafen, mit Blick auf Platanen, Brunnen und kleine Marktstände. Die Wohnung war sicher sehr romantisch, aber leider auch kalt und feucht, denn es wurde langsam Winter in der Provence, und Holz oder Kohle waren kaum zu bekommen. Doch die Eksteins gaben nicht auf. Sie versuchten optimistisch zu bleiben. Der Vater besorgte sich eine Schreibmaschine und arbeitete weiter an seinem Lieblingsthema, William Shakespeare, diesmal in Form eines Drehbuchs.[16] Die Mutter kaufte sich einen Elektroherd, um wie gewohnt kochen und backen zu können, böhmische Dalken zum Beispiel, ein Gebäck aus der Heimat.[17] So lange Lisa in Lissabon war, ging sie fast täglich zur Post, um ihnen etwas zu schicken – Pralinen, Schokolade, Wäsche, Medikamente –, obwohl sie selbst nicht viel Geld hatte. Sie bekam ja nur eine kleine Unterstützung vom Komitee, das in Lissabon eine Art Dépendance betrieb. Doch es war ihr wichtig, dass es den Eltern gut ging. Deshalb war sie froh, Marie-Ange in Cassis zu wissen, den Engel der Flüchtlinge, der ihnen zur Seite stand, wenn sie etwas brauchten. Nein, besser hätten sie es wirklich nicht treffen können nach allem, was sie hinter sich hatten. Den meisten anderen Juden in Cassis gehe es viel schlechter als ihnen, schrieb sie an Lisa und Hans,[18] die sie *mes chers enfants*, ihre lieben Kinder, nannten.

Der gute Goi

Auf der *SS Colonial* befanden sich fast 400 Flüchtlinge, größtenteils Juden. Sie kamen aus Polen, Deutschland, Österreich, Russland, der Tschechoslowakei, Frankreich, Belgien, Litauen, Rumänien, Holland, Jugoslawien und Lettland. Lisa hatte sich immer als politische Emigrantin verstanden und sich nie dafür interessiert, dass sie Jüdin war. Sie wusste kaum etwas von der jüdischen Religion und verstand fast kein Jiddisch. Einmal, in Prag, war sie richtig wütend geworden, als Marie Schmolka, die Leiterin des jüdischen Hilfskomitees, ihr zu verstehen gab, für politische Flüchtlinge sei sie nicht zuständig, sondern nur für Juden, die wegen ihrer Herkunft und ihres Glaubens geflohen seien.

Und nun war sie plötzlich mit lauter Menschen auf einem Schiff, die Finkel oder Rabinovici hießen, die kein Deutsch konnten, sondern nur Jiddisch und die Sprachen ihrer Herkunftsländer; mit Männern, die Schläfenlocken, und Frauen, die eine Scheitelperücke trugen, mit Kindern, die ihre Mütter mit »Mammele« ansprachen. Es war eine fremde Welt, faszinierend und irritierend zugleich, zumal sie sah, dass ihr Hans sich erstaunlich gut darin zurechtfand, viel besser als sie jedenfalls, woher kam das nur?

Vielleicht weil sein Heimatort Spandau eine große Judengemeinde hatte, übrigens schon seit dem 13. Jahrhundert. Es gab einen jüdischen Friedhof, eine Synagoge, eine Mikwe und viele jüdische Händler. Seine Mutter hatte ihr Obst- und Gemüsegeschäft in der Feldstraße gleich neben einem Haus, das der jüdischen Gemeinde gehörte und überwiegend von Juden bewohnt war, die zum großen Teil aus dem Osten kamen. Wahrscheinlich stellten sie einen Großteil der Stammkundschaft dar, zu der auch der Rabbiner Arthur Löwenstamm und dessen Frau gehört haben mögen.[19] Es kann also durchaus sein, dass er mit diesem Milieu viel vertrauter war als Lisa und die Sprache viel besser verstand. Einen Juden aus Spandau soll er sogar an Bord wiedergetroffen und sofort erkannt haben, einen jungen Mann, dessen Vater ein Herrenmodengeschäft betrieben hatte, wo Arbeitslose mit einem Schein von der »Wohlfahrt« vorsprechen konnten und einen Mantel oder einen Anzug erhielten. Wahrscheinlich hat Fittko selbst zur Kundschaft gehört, denn er erinnerte sich, dass manchmal auch Leute »ohne Schein« vorbeikamen, denen der Vater trotzdem etwas abgegeben habe. Der junge Mann, der unter chronischer Seekrankheit litt, stimmte sofort zu. Ja, das sei so gewesen, sagte er, und lachte seit längerer Zeit zum ersten Mal.

Etwas unwahrscheinlich

Lisa fand das ganz anrührend und amüsant, aber sie hielt sich doch lieber an die »politischen« Flüchtlinge, von denen es auf der *SS Colonial* einige gegeben haben soll. Man habe sich entweder schon von früher gekannt oder sich sofort zueinander hingezogen gefühlt, durch ein Wort, durch einen Blick oder die ganze entschlossene Art des persönlichen Auftritts. Leider nennt sie in ihrem Text keine Namen, was sehr schade ist, denn es gab tatsächlich viele politische Flüchtlinge auf Kuba, Heinrich Brandler, August Thalheimer, Fritz Lamm oder Boris Goldenberg zum Beispiel, die alle kein amerikanisches Visum bekommen hatten, weil sie Kommunisten waren, wenn sie auch unterschiedlichen Richtungen und Fraktionen angehörten.[20] Viele, ja die meisten von ihnen, waren Juden, einige sogar gläubig, sodass man sich fragen muss, ob die Unterscheidung zwischen »politisch« und »unpolitisch« hier überhaupt Sinn macht.[21]

Doch vielleicht sollte man das alles nicht zu genau nehmen. Denn Lisa selbst räumt mehr oder weniger deutlich ein, dass gerade dieser Text nicht als historische Quelle zu lesen sei, sondern als »Autofiktion«, wie man heute zu sagen pflegt, als Mischung aus Fakten und Phantasie. So wie die Geschichte, die der junge Russe zum Besten gab, den sie schon in Cassis kennengelernt hatte und den sie jetzt manchmal an der Bar in der zweiten Klasse wiedertraf. Wenn sie es in dem riesigen Frachtraum, der als Schlafsaal diente, nicht mehr aushielt, weil es so fürchterlich nach Erbrochenem roch, weil ein schwer krankes Kind die ganze Nacht schrie, weil Ratten über die Bettkanten krochen und weil Westjuden sich mit Ostjuden um die Schlafplätze stritten, dann ging sie hinauf an die Bar und trank einen Wodka. Dort erzählte ihr der junge Mann, wie auch immer er hieß, von seinen Zeiten als Seemann, als er alle Meere der Welt befahren und unzähligen Walen das Leben gerettet habe durch ein von ihm höchstpersönlich entwickeltes System, mit dem er sie warnen konnte, wenn der Kapitän den Befehl gab, sie zu fangen: seltsame Laute, Hand- und Armbewegungen, Gedankenübertragung, »richtige Telepathie«.

»So wie er erzählt, glaubt er bestimmt selbst an seine Geschichten. [...] Die Erlebnisse des jungen Russen sind etwas unwahrscheinlich – ungefähr so wie der Gedanke, dass wir auf eine Insel im karibischen Meer fahren und dass wir dort leben werden, bis wir nach Hause können.«[22]

Aber wo war das eigentlich, ihr »Zuhause«? In Berlin, Wien, Budapest, Cassis oder Banyuls-sur-Mer? In Marseille, Paris, auf der Flucht oder dem Weg über die Pyrenäen? Manchmal beneidete Lisa die orthodoxen Juden, wenn sie zusammenhockten und über die Zukunft sprachen. Sie verstand zwar nur wenig, aber sie spürte, worum es ging: Was mögen das für Menschen sein auf Kuba, wo werden wir wohnen, wie werden sie uns behandeln, wie wird das Leben dort sein?

> Mehrere sagen, man soll zum Essen in ein Restaurant gehen, es heißt Moische Pippik; es ist gute jüdische Kost, wahrscheinlich auch koscher und nicht teuer. Es geht wie ein Lauffeuer herum unter denen, die in Kuba aussteigen werden. Moische Pippik, Moische Pippik. [...] Wenn man so auf einem Kahn am Ozean schaukelt und dann auf einer Insel abgesetzt werden wird, wo man nichts und niemanden kennt, gibt es einem eine gewisse Sicherheit zu wissen, dass man zu Moische Pippik essen gehen kann.[23]

Angekommen

Als die *SS Colonial* endlich in Kuba ankam, war es, obwohl Ende November, tropisch heiß. Am Hafen hatten sich viele Menschen versammelt, die auf die Ankunft von Verwandten oder Freunden warteten, Alte, Junge, sogar kleine Kinder. Ein deutscher Emigrant namens Hans Erich Priester, der früher Redakteur beim *Berliner Tageblatt* gewesen war, saß in einem Café in der Nähe des Hafens und schrieb, es sei im Allgemeinen »eine traurige Menschenfracht«, die hier an Land gespült werde. Nur wenige junge Leute seien darunter. Die meisten seien schon alt und wirkten sehr mutlos. Sie hätten ihren Körper über das weite Meer schleppen lassen, um wenigstens in Ruhe sterben zu können. Für viele sei es die zweite, dritte oder gar vierte Etappe ihrer Flucht. Am schlechtesten hätten es die Emigranten aus dem »Reich«, denen die Nazis 62 000 Reichsmark für ihre Fahrkarten abgenommen hätten, um außerdem ihr restliches Vermögen zu konfiszieren. Nun stünden sie buchstäblich vor dem Nichts, d. h. vor dem Lager Tiscornia, dem kubanischen Ellis Island, wohin sie fast alle erst einmal gebracht würden, ohne zu wissen, warum.[24]

Das ging auch den Fittkos so, die allerdings nur für kurze Zeit blieben, während andere monatelang ausharren mussten. Es war nicht so schlimm wie in Gurs. Aber Lager war eben Lager. Es hieß, dass der kubanische Präsident, ein General namens Fulgencio Batista y Zaldívar, völlig korrupt sei und sich gnadenlos an den Flüchtlingen bereichere. Erst verlange er Unsummen für ein Visum und das sogenannte Kuba-Depot, eine Art Bürgschaft, um dann durch einen seiner Schergen behaupten zu lassen, das Geld sei nicht eingegangen, er müsse sie leider in Tiscornia festhalten, bis alles gezahlt sei. Für die Fittkos *war* aber alles bezahlt worden, wie Eva Lewinski vom Emergency Rescue Committee in New York ausdrücklich bestätigte.[25] Mit List, Tücke, Schmiergeld und einem Haufen Chuzpe überzeugten sie einen der Wächter, sie gehen zu lassen, und landeten schließlich in einem Hotel in der Innenstadt von Havanna, das einem gewissen Máximo, einem polnischen Juden, gehörte. Es hieß zwar Moderno, sah aber eher wie ein Kloster oder Gefängnis aus mit seinen tunnelartigen Gängen, von denen unzählige Türen in die zellenähnlichen Zimmer führten.[26]

Ob Máximo, eigentlich Moishe, ihnen etwas davon erzählt hat, was gerade mitten in Havanna geschehen war? Dass man Arkadij Maslow, den Gefährten der ehemaligen KPD-Politikerin Ruth Fischer, tot auf der Straße gefunden hatte,[27] obwohl es hieß, dass er überhaupt nicht krank gewesen sei? Er war im Mai 1941 nach Kuba gekommen, ohne Ruth Fischer, die schon in Amerika war. Er war ganz optimistisch und hoffte ihr folgen zu können, sobald er seine Papiere zusammenhätte. Bis dahin lernte er Spanisch und schrieb für kubanische Zeitungen, über Stalin nicht weniger kritisch als über Hitler. Wer hatte Maslow umgebracht? Die Gestapo oder Stalins Geheimdienst? Es ist nie aufgeklärt worden. Nur eins war klar: dass man auch auf Kuba nicht sicher war.

Immerhin: Man konnte hier billig leben. Die Pensionszimmer waren günstig, man konnte für wenig Geld eine kleine Wohnung mieten, und in den vielen chinesischen Restaurants, die hier sehr beliebt waren, kostete ein Essen nur ein paar Cents. Die zahlreichen Schneider aus Polen, die sich in Havanna niedergelassen hatten, nähten hübsche Damenkostüme aus Leinen, zu Preisen, von denen man in Berlin oder Paris nur hätte träumen können.[28]

Fieberphantasien?

Am 11. Dezember 1941 war auch Kuba an der Seite der Vereinigten Staaten in den Krieg eingetreten,[29] was bedeutete, dass Hans Fittko wieder einmal als feindlicher Ausländer galt und eigentlich sofort in ein Lager gemusst hätte. Doch Máximo, der Hotelwirt, wusste das zu verhindern. Fittko sei Jude, sagte er, als man ihn verhaften wollte. Das wisse er ganz genau. »Ich weiß, wer is a Jid, *claro que sí es hebreo.*«[30]

Wie praktisch, dass Fittko in Spandau etwas Jiddisch gelernt hatte und sich mit den »Polaccos«, wie die Ostjuden hier genannt wurden, so gut verstand!

Lisas Aufzeichnungen werden ab jetzt extrem fragmentarisch und überspringen oft Jahre oder Jahrzehnte, sodass man die Stationen ihres Lebens seit ihrer Ankunft in Kuba kaum mehr rekonstruieren kann. Es scheint, dass sie schon Weihnachten 1941 eine eigene Wohnung bezogen, Avenida Paseo No. 510, Stadtteil Vedado.[31] Nicht weit vom Meer, durchaus komfortabel, in einem typisch kubanischen Haus mit Vorgarten und himmelblauer Fassade, das heute noch steht und sich kaum verändert zu haben scheint. Die Frage ist: Woher kam das Geld? Wovon lebten die Fittkos auf Kuba? Zum großen Teil von der Unterstützung jüdischer Komitees, die sie, ob sie wollten oder nicht, doch noch aufsuchen mussten, auch wenn sie sich als politische Flüchtlinge ansahen. Es gab mehrere, die Asociación Democrática de Refugiados Hebreos, das American Jewish Joint Distribution Committee, genannt »Joint«, jüdische Gewerkschaftsverbände usw. Das System war sehr unübersichtlich, aber man kam irgendwie durch, besonders wenn man Freunde hatte, die sich auskannten und jenseits aller politischen Differenzen zu helfen bereit waren.[32] So waren die Fittkos schon bald relativ gut integriert, auch auf dem Arbeitsmarkt, wo Lisa aufgrund ihrer Sprachkenntnisse sehr gefragt war, ob als Übersetzerin oder Sekretärin. Der weniger polyglotte Hans versuchte sein Glück als Diamantenschleifer, ein Beruf, der in Kuba fast nur von Juden aus Holland, Belgien und Polen ausgeübt wurde.[33] Er verdiene »ganz anständig«, schrieb Lisa an eine Freundin, aber es sei »eine Sauarbeit, besonders bei diesem Klima«. Kaum nach Hause gekommen, lege er sich auch schon aufs Sofa und schlafe ein.[34] Doch sie waren zum ersten Mal seit Jahren wieder »legal«, hatten reguläre Arbeitspapiere und mussten sich nicht mehr vor Razzien fürchten wie in Frankreich.

Dort hatte sich die Lage dramatisch verschärft, besonders für die Juden, auch in der vermeintlich noch »freien« Südzone. Denn der neue Ministerpräsident, Pierre Laval, war ein ergebener Handlanger Hitlers und zur Kollaboration bis zum bitteren Ende bereit. Am 1. Juni 1942 forderte er die Präfekten der Départements auf, alle Bürgermeister und Gendarmen anzuweisen, ihm die Juden, die in ihren Gemeinden lebten, zu melden, egal ob es sich um »französische Israeliten« oder um »Fremde« handele.[35] Einen Tag später wurde das Büro des Emergency Rescue Committee in Marseille von der Polizei geschlossen. Im Juli 1942 wurden allein in Paris 32 000 Juden verhaftet und deportiert. Dann wurde die Aktion auf die Südzone ausgedehnt, zunächst auf die Internierungs- und Arbeitslager, die Pierre Laval freiwillig öffnete. Im September gingen beinahe täglich Transporte über Drancy bei Paris in die Vernichtungslager. Die Zahl der Deportierten wuchs ständig. Nur in diesem einem Monat waren es fast 10 000.[36]

Für Lisa war das alles ein einziger Albtraum, besonders als die Briefe der Eltern immer seltener wurden und schließlich ganz ausblieben. Lebten sie überhaupt noch? Oder waren sie schon abgeholt worden? Hitler habe die »Ausrottung aller europäischen Juden« gefordert, hörte sie im Radio. Nein, das könne nicht sein, schrieb sie in ihr Tagebuch, das übersteige jede menschliche Vorstellungskraft.

> Sicher sind die Nazis zu jedem Verbrechen fähig. Aber diese Ungeheuerlichkeit ist unfassbar – nein. Ich weiß, dass die Bilder, die ich mir ausmale, einfach Fieberfantasien sind. Die schwarzen Uniformen mit den Totenschädeln rotten Millionen von Menschen aus, so wie ich die cucarachas, die Schaben, in unserer Küche ausrotte. Ich spritze etwas auf sie und sehe, wie sie sich grotesk krümmen und dann zusammensacken – ach, das ist ja Wahnsinn, ich muss an etwas anderes denken. [...] Ich muss mich aufraffen, aber ich kann nicht.[37]

Im Mai 1943 wurde Hans Fittko 40 Jahre alt, und sie waren immer noch auf Kuba. Er konnte Lisa in dieser Zeit keine große Stütze sein, denn er hatte oft starke Kopfschmerzen, vertrug das Klima nicht und verlor immer wieder seine Arbeit als Diamantenschleifer. Es war nicht nur höllisch heiß, sondern auch höllisch laut in den Werkstätten, den ganzen Tag summten die Schleifmaschinen in hohen, schneidenden Tönen, wobei sich der Staub in Augen, Bronchien und Lungen setzte. Eine Pause konnte sich kaum jemand leisten, weil es kein festes Gehalt, sondern nur Stücklohn gab. Die Arbeit erforderte viel Konzentration, denn es handelte sich um sehr kleine, kostbare Steine, die präzise geschliffen werden mussten. Auch wesentlich jüngere Männer hielten dieser Belastung nicht stand, ein Freund der Fittkos, der erst 32-jährige Fritz Lamm zum Beispiel, der an chronischem Asthma erkrankte und bei der Arbeit immer wieder in Ohnmacht fiel.[38]

Fritz Lamm zog die Konsequenz. Er lernte Spanisch und engagierte sich in der Gewerkschaft der jüdischen Diamantenschleifer, deren Sekretär er wurde.[39] Fittko aber zog sich in seine Wohnung zurück, um ein Buch zu schreiben, seine Erinnerungen an das französische Exil und den Widerstand, romanhaft verfremdet, zum Teil sehr pathetisch, mit Rückblenden auf die letzten Jahre in Deutschland, die Straßenkämpfe und die Zeit im Untergrund. Es wird viel gefoltert, geredet und gemordet in diesem Buch, aber es gibt auch gelungene Beschreibungen von Cassis, das dem Romanhelden Edmund so vorkommt, »als habe es ein Baumeister in einem Anfall von Schönheitsverschwendung« zwischen die Felsen gestellt, wenn auch über allem der dunkle Schleier der Angst und der Depression liege:

> Die wenigen Geschäfte sind ohne Ware und in den Schaufenstern langweilen sich kunstvoll aufgestellte Kartons und Schachteln. Um die Abfalleimer vor den Haustüren […] balgen sich verhungerte

Hunde. […] Am Quai steigt ihm der Geruch von Sardinen und Teer und abgestandenem Wasser in die Nase. Vor dem großen Fischladen steht eine Schlange von Frauen mit Einkaufstaschen. Die Frauen schauen wütend auf die Holzkisten, bis zum Rand mit Fischen gefüllt, die in ein Auto verladen werden. Das Verladen wird von zwei Gendarmen überwacht und etwas abseits von ihnen stehen zwei deutsche Offiziere, die jede eingeladene Kiste auf ihren Notizblöcken vermerken. Das Auto des Fischhändlers hat an der Windschutzscheibe einen roten Zettel mit französischer und deutscher Aufschrift: »Spezial-Erlaubnis zum Zirkulieren.« Darunter breitet in einem blauen Stempelkreis ein Adler seine räuberischen Schwingen aus.[40]

Das Typoskript ist nur fragmentarisch erhalten geblieben, sodass man nicht weiß, ob das Thema Fluchthilfe darin vorkommt oder nicht. Eine Figur, die Lisa ähneln würde, spielt jedenfalls keine besondere Rolle, es sei denn als Nebenfigur in Gestalt einer Berliner Jüdin namens Vera, die ihrem Mann, einem Widerstandskämpfer, sozial hoch überlegen ist, mehrsprachig, gut erzogen und mit Kultur groß geworden, während er, der Sohn einer »kinderreichen Arbeiterfamilie«, schon als Junge hart arbeiten musste und nie richtig Französisch gelernt hat.

Lisa erwähnt zwar, dass er ein Buch geschrieben habe und in dieser Zeit unansprechbar für alles andere gewesen sei, wie in einem »schalldichten Raum«, auch wenn ringsherum noch so hitzig debattiert wurde. Wovon es aber handelt, lässt sie offen, sondern zitiert nur einen Satz, den sie für den wichtigsten hält: »Eines Tages wird den Nazis alles tausendfach zurückgezahlt. Nicht mit ihren Methoden. Niemals werden wir dazu herabsinken, andere zu foltern. Doch die Schuldigen müssen vernichtet werden, mit Stumpf und Stiel. Wenn die Gelegenheit wiederum verpasst wird, ist alles umsonst gewesen.«[41]

Für Hans Fittko war dieses Buch ein politisches Vermächtnis, das er unbedingt gedruckt sehen wollte, möglichst noch während des Krieges, und sei es auf Englisch. Als Titel hatte er sich *Troublemaker for Freedom and Peace* ausgedacht. Er ging zu einem Anwalt, um sich beraten zu lassen,[42] bat Freunde, die nach Amerika emigriert waren, um Hilfe,[43] schrieb sogar an Varian Fry, der inzwischen selbst ein Buch über seine Zeit in Frankreich verfasst hatte: *Surrender on Demand (Auslieferung auf Verlangen)*.[44] Fry urteilte ziemlich vernichtend über Fittkos Manuskript. Keine Entwicklung der Charaktere, keine Zwischentöne, zu viel Gewalt.[45] Ein junger Mann, der überhaupt nicht vom Fach war,[46] meinte, dass die Verleger als Erstes ein Exposé bräuchten, auf Englisch natürlich, was aber wohl nie verfasst wurde. Denn inzwischen gab es andere Probleme.

Nachdem im November 1942 auch der Süden Frankreichs von den Deutschen besetzt worden war, hatten Lisas Eltern sich mit Hilfe ihrer Nachbarn lange verstecken können. Doch nun, im Februar 1944, sah es endgültig so aus, als gäbe es kein Entkommen mehr, als drohte auch ihnen die Deportation. Lisa hatte es von Hans, ihrem Bruder, erfahren, der es seinerseits aus einem Telegramm unklarer Herkunft wusste: »Cassis, France. […] Baldige Verschickung wahrscheinlich. Vater und Mutter.«

»Kann denn wirklich niemand auf der Welt etwas tun?«, fragte sich Lisa.[47]

Kubanisiert

Wieder vergingen Monate, bis sie etwas Näheres hörten. In dieser Zeit musste das Leben irgendwie weitergehen. Lisa »kubanisierte« sich immer mehr und hätte sich rundherum wohlgefühlt, wenn da nicht diese ständige Angst um die Eltern gewesen wäre. Sie vertrug das Klima gut, mochte das Essen, sprach nach kurzer Zeit fließend Spanisch und konnte sich von ihrem Gehalt feine Kostüme und schönen landestypischen Schmuck kaufen, bunte Ketten und Ohrringe, mit denen sie wie eine Kubanerin aussah.[48] Doch was war das überhaupt, eine »Kubanerin«? Auf Kuba gab es Schwarze, Weiße, Asiaten, Mulatten, Mestizen. Sie hingen der Santería an, waren Christen oder Juden aus nahezu allen europäischen Ländern, sodass niemand wegen seiner Herkunft, Religion oder Hautfarbe auffiel. Seit dem 1. Juni 1944 hatte man sogar eine neue, demokratisch gewählte Regierung. Ihr Präsident hieß Ramón Grau San Martín, ein promovierter Arzt, der als Kandidat der Partido Revolucionario Cubano auf Batista gefolgt war. Jetzt konnte eigentlich alles nur noch aufwärtsgehen. Er hatte gesagt, alle arbeitswilligen Flüchtlinge seien willkommen, sie würden gebraucht. »Kein Hass, keine Animosität gegen irgendjemand«, hatte ein Regierungssprecher verkündet. »Weit davon entfernt, sie [...] von ihren gegenwärtigen Arbeitsplätzen zu entfernen, werden wir gezwungen sein, Arbeiter aus allen Teilen der Welt in unser Land kommen zu lassen. Die ungerechte Ausbeutung, deren Opfer europäische Flüchtlinge geworden sind, wird mit der Wurzel ausgerottet werden.«[49]

Das klang doch großartig! Wenn das keine Perspektive zum Bleiben war! Und dann die kubanische Musik! Lisa konnte gar nicht genug davon bekommen. Da mischten sich afrikanische, spanische und argentinische Elemente, manchmal meinte man auch, etwas Chinesisches durchzuhören. Überall wurde Gitarre gespielt, getrommelt, gesungen, getanzt – auf der Straße, im Kino, im Theater, in den Höfen. Noch in hohem Alter soll sie ganz verzückt reagiert haben, wenn sie kubanische Musik im Radio hörte, sie soll angefangen haben, zu singen, zu tanzen und wieder Spanisch zu sprechen, als wäre Kuba ihre eigentliche Heimat gewesen, das Land ihrer Sehnsucht.[50] Fittko verstand das nicht. Diese Musik ließ ihn kalt. Er liebte die *deutsche* Lyrik, das *deutsche* Volkslied: »Im Krug zum grünen Kranze« oder »Horch, was kommt von draußen rein«. Was sollte er mit all diesen Rumbas, Salsas und Mambos, die seiner Mentalität einfach nicht entsprachen?

Doch nicht nur deshalb reagierte er mürrisch, ja sogar ungehalten, als die neue Regierung ihnen die kubanische Staatsbürgerschaft anbot, während Lisa ganz begeistert davon war. »Damit hätten wir richtige Reisepässe! Wie lange sind wir jetzt schon staatenlos? Elf Jahre.

[…] Endlich ist es möglich. Und nun sagt er plötzlich: Nein, es geht nicht. Darauf war ich nicht gefasst.«[51]

Damals scheint es zu einer echten Krise zwischen den beiden gekommen zu sein. Lisa verstand einfach nicht, was er dagegen hatte. Ein Pass sei doch nicht mehr als ein Stück Papier, sagte sie, es ändere doch nichts an seiner Identität, seiner Überzeugung, er bleibe doch trotzdem ein Antifaschist, mit dem Pass welcher Nation auch immer! Aber er wollte nicht mit sich reden lassen, sondern sagte im Ton eines Predigers, nur ein Deutscher könne am Sieg über den Faschismus mitwirken, nur ein Deutscher mit deutschem Pass, nicht »mit dem Pass einer der Siegermächte«,[52] was Lisa etwas abwegig gefunden haben muss, denn Kuba war doch keine Siegermacht, sondern ein Vasall Amerikas, eine Art Kolonie. Außerdem war der Krieg doch noch gar nicht zu Ende! Die Deutschen hatten zwar katastrophale Verluste erlitten, ob in Russland, Frankreich oder Italien. Ganze Städte wie Dresden, Köln oder Berlin lagen in Trümmern. Aber es fielen immer noch Bomben auf London. Und es wurden immer noch Menschen deportiert, vergast oder ohne Prozess hingerichtet. Ernst Thälmann zum Beispiel, der alte Vorsitzende der KPD, den man nach elf Jahren Einzelhaft im KZ Buchenwald erschossen hatte.

Gerettet?

Im September 1944 kam endlich die erlösende Nachricht von der Befreiung Südfrankreichs durch alliierte Truppen. Durch eine Anzeige in einer amerikanischen Zeitung gaben Lisas Eltern zu erkennen, dass sie überlebt hatten, dass sie nicht deportiert worden waren, sondern noch in Cassis wohnten und nach ihren Kindern im Ausland suchten.[53] Fast das ganze Dorf hatte zusammengestanden, um möglichst viele Juden zu retten: Résistancekämpfer, Fischer, Gendarmen, der Bürgermeister, der örtliche Arzt, Marie-Ange und viele andere, die ihr Leben dafür riskierten. Nein, die Nazis hatten wirklich kein leichtes Spiel in Cassis. Von ungefähr 100 jüdischen Einwohnern konnten sie nur zwei verhaften und deportieren.[54]

Es ist seltsam, dass Lisa darüber so wenig erzählt, auch später, in ihren zahlreichen Interviews, nicht. Viele dieser Menschen hätten ein Denkmal verdient. Auch die Eksteins, weil sie, obwohl schon alt, einfach nicht aufgaben, weil sie alles klaglos ertrugen, ohne sich als Märtyrer feiern zu lassen. Hans Fittko schrieb später an seine Schwester, dass sie insgesamt *sechs Mal* kurz in höchster Gefahr gewesen und auf Fischerbooten versteckt worden seien, Tag und Nacht, im Sommer und Winter.[55]

Vielleicht war das alles zu quälend für Lisa? Zu schrecklich, um es in Worte zu fassen? Vielleicht hatte sie, ob zu Recht oder nicht, das Gefühl, nicht genügend getan zu haben, um ihnen diese Tortur, dieses Trauma zu ersparen? Inzwischen waren sie zwar gerettet, aber es ging ihnen körperlich trotzdem sehr schlecht. Lisas Mutter wog nach der *libération* nur noch 39 Kilo und nahm nur langsam wieder zu, da es außer Feigen und Sardinen fast nichts zu essen gab.[56]

Mitten in dieser völlig unklaren Situation, am 3. Mai 1945, als Lisa und Hans keineswegs ein besonders harmonisches Paar waren und noch nicht einmal zu einem Konsens über ihre Staatsangehörigkeit kommen konnten, entschlossen sie sich, endlich zu heiraten.[57] Sie waren zwar immer als Ehepaar aufgetreten und wurden generell nur »die Fittkos« genannt, tatsächlich gab es aber nur den Trauschein des Prager Rabbiners, der rechtlich keinerlei Gültigkeit hatte. Wahrscheinlich sollte die Heirat auf Kuba eine Art Treueschwur sein, ein Zeichen, dass sie trotz allem zusammengehörten, auch wenn sie manchmal verschiedener Meinung waren. Hans Fittko schrieb später an seine Familie in Berlin:

> Meine Frau, Lisa, ist [...] Jüdin und in der Tschechoslowakei geboren. Wir haben uns vor zwölf Jahren in der Tschechoslowakei kennengelernt und von dieser Zeit ab waren wir mit kurzen Unterbrechungen, die durch meine Tätigkeit bedingt waren, immer zusammen. Wir ha-

ben erst hier heiraten können, weil wir eigentlich in all den [...] Jahren hier zum ersten Mal richtig legal mit allen Papieren versehen leben können. Sie hat an allen meinen Arbeiten und Strapazen engen Anteil genommen; ich wäre sicher nicht durch alle Gefahren immer so gut hindurchgekommen, wenn ich sie nicht zur Seite gehabt hätte.[58]

Das Problem war nur: Diese Heirat war nicht »legal«, denn Lisa war ja noch verheiratet, mit Gabriel Lewin, der sich in einem sowjetischen Straflager befand. Sie dachte wahrscheinlich, dass er längst tot sei, denn sie gab sich vor dem Notar und der Stadtrichterin von Havanna-Ost, Dr. Cecilie Caneda y Acosta, als »verwitwet« aus. Er war aber nicht tot, sondern 1934 aus Deutschland nach Holland geflohen, von dort nach Belgien und von da nach Moskau, wo er Opfer der stalinistischen »Säuberungen« geworden war. Ein »Sonderschnelltribunal« hatte ihn wegen angeblicher »Spionage für Deutschland« zu »zehn Jahren Umerziehung-Arbeitslager auf der sibirischen Halbinsel Kolyma« verurteilt.[59] Lisa konnte das natürlich nicht wissen. Woher auch? Doch de jure war es trotzdem Bigamie und außerdem sehr riskant, denn unter den etwa 100 politischen Emigranten auf Kuba waren viele, die sie noch aus ihrer Berliner Zeit kannten. Gert Caden, ein prominenter Maler und Bildhauer zum Beispiel, der in seinem komfortablen Haus am Meer zwar wie ein Künstlerfürst lebte, aber immer noch in Verbindung zum sowjetischen Nachrichtendienst stand und später als »IM Richard« eine große Rolle spielen würde.[60] Doch zum Glück ging alles gut, da die Fittkos ihre Hochzeit nicht groß bekannt machten, sondern nur im engsten Kreis mit zwei Trauzeugen feierten, einem Freund namens Richard Henschel und dessen Frau.

Wenige Tage später, am 8. Mai 1945, geschah das, wovon Lisa und Hans immer geträumt hatten: Die deutsche Wehrmacht kapitulierte, das Ende des »tausendjährigen Reiches« war gekommen, der Krieg war vorbei. »Fünf Jahre, acht Monate und sieben Tage« habe er gedauert, schrieb der Schriftsteller Manfred George im *Aufbau*. Über Europa sei wieder die Sonne aufgegangen, doch zu welchem Preis? 40 Millionen Menschen seien gestorben, vertrieben, entwurzelt, »an Körper und Seele verwüstet worden«, vier Millionen Juden lebten nicht mehr, von zerstörten Kulturwerten und Städten zu schweigen. Aber eins sei sicher: »Was die Nazis und ihre Gefolgsleute [...] verbrochen haben, das hat der Menschheit einen so gigantischen Verlust zugefügt, dass auch die schärfsten und entschlossensten Richter machtlos vor diesem von Blut triefenden Dossier der Schuld sitzen müssen.« Eine Frage müsse sich jedem denkenden Menschen aufdrängen: »Wie kann eine neue Katastrophe verhindert werden?«[61]

NACHWORT

Robert Schalek, der Onkel, der Obergerichtsrat aus Leitmeritz, war der Erste, der den Verwandten die Nachricht überbringen musste, dass seine Schwester Malva, die Malerin, Lisas Lieblingstante, 1942 nach Theresienstadt deportiert worden war und von dort nach Auschwitz. Bis zum Schluss habe sie unermüdlich gemalt und gezeichnet, die Kinder, die Alten, das Elend, den Hunger. Sie sei immer schmaler und blasser geworden und schließlich verhungert. Die Gaskammer sei ihr wahrscheinlich erspart geblieben, doch wer wisse das schon so genau?[1]

Es waren noch viele andere Verwandte umgebracht worden, Emma Marek, die Tante aus Prag zum Beispiel, und Mita Eisner, die Cousine, mit der Lisa einen Teil ihrer Kindheit verbracht hatte. Von den Csatós fehlte zurzeit noch jede Spur. Aber der Tod von Malva erschütterte Lisas Eltern am meisten. Bis jetzt hatten die Eksteins immer versucht, stark und humorvoll zu bleiben, doch als sie erfuhren, dass »die Bestien […] ihr liebes, gutes, kleines Maeffchen« umgebracht hatten, sank ihre Kraft.[2] Ihre Mutter schrieb, dass sie unter chronischem Herzrasen leide und kaum noch fähig sei, sich um ihren Mann zu kümmern, der nach einem Gehirnschlag immer seltsamer werde, was seine Briefe an Lisa und Hans bestätigen: Mal plante er, einen Shakespeare-Film im Walt-Disney-Stil zu verfassen, dann schrieb er an Szenen für Charlie Chaplin, mal erklärte er, nie mehr in das Land der Mörder zurückkehren zu wollen, dann wollte er Malvas Atelier im Theater an der Wien wieder beziehen usw.

Dazu kam der Mangel an Lebensmitteln und Geld, der nach dem Krieg kaum geringer geworden war, eher im Gegenteil. Es fehlte an allem: Zucker, Konfitüre, Fleisch und Wurst, Kakao, Milchpulver, Kaffee.[3] Lisa schickte ihnen dauernd Pakete, obwohl es ihr selbst gar nicht gut ging, denn Hans Fittko war monatelang krank gewesen, und sie machten sich immer noch große Sorgen um ihn. Er hatte, ähnlich wie sein jüngerer Freund Fritz Lamm, bei der Arbeit plötzlich das Bewusstsein verloren und war 40 Stunden lang nicht mehr aufgewacht. Als er im Krankenhaus zu sich kam, war er rechtsseitig gelähmt und konnte kaum mehr sprechen. Mit der Zeit ließ die Lähmung nach, aber man wusste nicht, was die Ursache war. Wieder zu Hause, verfiel er in tiefe Melancholie, weil er vorläufig nicht mehr arbeiten durfte. Er sei doch ein so aktiver Mensch, schrieb Lisa an ihre Freunde. Was sie nur machen solle?[4]

Am liebsten wäre er nach Deutschland zurückgegangen, nicht um den Faschismus »mit Stumpf und Stiel« auszurotten, wie Lisa ihn einmal zitiert,[5] sondern um seine Familie wiederzusehen, seine Schwester Martha vor allem, mit der er zum ersten Mal seit 1933 wieder Kontakt hatte. Sie lebte noch immer in der alten Heimat, in Berlin-Spandau, war verheiratet und hatte vier Kinder, die Hans Fittko bis auf das älteste noch gar nicht kannte. Am meisten schmerzte ihn, dass er seine Mutter, Lina Fittko, vor ihrem Tod nicht mehr gesehen hatte. Sie war schon im Oktober 1939 gestorben, wenige Wochen nach Kriegsbeginn, zu der Zeit, als er noch im Lager Vernuche war, zusammen mit Walter Benjamin, Hans Sahl, Hermann Kesten und all den anderen. Das machte ihn so traurig, dass ihm ein paar Zeilen eines Heine-Gedichts in den Sinn kamen, die er für Martha aufschrieb: »Nach Deutschland lechzt ich nicht so sehr / Wenn nicht die Mutter dorten wär; / Das Vaterland wird nie verderben, / Jedoch die alte Frau kann sterben.«[6]

Am Ende gingen sie aber doch nach Amerika, wo sie am 11. Juni 1948 von einem Komitee alter Freunde empfangen wurden. Lisa hatte sich schon seit zwei Jahren um ein Visum bemüht, weil sie diesem

»herrlichen Frieden« in Europa nicht traute.[7] Vielleicht hatte sie Fittko gar nichts davon gesagt, um ihn nicht aufzuregen. Aber sie hatte sich vorsichtshalber zwei Bürgen beschafft, einen Studenten in New York, Ernest E. Goitein, den sie vermutlich schon aus Deutschland kannte, und eine reiche amerikanische Erbin, Mary Jayne Gold, die über ein Jahreseinkommen von 25 000 Dollar verfügte und erklärte, »ihre Freunde«, die Fittkos, unterstützen zu wollen, damit sie dem amerikanischen Staat nicht zur Last fielen.[8] Mary Jayne Gold war eine Mitarbeiterin Varian Frys, die lange in Frankreich gelebt hatte. Sie hat selbst ein Buch über diese Zeit geschrieben, *Crossroads Marseille 1940*, das 1980 erschienen ist. Nicht mit Geld, aber mit besten Leumundszeugnissen halfen auch Varian Fry selbst[9] und Marcel Verzeano, der inzwischen Psychiater an einem Militärhospital in Boston war. Er schrieb an den amerikanischen Konsul in Havanna, dass er die Fittkos seit Jahren kenne. Unter Einsatz ihres eigenen Lebens hätten sie vielen Menschen geholfen, Frankreich auf geheimen Bergpfaden zu verlassen. Er bewundere ihren Mut und ihre Ehrlichkeit, bitte darum, ihnen die Einwanderung zu erleichtern, und sei sich sicher, dass sie alle Voraussetzungen hätten, um »gute und nützliche Bürger der Vereinigten Staaten« zu sein.[10] Diesmal war also alles völlig legal. Ohne gefälschte Papiere, ohne Risiko, ohne Tricks. Ein Detail hatten die Fürsprecher allerdings weggelassen: dass die Fittkos ehemalige KPD-Leute waren. Auch das Wort »Widerstandskämpfer« wurde nicht benutzt. Varian Fry sprach stattdessen nicht ganz zutreffend von »Sozialdemokraten«. Das musste natürlich sein, denn sonst wäre ihnen die Einreise nie genehmigt worden. Der amtierende Präsident, Harry S. Truman, war ein fanatischer Antikommunist und der Vater des sogenannten Kalten Krieges.

Lisas Bruder Hans Ekstein lebte seit 1941 in den Vereinigten Staaten, mit seiner Familie, die sich um eine weitere Tochter namens Lili vergrößert hatte. Es ging ihm gut. Er war an einem angesehenen Forschungsinstitut in Chicago angestellt, der Armor Research Foundation, das in fast allen Bereichen der Naturwissenschaft und Technologie tätig war, Kernphysik, Bergbautechnik, Informatik, Mikroskopie, Polizeitechnik usw.[11] Auch Lisa würde sicher bald Arbeit finden, weil sie so tüchtig war und so viele Sprachen beherrschte. Für Fittko würde es wohl etwas schwieriger werden. Aber man würde sehen. Auf jeden Fall sollten die Ärzte hier besser sein als auf Kuba, wenn ihnen leider auch niemand gesagt hatte, dass sie kaum bezahlbar waren, weil es keine gesetzliche Krankenversicherung gab.

Doch dann war alles viel schwerer, als sie gedacht hatten, vor allem für Lisa, auf der wie immer die Hauptlast lag: Jobsuche, Wohnungssuche, Behördengänge, Spracherwerb und die Versorgung der alten, fast kein Wort Englisch sprechenden Eltern, die ein knappes Jahr später nachkamen und bei ihnen einzogen. Was bedeutete, dass Lisa, wenn sie abends aus dem Büro kam, kochen, putzen und drei Kranke pflegen musste: ihren Vater, der nach vier Schlaganfällen kaum noch ansprechbar war, ihre Mutter, die immer noch unter Herzrasen litt, und Hans, der das Klima kaum besser vertrug als auf Kuba, weil der Sommer in Chicago fast genauso heiß und feucht war und selbst ein Gesunder kaum atmen konnte. Er bemühte sich redlich, Englisch zu lernen, aber er schaffte es nicht. Deshalb fand er auch keine Arbeit, die zu ihm passte, nur sehr harte Jobs, zu denen er um sechs Uhr morgens in der Fabrik antreten musste, obwohl er doch krank war und sich eigentlich schonen sollte.[12]

Für Lisas Vater war das amerikanische Exil nur von kurzer Dauer. Er starb im März 1952, 79 Jahre alt. Lisa hatte kaum Zeit, um ihn zu trauern, denn zur selben Zeit lag ihr Ehemann in einer Privatklinik, wo er sich einer schweren Operation unterziehen musste. Man hatte endlich die Ursache seiner Krankheit entdeckt, ein Gehirnaneurysma, sodass man ihm »den halben Kopf« aufschneiden musste, um es herauszunehmen. Die Behandlung hätte eigentlich 6000 Dollar gekostet. Doch Lisa musste nur 250 bezahlen, vielleicht weil der Arzt Mitleid mit ihr hatte. Vielleicht war er auch selbst Emigrant und ahnte, was sie schon durchgemacht hatte und noch durchmachen müsste.[13] Fittkos Zustand wurde nach der Behandlung nicht wirklich besser. Er war nicht mehr imstande, die Wohnung zu verlassen, nicht einmal um seinen Fingerabdruck im Büro des Immigration and Naturalization Service abzugeben, als es endlich so weit war, dass er amerikanischer Staatsbürger werden sollte. Lisa musste einen Beamten zu ihnen nach Hause bitten.[14]

Vier Jahre später kam der erst 53-jährige Hans Fittko in ein staatliches Heim, in dem noch 3000 andere Patienten versorgt wurden. Er galt von nun an als schwerbehindert, geistig und körperlich, konnte sich nicht mehr waschen und anziehen und kaum noch sprechen.[15] Martha Drucks, seine Schwester, war wütend auf Lisa. Sie gab ihr die Schuld am Zustand ihres Bruders und meinte, dass sie sich nicht genügend um ihn gekümmert habe. Doch Lisa widersprach vehement. Nein, das sei nicht wahr. Sie habe wirklich alles für ihn getan. »In wie viel Ambulanzen habe ich schon mit ihm gesessen!« Außerdem war da noch ihre Mutter, Julie Schalek, die in sieben Jahren nie richtig Englisch gelernt hatte und ebenfalls vollständig auf sie angewiesen war. Und Onkel Robert, der in der neuen, nunmehr sozialistischen Tschechoslowakei nur eine kleine Rente bekam und ihr ständig Vorwürfe machte, dass sie ihm nicht genug Geld schicke. Es muss ihr vorgekommen sein, als ob von allen Seiten an ihr gezerrt würde, sodass ihre Briefe manchmal sehr bitter klingen. Martha Drucks wollte ihren Bruder am liebsten zu sich nach Berlin holen. Dann könne er auch ihre Kinder endlich einmal kennenlernen und Blumen auf dem Grab seiner Mutter niederlegen, was er sich doch so sehr gewünscht habe. Aber das wollte Lisa nicht zulassen. Auf keinen Fall.

»Wir sind jetzt seit 22 Jahren zusammen und es ist doch ganz undenkbar, dass ich mich jetzt, wo er krank ist, auf die Dauer von ihm trenne.«[16]

Hans Fittko starb, 57 Jahre alt, am 15. September 1960. Robert Schalek meinte, das müsse doch eine Erlösung für sie sein. Sie solle ihm die »Befreiung von seinen Leiden« doch einfach gönnen.[17]

Nach dem Tod ihres Mannes und ihrer Mutter zog Lisa noch mehrmals um, zuletzt in die stilvolle Residenz East View Park, wo sie bis zum Ende ihres Lebens wohnen bleiben würde. Sie hatte es schön dort. Man sah direkt auf den Michigansee. An den Wänden hingen Bilder und Zeichnungen von Malva Schalek. Die Wohnung war ihr zu einem niedrigen Preis überlassen worden, von einer treuen, ihr sehr ergebenen Freundin. In der Nachbarschaft lebte ihre Nichte Lili mit Mann und Kindern. Auch die Obamas lebten zeitweilig in demselben Gebäudekomplex. Lisa und sie hatten denselben Arzt, Dr. Quentin Young, bei dem sie sich manchmal trafen. Er war ein entschiedener Gegner des Vietnamkrieges und Vorsitzender des Medical Committee for Human Rights.[18]

Sie war 76, als ihr erstes Buch, *Mein Weg über die Pyrenäen*, erschien, durch das sie zu einer Ikone des Widerstands und der Fluchthilfebewegung wurde. 1986 erhielt sie das Bundesverdienstkreuz erster Klasse »in Anerkennung der um die Bundesrepublik Deutschland erworbenen besonderen Verdienste«. Film- und Fernsehteams rissen sich um sie, weil sie eine großartige Ausstrahlung hatte und sich in so vielen Sprachen gestochen scharf ausdrücken konnte. Mit 82 Jahren fuhr sie noch einmal nach Banyuls-sur-Mer, um einem deutschen TV-Team ihren alten Fluchtweg zu zeigen, die ehemalige F-Route, die heute *Chemin Benjamin* heißt. Alle wunderten sich, dass sie noch so fit wirkte und selbst deutlich Jüngeren wie eine Gemse davonlief, obwohl sie keineswegs bei guter Gesundheit war. Der Krieg und das lange Leben im Untergrund hatten auch bei ihr deutliche Spuren hinterlassen, vor allem im Magen-Darm-Bereich, sodass sie sich mehreren Operationen unterziehen musste und unter ständiger ärztlicher Aufsicht stand.

Lisa Fittko starb am 12. März 2005 im Provident Hospital of Cook County, Chicago. Ihr letzter Wille war, dass man ihre Asche ins Mittelmeer streuen solle, am liebsten vor den Calanques bei Cassis. Dieser Wunsch wurde ihr erfüllt. Ohne Presse, ohne Feierlichkeiten, im engsten Familienkreis, bestehend aus den Nichten Catherine und Marlena, zwei Großnichten und einem entfernt verwandten Ehepaar, das in der Nähe lebte. Es war nicht leicht, einen geeigneten Ort zu finden, denn es war heiß und windig an diesem Tag und der Weg durch die Felsen steil und beschwerlich. Am Ende fanden sie aber doch den richtigen Platz, erfüllten Lisas letzten Willen und sahen mit fast heiterem Erstaunen, wie sich ihre Asche im Wasser ausbreitete, als blauer Fleck, der die Größe eines Menschen annahm und sich nur langsam auflöste.[19]

BRIEF VON LISA FITTKO AN RICHARD VON WEIZSÄCKER

Chicago, d. 21.10.1986

Sehr verehrter Herr Bundespräsident,

verwundert und ergriffen habe ich das Verdienstkreuz 1. Klasse der Bundesrepublik Deutschland empfangen. Vor achtundvierzig Jahren hatte mir die nationalsozialistische Regierung die deutsche Staatsbürgerschaft abgesprochen wegen »schädlichen Verhaltens und Mangel an Treue zum Reich«. Das Verdienstkreuz lege ich nun zu der Urkunde – beides Zeugnisse ihrer Zeit, getrennt durch ein halbes Jahrhundert.

Als wir, Hans Fittko und ich, flüchtende Antifaschisten über die Berge führten, war dies einfach ein Teil der damals notwendigen Form des Widerstands gegen die Nazi-Barbarei. Die so unverhoffte Verleihung des Verdienstordens hat mich tief bewegt als Zeichen der Anerkennung für Kämpfer des Widerstands.

Doch in meine Freude darüber mischen sich auch beunruhigende Fragen. Beschränkt die Auszeichnung sich auf Einzelne? Sollte die Anerkennung nicht vor allem dem Widerstand als Ganzes gelten? Immer wieder werde ich von jungen Menschen gefragt: Wie war es möglich, dass niemand sich den Verbrechen entgegenstellte? Es scheint, dass die Jugend wenig vom Widerstand weiß, dass ein Versäumnis nachzuholen ist. Das Andenken an den wahren geschichtlichen Anteil des Widerstandes ist nicht Gemeingut im Bewusstsein der Deutschen geworden. Verschließt man nicht die Augen vor dieser Seite der Vergangenheit? Weiß man, wieviel Widerstandsgruppen es gab? Wo sie wirkten? Berichtet man darüber, was sie taten? Sind ihre Worte der Jugend überliefert worden? Kennt man die Zahl der Hingerichteten? Weiß man, wie viele »auf der Flucht« erschossen wurden? Zu Tode gefoltert?

Dem Widerstand gegen das verbrecherische Regime muss erst der wahre Platz eingeräumt werden, damit die neue Generation an sich selbst und an die Zukunft glauben kann.

Ich danke Ihnen für die Auszeichnung im Namen des deutschen Widerstandes.

Mit vorzüglichster Hochachtung
Ihre Lisa Fittko[1]

DANK

Dieses Buch ist in der Zeit zwischen 2021 und 2024 unter sehr schwierigen Bedingungen entstanden, weil während der Corona-Pandemie viele Archive nur begrenzt zugänglich oder teilweise ganz geschlossen waren. Auch weitere Auslandsreisen waren kaum möglich. Von daher gilt mein Dank allen jenen, die mich großzügig mit Informationen und Materialien unterstützt haben, an erster Stelle Marlena Ekstein, Chicago, einer Nichte von Lisa Fittko, die mir auf alle Fragen geduldig Antwort gegeben hat und ihr Archivmaterial mit mir teilte. Die Offenheit und das Vertrauen, mit denen sie mich an ihrer Familiengeschichte teilnehmen ließ, waren ein großes Geschenk für mich. Ich danke auch meinen Lektoren Niels Brockmeyer, Angela Volknant und Stefan Mayr für ihre kompetenten, freundlichen Ratschläge und Ermutigung in schwierigen Phasen. Ebenso meinem Agenten Peter Molden und dessen Frau Regina, die mir immer wieder Mut gemacht haben.

Weitere wertvolle Hilfe und Unterstützung erfuhr ich außerdem von: Sylvia Asmus, Frankfurt/M.; Burkhard Baltzer, Tübingen; Bernhard H. Bayerlein, Köln; Peter Beule, Bonn; Henry Bleicher, Köln; Momme Brodersen, Palermo; Madeleine Claus, Banyuls-sur-mer; Wolf-Erich Eckstein, Wien; Regina Elzner, Frankfurt/M.; Alexander Emanuely, Wien; Hanna Hieber, Wien; Anke Leonhardt, Darmstadt; Rainer Funk, Tübingen; Ursula Marx, Berlin; Ralf Pasch, Berlin; André Reder, Berlin; Erik Riemenschneider, Hamburg; Hans Sarkowicz, Frankfurt/M.; Immo Schatzschneider, Düsseldorf; Hermann

Wichers, Basel; Annegret Wilke, Berlin; Claudia Wörmann-Adam, Köln; Nicolai Michael Zimmermann, Berlin.

Wie immer danke ich von Herzen meiner Familie, ohne deren Verständnis und Liebe ich dieses Buch nicht hätte schreiben können, vor allem meinem Mann und meinem Sohn, Klaus Kammerichs und Niko Weissweiler, meiner Cousine Monika Künzel und meinen Nichten Lena und Mila Weissweiler.

Nicht zuletzt möchte ich mich auch bei der Stiftung Kunst und Kultur NRW bedanken, die mir die Arbeit durch ein großzügiges Stipendium möglich gemacht hat.

Anmerkungen

Vorwort

1 Hans Ekstein an Lisa Fittko, Brief vom 5.11.1983, Deutsche Nationalbibliothek Frankfurt/M., Exilarchiv, EB 2002/027–B.01.0017 (der Brief wurde aus dem Englischen übersetzt von EW).

1 Die Heimatlose

1 Diese Archive wurden vor allem zu Rate gezogen: Bundesarchiv Berlin (im Folgenden BA), Deutsche Nationalbibliothek Frankfurt/M., Exilarchiv, Nachlass Lisa und Hans Fittko (DNB, Exilarchiv), Politisches Archiv des Auswärtigen Amtes, Berlin (PAA Berlin).

2 Der Name »Tschechoslowakei« taucht des Öfteren in amerikanischen Dokumenten auf, obwohl der Staat erst 1918, also neun Jahre nach Fittkos Geburt, so benannt wurde.

3 Lisa Fittko im Interview mit Wolf-Erich Eckstein, 6./7.10.1994. Ich bedanke mich bei Wolf-Erich Eckstein herzlich für die Überlassung des Transkriptes. Im Folgenden abgekürzt als Interview/Eckstein 1994.

4 Vgl. dazu J. Uhlíř: Vom Wiener Stuhl zum Architektenmöbel, Jacob & Josef Kohn, Thonet und Mundus, Bugholzmöbel vom Secessionismus bis zur Zwischenkriegsmoderne, Wien 2009.

5 Volksblatt für Stadt und Land, 8.8.1908.

6 Isak Eckstein an die American Guild for German Cultural Freedom, Brief vom 12.3.1938, DNB, Exilarchiv, EB 70/117–D.02.55.0002. Es sei an dieser Stelle darauf hingewiesen, dass Lisas Vater die Schreibweise seines Vor- und Nachnamens mehrfach wechselte. In der Familie wurde er allgemein »Naz« (als Abkürzung für »Ignaz«, seines ersten Vornamens) genannt, seit den zwanziger Jahren nannte er sich selbst aber vorzugsweise »Isak«. Eigentlich als »Ekstein« geboren, schrieb er sich später (wie auch sein Bruder Julius) mit

»ck«, was zu großer Verwirrung geführt hat. Aus Gründen der Übersichtlichkeit wird hier die Schreibweise »Ekstein« beibehalten.

7 Carl Hanser Verlag, München, Wien 1985; im Folgenden zitiert nach der dtv-Ausgabe, München 2021.

8 Carl Hanser Verlag, München, Wien 1992; im Folgenden zitiert nach der Fischer-Taschenbuchausgabe, Frankfurt / M. 1994.

9 Näheres dazu im Pester Lloyd, 28.6.1909, und in vielen anderen Tageszeitungen.

10 Lisa Fittko im Interview mit dem Holocaust Museum Washington, 1.12.1999, https://collections.ushmm.org/search/catalog/vha48643. Im Folgenden abgekürzt als Interview Fittko / Washington 1999.

11 Interview / Eckstein 1994.

12 Interview Fittko / Washington 1999.

13 Lisa Fittko an Fritz Schalek, Brief vom 30.8.1985, Nachlass Fritz Schalek. Ich danke Herrn Ralf Pasch, Berlin, herzlich für die Überlassung dieser Korrespondenz.

14 Interview Fittko / Washington 1999.

15 Diese Schreibweise ist korrekt, obwohl sie nicht den orthographischen Regeln entspricht. Wahrscheinlich war die Abweichung mit Bedacht gewählt worden, um auf den Doppelsinn (abwägen / wagen) hinzuweisen.

16 S. dazu auch https://litkult1920er.aau.at/litkult-lexikon/die-wage/.

17 Alexander Emanuely: Das Beispiel Colbert. Fin de Siècle und Republik. Ein dokumentarischer Essay, Wien 2020, S. 342.

18 Sechs Briefe von Ignaz Ekstein an Arthur Schnitzler aus den Jahren 1915 / 16 befinden sich im Deutschen Literaturarchiv Marbach.

19 Nach freundlicher Auskunft von Marlena Ekstein, Chicago.

20 Pester Lloyd, 31. Juli 1914.

21 Sigmund Freud: Zeitgemäßes über Krieg und Tod, Gesammelte Werke (Studienausgabe), Bd. 10 (1915b), S. 324 f.

22 Zur Biographie von Malva Schalek s. Ilka Wonschik: »Es war wohl ein anderer Stern, auf dem wir lebten …« Künstlerinnen in Theresienstadt, Berlin 2014, S. 68 ff.

23 Das Bild entstand wahrscheinlich nach einer Fotografie, die sich im Nachlass Lisa Fittkos in der Deutschen Nationalbibliothek Frankfurt / M. befindet. Das Originalgemälde wurde 2011 von einer Prager Galerie versteigert und befindet sich heute vermutlich in Kalifornien. Nach freundlicher Auskunft von Ralf Pasch, Berlin.

24 Interview Fittko / Washington 1999.

25 Vgl. auch Neue Freie Presse, 10.11.1918.

26 Interview Fittko / Washington 1999.

27 Interview / Eckstein 1994.

28 Vgl. Anm. 26 u. 27. Wenn nicht anders angegeben, folgt die Schilderung von Lisa Fittkos Kindheit und früher Jugend diesen beiden Interviews, den einzigen, in denen sie über ihre Zeit vor 1933 befragt wurde.

29 Zit. nach Neue Freie Presse, 13.11.1918.

30 Ebd.

31 Vgl. BA: RY 1 / 691, S. 236.

32 Meldezettel vom 16.12.1918. Für die Überlassung dieses Dokumentes danke ich Herrn Wolf-Erich Eckstein, Wien.

33 Ernst Viktor Zenker: Ein Mann im sterbenden Österreich, Reichenberg 1935, S. 246 f.

34 Vgl. Alexander Emanuely: Das Beispiel Colbert. Fin de Siècle und Republik, Wien 2020, S. 179.

35 Die Wage, 21. Jg., Nr. 46, 14.11.1918.

36 Lisa Fittko: Mein Weg über die Pyrenäen, Erinnerungen 1940 / 41, München 1985, 2021, S. 7. Im Folgenden abgekürzt als »Pyrenäen«).

37 Ernst Viktor Zenker: Ein Mann im sterbenden Österreich, Reichenberg 1935, S. 595.

38 Elsa Beer-Angerer: Selbstbestimmung. Frauenrecht! In: Die Wage, 21. Jg., Nr. 43, 26.9.1918.

39 Nach freundlicher Mitteilung von Wolf-Erich Eckstein, Wien. S. dazu auch Austrittsbescheinigung in der DNB, Exilarchiv, EB 2002 / 027–D.0201.009.

40 Die Wage, 22. Jg., Nr. 45, 14.11.1919, S. 890.

41 Wiener Neueste Nachrichten (Montagsblatt), 28.6.1920.

42 Illustrierte Kronen-Zeitung, 1.5.1919.

43 Interview / Eckstein 1994.

44 Zur Hollandepisode vgl. Lisa Fittko: Solidarität unerwünscht, München 1992, S. 154 ff. Im Folgenden abgekürzt als »Solidarität«.

45 Ebd., S. 158.

46 Ebd., S. 157.

2 Blutmai

1 Zit. nach Wilhelm von Sternburg: Joseph Roth, eine Biographie, Köln 2009, S. 191.

2 Vgl. dazu Jens Malte Fischer: Karl Kraus, Der Widersprecher. Biographie, Wien 2020, S. 97, 252, 297, 299, 313.

3 Hannes Leidinger: Die Alpenrepublik als »Lernort« der Kommunistischen Internatio-

nale, in: Gegenwelten. Aspekte der österreichisch-sowjetischen Beziehungen 1918–1938, hrsg. von Verena Moritz, Julia Köstenberger, Aleksandr Vatin, Hannes Leidinger, Karin Moser, Salzburg 2013, S. 206.

4 S. dazu: Das Rote Wien 1919–1934, Ideen, Debatten, Praxis. Hrsg. von Werner Michael Schwarz, Georg Spitaler und Elke Wikidal, Wien 2019.

5 Zur Geschichte der KPÖ s. Walter Baier: Das kurze Jahrhundert, Kommunismus in Österreich, KPÖ 1918 bis 2008, Wien 2009.

6 Elfriede Friedländer (1895–1961) war die Schwester des berühmten Komponisten Hanns Eisler. Sie verließ Wien im Sommer 1919. In Deutschland wurde sie ebenfalls KPD-Politikerin und nahm den Namen Ruth Fischer an.

7 Zit. nach Vorwärts, 22.8.1923: Ruth Fischer als Antisemitin.

8 Hubert Schneider: Das sowjetische Außenhandelsmonopol 1920–1925, Köln 1973.

9 Ruth Fischer: Stalin und der deutsche Kommunismus. Der Übergang zur Konterrevolution, Frankfurt / M. 1950, S. 612.

10 Julie Eckstein: Undatierter Antrag auf Restitution, DNB, Exilarchiv, Nachlass Lisa und Hans Fittko, EB 2002 / 027–D.02.01.0003. Zum baulichen Zustand der Ganghoferstraße vgl. Berliner Adressbuch von 1922.

11 Er wurde 1938 verhaftet und 1940 im Zuge der stalinistischen »Säuberungen« erschossen.

12 Interview / Eckstein, 1994. S. dazu auch: Pyrenäen, S. 8.

13 Materialien (Lehrpläne, Kollegium etc.) im Internet unter https://scripta.bbf.dipf.de/viewer/toc/1049183010/1/LOG_0000/.

14 Lili Auerbach: Die Stellung der Frau in der sittlichen Weltanschauung Wilhelm Raabes, Würzburg 1927.

15 Interview / Eckstein 1994.

16 Zit. nach Chronik des Jahres 1923, Dortmund 1987, S. 147.

17 Interview / Eckstein 1994.

18 Pyrenäen, S. 8.

19 Interview / Eckstein 1994.

20 Dossier über »Lewin, Elisabeth, Berlin«, angelegt von der Kader-Überprüfungskommission Amsterdam. BA: RY 1 / 69 (24.8.1937).

21 Zit. aus: Der Schulkampf, nach Salzburger Volksblatt, 21.10.1929.

22 Pyrenäen, S. 11.

23 Barbara Köster: Die junge Garde des Proletariats, Untersuchungen zum Kommunistischen Jugendverband Deutschlands in der Weimarer Republik, Bielefeld 2005. Im Folgenden abgekürzt als Köster / Junge Garde.

24 Ebd., S. 119.

25 Lisa spricht in diesem Zusammenhang davon, sie sei Mitglied der Freien Turnerschaft gewesen. Eine solche Formation gab es aber in Berlin nicht. Es gab den »Rotsport« und den Turn- und Sportverein Fichte Berlin, der 1933 verboten wurde.

26 BA: RY 1/691, S. 238.

27 Davon war sie noch 1992 überzeugt, als sie der Autorin Dorothea Dornhof in einem Interview sagte: »Ich erinnere mich an eine Diskussion um die Politik der KPD, es ging um die Spaltung der Gewerkschaftsbewegung durch die Bildung einer linken Gewerkschaft (RGO), und Paul Merker war einer der aktivsten Organisatoren der RGO. Sie haben sich gegenseitig so bekämpft, dass gar nichts mehr übrig geblieben ist. Sie hatten ja gar keine Zeit und keine Kraft mehr, den Nationalsozialismus zu bekämpfen. Es ist alles in Kämpfen gegeneinander untergegangen.« Zit. nach: Lisa Fittko im Interview mit Dorothea Dornhof. »Nur nicht stillschweigen müssen zu den Verbrechen seines Landes«. Chicago, 14.12.1992, in: Frauen und Exil. Zwischen Anpassung und Selbstbehauptung. Exilforschung, ein internationales Jahrbuch, Bd. 11, 1993, hrsg. von Claus-Dieter Krohn u. a., München 1993, S. 233. Im Folgenden abgekürzt als Interview Dornhof/Fittko 1992.

28 BA: RY 1/379, S. 33–35.

29 Julie Eckstein: Undatierter Antrag auf Restitution, DNB, Exilarchiv, Nachlass Lisa und Hans Fittko, EB 2002/027–D.02.01.0003. Vgl. auch BA: RY 1/691, S, 236.

30 Die Rote Fahne, 19.8.1926.

31 BA: RY 1/691, S. 236.

32 Berliner Tageblatt, 21.3.1927 (Abendausgabe).

33 ZK der KPD: Kommunismus und Judenfrage, in: Der Jud' ist Schuld …? Diskussionsbuch über die Judenfrage. Basel u. a. 1932, S. 283.

34 BA: RY 1/691, S. 238 (»Ab 1928 war sie beruflich bei der Roten Hilfe beschäftigt«).

35 Alle erschienen im MOPR-Verlag Berlin. Sehr gute Übersicht unter https://verbrannte-und-verbannte.de/publisher/103.

36 Solidarität, S. 161.

37 Pyrenäen, S. 9.

38 Die Rote Fahne, 30.4.1929.

39 Ebd.

40 Berliner Tageblatt, 2.5.1929.

41 Ebd., 3.5.1929.

42 Pyrenäen, S. 9.

43 Margarete Buber-Neumann: Von Potsdam nach Moskau. Stationen eines Irrweges, Berlin 1990, S. 137.

44 Pyrenäen, S. 9 f.

45 Zu Marta Husemann s. Christl

Wickert: Frauen gegen die Diktatur. Widerstand und Verfolgung im nationalsozialistischen Deutschland. Schriften der Gedenkstätte Deutscher Widerstand, Berlin 1995.

46 Neues Wiener Journal, 18 6.1932.

47 Solidarität, S. 18: Die Eltern von Lisa Fittko, Januar 1933 in Berlin.

48 Die Adresse ist aus der Urkunde ihrer Heirat mit Gabriel Lewin ersichtlich (Elisabeth Ekstein, in: Sammlung Berlin, Deutschland, Heiratsregister 1874–1936, Standesamt Berlin VIII, Urkunden Nr. 37, Landesarchiv Berlin).

49 In den Adressbüchern von Berlin ist bis zu Lisas Flucht im Sommer 1933 kein Eintrag unter »Elisabeth Ekstein« oder »Elisabeth Lewin« nachweisbar.

50 BA: RY 1/691, S. 236.

51 Nach freundlicher Auskunft von Marlena Ekstein, Chicago.

52 Urkunde Nr. 137, Aufgebotsverzeichnis Nr. 140, Standesamt Berlin-Pankow (Landesarchiv Berlin).

53 Zu Lewins Biographie vgl. die Aufzeichnungen seines Sohnes Andrej Reder: Dienstreise. Leben und Leiden meiner Eltern in der Sowjetunion 1935 bis 1955, Berlin 2015, S. 19 ff.

54 Ebd., S. 25 f.

55 BA: RY 1/691, S. 234 und 238.

56 Offener Brief vom 17.6.1932, zit. nach Beständen des Instituts für Zeitgeschichte München, MA 739, Akz. 3958/67.

57 Käthe Kollwitz: Die Tagebücher, Berlin 1989, S. 656 f.

58 Interview/Eckstein 1994.

3 »Ich bin kein Deserteur«

1 Die Rote Fahne, 29.1.1933.

2 Illustrierte Kronen-Zeitung, Wien, 31.1.1933.

3 Solidarität, S. 5.

4 Ebd., S. 7.

5 Ebd.

6 Ebd., S. 9.

7 BA: RY 1/691, S. 238.

8 Solidarität, S. 12 f.

9 Heiratsregister Berlin Nr. 789. Siehe auch https://www.ancestry.de/discoveryui-content/view/189597997:2957?tid=&pid=&queryId=aa3ff6ab24e8ec2f8a769a5461ff7458&_phsrc=wqG1&_phstart=successSource.

10 Solidarität, S. 17 f.

11 Ebd., S. 19.

12 Ebd., S. 18 f.

13 Ebd., S. 20.

14 Völkischer Beobachter, 27.2.1933.

15 Hilde Benjamin: Georg Benjamin, Leipzig 1982, S. 208 f. Hilde Benjamin, auch bekannt

als »die rote Hilde«, war von 1953 bis 1967 Justizministerin der DDR.

16 Weshalb es besonders erstaunlich ist, dass Lisa sein Ende in *Solidarität unerwünscht* nicht erwähnt.

17 Solidarität, S. 26.

18 Ernst Thälmann, der von einem Nachbarn verraten worden war, kam nie mehr frei, obwohl es internationale Proteste gegen seine Verhaftung gab. Er wurde 1944 im KZ Buchenwald umgebracht.

19 Solidarität, S. 24.

20 Zu Erich Meier s. Willi Döbbelin: Erich Meier und seine Zeit. 1927 bis 1933. Versuch der Würdigung eines Antifaschisten, Berlin 2004.

21 Solidarität, S. 25.

22 Im Brandenburgischen Hauptarchiv (Akte I Pol.1090) und im Landesarchiv Berlin (A Pr. Br. Rep. 030, Nr. 2411).

23 Bruno Frei: Der Hellseher. Leben und Sterben des Erik Jan Hanussen. Köln 1980, S. 51 f.

24 Solidarität, S. 78.

25 Am 21.3.1933, dem sogenannten »Tag von Potsdam«, an dem die Eröffnung des neuen Reichstags besiegelt wurde.

26 Zu den Verhältnissen in den Berliner Obdachlosenasylen vgl. Joseph Roth: Werke I, Das Journalistische Werk. 1915–1923, hrsg. von Klaus Westermann, Köln 1989, S. 375 (»Saal und Menschen«).

27 Die Rote Fahne, Wien, 4.4.1933.

28 Solidarität, S. 35.

29 Pilsner Tageblatt, 4.4.1933.

30 Vgl. Udo Grashoff: Gefahr von innen. Verrat im kommunistischen Widerstand gegen den Nationalsozialismus, Göttingen 2021, S. 55–59.

31 Nach freundlicher Auskunft von Marlena Ekstein, Chicago.

32 Stefan Zweig: Joseph Fouché. Bildnis eines politischen Menschen, Leipzig 1929.

33 Solidarität, S. 59.

34 Ebd., S. 62 f.

35 S. dazu BA: RY 1/81, S. 87, 89 und 91. Hans Ekstein wurde im Pariser Exil wegen »Trotzkismus« aus der KPD ausgeschlossen.

36 Solidarität, S. 64 f.

37 Ebd., S. 68.

38 BA: RY 1/691, S. 240. »Ab August 1933 konnte sich die Freundin nicht mehr halten. Der Jgd. Verb. war finanziell überlastet. Die Freundin wurde dann i. A. des Jgd. Poll. nach 9 (Prag) geschickt, um von dort wieder ins Reich eingesetzt zu werden.«

39 Kateřina Čapková und Michal Frankl: Unsichere Zuflucht. Die Tschechoslowakei und ihre Flüchtlinge aus NS-Deutschland und Österreich 1933–1938, Wien/Köln/Weimar 2012, S. 25. Im Folgenden abgekürzt als

Čapková, Frankl / Unsichere Zuflucht.

40 Lisbeth Exner, Herbert Kapfer (Hrsg.): Pfemfert. Erinnerungen und Abrechnungen. Texte und Briefe, München 1998, S. 72. Im Folgenden abgekürzt als Exner / Kapfer: Pfemfert.

41 René Senenko: Ein unbekanntes Kapitel. Willi Bredels Exil in Prag 1934, hrsg. von der Willi-Bredel-Gesellschaft, Hamburg 2001, S. 8 f.

42 Die Stunde (Wien), 9. 5. 1933.

43 Solidarität, S. 70.

4 Interimsleben

1 Solidarität, S. 76.

2 Ebd., S. 80.

3 Die Stunde, 31. 3. 1932; Neues Wiener Journal, 8. 3. 1932; Der Tag, 11. 3. 1932.

4 Der Tag, 2. 11. 1932.

5 BA: RY 697, S. 16.

6 Neues Wiener Tageblatt, 12. 2. 1928.

7 Zit. nach Bruno Frei: Der Papiersäbel, Autobiographie. Frankfurt / M. 1972, S. 161.

8 Bruno Frei: Hanussen. Ein Bericht. Straßburg 1934.

9 Ebd., S. 52.

10 Der Tag, 29. 5. 1930.

11 Vgl. dazu Radio Prague International: Klement Gottwald, Stalins ergebener Lehrling, Sendung vom 15. 2. 2014, https://deutsch.radio.cz/klement-gottwald-stalins-ergebenerlehrling-8539630.

12 Zu dem genauen Prozedere s. BA: RY 1 / 699, S. 76.

13 Čapková, Frankl / Unsichere Zuflucht, S. 9.

14 Solidarität, S. 83.

15 Emma Marek, eigtl. Morgenstern, geb. Ekstein, 1871–1942.

16 Eigentlich Eckstein, wie sich auch ihr Vater inzwischen schrieb.

17 Hilda Eyleen Dub, geb. Junge.

18 Wolfgang Eckstein im Zeitzeugenbericht, https://www.youtube.com/watch?v=YV8GruvJczg.

19 Näheres zum Leben und Werk von Georges Csató bei http://websfor.com/csato/about/interview.asp.

20 Mit der offenbar der Kommunistische Jugendverband Deutschlands gemeint ist.

21 Solidarität, S. 84.

22 Ebd., S. 86.

23 S. dazu auch Michael Benz: Der unbequeme Streiter Fritz Lamm – Jude, Linkssozialist, Emigrant 1911–1977, eine politische Biographie, Essen 2007, S. 136. Im Folgenden abgekürzt als Benz / Fritz Lamm.

24 https://www.holocaust.cz/databaze-dokumentu/dokument/113211egerova-frieda-evidencni-list-uprchlika/.

25 Pariser Tageblatt, 2.5.1924.

26 Solidarität, S. 89.

27 Ebd., S. 90.

28 Frederick Thieberger, Felix Weltsch, Max Brod: In Memoriam: Marie Schmolka. Hrsg.: Marie Schmolka. Society of Women Zionists from Czechoslovakia, Prag 1944. Eine umfassende Würdigung Marie Schmolkas steht, auch in ihrem eigenen Land, leider noch aus.

29 Käte Frankenthal: Der dreifache Fluch: Jüdin, Sozialistin, Intellektuelle. Lebenserinnerungen einer Ärztin in Deutschland und im Exil, Frankfurt / New York 1981, S. 236. Ausnahmen wurden trotzdem immer wieder gemacht, z. B. bei Karl Katz, einem jüdischen Genossen aus Berlin, der sogar für das jüdische Hilfskomitee arbeiten durfte und dafür eine kleine Aufwandsentschädigung erhielt.

30 Solidarität, S. 90.

31 Vgl. dazu auch Benz / Fritz Lamm, S. 134 ff.

32 S. dazu die Broschüre »Gerettet! Fünf Jahre! Flucht, Not und Rettung.« Hrsg. im Selbstverlang von der Demokratischen Flüchtlingsfürsorge, Prag-Karlin, 1938; ferner Lothar Mertens: Unermüdlicher Kämpfer für Frieden und Menschenrechte. Leben und Wirken von Kurt R. Grossmann, Beiträge zur Politischen Wissenschaft Bd. 97, Berlin 1997.

33 Fritz Erpenbeck: Emigranten, Berlin 1982, S. 40. Im Folgenden abgekürzt als Erpenbeck / Emigranten.

34 Der Tag (Wien), 25. 8. 1933.

35 Lothar Mertens, Unermüdlicher Kämpfer.

36 Solidarität, S. 90.

37 Čapková, Frankl / Unsichere Zuflucht, S. 112.

38 PAA Berlin: RZ 214 / 98452, Notiz vom 10. 8. 1933.

39 Solidarität, S. 96.

40 Ebd., S. 104.

41 Oskar Maria Graf: Der Abgrund. Ein Zeitroman, Frankfurt / M. 1982, S. 389 f.

42 Solidarität, S. 99. Es wird weder in der zeitgenössischen Presse noch in den Erinnerungen oder Romanen anderer Emigranten erwähnt noch in den Akten der Exil-KPD oder der deutschen Gesandtschaft in Prag. Die Vodičkova war und ist eine belebte, elegante Straße im Zentrum mit vielen Kinos, Geschäften und Restaurants. Dass Flüchtlinge in derart teuren Gegenden untergebracht wurden, war eher untypisch. Aber vielleicht handelte es sich um ein leer stehendes Lokal oder Hotel, das

nur vorübergehend als Männerheim genutzt wurde.

43 Justin Steinfeld: Ein Mann liest Zeitung, Kiel 1984, S. 57.

44 BA: RY 1 / 640, S. 488 und 514.

45 »Kahn« ist ein sehr geläufiger jüdischer Nachname, die Vornamen wurden von Lisa wahrscheinlich geändert.

46 BA: SGY 15 / 80, Brief vom 7.4.1934.

47 Solidarität, S. 97.

48 Grundsätzlich zu diesen Vorgängen s. Udo Grashoff: Gefahr von innen. Verrat im kommunistischen Widerstand gegen den Nationalsozialismus, Göttingen 2001, S. 56 ff. Im Folgenden abgekürzt als Grashoff / Gefahr von innen.

49 Er wurde von Danzig nach Berlin »begleitet« von Kriminalkommissar Hohmann, einem Hugo Philipp, einem Sturmbannführer namens Freund und SA-Mann Werner Kraus, ebenfalls ehemaliger KPD-Mann, der im Juli 1933 Mitglieder der kommunistischen Untergrundbewegung an die Gestapo verraten hatte. S. dazu BA: R 3017 / 34171, S. 137.

50 Herbert Wehner: Zeugnis, Halle / Leipzig 1990, S. 90. Im Folgenden abgekürzt als Wehner / Zeugnis.

51 BA: R 3017 / 34171, S. 138.

52 Grashoff / Gefahr von innen, S. 408.

53 BA: R 3017 / 34171, S. 142.

54 Ebd., Vernehmungsprotokoll von Hans Lübeck, 14.3.1934.

55 Grashoff / Gefahr von innen, S. 407.

56 Wehner / Zeugnis, S. 90.

57 BA: RY 1 / 699, S. 112.

58 Ebd., S. 96 ff.

59 H. 4, Mai 1926: Zum Erwerbslosenproblem; H. 19, Oktober 1926: Zur Reichskonferenz der AAUE. Von Hans Fittko stammen möglicherweise noch diverse andere Beiträge, die aber nicht namentlich gezeichnet sind.

60 Strafakte gegen Johannes Fittko wegen Vorbereitung zum Hochverrat, BA: R 3003 / 1000031.

61 Oskar Kanehl: Straße frei. Nachdruck der Originalausgabe im Trotzdem-Verlag, Reutlingen 1981, S. 46.

62 Julijana Ranc: Alexandra Ramm-Pfemfert. Ein Gegenleben, Hamburg 2004, S 125. Im Folgenden abgekürzt als Ranc / Gegenleben.

63 Hans-Rainer Sandvoß hat sich im Auftrag der »Gedenkstätte deutscher Widerstand« ausführlich mit dem »Widerstand in Spandau 1933–1945« befasst (als PDF abrufbar unter https://www.gdw-berlin.de/fileadmin/bilder/publikationen/Widerstand_in_Berlin/Wider stand_in_Spandau_1988_.pdf). Hans Fittko kommt dort zwar

vor, aber nicht als gesuchter Mörder. Auch im biographischen Lexikon »Widerstand in Berlin gegen das NS-Regime 1933 bis 1945«, Bd. 2, hrsg. von Klaus Keim, Berlin 2003, wird nichts davon erwähnt.

64 BA: R 3003 / 1000031.

65 BA: RY 1 / 699.

66 BA: RY 1 / 614, S. 11.

67 Heinz Gittig: Bibliographie der Tarnschriften 1933–1945, München / New Providence, London, Paris 1996, S. 53 ff.

68 Friedrich Wolf: Zwei an der Grenze, Berlin / Weimar 1972, S. 170. Im Folgenden abgekürzt als Wolf / Grenze.

69 BA: RY 1 / 614, S. 110 ff. S. auch BA: RY 1 / 640, S. 516. Später ließen sich sämtliche Vorwürfe gegen Karl Katz widerlegen. Er durfte von Berlin nach Prag zurückkehren und konnte mit Hilfe der Emigrationsleitung nach Südamerika auswandern.

70 BA: RY 1 / 614, S. 112. Das soll Fittko laut Aussage eines Parteigenossen, M. Winkler, zu Kurt Alexander Löwenthal gesagt haben, einem Journalisten und Buchhändler, der später nach London ins Exil ging.

71 BA: RY 1 / 640, S. 512.

72 Solidarität, S. 109.

73 Ebd., S. 110.

5 »Schlimmer als die Gestapo«

1 Lisas Darstellung des Wechsels von Prag nach Basel ist zu korrigieren. Fittko ging nicht aus freien Stücken oder weil Freunde ihn eingeladen hatten. (Solidarität, S. 113) Er ging, weil die Partei ihn dort eingesetzt hatte, um die Arbeit der Grenzstelle in die Hand zu nehmen. Vgl. dazu Hermann Wichers: Im Kampf gegen Hitler. Deutsche Sozialisten im Schweizer Exil, 1933–1940, Zürich 1994, S. 165. Im Folgenden abgekürzt als Wichers / Kampf.

2 Solidarität, S. 113.

3 Ebd., S. 114.

4 Ebd., S. 114.

5 Ebd., S. 115.

6 Nach freundlicher Mitteilung von Wolf-Erich Eckstein, Wien, zogen die Eksteins im September 1933 bei Malva ein und im Mai 1934 aus, um nach Paris überzusiedeln.

7 Solidarität, S. 98 f.

8 Ebd., S. 116.

9 Ebd., S. 133.

10 Sie bezeichnet sich zwar selbst als seine Frau und wird auch in den Parteiakten manchmal so genannt, tatsächlich heirateten sie erst Jahre später auf Kuba.

11 Vgl. Wichers / Kampf, S. 136.

12 Vgl. dazu Frieda und Emil Faller: Wir trugen die Last, bis sie zerbrach. Ein deutscher Briefwechsel 1933–1–1938. Mit einem Nachwort von Martin Walser, hrsg. von Manfred Bosch, Freiburg 1983, S. 17; Details zu den sozialen Verhältnissen in der Region auch in BA: RY 1/2953.

13 Lukas Straumann und Daniel Wildmann: Carl Koechlin, die J. R. Geigy A. G. und die NSDAP, in: Orte der Erinnerung: Menschen und Schauplätze in der Grenzregion Basel 1933–1945, hrsg. von Heiko Haumann, Basel 2008, S. 128 ff. Im Folgenden abgekürzt als Erinnerung/Basel.

14 BA: R 3017/35931, Bd. 2, S. 177 r und v.

15 Ebd., S. 107.

16 Wichers/Kampf, S. 147.

17 Ebd., S. 165.

18 Lothringer Str. 121, s. dazu BA: R 3109/35931, Bd. 2.

19 Allein in der Bäumlihofstraße 39 wohnten neun »führende Kommunisten« mit ihren Familien. S. dazu PAA Berlin: RAV 26/1/71792.

20 Vgl. PAA Berlin: RAV 18/12; BA: R 3017/35931 Bd. 2, S. 26; s. dazu auch Hermann Wichers: Illegal in der Schweiz, in: Erinnerung/Basel, S. 118.

21 S. dazu Charles Stirnimann: Das »rote Basel« 1935–1938, Basel 1988.

22 Solidarität, S. 120.

23 Pariser Tageblatt, 19. 9. 1933.

24 S. dazu Fiete Schulze: Briefe und Aufzeichnungen aus dem Gestapo-Gefängnis in Hamburg. Mit einer einleitenden biografischen Skizze von Erich Weinert, Berlin 1959.

25 PAA Berlin: RAV 18/12 (Konsulat Basel).

26 Vgl. dazu Jacques Picard: Die Schweiz und die Juden 1933–1945, Zürich 1994.

27 Zur Flüchtlingspolitik in der Schweiz gibt es eine reichhaltige Literatur, z. B.: Werner Mittenzwei, Exil in der Schweiz, Leipzig 1978. Als Klassiker gilt das Buch von Alfred A. Häsler: Das Boot ist voll. Die Schweiz und die Flüchtlinge, Zürich 1967.

28 Matthias Knauer und Jürg Frischknecht: Die unterbrochene Spur. Antifaschistische Emigration in der Schweiz von 1933–1945, Zürich 1994, S. 43 ff. Im Folgenden abgekürzt als Die unterbrochene Spur.

29 BA: R 3017/35931, Bd. 1.

30 Ebd., Bd. 2.

31 Zu den Ermittlungen gegen Sophie und Valentin Dehm s. vor allem BA: R 3017/35931, Bd. 1 und 2.

32 Zu Hedwig Hüglin s. BA: R 3017/35931, Bd. 2; R 3018/2451; R 3018/9653.

33 Frieda und Emil Faller: Wir

trugen die Last, bis sie zerbrach. Ein deutscher Briefwechsel 1933–1938, hrsg. von Manfred Bosch, Freiburg 1983, 2.28. Im Folgenden abgekürzt als Faller / Last.

34 Emil Faller an Frieda Faller, Brief vom 19.7.1936, in: Faller / Last, S. 78 f.

35 Aussage von Johann Boll, Friseur aus Wyhlen, BA: R 3017 / 35931, Bd. 2, S. 93 v.

36 Aussage von Josef Knoll, Eisenbahnarbeiter aus Haltungen, ebd., S. 67 r.

37 Ebd., 68 r.

38 Zu Josef Knoll und seinen Aussagen s. auch Wichers / Kampf, S. 178.

39 BA: R 3017 / 35931 Bd. 2, S. 63.

40 Weissbuch über die schwarze Reichswehr, Berlin 1925; Deutschlands geheime Rüstungen? Berlin 1925; Die Hindenburg-Legende, Strasbourg 1934; Was? Aus dem Arsenal der Reichsbrandstifter, Straßburg 1934; Memoiren des Stabschefs Röhm, Straßburg 1934.

41 Ursula Madrasch-Groschopp: Die Weltbühne. Porträt einer Zeitschrift, Berlin 1983, S. 198.

42 Gerechtigkeit (Wien), 10.10. 1935.

43 Solidarität, S. 129.

44 Basler Nachrichten, 1.4.1935.

45 Neues Wiener Journal, 19.9.1935.

46 SMUV-Zeitung, 28.9.1935.

47 Pariser Tageblatt, 23.9.1935.

48 Die Rote Fahne und das Tribunal.

49 Die Tinte bestand aus Blutlaugensalz und Eisenchlorid.

50 Wichers / Kampf, S. 166.

51 Solidarität, S. 129.

52 http://www.leipzigs-neue.de/archiv/LN-05-2008.pdf.

53 https://www.irk-cir.org/de/members/78; zur Arbeit von Sophie Dehm in Weil, Südbaden und Basel s. auch https://docplayer.org/61576805-Aktuell-nummer-4-dezember-2014.html.

54 Die folgende Darstellung stützt sich, wenn nicht anders angegeben, auf Berichte (Dokumente und Interviews) von Paula Kehrli in: Die Unterbrochene Spur – antifaschistische Emigration in der Schweiz von 1933 bis 1945, hrsg. von Mathias Knauer und Jürg Frischknecht, Zürich 2020. Im Folgenden abgekürzt als Kehrli / Spur.

55 Basler Vorwärts, 6.7.1935.

56 BA: R 3017 / 35931, Bd. 1.

57 Ebd.

58 Solidarität, S. 136 ff.

59 Ebd.

60 Ebd. Zu Alfred Winter gibt es einen umfangreichen, bisher noch nicht annähernd ausgewerteten Aktenbestand im Bundesarchiv Berlin: R 3017 / 7749, R 3018 / 6790, R 3018 / 82, R 3017 / 3628, R 3017 / 35931.

61 Kehrli / Spur, S. 99.
62 Solidarität, S. 143 f.
63 Wichers / Kampf, S. 74.
64 Enthalten in BA: R 3017 / 35931, Bd. 2.
65 Solidarität, S. 152.

6 Tulpenzeit

1 BA: RY 1 / 691.
2 Nach freundlicher Auskunft von Marlena Ekstein, Chicago.
3 Standesamt Berlin-Schöneberg, Heiratsurkunde Nr. 725 vom 20. 8. 1934. Zu der Eheschließung von Hans Ekstein und Eva Rosenthal und den ersten Jahren in Paris s. auch den Aufsatz ihrer gemeinsamen Tochter Catherine Stodolsky: Emigrationsalltag im 15. Arrondissement: Walter Benjamin, Arthur Koestler, Lisa Fittko, in: Anne Saint Sauveur-Henn (Hrsg.): Fluchtziel Paris. Die deutschsprachige Emigration 1933–1940, Berlin 2002, S. 73 ff. Im Folgenden abgekürzt als Stodolsky / Paris.
4 Solidarität, S. 152 f.
5 Im Exilarchiv der DNB befinden sich diverse Briefe von Eckstein, vor allem aus dem Jahr 1938, an die American Guild for German Cultural Freedom unter den Signaturen EB 70 / 117–D.02.55001 ff.
6 Bernhard Groethuysen an die American Guild for German Cultural Freedom, Brief vom 31. 8. 1938, DNB, Exilarchiv, EB 70 / 117.
7 Joseph Roth schickte am 29. 3. 1938 die gewünschte Empfehlung, die allerdings sehr kurz und eher nichtssagend war: Ebd.
8 Nach freundlicher Auskunft von Evas Tochter Marlena Ekstein, die mich den Restitutionsantrag ihrer Mutter einsehen ließ. S. auch Solidarität, S. 172.
9 BA: RY 1 / 81.
10 Ebd.
11 Heinz Neumann (1902–1937), früherer Chefredakteur der Roten Fahne und Reichstagsmitglied. 1934 in Zürich von der Fremdenpolizei verhaftet und in die Sowjetunion ausgewiesen. Dort wurde er im November 1937 wegen »Parteispaltung« und anderer »Delikte« erschossen; Hermann Remmele (1880–1939), ebenfalls KPD-Reichstagsabgeordneter, seit 1932 in Moskau lebend, wie Neumann im Zuge der »Säuberungen« verhaftet und zum Tode verurteilt; Trude Richter (1899–1989), Literaturwissenschaftlerin und Autorin, seit 1934 in Moskau lebend, 1937 zu fünf Jahren Gulag verurteilt

wegen angeblich trotzkistischer Tätigkeit. Bis 1949 mit Unterbrechungen in Haft. Durfte nach mehreren Suizidversuchen auf Vermittlung von Anna Seghers in die DDR ausreisen, wo sie am Johannes-R.-Becher-Institut in Leipzig lehrte.

12 BA: RY 1/680.

13 Solidarität, S. 153.

14 In dem Kaderüberprüfungsprotokoll über die »Freundin« Elisabeth Lewin (BA: RY 1/691) heißt es wörtlich: »Im Frühjahr 1937 wurde er aus der Partei ausgeschlossen wegen Versöhnlertum. Die Unterlagen zum Ausschluss verschaffte die Freundin 1 [Lisa, EW]. 11 [Hans Ekstein, EW] wurde überführt durch die Tatsache, dass er in 13 [Paris, EW] mit dem Fraktionsführer der Versöhnler Verbindung unterhielt.«

15 Nach freundlicher Auskunft von Marlena Ekstein, Chicago, hat ihre Schwester Catherine Stodolsky erst 2008, vier Jahre nach Lisas Tod, davon erfahren.

16 Solidarität, S. 153.

17 Landesarchiv NRW, Abteilung Rheinland (Duisburg): RW 0036, Nr. 34.

18 BA: R 3017/32629.

19 Solidarität, S. 153.

20 Martin Creutzburg: August Creutzburg. Ein Lebensweg durch die deutsche Arbeiterbewegung 1892–1941, Berlin 2020, S. 124. Auch August Creutzburg sollte später den »stalinistischen Säuberungen« zum Opfer fallen. Er wurde im September 1941 im sowjetrussischen Orlow erschossen.

21 Hermann W. van der Dunk: Die Niederlande und das deutsche Exil. In: Hans Würzner und Karl Kröhnke (Hrsg.): Deutsche Literatur im Exil in den Niederlanden 1933–1940, Amsterdam 1994, S. 31. Im Folgenden abgekürzt als Würzner/Kröhnke: Exil Niederlande.

22 BA: R 58/3244, S. 12.

23 Joseph Roth: Geschäft ist Geschäft. Seien Sie mir nicht böse, ich brauche Geld, in: Der Briefwechsel zwischen Joseph Roth und den Exilverlagen Allert de Lange und Querido, 1933–1939, hrsg. von Madeleine Rietra in Verbindung mit Rainer-Joachim Siegel, Köln 2005, S. 84.

24 Zit. nach Veit J. Schmidinger und Wilfried F. Schoeller: Transit Amsterdam, Deutsche Künstler im Exil 1933–1945, München 2007, S. 89.

25 Einen knappen Überblick über die Situation der Flüchtlinge und die Hilfskomitees geben Kathinka Dittrich, Hans Würzner (Hrsg.): Die Niederlande und das deutsche Exil 1933–1940, Königstein/Taunus 1982.

26 Die »Kaderüberprüfungsprotokolle« der KPD-Emigrations-

leitung in Amsterdam sind im Bundesarchiv Berlin nahezu vollständig erhalten unter den Signaturen RY 1/689 (A–E), 690 (F–J), 691 (K–M), 692 (N–Sch) und 693 (T–W). In RY 1/691 befindet sich das Dossier über Elisabeth Lewin, d. i. Lisa Fittko.

27 BA: RY 1/688, S. 162.

28 Dossier über Peter Kirfel, Köln-Dellbrück, BA: RY 1/691.

29 Dossier über Helene Düster, Düsseldorf, BA: RY 1/689.

30 BA: RY 1/688, S. 172.

31 Solidarität, S. 153 f.

32 PAA Berlin: RAV 69/91 Bd. I (Gesandtschaft Den Haag an das Auswärtige Amt Berlin, Brief vom 25. 8. 1937. Zitate aus einem Artikel über »Wühlarbeit des Kommunismus in Holland« von einem niederländischen Vertreter des Völkischen Beobachters.

33 Vollständiger Text im Internet unter https://erinnerungsort.de/lied/an-der-sierra-front-wie-graue-woelfe/.

34 Vgl. dazu Patrik von zur Mühlen: Spanien war ihre Hoffnung. Die deutsche Linke im Spanischen Bürgerkrieg 1936–1939, Berlin/Bonn 1985.

35 Renée Lugschitz: Spanienkämpferinnen. Ausländische Frauen im Spanischen Bürgerkrieg 1936–1939, Berlin, Münster, Wien, Zürich 2012.

36 Solidarität, S. 154 ff.

37 Alice Heymann, später Stertzenbach (1909–1996), eine der späteren Mitgründerinnen des VVN (Verband der Verfolgten des Naziregimes); s. dazu auch https://antifa.vvn-bda.de/2017/01/20/zwei-mit begruenderinnen-der-vvn/.

38 Cilly, eigtl. Cäcilie Hansmann (1908–1984), hinterließ sehr interessante Memoiren, die auch die Zeit in Amsterdam ausführlich behandeln: BA Berlin SgY30/1270. Ihr Lebensgefährte Wilhelm Knöchel (1899–1944), einer der Leiter der »Abschnittsleitung West« in den Niederlanden, wurde 1943 in Amsterdam verhaftet und 1944 im Zuchthaus Brandenburg hingerichtet. S. dazu auch: Beatrix Herlemann: Auf verlorenem Posten: kommunistischer Widerstand im Zweiten Weltkrieg. Die Knöchel-Organisation, Bonn 1986.

39 Memoiren von Cilly Hansmann, BA: SgY30/1270, S. 45.

40 Ahrweiler, Amanda, Wuppertal-Elberfeld, Deckname: Erna; Bruck, Herta, Berlin, Deckname: Ina; Buchner, Elise, Berlin; Dannat, Berta, Bremen, Deckname: Christel; Dittmann; Grete, Gronau, Deckname: Maria; Düster, Helene, Düsseldorf, Deckname: Maria; Freymann, Irene,

Berlin; Gärtner, Sarah, Köln, Deckname: Lotta; Gerulis, Änne, Dortmund; Hansmann, Cilly, Köln, Deckname: VJ; Hausegger, Josepha, Ibach; Heymann, Alice, Köln, Deckname: Ali; Joschenek, Auguste, Düsseldorf, Deckname: Anna; Kaiser, Maria, Oberhausen, Deckname: Else; Lewin, Elisabeth, Berlin, Deckname: Lucie; Löwning, Rosalia, Münster, Deckname: Elli; Ostrowski, Minna, Deckname: Mina; Pusch, Gertrud, Moers, Deckname: Irma; Stupp, Josefine, Duisburg, Deckname: Anni; Vogelsang, Gertrud, Wuppertal-Elberfeld, Deckname: Jopi; Wienerova, Sophie, Berlin, Deckname: Suse; Wirtz, Ida, Deckname: Marga.

41 Datum des Dossiers über Elisabeth Lewin, BA: RY 1/691.

42 In keiner der infrage kommenden Akten aus der Amsterdamer Zeit, sowohl denen der KPD selbst als auch denen der deutschen Gesandtschaft Den Haag oder denen des Reichssicherheitshauptamtes, ließen sich Hinweise auf Hans Fittko finden, auch nicht auf »Stephan« oder »Julius«, den zweiten Decknamen, den er zeitweilig benutzt haben soll.

43 Unterbezirk, EW.

44 Schreibweisen der Familiennamen nach dem Originaldokument, EW.

45 Roman Well: Falsche Strategie – falsche Taktik. Gefährliche Perspektiven. In: Permanente Revolution, Zeitschrift der linken Opposition der KPD (Bolschewiki-Leninisten), 1. Jg., Nr. 5 (Dezember 1931), S. 2 f.

46 https://www.bundesstiftung-aufarbeitung.de/de/recherche/kataloge-datenbanken/bio graphische-datenbanken/roman-sobolevicius-well.

47 BA: RY 1/640, S. 554.

48 Ebd., S. 574.

49 Ebd., S. 576.

50 Ebd., S. 582.

51 Zit. nach https://www.marxists.org/deutsch/archiv/trotzki/1937/verbrechen/00-vorwort.html.

52 BA: RY 1/691.

53 Ebd., S. 544.

54 Grashoff/Gefahr von innen, S. 423.

55 BA: RY 1/690, S. 240.

56 Identität unbekannt.

57 Nach freundlicher Auskunft von Marlena Ekstein, Chicago.

58 BA: RY 1/688, S. 160, 162, 166, 178.

59 Ebd., S. 176.

60 Solidarität, S. 160.

7 Der Aufschub

1 S. dazu u. a. Elisabeth Young-Bruehl: Hannah Arendt, Leben, Werk und Zeit, Frankfurt / M. 2015, S. 207 ff.

2 Zu den Lebensbedingungen der Flüchtlinge s. Anne Saint Sauveur-Henn (Hrsg.): Fluchtziel Paris: Die deutschsprachige Emigration 1933–1940, Berlin 2002. Im Folgenden abgekürzt als Fluchtziel Paris.

3 Eva Schöck-Quinteros: Dora Benjamin: »… denn ich hoffe, nach dem Krieg in Amerika arbeiten zu können«. Stationen einer vertriebenen Wissenschaftlerin (1901–1948). In: Barrieren und Karrieren. Die Anfänge des Frauenstudiums in Deutschland, Berlin 2000.

4 Lou Ernst: Zauberkreis Paris, in: Pariser Tageblatt, 29.1.1935 (bei dieser Autorin handelt es sich um Luise Straus-Ernst, die erste Frau des Malers Max Ernst).

5 Pariser Tageblatt, 17.6.1935.

6 Eine ähnliche Geschichte wird von Eva Ekstein, ihrer Schwägerin, berichtet. Dass sie im Atelier von Philippe Halsman nicht nur retuschieren, sondern auch kochen musste, kann man in Solidarität, S. 172, nachlesen. Einer Familienüberlieferung zufolge gingen seine Erwartungen aber noch weiter.

7 Solidarität, S. 182.

8 Stodolsky / Paris, S. 78.

9 Pariser Tageblatt, 14.12.1933.

10 Spätere Krüger. Unter diesem Namen wurde sie auch als literarische Übersetzerin bekannt.

11 Lore Krüger: Quer durch die Welt. Lebensweg einer verfolgten Jüdin, Schkeuditz 2012, S. 73 ff. Im Folgenden abgekürzt als Krüger / Quer durch die Welt.

12 Erstaunlicherweise ist dieses Thema in der Exilforschung noch nie behandelt worden.

13 Krüger / Quer durch die Welt, S. 81.

14 Maxim Leo: Wo wir zu Hause sind, Köln 2020,S. 82. Im Folgenden abgekürzt als Leo / Zu Hause.

15 Krüger / Quer durch die Welt, S. 73.

16 Arthur Koestler: Ein spanisches Testament, München 2021, S. 53.

17 Arthur Koestler: Abschaum der Erde. Autobiographische Schriften Bd. II, Frankfurt / M. Berlin 1992, S. 207. Im Folgenden abgekürzt als Koestler / Abschaum der Erde.

18 Catherine Stodolsky zeichnet in ihrem Artikel über das Leben in der Rue Dombasle ein ausgesprochen negatives Bild von Arthur Koestler, das wohl kaum auf persönlichen Erinnerungen beruhen kann, weil sie erst 1938

geboren wurde. Sie spricht spöttisch von seiner Katzenhaarallergie, behauptet, er habe einen »jungen deutschen Arbeiter« namens Edmund in Anspruch genommen, aber nicht bezahlt, und immer jünger werdende Mädchen zu sich in die Wohnung geladen, um sie erst nach Tagen, »ziemlich matt und viel älter« aussehend, zu entlassen (Stodolsky / Paris, S. 78 f.) Zusammenfassend sagt sie, er sei »nicht allzu beliebt im Haus« gewesen, was durch nichts zu belegen ist. Auch die Behauptung, er habe aus Geldmangel ein »drittes Aufklärungsbuch über Sexualität« schreiben müssen, trifft nicht zu. Koestler hatte sich durch sein »Spanisches Testament« in die erste Reihe der deutschsprachigen Schriftsteller geschrieben. Über Sexualität schrieb er lediglich den Aufsatz »Vom Liebeswerben«, in: Mensch und Gesellschaft. Das Geschlechtsleben in unserer Zeit, hrsg. von Hans Giese, München, o. J., S. 85–94.

19 Arthur Koestler: Die Geheimschrift. Bericht eines Lebens, Wien, München, Basel 1955, Bd. 2, S 448 f.

20 Walter Benjamin an Fritz Lieb, Brief vom 28.3.1938, in: Walter Benjamin, Gesammelte Briefe, Bd. VI, 1938–1940, Frankfurt / M. 2000, S. 55.

21 Koestler / Abschaum der Erde, S. 449.

22 Dora-Sophie Kellner, von der er seit 1930 geschieden war. Sie ging 1934 ins italienische Exil und ließ sich dort als Hotelbetreiberin nieder. S. dazu Eva Weissweiler: Villa Verde oder das Hotel in Sanremo – das italienische Exil der Familie Benjamin, München 2022. Im Folgenden abgekürzt als Weissweiler / Villa Verde.

23 Vgl. Stefan Appelius: Heine. Die SPD und der lange Weg zur Macht, Dortmund 1999, S. 136. Im Folgenden abgekürzt als Appelius / Heine.

24 Reichstagsprotokoll, 23.3.1933.

25 Otto Wels starb am 16.9.1939 im Alter von 66 Jahren.

26 Solidarität, S. 169.

27 American Guild for German Cultural Freedom an Isak Eckstein, Brief vom 9.12.1938, DNB Exilarchiv, EB 70 / 117–D.02.55.0015.

28 Isak Eckstein an American Guild for German Cultural Freedom, Brief vom 25.12.1938, DNB Exilarchiv, EB 70 / 117–D.02.55.0018.

29 Isak Eckstein an American Guild for German Cultural Freedom, Brief vom 22.1.1939, DNB Exilarchiv, EB 70 / 117–D.02.55.0022.

30 Isak Eckstein an American Guild for German Cultu-

ral Freedom, Brief vom 13.3.1939, DNB Exilarchiv, EB 70/117–D.02.55.0027.

31 Isak Eckstein an American Guild for German Cultural Freedom, Brief vom 1.5.1939, DNB Exilarchiv, EB 70/117–D.02.55.0031.

32 American Guild for German Cultural Freedom an Isak Eckstein, DNB Exilarchiv, Brief vom 15.2.1929, EB 70/117–D.02.55.0023.

33 Solidarität, S. 168 f. Ekstein nahm erst nach dem Krieg über einen früheren Kollegen, Oskar Maurus Fontana, wieder Kontakt nach Wien auf, fand aber niemanden, der sein Buch drucken wollte.

34 Solidarität, S. 178 f.

35 Zit. nach Ruth Fabian/Corinna Coulmas: Die deutsche Emigration in Frankreich nach 1933, München, New York, London, Paris 1978, S. 33. Im Folgenden abgekürzt als Fabian/Coulmas.

36 Solidarität, S. 179.

37 Ebd., S. 160.

38 Ebd., S. 173 f.

39 Zur Einschätzung der Episode s. auch Ranc/Gegenleben, S. 125 f. – Lisa siedelt diese sehr ausführlich geschilderte Geschichte *vor* Beginn des Zweiten Weltkriegs an, bemerkt aber, es sei für die Pfemferts ein Problem gewesen, dass dienstags die Metzgereien geschlossen gewesen seien (Solidarität, S. 175), sodass die Versorgung von Minka habe unterbrochen werden müssen. Tatsächlich wurden verpflichtende fleischlose Tage (Montag und Dienstag) erst nach Beginn des Krieges eingeführt, s. Pariser Tageszeitung, 19.10.1939. Dieses Detail ist gewiss ziemlich unwichtig, macht aber deutlich, dass man Lisas Datierungen und Zuordnungen nicht immer unkritisch folgen kann.

40 Solidarität, S. 174.

41 Ebd., S. 185.

42 Dominican Republic Settlement Association.

43 Marion Kaplan: Zuflucht in der Karibik. Die jüdische Flüchtlingssiedlung in der Dominikanischen Republik 1940–1945, Göttingen 2010, S. 63. Im Folgenden abgekürzt als Kaplan/Karibik.

44 http://www.mchanan.com/the-american-who-electrified-russia-synopsis/.

45 Zu Solomon A. Trone s. u. a. David Evans: The Man who sold Tomorrow: The True Story of Dr. Solomon Trone, The World's Greatest And Most Successful And Perhaps Only Revolutionary Salesman, London 2019. Im Folgenden abgekürzt als Evans/Trone.

46 Kaplan/Karibik, S. 32.

47 Ebd., S. 38.

48 Solidarität, S. 186.

8 Im Dienst der Imperialisten?

1 So z. B. Fritz Fränkel, wie Lisa Mitglied der Freunde der sozialistischen Einheit Deutschlands. S. dazu Täubert: Unbekannt verzogen, S. 93.

2 Rede vom 3. 9. 1939.

3 Pariser Tageszeitung, 2. 9. 1939.

4 Solidarität, S. 189 f.

5 Ebd., S. 188.

6 Pariser Tageszeitung, 1. 10. 1939.

7 Ebd., 20. 10. 1939.

8 Ebd., 27. 10. 1939.

9 Ebd., 23. 12. 1939.

10 Zit. nach Bernhard H. Bayerlein: Der Verräter, Stalin, bist du, S. 127.

11 Pariser Tageszeitung, 16. 9. 1939.

12 Lisa spricht in Solidarität, S. 190, nur von »Grete«. Aus einem Brief von Erna Friedländer geht jedoch hervor, dass es sich um Grete Turowski gehandelt haben muss. Grete Turowski war Mitglied der Freunde der sozialistischen Einheit Deutschlands / Willi Münzenberg. S. dazu Hinnerk Höfling: Eine Analyse der Freunde der sozialistischen Einheit Deutschlands unter besonderer Berücksichtigung Willi Münzenbergs, Saarbrücken 2015, S. 91, und Bundesarchiv Berlin, R 58 / 9697. Grete Turowski wurde 1907 in Berlin als Margarete Dora Prucha geboren. Lisa und sie kannten sich vermutlich schon seit ihrer Jugend, weil sie beide in der KPD bzw. im KJVD waren. Grete Turowski, Tochter eines Berliner Juweliers, war seit 1933 geschieden und mit ihrem Kind ins Exil geflohen. Wie Lisa wechselte sie offenbar von der KPD zu den Freunden der sozialistischen Einheit Deutschlands über.

13 Zit. nach Bettina Giersberg: Die Arbeit des Schriftstellers Rudolf Leonhard im französischen Exil 1933 bis 1945, Berlin 2005, S. 74.

14 Diese Nachricht stand schon am 2. 9. 1939 in der Pariser Tageszeitung, also noch vor der eigentlichen Kriegserklärung.

15 Pariser Tageszeitung, 7. 9. 1939.

16 In den Berichten der Emigranten heißt es manchmal, dass es sich dabei um reine Korruption gehandelt habe. Es seien gezielt Aufträge an einige wenige Konservenfabrikanten vergeben worden, die dadurch zu Millionären geworden seien. Vgl. dazu Fred Wander: Hôtel Baalbek, München 2010, S. 46.

17 S. z. B. Hans Sahl: Das Exil im Exil, Darmstadt 1990, S. 76 f.

18 Solidarität, S. 192.

19 Solidarität, S. 198. Bei dem »Mann, der gern gut aß, aber hier wenig Möglichkeiten haben sollte, seinen Neigungen nachzugehen«, den Hans Sahl

(Das Exil im Exil, S. 78) erwähnt, scheint es sich ebenfalls um Fittko zu handeln. Dies ist das einzige Mal, dass Fittko in der von seinen Lagergenossen verfassten Memoirenliteratur indirekt erwähnt wird.

20 Zum ersten Mal am 12.10.1939 in einem Brief an Gretel Adorno (Walter Benjamin: Gesammelte Briefe, Bd. VI, 1938–1940, hrsg. von Christoph Gödde und Henri Lonitz, Frankfurt / M. 2000, S. 344).

21 Momme Brodersen: Spinne im eigenen Netz. Walter Benjamin. Leben und Werk, Bühl-Moos 1990, S. 256 f. Im Folgenden abgekürzt als Brodersen / Spinne im eigenen Netz.

22 Pyrenäen, S. 145.

23 Vgl. dazu Weissweiler / Villa Verde, S. 173.

24 Zit. nach Brodersen / Spinne im eigenen Netz, S. 252.

25 Zit. nach Bettina Giersberg: Die Arbeit des Schriftstellers Rudolf Leonhard im französischen Exil 2933 bis 1945, Berlin 2005, S. 137.

26 George Wronkow: Kleiner Mann in großen Zeiten, Reportagen eines Lebens, München 2008, S. 256 ff.

27 Ebd., S. 264.

28 Ebd., S. 267.

29 Ebd., S. 264.

30 Solidarität, S. 203.

31 Solidarität, S. 203.

32 Diese Darstellung stützt sich auf den Bericht Erna Friedländers, den sie Lisa 1991 darüber gab. Vgl. dazu Erna Friedländer an Lisa Fittko, Brief vom 5.6.1991, DNB, Exilarchiv, EB 2002 / 027–B.01.0021.

33 Solidarität, S. 200.

34 Ebd., S. 204.

35 Nach freundlicher Auskunft von Bernhard H. Bayerlein, Autor des Buches über Willi Münzenberg, »Die Zukunft« und die antistalinistische Wende in der deutschsprachigen Emigration 1933–1940, Berlin 2018.

36 Solidarität, S. 206.

37 Zit. nach Lore Krüger: Quer durch die Welt. Das Lebensbild einer verfolgten Jüdin, Schkeuditz 2012, S. 103. Im Folgenden abgekürzt als Krüger / Lebensbild.

38 Hertha Pauli: Der Riss der Zeit geht durch mein Herz, Erinnerungen, Wien 2022, S. 148 ff. Im Folgenden abgekürzt als Pauli / Riss.

39 Pyrenäen, S. 15.

9 Unerwünscht

1 Zur Biographie von Walter Oettinghaus s. u. a. Siegfried Mielke und Stefan Heinz (Hrsg.), »Emigrierte Metallgewerkschafter im Kampf gegen das NS-Regime«, Berlin 2014, S. 237 ff.

2 S. dazu BA: R 58/9694.

3 Zu Karl Spriewald s. BA: R 3018/1129, R 3001/180185, R 3018/7920.

4 Interview Fittko/Washington 1999.

5 Zit. nach Uwe Schledorn, »Der Reichstagsabgeordnete und Metallgewerkschaftler Walter Oettinghaus«, Staatsexamensarbeit für das Lehramt, Bochum 1990, S. 155.

6 Pyrenäen, S. 15 ff.

7 Ebd., S. 17.

8 Ebd., S. 21.

9 Einen guten Überblick über die verschiedenen literarischen Darstellungen von Gurs gibt Gabriele Mittag: Es gibt Verdammte nur in Gurs. Literatur, Kultur und Alltag in einem französischen Internierungslager 1940–1942, Tübingen 1996.

10 Pyrenäen, S. 25.

11 Diese Stelle ist schwer verständlich, denn Paula Spriewald landete schließlich doch, wenn auch mit einem anderen Transport, im Lager Gurs, ohne dass erklärt wird, warum.

12 Pyrenäen, S. 93 f.

13 Ebd., S. 28 f.

14 Ebd., S. 30.

15 Zit. nach Eva Weissweiler, »Notre Dame de Dada. Luise Straus-Ernst. Das dramatische Leben der ersten Frau von Max Ernst«, Köln 2016, S. 331. Im Folgenden abgekürzt als Weissweiler/Luise Straus-Ernst.

16 Zusammenfassung ebd., S. 330 ff.

17 Deutsch-französische, aus Lothringen stammende Malerin (1885–1969), zeitweilig Lebensgefährtin von Rilke, dessen Gedichte sie ins Französische übersetzte.

18 Aus Russland stammende jüdische Tänzerin (1899–1944), ermordet in Auschwitz.

19 Vor allem als Filmtheoretikerin und -historikerin bekannt (1896–1983).

20 Bekannter UFA-Star (1908–1971), Filmpartnerin von Willy Fritsch (*Ungarische Rhapsodie*), in Frankreich vor allem durch ihre Rolle in Jean Renoirs pazifistischem Film *Die große Illusion* bekannt geworden, wo sie eine deutsche Bäuerin spielt, die entflohenen französischen Kriegsgefangenen hilft.

21 Zu Lou Albert-Lasard oder »Lazard« (die Schreibweisen wechseln) s. Lou Albert-Lazard,

»Gemälde, Aquarelle, Grafik«, Berlin 1983.

22 Aus Köln stammende Malerin, Kunsthistorikerin und Illustratorin (1899–1994). Ihre Bilder aus dem Lager sind erst sehr spät entdeckt worden und haben bis heute noch keine ausführliche Würdigung erfahren.

23 Vgl. dazu Mittag / Gurs, S. 276.

24 Ilona Kronstein (1897–1948), österreichische Malerin und Zeichnerin, zeitweise Schülerin von Johannes Itten, Mutter der feministischen Historikerin Gerda Lerner und der Malerin Nora Kronstein-Rosen. Ein Teil ihres Werks, das noch wenig erforscht ist, wurde 2005 im Liechtensteinischen Landesmuseum Vaduz ausgestellt, darunter eindrucksvolle Kohle- und Bleistiftzeichnungen, zum Teil Porträts, die wahrscheinlich aus Gurs stammen. Vgl. dazu: »Die Welt der Ili Kronstein«, hrsg. von Arthur Brunnart, Ausstellungskatalog, Liechtensteinisches Landesmuseum, Vaduz 2005.

25 Pyrenäen, S. 46 f.

26 Ebd., S. 47.

27 Ebd., S. 55.

28 Die genauen Zahlenangaben schwanken und sind auch nicht mehr genau auszumachen, da die Unterlagen über Gurs weitgehend vernichtet oder von der Gestapo konfisziert wurden.

29 Pyrenäen, S. 74.

30 Eva Weissweiler: Notre Dame de Dada, S. 333.

31 Pyrenäen., S. 75 f.

32 S. dazu die Berichte von Eva Lewinski, verh. Pfister, die in Lisas Buch noch eine Rolle spielen wird. Ausführliche Tagebuchauszüge bei Antje Dertinger: Die drei Exile des Erich Lewinski, Gerlingen 1995, S. 135. Im Folgenden abgekürzt als Dertiner / Lewinski.

33 Paris 1937. Deutsche Übersetzung unter dem Titel: Barcelona, ein Tag und seine Folgen, Berlin 1986.

34 Hannah Arendt an Walter Benjamin, Brief vom 5. 6. 1940, in: Arendt und Benjamin. Texte, Briefe, Dokumente. Hrsg. Von Detlef Schöttker und Erdmut Wizisla, Frankfurt / M. 2021, S. 135. Im Folgenden abgekürzt als Schöttker: Wizisla / Arendt und Benjamin.

35 Pyrenäen, S. 86.

36 Im argentinischen Exil, wo er vor allem unter dem Namen Noel Pierre Lenoir schrieb, erschienen u. a. Bücher über die Psychopathologie des Nationalsozialismus und die Soziologie der Revolution.

37 Pyrenäen, S. 85.

38 Ebd., S. 95. Es ist zwar richtig, dass viele Emigranten sich schwer damit taten, die Sprache des Gastlandes zu lernen, be-

sonders wenn sie, wie Oettinghaus, keine gymnasiale oder akademische Vorbildung hatten, sondern aus dem Arbeitermilieu stammten. Andererseits hat Oettinghaus während seines Aufenthaltes in Paris deutsch-französische Gewerkschaftertreffen initiiert und geleitet, sodass er vermutlich doch besser Französisch sprach, als Lisa es darstellt.

39 Ebd, S. 115.

40 Ob sie selbst in der Partei verblieb oder nicht, ist übrigens unklar. Ein Dokument über ihren Austritt oder Ausschluss war nicht aufzufinden. Wenn sie austrat, dann sicherlich nicht aus Überzeugung.

41 Lisa Fittko an Paula Blanchain, Brief vom 18.7.1983 (orig. Englisch), DNB, Exilarchiv, EB 2002/02–B.02.0001.

42 In diesem Punkt ist Julijana Ranc zu widersprechen, die in ihrer Anja-Pfemfert-Biographie schreibt, Lisa, Paulette und Anja seien »zusammen« in Pontacq angekommen (S. 136). Zu Beginn des dritten Kapitels heißt es nämlich bei Lisa, dass der Offizier, der sie mitgenommen habe, dem Dorfgendarmen erklärte: »Ich übergebe Ihnen hier zwei Frauen. […] Es sind belgische Flüchtlinge, die von der Gestapo verfolgt werden.« (Pyrenäen, S. 71) Von einer dritten Frau ist nicht die Rede. Außerdem heißt es an anderer Stelle, dass Anja einen gefälschten Entlassungsschein bei sich trug, auf dem sie als 20-jähriges holländisches Mädchen deklariert wurde (Pyrenäen, S. 95).

43 In einem heutigen Text wären Ausdrücke wie »Kalmückenaugen« (Pyrenäen, S. 95) wahrscheinlich gestrichen worden, weil sie für unser Sprachgefühl ans Rassistische grenzen.

44 Franz Werfel: Das Lied von Bernadette, Stockholm 1941, S. 7 f. Franz Werfel befand sich mit seiner Frau Alma im Sommer 1940 ebenfalls in Lourdes und schrieb, angeregt durch diesen Aufenthalt, »die wundersame Geschichte des Mädchens Bernadette Soubirous«, das bis heute als Heilige verehrt wird.

45 Walter Benjamin an Theodor W. Adorno, Brief vom 2.8.1940, in: Walter Benjamin, Gesammelte Briefe Bd. VI, 1938–1940, hrsg. von Christoph Gödde und Henri Lonitz, Frankfurt/M. 2000, S. 475.

46 So ist z. B. auf Pyrenäen, S. 112, davon die Rede, dass ihr in Toulouse plötzlich Eva Lewinski – »unglaublich!« – begegnet sei, ohne dass sie vorher jemals irgendwo genannt worden wäre.

47 Z. B. Pyrenäen, S. 114.

48 Lisa Fittko an Kitty Eckstein, Brief vom 9.11.1946, DNB Exil-

archiv, EB 2002 / 027–B.02.0005. Kitty Eckstein war die zweite Frau des inzwischen verstorbenen Bruders von Lisas Vater, Julius Eckstein.

49 Pyrenäen, S. 99.

50 Ebd., S. 112.

51 Jugendfreund der Geschwister Ekstein (1912–1973), wegen Teilnahme am kommunistischen Studentenwiderstand drei Jahre in Brandenburg-Görden in Haft, seit 1937 in Frankreich, wo er zunächst bei Hans und Eva Ekstein in der Rue Dombasle lebte.

52 Pyrenäen, S. 114.

53 Ebd., S. 39.

54 Eine sehr gute Beschreibung vom Montauban jener Zeit bei Dertinger / Lewinski, S. 136 ff. Faktenreiche und mit vielen Quellenbelegen versehene Darstellung auch bei Anne Klein: Flüchtlingspolitik und Flüchtlingshilfe 1940–1942. Varian Fry und die Komitees zur Rettung politisch Verfolgter in New York und Marseille, Berlin 2007, S. 227 ff. Im Folgenden abgekürzt als Klein / Flüchtlingspolitik.

55 Bericht von Erich Lewinski, zit. nach Dertinger / Lewinski, S. 138.

56 Zit. nach https://services.phaidra.univie.ac.at/api/object/o:1261461/get, S. 71.

57 Pyrenäen, S. 117.

58 Dertinger / Lewinski, S. 140.

59 Pyrenäen, S. 116 f.

10 Vor der großen Flucht

1 Pyrenäen, S. 120.

2 Lion Feuchtwanger: Der Teufel in Frankreich, Erlebnisse 1940, Berlin 2018, S. 27 ff.

3 S. dazu Angelika Gausmann: Deutschsprachige bildende Künstler im Internierungs- und Deportationslager Les Milles von 1939 bis 1942, Paderborn 1997.

4 Pyrenäen, S. 120.

5 Anna Seghers: Transit, Berlin 2019; Hertha Pauli: Der Riss der Zeit geht durch mein Herz. Erinnerungen, Wien 2022; Fred Wander: Hôtel Baalbek, München 2010; Leonhard Frank: Links ist, wo das Herz ist, München 1982; Hans Sahl: Die Wenigen und die Vielen, Hamburg / Zürich 1991; Arthur Koestler: Die Geheimschrift, Bericht eines Lebens, München 1955.

6 Zu den Exilliteraten in Marseille s. neuerdings auch Uwe Wittstock: Marseille 1940. Die große Flucht der Literatur, München 2023.

7 Florence Trone an Lisa Fittko,

Brief o.D., DNB Exilarchiv, EB 2002 / 027-B.01.0049.

8 Pyrenäen, S. 115.

9 Hans Fittko: Edmund Brasch schaut auf den jungen Mann ihm gegenüber, Romanfragment, DNB Exilarchiv, EB 2002 / 027-A.02.0001. Im Folgenden abgekürzt als Fittko / Brasch.

10 Pyrenäen, S. 125.

11 Vgl. z. B. Der Aufbau, u. a. 8.3.1940.

12 Pyrenäen, S. 9

13 Ebd., S. 123 f.

14 Ebd., S. 99.

15 Ebd., S. 128.

16 Ebd., S. 123.

17 Klein / Flüchtlingspolitik, S. 254 f.

18 Hertha Pauli: Der Riss der Zeit geht durch mein Herz, Wien 2022, S. 179. Im Folgenden abgekürzt als Pauli / Riss der Zeit.

19 Vgl. dazu Fritz Heine an Agnes Kühl, Brief vom 3.9.1940, zit. nach: Stefan Appelius (Hrsg.): »Der Teufel hole Hitler«. Briefe der sozialdemokratischen Emigration, Essen 2003, S. 77 f. Im Folgenden abgekürzt als Appelius / Heine Briefe. Ein Vizekonsul namens Myles Standish scheint sich besonders uneinsichtig und schikanös verhalten zu haben.

20 Pauli / Riss der Zeit, S. 200.

21 Christiane Zehl Romero: Anna Seghers. Eine Biographie, 1900–1947, Berlin 2020, S. 365 f. Im Folgenden abgekürzt als Zehl-Romero / Seghers.

22 Faksimiles der einschlägigen Dokumente bei Ingrid Scheurmann: Neue Dokumente zum Tode Walter Benjamins, Bonn 1992, im Folgenden abgekürzt als Scheurmann / Neue Dokumente.

23 Seine Ex-Ehefrau Dora Sophie Kellner hatte beim deutschen Konsulat in Sanremo die Verlängerung seines deutschen Passes beantragt und genehmigt bekommen, doch als dieser in Paris eintraf, holte Benjamin ihn nicht ab, aus Angst, verhaftet zu werden. Später wurde ihm die deutsche Staatsbürgerschaft aberkannt, sodass der Pass ohnehin ungültig gewesen wäre. S. Dazu Weissweiler / Villa Verde, S. 146 f.

24 Walter Benjamin: Denkbilder – Marseille, in: Gesammelte Schriften Bd. IV, 1, S. 359.

25 Walter Benjamin: Gesammelte Briefe, Bd. VI, 1938–1940, S. 480–483.

26 Soma Morgenstern: Joseph Roths Flucht und Ende, Berlin 1998.

27 Soma Morgenstern: Aus Briefen an Gershom Scholem, 1970 bis 1975, in: Erdmut Wizisla (Hrsg.): Begegnungen mit Walter

Benjamin, Leipzig 2015, S. 278. Im Folgenden abgekürzt als Morgenstern / Benjamin.

28 Ebd., S. 280.

29 Ebd., S. 285. Benjamins Verhältnis zu seinem Sohn Stefan Rafael (1919–1972) war in der Tat eher und unterkühlt. Er war schon vor der Scheidung von dessen Mutter, der Schriftstellerin, Übersetzerin und Journalistin Dora Sophie Kellner, viel auf Reisen und nahm wenig Anteil an seiner Entwicklung. Stefan war 1934 mit seiner Mutter nach Sanremo emigriert, wo sie eine Pension, die Villa Verde, eröffnet hatte. Dort glaubten sie sich in Sicherheit, bis der Antisemitismus in Italien zunahm und Mussolini seine Rassegesetze verschärfte. Es gelang ihnen, erneut zu emigrieren, diesmal nach London, wo Stefan unter extrem schwierigen Umständen sein Abitur nachholte. Noch bevor er studieren konnte, brach der Zweite Weltkrieg aus. Stefan wurde als »feindlicher Ausländer« verhaftet und mit etwa 3000 anderen Emigranten in das Lager Camp Hay auf der Dunera (Australien) gebracht, wo schreckliche Verhältnisse herrschten. Aus dem Lager fragte er dauernd nach seinem Vater. Er hatte Angst, dass man ihn nach Lublin deportiert haben könnte. Benjamin wusste von alldem nichts und schien sich auch keine Sorgen zu machen. Von daher ist Morgensteins Schilderung durchaus glaubwürdig. Mehr zu Stefan Benjamins bislang nur sehr nachlässig behandelter Biographie bei EvaWeissweiler / Villa Verde.

30 Zu Vochoč s. Klein / Flüchtlingspolitik, S. 268–272, 279, 243.

31 Ebd., S. 109.

32 Varian Fry: Auslieferung auf Verlangen. Die Rettung deutscher Emigranten in Marseille 1940 / 41, Frankfurt / M, 1995, S. 11. Im Folgenden abgekürzt als Fry / Auslieferung.

33 Hans Sahl: Die Wenigen und die Vielen, Hamburg 1991, S. 257.

34 Pauli / Der Riss der Zeit, S. 220 ff.

35 Pyrenäen, S. 131.

36 Ebd.

37 Ebd., S. 136.

38 Alma Mahler-Werfel: Mein Leben, Frankfurt / M. 1960, S. 266.

39 Pyrenäen, S. 137 f.

40 Zit. nach Verena Boos: Nachgehen. Eine Spurensuche auf Walter Benjamins letzter Fluchtroute, in: Zeithistorische Forschungen 15, 2018, S. 523. Im Folgenden abgekürzt als Boos / Nachgehen.

41 Pyrenäen, S. 138.

42 Walter Meyerhof: In the Shadow of Love, Stories From My Life,

Santa Barbara, 2002. Im Folgenden abgekürzt als Meyerhof / Shadow.

43 »Completely unexpectedly«. Ebd., S. 53. Zitate im Folgenden ebd., S. 53–56.

44 Zwischen Walter Meyerhof und Varian Fry bestand ein reger Briefaustausch. Die Briefe werden zurzeit für eine Veröffentlichung digitalisiert und sind größtenteils in den Beständen des Emergeny Rescue Commitees (EB 73 / 021) zu finden.

11 The Story of Old Benjamin

1 Wizisla / Begegnungen, S. 292.

2 Hannah Arendt und Walter Benjamin: Texte, Briefe, Dokumente, hrsg. Von Detlev Schöttker und Erdmut Wizisla, Frankfurt / M. 2006, S. 153. Im Folgenden abgekürzt als Arendt / Benjamin.

3 Hannah Arendt an Gershom Scholem, Brief vom 17. 10. 1941, in: Arendt / Benjamin, S. 154 f.

4 S. dazu Marta Mantécon in: https://www.marteyculturavisual.com/2017/11/30/henny-gurland-ni-rastro/.

5 Nicht Schönstedt, wie Gershom Scholem im Kommentar zum »Passagenwerk« schreibt.

6 Diese Ausführungen folgen weitgehend dem Bericht ihres Sohnes, Joseph Gurland, The Story of my Mother Henny (Meyer) Gurland, 1900–1952, DNB Exilarchiv, EB 2002 / 27–B. 01.0027. Im Folgenden abgekürzt als Gurland / Story.

7 Arthur Koestler soll derjenige gewesen sein, mit dem er seinen Vorrat an Morphiumtabletten geteilt hat. Von wem sie genau stammten und wie viele es waren, steht nicht eindeutig fest.

8 Pyrenäen, S. 139.

9 Dass sie ihre Erinnerungen an Benjamin 1980 auf Anregung von Scholem schrieb, wie allgemein behauptet, ist nicht richtig. Sie begann damit im Sommer 1979 nach dem frühen Tod ihrer Schwägerin Eva Ekstein in Bandol, wo sich die Eksteins nach ihrer Pensionierung niedergelassen hatten. Ihre Nichte Marlena Ekstein versicherte mir, dass Familienmitglieder sie dazu ermutigten, diesen Text aufzuschreiben. Die englische Fassung ist abgedruckt in: Walter Benjamin, Das Passagen-Werk, ges. Schriften Bd. V, 2, hrsg. Von Rolf Tiedemann, Frankfurt / M. 1982, S. 1185 ff.

10 Das Buch erschien 2022 bei Luchterhand (München).

11 Die englische Urfassung und die erste deutsche Übersetzung

von Christoph Goffry sind, durch Lisa autorisiert, inhaltlich weitgehend identisch. Mit einem Vorwort von Gershom Scholem erschienen in: Merkur, Deutsche Zeitschrift für europäisches Denken, Januar 1982, S. 35 ff.

12 Pyrenäen, S. 139.

13 Wizisla / Begegnungen, S. 329.

14 David Mauas: Wer tötete Walter Benjamin, 2005.

15 Verena Boos: Nachgehen. Eine Spurensuche auf Waler Benjamins letzter Fluchtroute, in: Zeithistorische Forschungen 15 (2018), S. 527. Im Folgenden abgekürzt als Boos / Nachgehen.

16 Lisa Fittko im Interview mit Richard Heinemann, in: Für Walter Benjamin, Dokumente, hrsg. Von Ingrid und Konrad Scheurmann, Frankfurt / M. 1992, S. 145. Im Folgenden abgekürzt als Scheurmann / Dokumente.

17 Pyrenäen, S. 141.

18 Ebd.

19 Lisa Fittko an Klaus Täubert, Brief vom 4. 5. 1997, ADK Berlin, Benjamin-Archiv.

20 Jay Parini: Benjamin's Crossing, A Novel, New York 1996.

21 Pyrenäen, S. 142.

22 Uli Frings: Cote Vermeille, Costa Brava, Reise- und Wanderführer rund um die französisch-spanische Grenze am Ausläufer der Pyrenäen, Valousset-haut, 2017, S. 32 ff.

23 Fritz Heine an Agnes Kühl, Brief vom 30. 9. 1940, in: Appelius / Heine Briefe, S. 89.

24 Carina Birman: The Narrow Foothold, London 2006; deutsche Fassung bei Wizisla / Begegnungen, »Müde der Verfolgung«, S. 357 ff.

25 Birman, »Müde der Verfolgung«, zit. nach Wizisla / Begegnungen, S. 359.

26 Briefe und Schriften von Grete Freund, u. a. Korrespondenz mit der American Guild for German Cultural Freedom, in DNB Exilarchiv. Vgl. auch BA: R 8046 (Bestand Neues Tage-Buch). Grete Freund ist am 25. 6. 1895 in Wien geboren. Sie war eine enge Freundin von Joseph Roth und Friederike Zweig. Aus Dokumenten des Genaelogie-Portals Ancestry ist ersichtlich, dass sie, von Lissabon kommend, am 21. 11. 1940 in New York ankam. Sie wurde 1950 in den USA eingebürgert.

27 Pyrenäen, S. 143.

28 Vgl. dazu Gurland / Story.

29 Marcel Raabe: Die letzten Stunden Walter Benjamins. Eine Rekonstruktion und eine Wanderung, Leipzig 2021, S. 28. Im Folgenden abgekürzt als Raabe / Benjamin.

30 Pyrenäen, S. 143.

31 Ebd., S. 144.

32 Historische Karte aus der Zeit

der Résistance bei Scheurmann / Dokumente, S. 150 f.

33 Raabe / Benjamin, S. 79.

34 Boos / Nachgehen, S. 535.

35 Carina Birman, in: Wizisla / Begegnungen, S. 364.

36 Pyrenäen, S. 149.

37 Ebd., S. 150 f.

38 Merkur, S. 46.

39 Pyrenäen, S. 151 f.

40 Carina Birman, in: Wizisla / Begegnungen, S. 360 f.

41 Grete Freund: Brief an eine unbekannte Person, in: Wizisla / Begegnungen, S. 349.

42 In der Benjamin-Literatur wird er meistens als »Cousin« bezeichnet, tatsächlich war er aber, 1904 in Moskau geboren, der ältere Bruder von Henny Gurlands zweitem Ehemann Rafael Ruben Gurland.

43 Henny Gurland an ungenannten Empfänger, wahrscheinlich Arkadi Gurland, Brief vom 11.10.1940, in: Wizisla / Begegnungen, S. 352.

44 Gershom Scholem, Protokoll über ein Telefonat mit Lisa Fittko am 15.5.1980. DNB, Exilarchiv, EB 2002 / 27–B.01.0043.

45 Darmstädter Tagblatt, 21.4.1979. Für diese Hinweise danke ich Frau Anke Leonhardt vom Stadtarchiv Darmstadt.

46 Gary Smith: Protokoll über einen Besuch bei Joseph Gurland, 11.6.1981, in: DNB, Exilarchiv, EB 2002 / 27–B.01.0043.

47 Lisa Fittko an Rolf Tiedemann, Brief vom 18.5.1981, DNB, Exilarchiv, EB 2002 / 027–B.02.0024.

48 Gershom Scholem an Lisa Fittko, Brief vom 18.6.1981, DNB, Exilarchiv, EB 2002 / 027–B01.0043.

49 Joseph Gurland an Lisa Fittko, Brief vom 22.12.1985, DNB Exilarchiv, EB 2002 / 027–B.01.0027.

50 Nach freundlicher Auskunft von Dr. Rainer Funk, Erich-Fromm-Archiv, Tübingen.

51 Pyrenäen, S. 154.

52 Fritz Heine an Agnes Kühl, Brief vom 30.9.1940, in: Appelius / Heine Brief, S. 89.

53 Walter Benjamin an Henny Gurland und Th. W. Adorno (?), Brief vom 25.9.1940, aus dem Gedächtnis von Henny Gurland rekonstruiert, zit nach: Benjamin, Gesammelte Briefe Bd. VI, S. 483.

54 Carina Birmann, in: Wizisla / Begegnungen, S. 363.

55 https://www.ancestry.de/discoveryui-content/view/1006206850:7488?tid=&pid=&queryId=5c6fodc428383f739c18447372358ea5&_phsrc=ejp145&_phstart=successSource.

56 Scheurmann / Neue Dokumente, S. 16.

57 Scheurmann / Neue Dokumente, S. 37 f.

1 Fry / Auslieferung, S. 24.
2 Ebd., S. 28.
3 Pyrenäen, S. 122.
4 Ebd., S. 156.
5 Ebd., S. 159.
6 Bil Spira an Lisa Fittko, undatierter Brief aus Paris, DNB, Exilarchiv, EB 2002 / 027–B.01.0045. Bil Spira spielt hier auf einen Roman von Franz Werfel an, *Das Lied der Bernadette*, zu dessen Niederschrift er in Lourdes angeregt worden war.
7 Vgl. dazu Anne Klein / Flüchtlingspolitik S. 256.
8 Pyrenäen, S. 239, dort ist das Dokument abgedruckt.
9 Ebd., S. 161 und 197.
10 Auf S. 172 (Eintragung vom 4. November 1940) wird der Eindruck erweckt, als hätten sie den jungen Meyerhof erst jetzt »aufgegabelt«, in Wirklichkeit haben sie ihn schon Anfang September vor ihrem missglückten gemeinsamen Fluchtversuch kennengelernt.
11 Pyrenäen, S. 162.
12 Franz und Anja Pfemfert an Kurt R. Grossmann, Brief vom 28. 9. 1940, zit. nach: Pfemfert: Erinnerungen und Abrechnungen, S. 328.
13 Pyrenäen, S. 161.
14 https://gedenkbuch.muenchen.de/index.php?id=gedenkbuch_link&gid=13438.
15 https://schicksale.muenchner-kammerspiele.de/.
16 Pyrenäen, S. 162.
17 Ebd.
18 https://yvng.yadvashem.org/index.html?language=de&s_id=&s_lastName=Laufer&s_firstName=Robin&s_place=&s_dateOfBirth=&cluster=true.
19 Zu Verzeanos Biographie s. https://www.varianfry.org/verzeano_en.html.
20 Zu Heines Biographie s. Appelius / Heine.
21 Fritz Heine an »Liebe Freunde«, Brief vom 25.12.1940, zit. nach Appelius / »Der Teufel hole Hitler«, S. 115.
22 Pyrenäen, S. 172 f., 177, 191 u. a.
23 Lisa schreibt nichts weiter über Hugo Bieber und dessen Frau, lediglich: »Morgen kommen die Biebers dran.« (Pyrenäen, S. 164)
24 Pyrenäen, S. 193. Dr. Hans-Emil Hirschfeld, 1894–1971, Verfasser einer Dissertation über politische Zeitdichtung bei Georg Herwegh, war von 1924–1933 Pressereferent im preußischen Innenministerium und Redakteur verschiedener politischer Zeitschriften. Er kehrte 1949 nach Berlin zurück und übte wichtige Funktionen im Westberliner Senat aus. Sein Nachlass befindet sich im Landesarchiv Berlin. Vgl. dazu

Jürgen Wetzel: Der Nachlass Hirschfeld im Landesarchiv Berlin. Ein Beitrag zur Biographie. In: Mitteilungen des Vereins für die Geschichte Berlins. Jahrgang 70, 1974, S. 447–452.

25 Pyrenäen, S. 175 (»Die Groetzsch von der Sopade haben wir gut hinübergebracht, nur ging es etwas langsam. Sie sind eben nicht mehr so jung. Sie haben uns Grüße von Fritz Heine gebracht; eine Reihe seiner Freunde kommt jetzt mit USA-Visen.«).

26 Zur Biographie von Grötzsch (1882–1946) s. Biographisches Lexikon des Sozialismus, Hannover 1960, S. 104 f.

27 S. dazu sein Bericht »Gendarm und Refugee«, in: Der Aufbau, 9.5.1941.

28 Fritz Heine an Emil Oprecht, Brief vom 9.12 1940, in: Appelius, »Der Teufel hole Hitler«, S. 110.

29 Fry / Auslieferung, S. 150.

30 Otto Pfister an Eva Lewinski, Brief vom 14.3.1941, zit. nach: Tom Pfister, Kathy Pfister, Eva Pfister (Hrsg.): Eva and Otto, Resistance, Refugees, and Love in the Time of Hitler, West Lafayette 2020, S. 258 f.

31 Anne Klein / Flüchtlingspolitik, S. 257.

32 Catherine Stodolsky: Die »F«-Route oder die Rettungsarbeit von Lisa und Hans Fittko in Südfrankreich in den Jahren 1940 bis 1941, in: Varian Fry: Ohne zu zögern: Berlin – Marseille – New York, Ausstellungskatalog der Akademie der Künste, Berlin 2007, S. 218. »Lisa und Hans Fittko haben in der Zeit zwischen September 1940 und April 1941, also sieben Monate lang, Hunderte von Menschen, die von den Nationalsozialisten verfolgt wurden, unter Einsatz ihres eigenen Lebens bei ihrer Flucht über die Pyrenäen begleitet.«

33 Pyrenäen, S. 170.

34 Ebd., S. 173 f.

35 Ebd., S. 170.

36 Ebd., S. 178.

37 Pyrenäen, S. 174. Leider ist der Bildunterschrift nicht zu entnehmen, wer die vier anderen Personen waren.

38 Albert Hirschmann, der sich später Hirschman nannte, war ein sehr vielseitiger Wirtschafts- und Sozialwissenschaftler, arbeitete aber auch auf Gebieten wie Philosophie, Sozialpsychologie und Literaturwissenschaft.

39 Sheila Isenberg: A Hero Of Our Own. The Story of Varian Fry, Lincoln 2005, S. 153 f.

40 Pyrenäen, S. 187.

41 Fry / Auslieferung, S. 180.

42 Rudolf Breitscheid war von 1922 bis 1933 außenpolitischer Sprecher der SPD-Reichstagsfraktion; Rudolf Hilferding,

österreichisch-jüdischer Herkunft, eigentlich Arzt, war in der Weimarer Republik zeitweilig Finanzminister und Schriftleiter der SPD-Zeitung Vorwärts.

43 Appelius / Heine, S. 189

44 Rudolf Hilferding starb am 11.3.1941 in Paris; Rudolf Breitscheid im August 1944 im KZ Buchenwald, ob bei einem amerikanischen Bombenangriff auf das Lager oder durch einen Herzschuss der SS, ist nicht geklärt.

45 Brüning, Reichskanzler von 1930–32, gehörte dem konservativen Lager der Zentrumspartei an.

46 Fritz Heine und Varian Fry haben sich in ihren Erinnerungen und Briefen so ausführlich zu dem Fall »Breitscheid und Hilferding« geäußert, dass eine detaillierte Beschreibung hier unterbleiben kann.

47 Der für ein Tagebuch ungewöhnlich lange und in allen dialogischen Details ausgearbeitete Text steht auf S. 199–210 des Pyrenäen-Buches.

48 1875–1944. Eine umfassende Biographie über Georg Bernhard steht immer noch aus. In der Sekundärliteratur werden nur Teilaspekte seines Lebens und Werkes behandelt.

49 Pyrenäen 180 f. Die Eksteins waren tatsächlich nicht in die »freie Zone« gegangen, weil sie dachten, der Rest von Frankreich werde auch bald besetzt. Sie hatten inzwischen ihr bescheidenes Auskommen, denn Lisas Vater gab Deutschunterricht, während die Mutter für andere Leute nähte.

50 Pyrenäen, S. 201.

51 Ebd., S. 206.

52 1885–1962, Tochter eines Berliner Apothekers, in erster Ehe mit einem Siegfried Landsberger verheiratet, in zweiter seit 1939 mit Georg Bernhard.

53 Diese Passage ist extrem unglaubwürdig und entspricht in keiner Weise dem Bild, das Varian Fry von Georg Bernhard und dessen Frau zeichnet. Fry schreibt, dass die beiden sich klaglos damit abgefunden hätten, mehrere Monate in einem Marseiller »Stundenhotel« (*maison de passe*) zu leben, dessen Wirt keine Schwierigkeiten wegen der Papiere mache (vgl. Fry / Auslieferung, S. 103).

54 Pyrenäen, S. 207.

55 Fry / Auslieferung, S. 226 f.

56 Ebd., S. 235. Emilio Lussu (1890–1975) war Schriftsteller und Widerstandskämpfer, der als Vorkämpfer der sardischen Autonomiebewegung mehrfach unter Mussolini verurteilt und inhaftiert wurde. Obwohl an

Tuberkulose erkrankt, nahm er 1938 am Spanischen Bürgerkrieg teil. Nach dem Krieg hatte er mehrere Ministerämter in Italien inne. In seinen größtenteils auf Italienisch erschienenen Werken setzte er sich immer wieder mit der Geschichte des Faschismus in Italien und dem Ideal einer demokratischen Nachkriegsgesellschaft auseinander.

57 Ebd., S. 235 f.

58 Pyrenäen, S. 209.

59 Fry / Auslieferung, S. 226.

60 Pyrenäen, S. 209.

61 Fry / Auslieferung, S. 231 f., 236.

62 Georg Bernhard: Unheimliches Franco-Spanien, in: Der Aufbau, 6. 6. 1941.

63 S. Law: Georg Bernhard in New York, in: Der Aufbau, 30. 5. 1941.

13 »Wir fahren auf eine Insel, die heißt Kuba«

1 Fry / Auslieferung, S. 220.

2 Pyrenäen, S. 210.

3 Zum Tscheka-Prozess (Leipzig 1925) vgl. Arthur Brandt: Der Tscheka-Prozess, Denkschrift der Verteidigung, Erstausgabe Berlin 1925, Nachdruck Hamburg 1979.

4 Aktenmaterial zum Tscheka-Prozess und zu Arthur Wolff als Verteidiger: BA Berlin R 1507 / 2097.

5 Rolf Sievers: Der Tscheka-Prozess, in: Die Weltbühne, 21. 4. 1925, S. 582.

6 Ebd., S. 581.

7 Über den Tscheka-Prozess berichteten auch Hans Fallada, Willi Münzenberg und Egon Erwin Kisch.

8 Pyrenäen, S. 210.

9 Für diese Auskünfte danke ich Herrn Immo Schatzschneider von der Mahn- und Gedenkstätte Düsseldorf.

10 Pyrenäen, S. 210.

11 Fry / Auslieferung, S. 225.

12 Pariser Tageblatt, 18. 6. 1934 und 25. 6. 1934.

13 Das Ehepaar Wolff war zusammen mit den Ehepaaren Breitscheid und Hilferding in einem Hotel in Arles unter Arrest gestellt worden, wo sie für ihren Aufenthalt selbst bezahlen mussten, eine Art Gefängnis erster Klasse.

14 Zu den grotesken Fluchtwegen, die man sich für Arthur Wolff ausdachte, vgl. Fry / Auslieferung, S. 227 f., 229, 235–238.

15 Pyrenäen, S. 212–214.

16 Ebd., S. 218.

17 Ebd., S. 215.

18 Ebd., S. 175.

19 Gelbe Post, Shanghai, 1. 6. 1940.

20 Zur »Operation Dynamo« s. u. a.: Hugh Sebag-Montefiore: Dunkirk. Fight to the Last Man, London 2007

21 Fry / Auslieferung, S. 90 u. 96 f.

22 Pyrenäen, S. 214 ff.

23 Fry / Auslieferung, S. 245.

24 Ebd., S. 180.

25 Ebd., S. 242.

26 Mit dem amerikanischen Vizekonsul Hiram (Harry) Bingham war Fry gut ausgekommen. Dessen Nachfolger, Miles Standish, muss einen wesentlich reaktionäreren Kurs vertreten haben.

27 Stefan Appelius hat die Vorgänge in seiner Fritz-Heine-Biographie (Heine – die SPD und der lange Weg zur Macht) ausführlich geschildert, vor allem im Kapitel 16: Lissabon – »Das letzte Bollwerk der Emigranten«, S. 204 ff. Noch deutlicher werden die damit verbundenen Emotionen und Komplikationen in Heines Briefen an die Genossen in New York. Vgl. dazu Appelius / »Der Teufel hole Hitler«, S. 170 ff. Heine empfand seine Versetzung nach Lissabon als voreilig und ungerechtfertigt, weil er gehofft hatte, in Marseille noch viel für seine Schützlinge tun zu können.

28 Appelius / Heine, S. 206 f.

29 Fritz Heine an Hans Fittko, Brief vom 18.4.1941, DNB, Exilarchiv, EB 2002 / 027-–B.01.0030.

30 Lisa Fittko zitiert diesen Brief auf S. 228 ihres Pyrenäen-Buches, allerdings stark verkürzt.

31 Pyrenäen, S. 242.

32 Pyrenäen, S. 218 f.

33 Fry / Auslieferung, S. 148.

34 Pyrenäen, S. 164.

35 Ebd., S. 222 f.

36 Ebd., S. 223.

37 Im Exilarchiv der DNB findet sich unter der Signatur EB 2002 / 027–B.01.0041 ein Konvolut von Briefen von Marie-Ange Rodriguez, so ihr Ehename, an Lisa Fittko. Darunter auch Zeitungsausschnitte aus den achtziger Jahren, in denen die Verfasserin als »Heldin ohne Traum vom Ruhm« bezeichnet wird. Die Art, wie sie beim Fälschen der Ausweise vorging, wird darin genau beschrieben. Marie-Ange Rodriguez erhielt 1993 die Médaille des Justes für ihre Verdienste um die jüdischen Flüchtlinge. Sie wurde ihr vom israelischen Generalkonsul verliehen.

38 Virginia Woolf fuhr zwischen 1925 und 1929 jährlich für längere Zeit nach Cassis und fand dort viele Anregungen zum Schreiben. S. dazu Joëlle Gardes und Christian Ramade: Virginia Woolf à Cassis, Marseille 2002.

39 Pyrenäen, S. 226 f. und 231 f.

40 Ebd., S. 225 f.

41 Fry / Auslieferung, S. 261 f.

42 Eleanor Roosevelt an Eileen Fry, Brief vom 13.5.1941, Columbia University (New York), Butler Library, Varian Fry Papers, Box 3.

43 Pyrenäen, S. 229. Sie datiert den Eingang des Visums auf Mai 1941. Da die Familie Ekstein Marseille aber schon am 6.5.1941 verließ, muss das Visum deutlich früher eingegangen sein.

44 Fry / Auslieferung, S. 222.

45 Krüger / Quer durch die Welt., S. 133 ff.

46 Pyrenäen, S. 231.

47 Ebd., S. 233.

48 Anne Klein / Flüchtlingspolitik S. 354 f.

49 »Pat O'Leary« war der Tarnname des belgischen Militärarztes Albert Guérisse. Er schuf dieses Netzwerk zusammen mit einigen anderen Offizieren und Widerstandskämpfern, darunter auch etliche Frauen wie Paula Blanchain, Andrée Borrel, Mary Lindell, Elise Mazellier, Renée Nouveau und Nancy Wake. Die meisten davon wurden nach Deutschland deportiert und hingerichtet. S. dazu https://de.wikipedia.org/wiki/Liste_der_Mitglieder_des_R%C3%A9seau_Pat_O%E2%80%99Leary.

50 Zu Paula Blanchain, geb. Oettinghaus, gesch. Spriewald, gibt es umfangreiche, hauptsächlich englische Literatur und viele Internetbeiträge, z. B. https://www.conscript-heroes.com/Art21-Titania-Rosalind-960.html. S. ferner: Emerson Lavender und Norman Sheffe: The Evaders: True Stories of Downed Canadian Airmen And Their Helpers in World War II, Ryerson 1992. Michael Foot and J. M. Langley: MI 9 – Escape and Evasion 1939–1945, 2013. In der DNB, Exilarchiv, ist unter der Signatur EB 2002 / 027–B.01.0004 eine längere Korrespondenz zwischen Paula Blanchain und Lisa Fittko erhalten, in der sich auch Zeitungsartikel, hauptsächlich Nachrufe, aus kanadischen Zeitungen befinden.

51 Erna Friedländer an Lisa Fittko, Brief vom 18.3.1986, in: DNB, Exilarchiv, EB 2002 / 027–B.01.0021. Diese Bemerkung gibt allerdings große Rätsel auf, denn die Fluchthilfeaktionen von Hans und Lisa Fittko waren doch mehr als ein »Abenteuer«. Kaum vorstellbar, dass sie gar nicht darüber gesprochen haben. Doch es war wohl so, dass Lisa bis zu dem Moment, als sie Europa verließ, bemüht war, möglichst wenig Spuren zu hinterlassen, ob in Briefen, Tagebüchern oder vertraulichen Mitteilungen, da sie Angst vor Denunzianten und Zensoren hatte. Nach freund-

licher Auskunft von Marlena Ekstein, Chicago.

52 Pyrenäen, S. 230f.

53 Ebd., S. 242.

54 Der Aufbau, 5.9.1941.

55 Pyrenäen, S. 242.

56 Ebd., S. 180: »Unser Freund Edmund war in Paris und hat Vater und Mutter besucht.« S. auch S. 245.

57 DNB, Exilarchiv, EB 2002/027–A.02.0001. Das Manuskript beginnt sogar mit einer Szene, in der »Edmund Brasch« per Eisenbahn die Demarkationslinie überschreitet. Edmund Brasch wird in diesem Text als Held, aber auch als Märtyrer geschildert, der in Gestapohaft Schlimmes erlitten hat. Auf seinem Rücken finden sich Narben in Form eines Hakenkreuzes. Die Folterungen sollen im Berliner Columbia-Haus stattgefunden haben.

58 Umfangreiche Recherchen haben leider zu keinem Ergebnis geführt. Es könnte sich evtl. um Edmond Landau, geb. 1895 in Kattowitz, handeln. Im Katalog der DNB, Exilarchiv, wo sich viele Briefe von ihm befinden, vor allem Korrespondenz mit dem ERC, Marseille, wird er als Journalist bezeichnet, der 1943 von Frankreich nach Italien deportiert wurde, aber später offenbar nach Kanada emigrieren konnte.

59 Pyrenäen, S. 227f., 243f., 258.

60 Ebd., S. 237.

61 Ebd., S. 246ff.

62 Das Centre de Documentation du Mémorial de la Shoah in Paris verzeichnet unter der Kategorie »Justes des Nations« eine Gaby, Paulette und Joséphine Bertrand, Wirkungsort Marseille, von denen zumindest Gaby und Paulette aufgrund ihrer Geburtsjahre (1921 und 1924) nicht infrage kommen.

63 Nach freundlicher Auskunft von Annegret Wilke, Politisches Archiv des Auswärtigen Amtes, Berlin. S. dazu auch Akte RZ 405/40287, PAA Berlin.

64 Pyrenäen, S. 261.

65 Ebd., S. 283.

66 Ebd., S. 265.

14 Passagen

1 Die Passagierliste der SS Colonial ist abzurufen unter https://www.ushmm.org/online/hsv/source_view.php?SourceId=31549.

2 Die Irrfahrt der *St. Louis* ist verschiedentlich verfilmt worden, u.a. in dem englischen Film *Die Reise der Verdammten* (1976) mit Max von Sydow als

Kapitän Schröder oder in *Die Ungewollten* (2019) mit Ulrich Noethen als Dokudrama. Daniel Kehlmann hat ein Theaterstück darüber geschrieben *(Die Reise der Verlorenen)*, das 2019 in Wien uraufgeführt wurde. 2012 hat sich das amerikanische Außenministerium bei den noch lebenden Passagieren entschuldigt, dasselbe tat der kanadische Premierminister Justin Trudeau im November 2018.

3 Eine sehr atmosphärische Beschreibung der Verhältnisse jener Zeit findet sich bei Erich Maria Remarque: Die Nacht von Lissabon, Köln 1962. Zur politischen Situation s. auch Dierk Ludwig Schaaf: Fluchtpunkt Lissabon, Bonn 2018.

4 Pyrenäen, S. 228, 240, 285.

5 Ebd., S. 207.

6 »Heil Kadlatz!« – der Bericht über den Lebensweg eines alten Kämpfers erschien 1935/36 als Fortsetzungsroman im Pariser Tageblatt. Spätere Neuauflagen bei Rowohlt (1979) und Rogner und Bernhard (1979).

7 Pyrenäen, S. 285. Lisa Fittko nennt ihn »Maurice«, mit seinem Tarnnamen. Eine gewisse Reserviertheit ist spürbar, denn bei dem Versuch, dem Ehepaar Wolff zur Flucht zu verhelfen, hatte es größere Meinungsverschiedenheiten gegeben. Verzeano, der später ein bekannter Neurologe wurde, hat sich von Amerika aus immer engagiert für die Fittkos eingesetzt und ihnen bei der Einreise in die USA geholfen.

8 Diese wird ausführlich geschildert bei Fry / Auslieferung, S. 233, 235–238, 274 f., 289, 299. Berthold Jacob war ein persönlicher Schützling Varian Frys. Er hatte ihn mit falschen Transitvisa versorgt, die aus derselben Quelle wie die von Georg Bernhard stammten. Er besaß außerdem einen falschen Pass (Venezuela) auf den Namen Marc Rollin. Berthold Jacob und seine Frau Else wurden nicht, wie von Fry angenommen, durch die Fittkos über die Grenze geführt, sondern von deren Nachfolger, einem gewissen Suchowolsky. Vgl. dazu Lisa Fittko an Varian Fry, Brief vom 28.7.1967, zit. nach: Auslieferung auf Verlangen, S. 327. Berthold Jacob und seine Frau wurden zunächst bei der Durchquerung Spaniens festgenommen und in ein Hochsicherheitsgefängnis in Madrid gebracht, später in ein Hotel, von wo ein Privatmann sie abholte und mit dem Auto nach Lissabon fuhr. Dort fand die erneute Entführung statt, über die in Exilzeitungen verschiedentlich berichtet wurde (Der Aufbau, 31.10.1941; 14.11.1941).

9 Eine Dépendance des Emergeny-Rescue-Committee-Büros befand sich in den Lissaboner Geschäftsräumen der Unitarier, die ebenfalls Fluchthilfe leisteten.

10 Lisa Fittko: Drei unveröffentlichte Kurzgeschichten »SS Colonial«, »Tiscornia« und »Charlie und Lola«, in: Passagen des Exils – Exilforschung – Ein Internationales Jahrbuch, Bd. 35, München 2017, S. 142 ff. (als Faksimile des Typoskripts abgedruckt). Im Folgenden abgekürzt als SS Colonial.

11 SS Colonial, S. 142.

12 Im nicht namentlich gekennzeichneten Vorwort zu den Geschichten wird Lisa Fittko mit einem Brief an Michael Krüger (April 2000) zitiert: »Es hat lange gedauert, aber endlich schicke ich Ihnen die Kapitel, die der Anfang des dritten Buches hätten sein sollen. Sie hatten mich darum gebeten, nachdem ich vorgeschlagen hatte, vielleicht einen Sammelband von kürzeren Episoden herauszugeben, statt eines dritten Bandes, der ja doch nicht zustande kommen wird.« (S. Passagen des Exils, S. 141) In Lisas Briefen ist mehrfach davon die Rede, dass der Hanser Verlag noch ein drittes Buch von ihr veröffentlichen wolle.

13 Durch ihre ehemalige Sekretärin und Assistentin Veronika Fuechtner, heute Professorin für Gender Studies, Jewish Studies, Comparative Literature und anderes mehr in Dartmouth, USA. Sie fand diese Geschichte (und noch zwei weitere, »Tiscornia« und »Charlie und Lola«) in Lisas privatem Nachlass in Chicago. Sie sind nicht Bestandteil des offiziellen Lisa-Fittko-Nachlasses im Exilarchiv der DNB Frankfurt / M. Veronika Fuechtner hat ihnen einen ausführlichen Kommentar vorausgeschickt, in dem sie sie als »autofiktional« bezeichnet. (Vgl. Veronika Fuechtner: Lisa Fittko's Passage to Cuba – The Long Story of the Short Stories, in: Passagen des Exils, S. 126 ff.)

14 Julie und Ignaz Eckstein an Lisa und Hans Fittko, EB 2002 / 027–B.01.0015. Der erste dieser Briefe stammt vom 12.11.1941.

15 Malva Schalek, die Malerin, hatte bis zum »Anschluss« Österreichs im März 1938 in Wien gelebt und war dann nach Leitmeritz zu ihrem Bruder Robert geflohen, wobei sie einen großen Teil ihrer Bilder, Kleider und Schmuckstücke zurücklassen musste. Als die Deutschen ins Sudetenland einmarschierten, floh sie mit ihrer Lebensgefährtin Grete Kohn-Knoll weiter nach Prag,

wo sie in ein Sammelquartier für Juden eingewiesen wurde. Dort musste sie seit 1942 jeden Tag mit ihrer Deportation rechnen.

16 Ignaz Eckstein an Lisa und Hans Fittko, Brief vom 20.11.1941.

17 Julie Eckstein an Lisa und Hans Fittko, Brief vom 12.11.1941.

18 Julie Eckstein an Lisa und Hans Fittko, Brief vom 29.11.1941. Mit den »Mitreisenden« ist offensichtlich die Gruppe gemeint, mit der die Eksteins in Mâcon inhaftiert gewesen waren.

19 Hans-Rainer Sandvoß: Widerstand in Spandau 1933–1945, hrsg. von der Gedenkstätte Deutscher Widerstand, Berlin 1988, S. 167.

20 Vgl. dazu Michael Benz / Fritz Lamm, S. 222.

21 Nach dem Tod August Thalheimers (19.9.1948) bemühte Fritz Lamm sich um ein jüdisches Begräbnis auf dem Friedhof von Guanabacoa (Havanna), wo er auch die Trauerrede hielt. Vgl. dazu Michael Benz / Fritz Lamm, S. 242 f.

22 SS Colonial, S. 152.

23 SS Colonial, S. 149. In Havanna gab es tatsächlich ein koscheres Lokal namens Moishe Pipik, es befand sich in der Altstadt nahe der Synagoge.

24 Der Aufbau, 21.11.1941.

25 Eva Lewinski an Hans und Lisa Fittko, Brief vom 2.12.1941, DNB, Exilarchiv, EB 2002 / 027–B.01.0018.

26 Pyrenäen, S. 288 f.

27 Am 20.11.1941.

28 Der Aufbau, 21.11.1941.

29 Grund war der japanische Angriff auf Pearl Harbor.

30 Pyrenäen, S. 289.

31 Nach einer Visitenkarte von Hans Fittko, DNB, Frankfurt / M., Exilarchiv, EB 2002 / 027–C.05.000.

32 Einer davon war Fritz Lamm (1911–1977), Gründungsmitglied der Sozialistischen Arbeiterpartei Deutschlands, der zwar etwas später als die Fittkos nach Kuba kam, sich aber sofort beim »Joint« für deren angemessene Unterstützung einsetzte. Vgl. dazu Michael Benz / Fritz Lamm, S. 230.

33 In der für Kuba typischen Schmuckdiamantenindustrie waren Anfang der 1940er Jahre ca. 2000 Flüchtlinge beschäftigt, meist in kleineren Betrieben mit zehn bis 40 Schleifern. S. dazu Michael Benz / Fritz Lamm, ebd., S. 231 f.

34 Lisa Fittko an Erna Friedländer, Brief vom 9.1.1946, DNB, Frankfurt / M., Exilarchiv, EB 2002 / 027–B.02.011.

35 Jean-Christophe Labadie: Vichy et les Juifs, Digne 2013, S. 15.

36 S. dazu Serge Klarsfeld: Vichy–Auschwitz. Die »Endlösung der Judenfrage« in

Frankreich, Darmstadt 2007, S. 74.

37 Pyrenäen, S. 291.

38 Michael Benz / Fritz Lamm, S. 234.

39 Ebd., S. 232 f.

40 DNB EB 2002 / 027–A.02.0001.

41 Pyrenäen, S. 291 f.

42 Ausgerechnet zu Dr. Arthur Wolff, mit dem er in Banyuls-sur-Mer so aneinandergeraten war. Wolff arbeitete inzwischen in einer Anwaltskanzlei in Havanna und war dort vor allem als Verteidiger tätig, was bedeutet, dass er wohl auch noch Spanisch gelernt haben muss. Der Hinweis auf Wolff findet sich in einem Brief von Hans Fittko an Heinrich Kamnitzer (vom 30.11.1944), der dem Textkonvolut beiliegt. Kamnitzer (1917–2001) war als Jude und politischer Flüchtling nach England emigriert, wo er als Redakteur und Literaturagent tätig war. Er kehrte 1946 nach Deutschland zurück, wo er Geschichtsprofessor an der Humboldt-Universität in Berlin wurde.

43 Z. B. an Heinz Behrendt, einen jungen deutschen Emigranten, der ihm am 10. 5. 1943 antwortete. S. dazu Heinz Behrendt an Hans Fittko, DNB, Exilarchiv, EB 2002 / 027–B.01.003.

44 Das Buch erschien 1945 bei Random House, New York.

45 Varian Fry an Hans Fittko, undatierter Brief, Columbia University, New York, Varian Fry papers 1940–1967, Rare Book and Manuscript Library, Box 3.

46 Heinz Behrendt, s. Endnote 48.

47 Pyrenäen, S. 292.

48 Nach freundlicher Mitteilung von Marlena Ekstein, Chicago.

49 Der Aufbau, 30. 6. 1944.

50 Nach freundlicher Mitteilung von Marlena Ekstein, Chicago.

51 Pyrenäen, S. 292.

52 Ebd., S. 293.

53 Ebd., S. 294.

54 Alex Schoucroun aus Algerien und Joseph Stern Satran aus Rumänien. S. dazu https://yvng.yadvashem.org/index.html?language=de&s_id=&s_lastName=&s_firstName=&s_place=Cassis&s_dateOfBirth=&cluster=true.

55 Hans Fittko an Martha Drucks, Brief vom 15. 10. 1946, DNB, Exilarchiv, EB 2002 / 027–B.02.0008.

56 Julie Eckstein an Lisa und Hans Fittko, Brief vom 14. 7. 1945, DNB, Exalarchiv, EB 2002 / 027–B.01.0015a.

57 Heiratsurkunde im Exilarchiv der Deutschen Nationalbibliothek Frankfurt / M., EB 2002 / 027–C.01.0002.

58 Hans Fittko an Martha Drucks, Brief vom 15. 10. 1942, DNB, Exilarchiv, EB 2002 / 027–B.02.0008.

59 Andrej Reder: Dienstreise. Leben und Leiden meiner Eltern in der Sowjetunion 1935 bis 1955, Berlin 2015, S. 30.

60 https://www.bundesstiftung-aufarbeitung.de/de/recherche/kataloge-datenbanken/biographische-datenbanken/gert-caden.

61 Manfred George, in: Der Aufbau, 11. 5. 1945.

Nachwort

1 Malva Schalek starb nach dem 18. Mai 1944. Ihr genaues Todesdatum und die Umstände ihres Todes stehen, im Gegensatz zu den Aussagen ihres Bruders, nicht fest.

2 Julie Schalek an Lisa und Hans Fittko, Brief o. D., DNB, Exilarchiv, EB 2002 / 027–B. 01.0015

3 Julie Schalek an Lisa und Hans Fittko, Brief vom 6. 2. 1946, ebd.

4 Lisa Fittko an Martha und Walter Drucks, o. D., DNB, Exilarchiv, EB 2002 / 027–B.02.0008

5 Pyrenäen, S. 292.

6 Hans Fittko an Martha Drucks, Brief vom 27. 7. 1947, DNB, Exilarchiv, EB 2002 / 027–B.02.0008. Das Gedicht stammt aus Heines *Buch der Lieder*.

7 Lisa Fittko an Erna Friedländer, Brief vom 9.1.1946, DNB, Exilarchiv, EB 2002 / 027–B.02.011.

8 Kopien beider Bürgschaften in DNB, Exilarchiv, EB 2002 / 027–C.05.0006.

9 Varian Fry an »To whom it may Concern«, Beglaubigtes Zeugnis über Fluchthilfe, 21.1.1947, DNB, Exilarchiv, 2002 / 027–C.04.007.

10 Marcel Verzeano an den United States Consul of Cuba, Briefe vom 28. 4. 1947 und 19. 5. 1947, DNB, Exilarchiv, EB 2002 / 027–B.01.0053.

11 Nach freundlicher Auskunft von Marlena Ekstein, Chicago.

12 Lisa Fittko an Martha Drucks, Brief vom 20.10 1950, DNB, Exilarchiv, EB 2002 / 027–B.02.0008.

13 Hans Fittko an Martha Drucks, Brief vom 21. 12. 1952, ebd.

14 Lisa Fittko an das United States Department of Justice, Immigration and Naturalization Service, Chicago, Brief vom 18. 8. 1954, DNB, Exilarchiv, EB 2002 / 027–C.05.0006.

15 Lisa Fittko an Martha Drucks, Brief vom 4. 4. 1956, DNB, Exilarchiv, EB 2002 / 027–B.02.0008.

16 Lisa Fittko an Martha Drucks, Brief vom 4. 4. 1954, ebd.

17 Robert Schalek an Lisa Fittko, Brief vom 3. 11. 1960, DNB,

Exilarchiv, EB 2002/027–B.01.0042.

18 Nach freundlicher Auskunft von Marlena Ekstein, Chicago, die heute in demselben Gebäudekomplex wohnt.

19 Nach freundlicher Auskunft von Marlena und Marisa Ekstein.

Brief von Lisa Fittko an Richard von Weizsäcker

1 Lisa Fittko an Richard von Weizsäcker, Brief vom 21.10.1986, Deutsche Nationalbibliothek Frankfurt/M., Exilarchiv, EB 2002/027–B. 02.0229.

Verwendete Literatur

Appelius, Stefan: Heine. Die SPD und der lange Weg zur Macht, Dortmund 1999.

– (Hrsg.): »Der Teufel hole Hitler«. Briefe der sozialdemokratischen Emigration, Essen 2003.

Auerbach, Lilli: Die Stellung der Frau in der sittlichen Weltanschauung Wilhelm Raabes, Würzburg 1927'.

Baier, Walter: Das kurze Jahrhundert, Kommunismus in Österreich, KPÖ 1918 bis 2008, Wien 2009.

Bayerlein, Bernhard H. et al: Der Verräter, Stalin, bist Du! Vom Ende der linken Solidarität 1939–1941, Berlin 2008.

–: Kein Antifaschismus ohne Antistalinismus. Willi Münzenberg, »Die Zukunft« und die antistalinistische Wende in der deutschsprachigen Emigration 1933–1940, Berlin 2018.

Benjamin, Hilde: Georg Benjamin, Leipzig 1982.

Benjamin, Walter: Das Passagen-Werk. Gesammelte Schriften Bd. V, 2, hrsg. von Rolf Tiedemann, Frankfurt/M. 1982.

–: Denkbilder – Marseille, in: Gesammelte Schriften Bd. IV.

–: Gesammelte Briefe, Bd. VI, 1938–1940, hrsg. von Christoph Gödde und Henri Lonitz, Frankfurt/M. 2000.

–: Gesammelte Schriften, hrsg. von Hermann Schweppenhäuser und Rolf Tiedemann, Frankfurt/M. 1991.

Benz, Michael: Der unbequeme Streiter. Fritz Lamm – Jude, Linkssozialist, Emigrant 1911–1977, eine politische Biographie, Essen 2007.

Birman, Carina: The Narrow Foothold, London 2006. Deutsche Fassung in: Wizisla, Erdmut: Begegnungen mit Walter Benjamin.

Boos, Verena: Nachgehen. Eine Spurensuche auf Walter Benjamins letzter Fluchtroute, in: Zeithistorische Forschungen 15, 2018.

Brandt, Arthur: Der Tscheka-Prozess, Denkschrift der Verteidigung, Erstausgabe Berlin 1925, Nachdruck Hamburg 1979.

Bredel, Willi: Der Enkel, Berlin 1962.

Brodersen, Momme: Spinne im eigenen Netz. Walter Benjamin. Leben und Werk, Bühl-Moos 1990.

Buber-Neumann, Margarete: Von Potsdam nach Moskau. Stationen eines Irrweges, Berlin 1990.

Buckard, Christian: Arthur Koestler. Ein extremes Leben, 1905–1983, München 2013.

Čapková Kateřina und Frankl, Michal: Unsichere Zuflucht. Die Tschechoslowakei und ihre Flüchtlinge aus NS-Deutschland und Österreich 1933–1938, Wien / Köln / Weimar 2012.

Catherine Stodolsky: Emigrationsalltag im 15. Arrondissement: Walter Benjamin, Arthur Koestler, Lisa Fittko, in: Anne Saint Sauveur-Henn (Hrsg.): Fluchtziel Paris.

Creutzburg, Martin: August Creutzburg: Ein Lebensweg durch die deutsche Arbeiterbewegung, 1892–1941, Berlin 2020.

Dertinger, Antje: Die drei Exile des Erich Lewinski, Gerlingen 1995.

Döbbelin, Willi: Erich Meier und seine Zeit – 1927 bis 1933. Versuch der Würdigung eines Antifaschisten, Berlin 2004.

Emanuely, Alexander: Das Beispiel Colbert. Fin de siècle und Republik. Ein dokumentarischer Essay, Wien 2020.

Erpenbeck Fritz: Emigranten, Berlin, Weimar 1976.

Evans, David: The Man who sold Tomorrow: The True Story of Dr. Solomon Trone, The World's Greatest And Most Successful And Perhaps Only Revolutionary Salesman, London 2019.

Exner, Lisbeth und Kapfer, Herbert (Hrsg.): Pfemfert. Erinnerungen und Abrechnungen. Texte und Briefe, München 1998.

Fabian, Ruth und Coulmas, Corinna: Die deutsche Emigration in Frankreich nach 1933, München, New York, London, Paris 1978.

Faller, Frieda und Emil: Wir trugen die Last, bis sie zerbrach. Ein deutscher Briefwechsel 1933–1938, hrsg. von Manfred Bosch, mit einem Nachwort von Martin Walser, Freiburg 1983.

Feuchtwanger, Lion: Der Teufel in Frankreich, Erlebnisse 1940, Berlin 2018.

Fischer, Jens Malte: Karl Kraus, Der Widersprecher. Biographie, Wien 2020.

Fischer, Ruth: Stalin und der deutsche Kommunismus. Der Übergang zur Konterrevolution, Frankfurt / M. 1950.

Fittko, Lisa: Drei unveröffentlichte Kurzgeschichten. »SS Colonial«, »Tiscornia« und »Charlie und Lola«, in: Passagen des Exils – Exilforschung – Ein Internationales Jahrbuch, Bd. 35, München 2017, S. 142 ff.

–: Mein Weg über die Pyrenäen, Erinnerungen 1940/41, München 1985, 2021.

–: Solidarität unerwünscht, München 1992.

Flechtheim, Ossip K.: Die KPD in der Weimarer Republik, Hamburg 1986.

Frank, Leonhard: Links ist, wo das Herz ist, München 1982.

Frankenthal, Käte: Der dreifache Fluch. Jüdin, Sozialistin, Intellektuelle. Lebenserinnerungen einer Ärztin in Deutschland und im Exil, Frankfurt/New York 1981.

Frei, Bruno: Der Hellseher. Leben und Sterben des Erik Jan Hanussen. Köln 1980.

–: Der Papiersäbel, Autobiographie. Frankfurt/M. 1972.

–: Hanussen. Ein Bericht. Straßburg 1934.

Freud Sigmund: Zeitgemäßes über Krieg und Tod, Gesammelte Werke (Studienausgabe), Bd. 10 (1915b).

Fry, Varian: Auslieferung auf Verlangen. Die Rettung deutscher Emigranten in Marseille 1940/41, Frankfurt/M. 1995.

Fuechtner, Veronika: Lisa Fittko's Passage to Cuba – The Long Story of the Short Stories, in: Passagen des Exils, S. 126 ff.

Gausmann, Angelika: Deutschsprachige bildende Künstler im Internierungs- und Deportationslager Les Milles von 1939 bis 1942, Paderborn 1997.

Giersberg, Bettina: Die Arbeit des Schriftstellers Rudolf Leonhard im französischen Exil 1933 bis 1945, Berlin 2005.

Gittig, Heinz: Bibliographie der Tarnschriften 1933–1945, München/New Providence, London, Paris 1996.

Graf, Oskar Maria: Der Abgrund. Ein Zeitroman, Frankfurt/M. 1982.

Grashoff, Udo: Gefahr von innen. Verrat im kommunistischen Widerstand gegen den Nationalsozialismus, Göttingen 2001.

Häsler, Alfred A.: Das Boot ist voll. Die Schweiz und die Flüchtlinge, Zürich 1967.

Hanak, Werner (Hrsg.): Die Welt der Ili Kronstein. Werke 1938–1943, Jüdisches Museum Wien, Wien 2000.

Haumann Heiko, Petry, Erik und Richers, Julia (Hrsg.): Orte der Erinnerung, Menschen und Schauplätze in der Grenzregion Basel 1933–1945, Basel 2008.

Herlemann, Beatrix: Auf verlorenem Posten: kommunistischer Widerstand im Zweiten Weltkrieg. Die Knöchel-Organisation, Bonn 1986.

Hilscher, Elke: Zur Integration deutscher Emigranten in den französischen Rundfunk nach 1933, in: Wolfgang Frühwald, Wolfgang Schieder (Hrsg.): Leben im Exil. Probleme der Integration deutscher Flüchtlinge im Ausland 1933–1945, Hamburg 1981.

Höfling, Hinnerk: Eine Analyse der Freunde der sozialistischen Einheit Deutschlands unter besonderer Berücksichtigung Willi Münzenbergs, Saarbrücken 2015.

Isenberg, Sheila: A Hero of Our Own. The Story od Varian Fry, Lincoln 2005.

Isolani, Gertrud: Stadt ohne Männer, Zürich 1945.

Jacob, Berthold: Weissbuch über die schwarze Reichswehr, Berlin 1925.

–: Deutschlands geheime Rüstungen? Berlin 1925.

–: Die Hindenburg-Legende, Strasbourg 1934.

–: Was? Aus dem Arsenal der Reichsbrandstifter, Strasbourg 1934.

–: Memoiren des Stabschefs Röhm, Straßburg 1934.

Kanehl, Oskar: Straße frei. Nachdruck der Originalausgabe im Trotzdem-Verlag, Reutlingen 1981.

Kaplan, Marion: Zuflucht in der Karibik. Die jüdische Flüchtlingssiedlung in der Dominikanischen Republik 1940–1945, Göttingen 2010.

Klarsfeld, Serge: Vichy–Auschwitz. Die »Endlösung der Judenfrage« in Frankreich, Darmstadt 2007.

Klein, Anne: Flüchtlingspolitik und Flüchtlingshilfe 1940–1942. Varian Fry und die Komitees zur Rettung politisch Verfolgter in New York und Marseille, Berlin 2007.

Knauer, Matthias und Frischknecht, Jürg: Die unterbrochene Spur. Antifaschistische Emigration in der Schweiz von 1933–1945, Zürich 1994.

Koestler Arthur: Abschaum der Erde. Autobiographische Schriften Bd. II, Frankfurt/M., Berlin 1992.

–: Die Geheimschrift. Bericht eines Lebens, Wien, München, Basel 1955, Bd. 2.

–: Ein spanisches Testament, München 2021.

Kollwitz, Käthe: Die Tagebücher, Berlin 1989.

Köster, Barbara: Die junge Garde des Proletariats, Untersuchungen zum Kommunistischen Jugendverband Deutschlands in der Weimarer Republik, Bielefeld 2005.

Krüger, Lore: Quer durch die Welt. Lebensweg einer verfolgten Jüdin, Schkeuditz 2012.

Leo, Maxim: Wo wir zu Hause sind. Die Geschichte meiner verschwundenen Familie, Köln 2019.

Lugschitz, Renée: Spanienkämpferinnen. Ausländische Frauen im Spanischen Bürgerkrieg 1936–1939, Berlin, Münster, Wien, Zürich 2012.

Madrasch-Groschopp, Ursula: Die Weltbühne. Porträt einer Zeitschrift, Berlin 1983.

Mahler-Werfel,Alma: Mein Leben, Frankfurt/M. 1960.

Mertens, Lothar: Unermüdlicher Kämpfer für Frieden und Menschenrechte. Leben und Wirken von Kurt R. Grossmann, Beiträge zur Politischen Wissenschaft Bd. 97, Berlin 1997.

Meyerhof, Walter: In the Shadow of Love, Stories From My Life, Santa Barbara 2002.

Mielke, Siegfried und Heinz, Stefan (Hrsg.): Emigrierte Metallgewerkschafter im Kampf gegen das NS-Regime, Berlin 2014.

Mittag, Gabriele: Es gibt Verdammte nur in Gurs, Literatur, Kultur und Alltag in einem französischen Internierungslager 1940–1942, Tübingen 1996.

Mittenzwei, Werner: Exil in der Schweiz, Leipzig 1978.

Morgenstern, Soma: Joseph Roths Flucht und Ende, Berlin 1998.

Moritz, Verena, Köstenberger, Julia, Vatin Aleksandr, Leidinger, Hannes, Moser Karin (Hrsg.): Gegenwelten – Aspekte der österreichisch-sowjetischen Beziehungen 1918–1938, Salzburg 2013.

Papanek, Hanna: Elly und Alexander – Revolution, Rotes Berlin, Flucht, Exil – eine sozialistische Familiengeschichte, Berlin 2006.

Parini, Jay: Benjamin's Crossing, New York 1996.

Pauli, Hertha: Der Riss der Zeit geht durch mein Herz, Wien 2022.

Peschanski, Denis: Les Camps d'internement en France (1938–1946), Paris 2000.

Pfister, Tom, Pfister, Kathy, Pfister Eva (Hrsg.): Eva and Otto, Resistance, Refugees, and Love in the Time of Hitler, West Lafayette 2020.

Picard, Jacques: Die Schweiz und die Juden 1933–1945, Zürich 1994.

Raabe, Marcel: Die letzten Stunden Walter Benjamins. Eine Rekonstruktion und eine Wanderung, Leipzig 2021.

Ranc, Julijana: Alexandra Ramm-Pfemfert. Ein Gegenleben, Hamburg 2003.

Reder, Andrej: Dienstreise. Leben und Leiden meiner Eltern in der Sowjetunion 1935 bis 1955, Berlin 2015.

Roth, Joseph: Werke I, Das Journalistische Werk 1915–1923, hrsg. von Klaus Westermann, Köln 1989.

–: Geschäft ist Geschäft. Seien Sie mir nicht böse, ich brauche Geld. Der Briefwechsel zwischen Joseph Roth und den Exilverlagen Allert de Lange und Querido, 1933–1939, hrsg. von Madeleine Rietra in Verbindung mit Rainer-Joachim Siegel, Köln 2005.

Sahl, Hans: Das Exil im Exil, Darmstadt 1990.

–: Die Wenigen und die Vielen, Hamburg / Zürich 1991.

Saint Sauveur-Henn, Anne Saint Sauveur-Henn (Hrsg.): Fluchtziel Paris. Die deutschsprachige Emigration 1933–1940, Berlin 2002.

Sandvoß, Hans-Rainer: Widerstand in Kreuzberg, Bd. 10 der Schriftenreihe über den Widerstand in Berlin von 1933 bis 1945, Berlin 1997.

Sarkowicz, Hans: Geheime Sender. Der Rundfunk im Widerstand gegen Hitler, Frankfurt / M. (Deutsches Rundfunkarchiv) 2006.

Schaaf, Dierk Ludwig: Fluchtpunkt Lissabon, Bonn 2018.

Scheurmann, Ingrid und Konrad (Hrsg.): Für Walter Benjamin, Dokumente Frankfurt / M. 1992.

Scheurmann, Ingrid: Neue Dokumente zum Tode Walter Benjamins, Bonn 1992.

Schmidinger Veit J. und Schoeller, Wilfried F.: Transit Amsterdam, Deutsche Künstler im Exil 1933–1945, München 2007.

Schneider, Hubert: Das sowjetische Außenhandelsmonopol 1920–1925, Köln 1973.

Schöttker Detlef und Wizisla, Erdmut (Hrsg.): Arendt und Benjamin. Texte, Briefe, Dokumente. Frankfurt / M. 2021.

Schulze, Fiete: Briefe und Aufzeichnungen aus dem Gestapo-Gefängnis in Hamburg. Berlin 1959.

Schwarz, Werner Michael, Spitaler, Georg und Wikidal, Elke: Das Rote Wien 1919–1934, Ideen, Debatten, Praxis. Wien 2019.

Sebag-Montefiore, Hugh: Dunkirk. Fight to the Last Man, London 2007.

Seghers, Anna: Transit, Berlin 2019.

Senenko, René: Ein unbekanntes Kapitel. Willi Bredels Exil in Prag 1934, hrsg. von der Willi-Bredel-Gesellschaft, Hamburg 2001.

Steinfeld, Justin: Ein Mann liest Zeitung, Kiel 1984.

Sternburg, Wilhelm von: Joseph Roth, eine Biographie, Köln 2009.

Stirnimann, Charles: Das »rote Basel« 1935–1938, Basel 1988.

Straumann, Lukas und Wildmann, Daniel: Carl Koechlin, die J. R. Geigy A. G. und die NSDAP, in: Haumann, Orte der Erinnerung.

Täubert, Klaus: Unbekannt verzogen. Der Lebensweg des Suchtmediziners, Psychologen und KPD-Gründungsmitgliedes Fritz Fränkel, Berlin 2005.

Thieberger, Frederick, Weltsch, Felix, Brod, Max: In Memoriam: Marie Schmolka. Hrsg.: Marie Schmolka Society of Women Zionists from Czechoslovakia, Prag 1944.

Uhlíř, J.: Vom Wiener Stuhl zum Architektenmöbel, Jacob & Josef Kohn, Thonet und Mundus, Bugholzmöbel vom Secessionismus bis zur Zwischenkriegsmoderne, Wien, 2009.

Wander, Fred: Hôtel Baalbek, München 2010.

Wehner, Herbert: Zeugnis, Köln 1982.

Weissweiler, Eva: Das Echo deiner Frage. Dora und Walter Benjamin. Biographie einer Beziehung, Hamburg 2020.

–: Notre Dame de Dada. Luise Straus-Ernst – das dramatische Leben der ersten Frau von Max Ernst, Köln 2016.

–: Villa Verde oder das Hotel in Sanremo – das italienische Exil der Familie Benjamin, München 2022.

Werfel, Franz: Das Lied von Bernadette, Stockholm 1941.

Wichers, Hermann: Illegal in der Schweiz, in: Haumann, Orte der Erinnerung.

–: Im Kampf gegen Hitler, Deutsche Sozialisten im Schweizer Exil, 1933–1940, Zürich 1994.

Wickert, Christl: Frauen gegen die Diktatur. Widerstand und Verfolgung im nationalsozialistischen Deutschland. Schriften der Gedenkstätte Deutscher Widerstand, Berlin 1995.

Wittstock, Uwe: Marseille 1940. Die große Flucht der Literatur, München 2023.

Wizisla, Erdmut: Begegnungen mit Walter Benjamin, Leipzig 2015.

Wolf, Friedrich: Zwei an der Grenze, Berlin 1959.

Wonschik Ilka: »Es war wohl ein anderer Stern, auf dem wir lebten …« Künstlerinnen in Theresienstadt, Berlin 2014.

Wronkow, George: Kleiner Mann in großen Zeiten, Reportagen eines Lebens, München 2008.

Würzner Hans und Kröhnke Karl (Hrsg.): Deutsche Literatur im Exil in den Niederlanden 1933–1940, Amsterdam 1994.

Würzner, Hans (Hrsg.): Die Niederlande und das deutsche Exil 1933–1940, Königstein / Taunus 1982.

Young-Bruehl, Elisabeth: Hannah Arendt, Leben, Werk und Zeit, Frankfurt / M. 2015.

Zehl Romero, Christiane: Anna Seghers. Eine Biographie. 1900–1947, Berlin 2020.

Zenker, Ernst Viktor: Ein Mann im sterbenden Österreich, Reichenberg 1935.

Zur Mühlen, Patrik von: Spanien war ihre Hoffnung. Die deutsche Linke im Spanischen Bürgerkrieg 1936–1939, Berlin, Bonn 1985.

Zweig, Stefan: Joseph Fouché. Bildnis eines politischen Menschen, Leipzig 1929.

Personenregister

– Lisa Fittko wurde 1909 als Elisabeth Ekstein geboren. 1932 heiratete sie Gabriel (Gabo) Lewin, 1945 Hans (Johannes Adolf) Fittko, noch bevor die Ehe mit Lewin rechtskräftig aufgelöst war. Um Verwirrungen zu vermeiden, wird sie in diesem Buch nur »Lisa« genannt, ihr Mann dagegen »Fittko« oder »Hans Fittko«, da Lisas Bruder ebenfalls »Hans« hieß, sodass sogar in der Familie manchmal Konfusionen wegen der identischen Namen entstanden. Lisas Eltern nannten sich nach dem Ersten Weltkrieg »Eckstein«, ebenso ihr Onkel Julius und dessen Familie. Aus Gründen der Übersichtlichkeit wurde hier für alle Familienmitglieder die Schreibweise »Ekstein« gewählt. Die Namen Lisa und Hans Fittko, die fast auf jeder Seite vorkommen, sind in diesem Register nicht eigens aufgeführt. –